MAURICE PHILIP REMY
Mythos Rommel

MAURICE PHILIP REMY

Mythos Rommel

List

Der List Verlag ist ein Unternehmen der
Econ Ullstein List Verlag GmbH & Co. KG

ISBN 3-471-78572-8
© 2002 by Econ Ullstein List Verlag GmbH & Co. KG, München
Alle Rechte vorbehalten.
Lektorat: Antje Taffelt, Berlin
Satz: a.visus, München
Lithografie: Franzis print & media GmbH, München
Druck und Bindung: Mohn Media, Gütersloh
Printed in Germany

INHALT

Sie kamen um sieben Uhr morgens am Montag, den 28. Mai 2001. »Im Dauerregen, aber fast ungestört und heimlich«, so schrieb die »Goslarsche Zeitung« am Tag darauf, »erledigte ein halbes Dutzend Arbeiter eine Aufgabe, deren Vorgeschichte in den vergangenen Monaten für erheblichen Zündstoff in der Öffentlichkeit gesorgt hatte.« Eine halbe Stunde dauerte es, dann waren zwei verwitterte Gedenktafeln von der Fassade des ehemaligen Jägercasinos in Goslar abgenommen. Die eine galt Generalfeldmarschall Erwin Rommel, der von 1933 an gut eineinhalb Jahre Bataillonskommandeur der so genannten Goslarer Jäger gewesen war. Die andere war dem »Schöpfer der Panzerwaffe«, Generaloberst Heinz Guderian, gewidmet, der den Jägern vor dem Ersten Weltkrieg als junger Leutnant und danach für kurze Zeit als Kompaniechef angehörte. In ihrer Begründung argumentierte die rot-grüne Mehrheit des Rates von Goslar, »die Tafeln hätten ehrenden Charakter für Repräsentanten eines verbrecherischen Regimes und könnten am derzeitigen Ort [das ehemalige Jägercasino wird mittlerweile als Grundschule genutzt] weder zur Aufarbeitung der Geschichte dienen, noch gar ein Vorbild für die heutige Jugend sein«.

Das hatte knapp 40 Jahre zuvor, am 15. November 1961, noch ganz anders geklungen. Mit großem Bahnhof weihte der damalige Generalinspekteur der Bundeswehr, General Friedrich Foertsch, in Goslar die Gedenktafel für Erwin Rommel mit den Worten ein: »Die deutsche Bundeswehr ehrt Rommel als den Feldmarschall, den prachtvollen Soldaten und den großen Menschen. Er wird uns jungen Soldaten stets Vorbild und Verpflichtung sein.« Die Gedenkansprache hielt dann ausgerechnet der ehemalige Generaloberst Hermann Hoth, ein Wehrmachtsgeneral, der 1948 vom Nürnberger Gerichtshof zu 15 Jahren Haft verurteilt worden war und vorzeitig entlassen wurde. Hoth, der 1941 in einem Befehl an die Truppe die »Ausrottung« der Juden ein »Gebot der Selbsterhaltung« genannt hatte, sprach 20 Jahre später zur Einweihung der Gedenktafel in Goslar vom Zeugnis, das Rommel abgelegt habe von der Ehre des deutschen Soldaten. »Wobei er freilich nicht«, wie die »Goslarsche Zeitung« bemerkte, »auf Rommels Rolle in der Widerstandsbewegung und seinen Selbstmord, der in Wirklichkeit ein Mord durch die Gewalthaber war, einging.«

Offensichtlich hatte Hoth mehr Probleme mit Rommels Widerstand als mit der eigenen Vergangenheit. Das fiel nur damals keinem auf, weil das Bild von Rommel in der Öffentlichkeit ohnehin noch geprägt war von einer Flut apologetischer Erinnerungsschriften ehemaliger Afrikakämpfer, die zumeist ebenjenen Stereotypen entsprachen, die während des Krieges von der Goebbels-Propaganda eingeführt worden waren. Kein Wunder, stammten die bekanntesten Bücher doch aus der Feder ehemaliger Mitglieder der Propagandakompanie, die schon für Goebbels aus Afrika berichtet hatten. Ein Weiteres trugen die Arbeiten der angelsächsischen Autoren bei, die ihrerseits an dem auch in England schon zu Kriegszeiten genährten Mythos Rommel fortschrieben, der so trefflich von der umstrittenen Leistung der britischen Generalität in Nordafrika ablenkte und außerdem dem Schlachtenruhm des Rommel-Bezwingers Montgomery die Weihen der Ewigkeit sicherte.

Fast schien es, als sollte Rommel jedermann als Projektionsfläche dienen können. Dem Gegner von einst und den Deutschen – jenen, die unkritisch die Vergangenheit verklärten, ebenso wie jenen, die sich einer neuen, demokratischen Gesellschaft zugewandt hatten und die wiederum aus den Märtyrern des 20. Juli 1944 einen guten Teil ihrer Identität schöpften. Was gerade nicht ins Bild passte, wurde einfach ausgeblendet. Da war es kein Zufall, dass sich die Ausgabe von Rommels eigenhändigen Aufzeichnungen, die in Deutschland unter dem Titel »Krieg ohne Hass« erschienen, von der englischen deutlich unterschied. Vorsorglich waren für die Heimat die umfangreichen Auszüge aus Rommels Privatkorrespondenz mit seiner Frau ausgelassen worden. Zu eindeutig ging aus ihnen hervor, wie verbunden sich Rommel lange Zeit dem Regime und seinem Diktator Adolf Hitler gefühlt hatte. Kein Misston sollte das Bild vom untadeligen Feldherren trüben. Oder, wie es der ehemalige Generalleutnant Heinrich Kirchheim in einem privaten Brief schrieb: »Jede öffentliche Kritik an dieser schon mystisch gewordenen Persönlichkeit würde dem Ansehen deutschen Soldatentums schaden …«

Der Paradigmenwechsel in der deutschen Zeitgeschichtsschreibung erreichte Rommel mit Verspätung. Ausgerechnet der rechtslastige englische Autor David Irving kratzte mit seiner aufwändig recherchierten Rommel-Biographie 1977 zum ersten Mal am Mythos vom »Wüstenfuchs«. Kernthese seines Buches: Rommel habe zu keinem Zeitpunkt mit dem Widerstand etwas am Hut gehabt. Was blieb, so Irving, sei eine unkritische Nähe zu Hitler – bis zum Schluss. Von da an war es nur eine Frage der Zeit, bis auch das Denkmal Rommel vom Sockel gekippt werden würde. So verschwand etwa 1994 der Aufsatz über Erwin Rommel kommentarlos aus der Neuauflage des Standardwerks »20. Juli – Porträts des Widerstandes«; im »Lexikon des Widerstandes 1933 – 1945« aus demselben Jahr wurde er schon gar nicht mehr erwähnt. Phänomene wie die Goldhagen-Debatte oder die Wehrmachtsausstellung wirkten schließlich als Katalysatoren für Rommels Absturz in die pauschale Verdammung.

So erklärte der Hamburger Publizist Ralph Giordano Rommel kurzerhand zum Kriegsverbrecher, der mitverantwortlich daran sei, dass »halb Italien … in Schutt und Asche sank«, und der es schließlich sogar ausdrücklich begrüßt habe, dass nach dem Attentat vom 20. Juli 1944 noch einmal Millionen Deutsche starben. Mit diesen unbelegten Vorwürfen, die er in seinem jüngsten Buch »Die Traditionslüge« noch einmal zusammenfasst, bestürmte Giordano in den vergangenen Jahren einen um den anderen Verteidigungsminister mit der Forderung, die vier Bundeswehrkasernen, die den Namen Rommels tragen, endlich umzubenennen. Fassungslos konstatierte der Historiker Winfried Heinemann in einer Rezension des Giordano-Buches »die völlige Verwilderung des historischen Diskurses in der deutschen Öffentlichkeit«. »Anything goes«, so Heinemann, »gilt jetzt wohl auch uneingeschränkt für Geschichtsbücher.«

»Anything goes« muss sich auch der damals frisch ernannte Staatsminister für Kultur, Michael Naumann, im Februar 1999 gedacht haben, als er am Rande der Berlinale vor englischen Journalisten erklärte, die Briten hätten ein falsches Bild von den deutschen Streitkräften im Zweiten Weltkrieg. Als Beispiel nannte Naumann den »Wüstenfuchs« Erwin Rommel, der in England als heldenhafter, galanter Offizier dargestellt werde. In Wahrheit, so Naumann, sei die Wehrmacht eine »Tötungsmaschine« gewesen, ein »wanderndes Schlachthaus«. Der wirkliche Rommel und seine Generale seien weit entfernt von dem Bild, das der Schauspieler James Mason in dem 1951 gedrehten Film »Der Wüstenfuchs« gezeichnet habe. Welches Bild Naumann allerdings von Rommel hatte, blieb er den Journalisten schuldig.

Mit dem »Schildastreit« von Goslar hat die Debatte um Rommel ihren vorläufigen Tiefpunkt erreicht. Nicht etwa, weil die Tafeln schließlich abgehängt wurden, sondern weil viele Vorwürfe einfach unwidersprochen hingenommen und nicht hinterfragt wurden. So hatten etwa die Goslarer Jusos in einem Flugblatt den Standpunkt vertreten, es sei nicht zu verantworten, zwei Generale zu ehren, die »maßgeblich an der Ermordung tausender Menschen im Zweiten Weltkrieg beteiligt waren«. In einem Leserbrief an die »Goslarsche Zeitung« legte eine 20-Jährige von den Jungsozialisten in Goslar noch einmal kräftig nach und sprach von Rommel und Guderian als von »(Kriegs-)Verbrecher[n], die maßgeblich an der Tötung von Millionen von Menschen beteiligt waren«.

Sowenig die Glorifizierung während der Nachkriegszeit dem Soldaten und Menschen Rommel gerecht wurde, so unangemessen scheint es, ihn in eine Reihe mit millionenfachen Mördern wie etwa Adolf Eichmann zu stellen. Selbst die von David Irving erstmals aufgeworfene und seither in zahlreichen Varianten durchdeklinierte Frage: »War er [Rommel] ein überzeugter Nationalsozialist, den man verachten muss, oder ein Held des Widerstandes gegen Hitler?«, stellt sich bei genauer Kenntnisnahme der Geschichte so gar nicht. Die Antwort ist nämlich ebenso einfach wie überraschend: Rommel war beides.

Die faszinierende und in weiten Teilen neue Geschichte seines Wandels erzählt dieses Buch, abseits der gängigen Klischees, vor allem auf der Basis der originalen Quellen und Überlieferungen. Wie kaum ein zweiter hochrangiger Militär unter Hitler hat Erwin Rommel umfangreiche Aufzeichnungen hinterlassen. Seine private Korrespondenz liegt fast vollständig vor; eigenhändig verfasste Tagesberichte, Befehle und Notizen ermöglichen die annähernd lückenlose Rekonstruktion seiner militärischen Laufbahn. Eine beinahe endlose Ergänzung erfahren diese Quellen zudem durch die Zeugnisse aus Rommels unmittelbarer Umgebung – Tagebücher, Briefe, Erinnerungen und eine wahre Memoirenflut zeichnen ein scharfes Bild von nahezu jeder Lebensphase des bekanntesten deutschen Generals des Zweiten Weltkriegs.

In jahrelanger, intensiver Recherche in zahlreichen Archiven, privaten Sammlungen und Nachlässen fanden sich zudem eine Vielzahl bislang unveröffentlichter oder unbeachtet gebliebener Dokumente, die zum Teil überraschende Antworten auf bislang ungeklärte Fragen geben. Gleichzeitig mit diesem Buch entstand eine dreiteilige Dokumentarserie für die ARD. Die Interviews mit über 150 Zeitzeugen sowie Tausende von Filmmetern und Fotos erweckten die trockenen Fakten für Augenblicke zu neuem Leben und rundeten so die Arbeit ab. In kritischer Auseinandersetzung mit dieser Fülle von Informationen entstand in enger Zusammenarbeit mit namhaften Historikern ein Bild Rommels, das sich in seiner Vielschichtigkeit und Differenziertheit deutlich von allen bisherigen Darstellungen unterscheidet.

Wir sollten, schrieb Tilman Krause in der »Welt«, angeregt von dem jüngst erschienenen »Geheimreport« Carl Zuckmayers, »nicht richten, sondern fein säuberlich Biographien erst rekonstruieren und dann zu verstehen versuchen«. Das ist auch das Anliegen dieses Buchs über Erwin Rommel. Es ist kein weiterer Heldengesang auf den »Wüstenfuchs«, es ist aber auch keine Abrechnung mit ihm. Es ist der Versuch, auf der Basis fundierter Quellen dem wahren Rommel so nahe wie möglich zu kommen: der Versuch zu verstehen, nicht zu verurteilen.

München, August 2002   *Maurice Philip Remy*

»Er steht uns Nationalsozialisten nicht nur nahe, er ist ein Nationalsozialist.«
Hitler über Rommel. Berlin, 1. Oktober 1942

1
VORWÄRTS

»Ich bin geboren am 15. November 1891 zu Heidenheim an der Brenz als zweiter Sohn des dortigen Professors Erwin Rommel und seiner Frau Helene, geb. Luz, beide evangelisch. Meine ersten Jahre verliefen mir, soweit meine Erinnerung reicht, besonders angenehm, da ich mich im Hof und in dem großen Garten am Haus täglich tummeln konnte.«

Mit diesen Worten begann der Lebenslauf des 18-jährigen Oberprimaners Johannes Erwin Eugen Rommel, mit dem er sich im März 1910 um die Aufnahme beim Königlich Württembergischen 6. Infanterieregiment König Wilhelm I. Nr. 124 in Weingarten beworben hatte. Eigentlich wollte er Ingenieur werden – Flugzeugingenieur. »Luft hat keine Balken«, hielt sein Vater dagegen und stellte den Sohn vor die Wahl: Lehrer sollte er werden, wie er selbst, oder Offizier. Erwin Rommel wählte das in seinen Augen kleinere Übel. Für einen jungen Mann aus der gehobenen Mittelschicht ohne hervorstechende Begabungen war das Militär in dieser Zeit eine Erfolg versprechende Alternative.

Der Vater, Rektor des Progymnasiums in Aalen, gehörte zu den Honoratioren der Stadt. Mit pietistischer Strenge prüfte er in seiner Freizeit bevorzugt das Wissen seiner Kinder ab. Liebe fanden sie vor allem bei der Mutter und dankten es ihr mit lebenslanger Anhänglichkeit. Sein jüngerer Bruder Karl sollte später ein erfolgreicher Zahnarzt werden, der jüngste Bruder Gerhard ein weniger bekannter Opernsänger. Schwester Helene,

15

der Rommel besonders zugetan war, hatte den Begründer der anthroposo-phischen Weltanschauung, Dr. Rudolf Steiner, persönlich kennen gelernt und sich seiner Bewegung angeschlossen. Sie wurde Lehrerin für Kunst und Handarbeit an der Stuttgarter Waldorfschule.

Im März 1911 lernte Erwin Rommel während eines Lehrgangs auf der Kriegsschule in Danzig auf einem Ball die 17-jährige Lucia Maria Mollin kennen. Obwohl sie aus einer streng katholischen Familie stammte – der Vater war ebenfalls Rektor einer Schule in Dirschau in Ostpreußen –, entwickelte sich zwischen »Lucie« und dem protestantischen Fähnrich eine zarte Romanze. Im November musste Rommel zu seinem Regiment nach Weingarten zurückkehren. Zwei Monate später wurde er zum Leutnant befördert und bildete in den folgenden Jahren junge Rekruten aus.

Mit pietistischer Strenge. Eltern Helene und Erwin Rommel

Ohne hervorstechende Begabungen. Fahnenjunker (3. v. l.), 1910

Bald verliebte er sich erneut – in die 20 Jahre alte Walburga Stemmer aus Weingarten. Ihre Mutter, so Rommel, war »einst die reiche Tochter der Adlerwirtin«, die »durch ihren Mann um Hab und Gut« gekommen war. Keine idealen Voraussetzungen für einen jungen Leutnant; immerhin musste ein Offizier in dieser Zeit eine Kaution in Höhe von 10 000 Goldmark für den Fall einer Heirat stellen, um einen standesgemäßen Haushalt führen zu können. Eine Summe, die das Vermögen Erwin Rommels weit überstieg.

Als der Vater im Juli 1913 von dieser Beziehung erfuhr, forderte er von seinem Sohn die sofortige Trennung. Doch Rommel junior weigerte sich. Was der Vater nicht wusste: Walburga Stemmer war zu diesem Zeitpunkt im fünften Monat schwanger. Er sollte es auch nicht mehr erfahren; am 5. Dezember desselben Jahres starb Erwin Rommel senior. Drei Tage später brachte Walburga eine Tochter zur Welt, die auf den Namen Gertrud getauft wurde. Eine Zeit lang schien Rommel mit dem Gedanken gespielt zu haben, die Armee zu verlassen und Walburga zu heiraten. So schrieb er

17

an seine »kleine Mama« in Gedanken an ihre Zukunft: »Muss tipp topp werden unser Nestchen. Wie ich mich freue!« Freunde aus dem Offizierskorps sollen Rommel bestürmt haben, seinen Beruf nicht aufzugeben. Jedenfalls entschied er sich für die Armee und gegen Walburga, auch wenn er immer für sie und seine Tochter sorgte. Walburga gab das Geheimnis der Vaterschaft nie preis.

Am 3. August 1914, dem Tag der deutschen Kriegserklärung an Frankreich, beichtete Rommel seiner Schwester Helene von der unehelichen Tochter. Am Vorabend war sein Regiment zur luxemburgischen Grenze verlegt worden. Rommel, der noch in der Garnison geblieben war, um auf Ergänzungsmannschaften zu warten, sollte ihnen zwei Tage später folgen. Im Angesicht des Krieges bat er seine Schwester jetzt um Hilfe: »Sollte ich … fallen, habe ich nur den einen Wunsch, die arme Trudel und Walburg [sic!] versorgt zu wissen. Die 10 000 Mark meiner Lebensversicherung werden an Walburg Stemmer ausbezahlt zur Erziehung von Trudel. Ferner bitte ich, Walburg mit 50 Mark monatlich zu unterstützen, bis sie eine Stelle errungen hat, in der sie Trudel sorgenlos ernähren und großziehen kann bzw. so lange, als ihr mein armes unschuldiges Waisenkind unterstützen wollt. Mutter und Du sind sicherlich so lieb und erfüllen mir diesen meinen letzten Wunsch. Ist es mir vergönnt, gesund zurückzukehren, so ist mein einziges Ziel, Trudel gut erziehen zu lassen und Walburg mit Rat und Tat unter die Arme zu greifen. Ich habe es mit wenig Mitteln bisher fertig gebracht, ich kann jedem Vergnügen mit Freuden entsagen, wenn ich den beiden etwas Gutes tun kann, ich habe sie mehr lieb als mich selbst. Ich will gut machen, was ich gefehlt.«

Es gibt eine weitere Passage in diesem ungewöhnlichen Brief vom 3. August 1914, die für Rommel bezeichnend ist. »Gestern Abend fuhr mein Regiment weg«, schrieb der mittlerweile 22 Jahre alte Leutnant zum Schluss an seine Schwester. »Ich zog natürlich mit meiner geliebten 7. Kompanie bis zum Bahnhof. Die Leute haben mich alle so schrecklich lieb, lassen sich für mich in Stücke hauen. Vom Feldwebel bis zum Unteroffizier bis zum Rekruten. Das tut so wohl.« Rommel hatte seine ungewöhnliche Ausstrahlungskraft auf die Truppe entdeckt. »Zwischen ihr und ihm«, so schrieb Jahrzehnte später sein Stabschef aus Afrika, Siegfried Westphal, »bestand jenes nicht zu analysierende Fluidum, welches ein Gnadengeschenk für jeden militärischen Führer bedeutet, so selten ist und – vielleicht darum – diesen erst so recht ausmacht.« Auch Rommels Stabschef aus Frankreich, 1944, Hans Speidel, fand für dieses Phänomen keine Erklärung: »Er besaß Führercharisma, die Gabe, die Truppe mit sich zu reißen, die verstandesmäßig nicht mehr erklärbare Wirkung auf die Soldaten.« Diese Wirkung sollte zum Fundament werden für den »Mythos Rommel«.

Im Ersten Weltkrieg kämpfte Rommel an der Maas und westlich von Verdun, in den Argonnen und in den Hochvogesen, in Rumänien und in Italien. Er wurde zwei Mal schwer verwundet, zum Oberleutnant befördert und mit dem Eisernen Kreuz Erster und Zweiter Klasse ausgezeichnet. Die Erstürmung des Monte Matajur in den Julischen Alpen im Oktober 1917 wurde zum Höhepunkt seiner Kriegslaufbahn. In diesem Einsatz gegen italienische Truppen zeigte sich wie in einem Prisma, was Rommels Art, Krieg zu führen, außergewöhnlich machte.

Im August 1917 waren den Italienern aus dem Isonzotal heraus zum ersten Mal tiefe Einbrüche in österreichisches Gebiet gelungen. Damit war die österreichische Front ernsthaft bedroht. Das deutsche Feldheer musste dem Bündnispartner beispringen und verlegte sieben Divisionen an die Isonzo-Front.

Das Ziel der geplanten Gegenoffensive der 14. Armee unter General Otto von Below war der Vormarsch bis zum Golf von Venedig. Dabei mussten zunächst die in drei Linien gestaffelten und gut ausgebauten Verteidigungsstellungen der Italiener am Isonzo überwunden werden. Die dritte, als äußerst schwer einnehmbar geltende Stellung der italienischen Truppen zog sich über den Rücken des Monte Kolovrat bis zum Monte Kuk und weiter bis zum Monte Matajur. Auf den Höhen und Berggipfeln lagen Zehntausende italienischer Soldaten in gut ausgebauten Befestigungen und beherrschten die unter ihnen liegenden Hänge. Mit der Erstürmung dieser Stellungen hatte Below das Deutsche Alpenkorps beauftragt. In ihm standen auf dem rechten Angriffsflügel das Königlich Bayerische Infanterie-Leib-Regiment, die »Leiber«, und das Württembergische Gebirgs-Bataillon, bei dem Oberleutnant Erwin Rommel mittlerweile seine Heimat gefunden hatte.

Zwischen den Bayern und den Württembergern herrschte eine gewisse Konkurrenzsituation, die vor dem Ausbruch der Schlacht von General Below noch geschürt wurde, indem er für den Bezwinger des Monte Matajur die höchste preußische Tapferkeitsauszeichnung, den Pour le Mérite, auslobte. Am 24. Oktober gegen 2.00 Uhr nachts begann die große Offensive mit einem Trommelfeuer der Artillerie auf die italienischen Stellungen. Bei Tagesanbruch setzten sich die Truppen aus ihren Bereitstellungsräumen bei strömendem Regen in Marsch. Rommel stand, obwohl erst Kompanieführer, an der Spitze von etwa 500 Soldaten. Drei Gebirgskompanien und eine Maschinengewehr-Kompanie bildeten zusammen die so genannte Abteilung Rommel. Schon bald war die erste italienische Stellung durchbrochen und mit mehreren Stoßtrupps begann der Aufstieg.

Rommels Abteilung suchte sich so behutsam und lautlos wie möglich ihren Weg durch den von Buschwerk und verkrüppelten Bäumen überwucherten Hang. Was Rommel nicht wusste: Die Italiener hatten seine Vorhut schon entdeckt und warteten nun, bis sie vor den Läufen ihrer Maschinengewehre auftauchte. Die Überraschung gelang. In scharfem Feuer wurden fünf württembergische Gebirgsschützen verwundet. Ein Durchbruch schien unmöglich. Rommel handelte sofort. Er ließ die Vorhut vor dem italienischen MG-Nest in Deckung gehen und zog sich unauffällig mit seiner Abteilung zurück. Im Schutz des Buschwerks begann er parallel zur italienischen Stellungslinie einen waghalsigen Aufstieg.

Nach über einer halben Stunde stieß Rommel auf einen getarnten Weg der Italiener. In ca. 60 Meter Entfernung konnte er einen Unterstand der italienischen Verteidigungslinie sehen. Rommel befahl seiner Abteilung, sich lautlos zum Angriff zu formieren. Noch schien die italienische Besatzung vollkommen ahnungslos. Dennoch war ein frontaler Angriff ein waghalsiges Unternehmen. Da entwickelte Rommel eine verwegene Idee. Ein Spähtrupp sollte ganz offen den getarnten Weg der Italiener benutzen und sich so verhalten, als sei er eine Gruppe Italiener auf dem Rückweg aus einem vorgeschobenen Posten. Die kühne Kriegslist ging auf. Ohne einen Schuss abzugeben, gelang es mit nur acht Gebirgsschützen in die Stellung der völlig überraschten Italiener einzudringen und die Besatzung zu überwältigen. Rommel hatte die zweite Verteidigungslinie durchbrochen.

Beharrlich trieb er seine Abteilung jetzt weiter. Aber Rommel war nicht mehr allein – gegen 11.00 Uhr entdeckte er in der Ferne Teile des Königlich Bayerischen Infanterie-Leib-Regiments. Der Oberleutnant schloss mit seiner Abteilung eng zu den »Leibern« auf und erreichte nach einigen kleineren Gefechten gegen 17.00 Uhr eine Felsenkrone, die direkt unter der so genannten Höhe 1114 lag. Offensichtlich passte das Auftauchen der Württemberger dem Kommandeur des Bayerischen Leib-Regiments Major Graf Max von Bothmer nicht besonders. Gegen 19.00 Uhr befahl er Rommel zu sich und untersagte ihm ausdrücklich jeden Vorstoß gegen die Höhe 1114 oder den Monte Matajur. Bothmer spielte nicht mit offenen Karten. Was er Rommel verheimlichte: Schon eine Stunde zuvor war der 12. Kompanie seines Regiments unter der Führung von Leutnant Ferdinand Schörner der Einbruch in die italienischen Stellungen auf der Gipfelkuppe von 1114 gelungen. Schörner sollte dafür später mit dem Pour le Mérite ausgezeichnet werden.

Beim ersten Morgengrauen, Rommels Kommandeur Major Theodor Sproesser hatte Bothmers Befehl wieder aufgehoben, brach die Abteilung Rommel auf und bewegte sich mit größter Vorsicht parallel zur italienischen Verteidigungslinie in Richtung Westen. Nach über einer Stunde gelang es Rommel, eine Hand voll italienischer Soldaten in ihrer Stellung zu überrumpeln. Blitzschnell führte Rommel seine Abteilung jetzt über die Hindernisse in die italienische Verteidigungslinie. Die Kolovrat-Stellungen waren zum ersten Mal wirklich durchbrochen. Und während von der Höhe 1114 dumpf der Gefechtslärm hallte, überraschten Rommels Gebirgsschützen Hunderte italienischer Soldaten, indem sie lautlos von hinten in die Unterstände eindrangen.

Erst nach einer Viertelstunde wurde Rommels Coup auch von anderen italienischen Einheiten entdeckt. Den folgenden Gegenstoß konnte Rommel in letzter Sekunde zu seinen Gunsten wenden. Der legendäre Sturm auf den Monte Matajur begann. Gegen 11.15 Uhr kämpfte Rommels Abteilung schon um den Osthang des Monte Kuk. Ohne sich mit verlustreichen Kämpfen um den Gipfel aufzuhalten, stießen die Gebirgsschützen drei Kilometer tief in Richtung der nächsten Bergspitze, des Monte Cragonza, vor. Dabei verlor die Abteilung den Anschluss an Rommels Vorhut. Mit nur 150 Mann befand er sich jetzt hinter den feindlichen Linien. Gegen 15.30 Uhr hatte Rommel seine Abteilung wieder so weit gesammelt, dass der Aufstieg zum Monte Cragonza gewagt werden konnte. Am 26. Oktober gegen 5.00 Uhr morgens begann der Sturm gegen die italienischen Bergstellungen. Keine zwei Stunden später war die italienische Besatzung nach schweren Kämpfen überwunden. Vom Cragonza trieb Rommel seine Männer weiter auf den nächsten Berg, den Mrzli Vrh.

Aber während sich die Abteilung noch zum Angriff formierte, traf ein Befehl Major Theodor Sproessers bei Rommel ein: »Württ[embergisches] Gebirgsbataillon kehrt marsch.« Der Regimentskommandeur war über die große Zahl der Gefangenen – allein 3200 italienische Soldaten waren in den vergangenen 24 Stunden von der Abteilung Rommel entwaffnet worden – so erstaunt, dass er davon ausging, der Widerstand auf dem Matajur-Massiv sei bereits gebrochen. Rommel dachte überhaupt nicht daran, jetzt umzukehren. Er schickte den größeren Teil seiner Gebirgsschützen zurück und setzte den Vormarsch eigenmächtig mit nur 100 Mann fort.

Dabei kam Rommel zugute, dass die italienischen Soldaten von den Erfolgen seiner Privatoffensive bereits so zermürbt waren, dass sie sich teilweise freiwillig ergaben. Auch die letzte große italienische Truppenansammlung auf dem Mrzli Vrh, das 2. Regiment der Brigade Salerno, legte die Waffen gegen 11.00 Uhr kampflos nieder. Rommel war den italienischen Soldaten allein, Taschentuch schwenkend, entgegengelaufen. 1500 Meter trennten ihn jetzt noch von seinem Ziel. Wie im Rausch stieg er mit seinen Soldaten dem Gipfel des Monte Matajur entgegen. Als die italienische Besatzung auf der Spitze des Berges die Gebirgsschützen unter sich entdeckte, legte auch sie ihre Waffen nieder. Der Berg war erobert. »Um 11.40 Uhr des 26. Oktober 1917«, so schrieb Rommel in seinen Erinnerungen, »verkünden drei grüne und eine weiße Leuchtkugel, dass das Matajur-Massiv gefallen ist. Ich ordne für meine Abteilung eine einstündige Gipfelrast an. Sie ist wohl verdient.«

Für Rommel war es ein außergewöhnlicher Sieg. »Von der Tat der Erstürmung des Monte Matajur«, so schrieb später Kurt Hesse, ein Freund und Kollege an der Dresdner Infanterieschule, »muss er verstanden werden. Im Grunde genommen blieb er immer der gleiche Leutnant im Erfassen der Augenblickssituation und dem sich daraus ergebenden blitzartigen Handeln.« Rommels Taktik war ebenso einfach wie wirkungsvoll: »Überraschung hinsichtlich Zeit und Ort schafft die Lage.« Rommels Ideen wurden für Generationen von Offizieren im In- und Ausland richtungweisend.

Rommels Taktik hatte natürlich auch ihre Abseiten. Mehr als einmal war er beim Sturm auf den Monte Matajur so weit vorgestoßen, dass die Verbindung zum Gros der Abteilung abgerissen war und ihm die Vernichtung drohte. Das war in manchen Situationen nichts anderes als ein gefährliches Vabanque-Spiel gewesen; auch wenn Rommels unkonventionelle Gefechtsführung natürlich dazu beitrug, das Leben der ihm anvertrauten Soldaten zu schonen. Dafür hatte der junge »Leutnant Vorwärts« seine Männer bis an die Grenzen ihrer physischen Leistungsfähigkeit geführt. »Vergießt Schweiß statt Blut« wurde zu seinem ehernen Grundsatz. »Er war ausgesprochen hart«, so Hesse später über Rommel, »aber nicht nur gegenüber anderen, sondern auch gegen sich selbst.« Treffend hatte ein junger Offizier des Zweiten Weltkriegs Rommel einen »modernen Hannibal« genannt, »den der Krieg toll machte, wie die Brunftzeit die Tiere«.

Vom Monte Matajur aus blieb Rommel den zurückweichenden Italienern hart auf den Fersen. Seine Abteilung stand an der Spitze des Alpenkorps und damit der gesamten 14. Armee. Rommels Siegeszug sollte ihn bis an die Piave und nach Longarone führen. Da traf ihn Anfang November eine bittere Enttäuschung. In einer Frontzeitung entdeckte Rommel einen Bericht über die Verleihung des Pour le Mérite an einen Leutnant Walther Schnieber von der 4. Kompanie des Königlich Preußischen 4. Oberschlesischen Infanterie-Regiments Nr. 63. Kaiser Wilhelm II. persönlich hatte dem jungen Kompanieführer den begehrten achtzackigen, blau emaillierten Orden am 27. Oktober bei einem Frontbesuch um den Hals gehängt. Als Rommel las, wofür Schnieber die Tapferkeitsauszeichnung erhalten hatte, traute er seinen Augen nicht. Der schlesische Leutnant habe »durch seinen schneidigen, selbständigen Entschluss und seine vorbildlich tatkräftige Führung im rücksichtslosen Draufgehen, unter Überwindung mehrfachen, heftigen f[eindlichen] Widerstandes mit der Gewinnung des alles beherrschenden Matajurberges einen entscheidenden

Einfluss auf das weitere Vorgehen der Armee [ausgeübt]«. Was war geschehen? Am 25. Oktober nahm die 4. Kompanie des Oberschlesischen Infanterie-Regiments den Gipfel des Monte Colonna, der unmittelbar hinter dem Monte Matajur in den Himmel ragte. Der Kompanieführer Leutnant Schnieber meldete die Einnahme des Gipfels über Funk korrekt an seine Division. Doch hier wurde die Besteigung des Monte Colonna zur Eroberung des Monte Matajur umgemünzt. Die Jagd nach dem begehrten Orden trieb wie schon beim Kampf um die Höhe 1114 seltsame Blüten. Der Oberbefehlshaber der 14. Armee jedenfalls beantragte noch am 25. Oktober, eingedenk seines Versprechens, den Pour le Mérite, der Leutnant Schnieber schon zwei Tage darauf verliehen wurde.

Rommel wandte sich unverzüglich an seinen Regimentskommandeur, um gegen die Ungerechtigkeit zu protestieren. Doch Sproesser wiegelte ab. Daraufhin reichte Rommel eine schriftliche Beschwerde ein. Die Angelegenheit drohte zum Skandal zu werden. Der Generalstabschef der 14. Armee, Konrad Krafft von Dellmensingen, empfing Sproesser und Rommel am 3. November und schrieb am selben Tag darüber in sein Tagebuch: »Ich verspreche, dass ich, wenn der Bericht [von Sproesser und Rommel] sich bewahrheitet, dafür sorgen werde, dass, trotz der nicht mehr rückgängig zu machenden Eingabe für L[eutnant] Schnieber, das W[ürttembergische] G[ebirgs] B[ataillon] nicht zu Schaden kommen soll.« Gegen einen Pour le Mérite, den der Kaiser persönlich übergeben hatte, ließ sich einfach nichts machen.

Rommels Beschwerde ging bis hinauf in das Militärkabinett Seiner Majestät des Kaisers. Dellmensingen hielt schließlich am 26. November in seinem Tagebuch fest: »Der Bericht der [12.] Division hat die Sache so gefärbt, als ob Schnieber dieses Verdienst zukommt, die [Verteidigungsanlagen] des Matajur ausgeschaltet u. damit sinngemäß den Orden verdient zu haben. Das ist eine sehr gewundene Rechtfertigung. Man kann das eben noch als Ansichtssache gelten lassen, um nicht sagen zu müssen, dass die 12. Div[ision] nicht ganz richtig berichtet hat.« Das war eine vornehme Umschreibung für eine offensichtliche Fälschung. Jedenfalls wurden Sproesser und Rommel schließlich auch für den Pour le Mérite eingereicht.

Traumatische Erfahrung mit dem Pour le Mérite. 1917

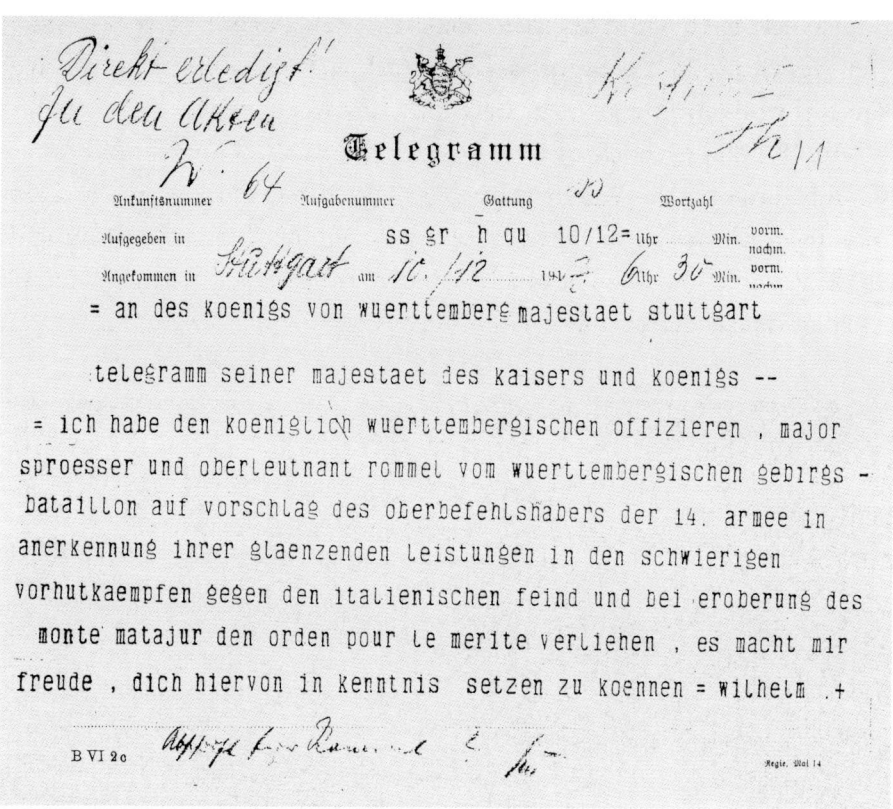

Auf dem Beschwerdeweg erkämpft. Glückwunschtelegramm Kaiser Wilhelms II.

Es war eine bittere Lektion, die für Rommel zur traumatischen Erfahrung wurde. Ausgerechnet er, der in den Kämpfen um die Gebirgsstellungen an der Isonzo-Front zweifellos die größte Leistung erbracht hatte, musste sich seine Auszeichnung auf dem Beschwerdeweg erkämpfen. Rommel mag diese Zurücksetzung einmal mehr in seinem Vorbehalt gegen gewisse Zustände im Offizierskorps bestärkt haben. Schon auf der Kriegsschule, so erzählte er später seinem Stabschef in Afrika Siegfried Westphal, hatte der oft schüchtern wirkende, verschlossene Schwabe »manche Zurücksetzung erfahren, die sich in ihm festgesetzt hatte«. Eine kurze Abkommandierung im Januar 1918 zum »Generalkommando zur besonderen Verfügung Nr. 64«, also weg von der Front zu einem höheren militärischen Stab, vertiefte Rommels Vorurteil. Er verzichtete nach dem Krieg auf die Ausbildung zum Generalstabsoffizier. Ein ungewöhnlicher Schritt für einen so hoch dekorierten und begabten Soldaten, weil er damit unter den damaligen Verhältnissen die Eintrittskarte in die Welt der Generale ausschlug. Rommel wollte bleiben, was er war: ein Mann der Truppe.

Am 18. Oktober, noch kurz vor Toresschluss, wurde Rommel zum Hauptmann befördert. Drei Wochen später war der Krieg zu Ende. Nach einem unblutigen Einsatz gegen einen Aufstand der »Roten Räte« in Lindau 1919 wurde Rommel am 18. Oktober desselben Jahres auf die neue Republik vereidigt. Nach der ebenfalls unblutigen Verteidigung des Rathauses von

Zu Hause ein liebevoller Ehemann. Mit Lucie Rommel (geb. Mollin), Danzig, 1916

Schwäbisch Gmünd, das aus Protest gegen den rechtsradikalen Kapp-Putsch im März 1920 von aufgebrachten Arbeitern gestürmt werden sollte, wurde Hauptmann Rommel im Dezember 1921 zum Chef einer Maschinengewehrkompanie in Stuttgart. Hier sollte er für die nächsten acht Jahre Wurzeln schlagen.

Die Weimarer Republik war nicht unbedingt ein Staat, der seinen Soldaten eine große Perspektive bot. Zum einen hatte der Vertrag von Versailles dem besiegten Land nur eine Armee von 100 000 Mann zugebilligt. Das führte zu einem endlosen Beförderungsstau. Auch Rommel blieb bis zum April 1932, also 14 Jahre lang, einfacher Hauptmann. Zum anderen nagte die Niederlage von 1918 am Selbstbewusstsein der Militärs. Ganz abgesehen von den Parolen der rechtsradikalen Republikgegner saß der Schock im überwiegend national-konservativen Offizierskorps tief. Der ehemalige Kommandeur der Württembergischen Gebirgsschützen, Theodor Sproesser, schrieb im Vorwort zur Geschichte seines Regiments: »Je mehr … die uns feindlich gesinnte Welt danach trachtet, unser völkisches Selbstbewusstsein, und den berechtigten Stolz auf unsere große Vergangenheit, auf unseren Geist und auf unsere Taten auf allen Gebieten zu unterdrücken, umso mehr sind wir berechtigt und verpflichtet, für unsere Kinder und Kindeskinder lebenslänglich zu hegen und zu pflegen, zu betonen und zu bestärken den ungeheuren Stolz, im Weltkrieg deutscher Soldat gewesen zu sein!« Rommel war kein politisch denkender Mensch. Dieses dumpfe Gefühl, irgendwie zu kurz gekommen zu sein aber, das sein ehemaliger Vorgesetzter Sproesser angesprochen hatte, fühlte auch er. Rommels Reaktion war typisch für die meisten Offiziere seiner Zeit. Nach dem Krieg und den Wirren der Revolution folgte der Rückzug in die Kasernen und das Privatleben.

Schon im November 1916 hatte Rommel auf einem kurzen Heimaturlaub in Danzig seine Jugendliebe, Lucie Mollin, geheiratet. Ihr wird die Entscheidung für ihren Mann nicht leicht gefallen sein. Lucie musste sich damit abfinden, dass ihr Mann eine uneheliche Tochter hatte, und sie wurde zudem von der katholischen Kirche exkommuniziert, weil sie nach protestantischem Ritus heiratete. Die Ehe wurde dafür umso glücklicher. Der nach außen oft schroffe Rommel war zu Hause ein liebevoller Ehemann. Die resolute Lucie blieb ihm zeit seines Lebens engste Vertraute.

Rückzug ins Privatleben. Dresden, 1932

Im Dezember 1928 wurde nach zwölf kinderlosen Jahren endlich ein Sohn geboren: Manfred.

Ein Schatten fiel auf das freudige Ereignis. In Weingarten war zwei Monate zuvor Walburga Stemmer, die Mutter von Rommels Tochter, an einer Lungenentzündung gestorben. Erwin Rommel war ihre große Liebe. Bis zu ihrem Tod gab sie die Hoffnung nicht auf, dass er zu ihr zurückkehren würde. Die Nachricht von Lucie Rommels Schwangerschaft traf sie schwer. Hatte Walburga Stemmer deswegen der Lebenswille verlassen? Nach ihrem Tod kümmerten sich Rommel und seine Frau Lucie um die kleine Gertrud, die nun bei ihrer Großmutter in Weingarten aufwuchs. In der Öffentlichkeit und für Manfred blieb sie allerdings lange Zeit die »Cousine«, und Rommel schloss seine Briefe an sie stets mit den Worten: »Dein Onkel Erwin«.

Im September 1929 wurde Rommel als Inspektionschef an die Infanterieschule in Dresden versetzt. Das klang nach mehr, als es war. Hauptmann Rommel leitete den praktischen infanteristischen Dienst der jungen Offiziersanwärter. Meistens fuhr er jetzt mit dem Fahrrad, den Degen mit

29

zwei Wäscheklammern an den Rahmen geklemmt, morgens in die Schule, um Fahnenjunkern und Fähnrichen die praktische Seite des Kriegshandwerks zu vermitteln. Wenn er mit ihnen nicht ins Gelände ging, dann bediente er sich im Hörsaal der für seine Zeit fortschrittlichsten Lehrmittel. Mit einem Diaskop warf er einfache, selbst gezeichnete Skizzen an die Wand und erläuterte so seinen Schülern verschiedene Gefechtssituationen. Den Stoff schöpfte Rommel aus seinen Erlebnissen im Ersten Weltkrieg. Immer wiederkehrender Höhepunkt war die Erzählung vom Sturm auf den Monte Matajur. Er genoss den Respekt der Fahnenjunker und Fähnriche – nicht zuletzt auch für den Pour le Mérite, den er stets um den Hals trug. Zu einem persönlichen Kontakt allerdings reichte es nicht. Wenn sich andere Lehrer angeregt in den Unterrichtspausen mit ihren Schülern unterhielten, zog Rommel sich stets zurück. Und wenn es überhaupt zu einem

Endlich ein Kind. Sohn Manfred, Dresden, 1931

ALBERT SCHNEZ Fähnrich an der Infanterieschule Dresden

»Rommel gab immer ein praktisches Beispiel im Unterricht. Zum Beispiel aus dem Frankreichfeldzug. Da war eine Höhe, darauf ein Haus, und darin saß ein Zug Franzosen, der aus allen Rohren schoss. Rommel sollte die Höhe nehmen, aber er hat sich gesagt, wenn ich hier angreife, habe ich Riesenverluste. Und da hat er uns gesagt: ›Na, wie hätten Sie es gemacht?‹ Und wir haben uns natürlich dann Feuerschutz aufgebaut usw. usw. Nachher haben wir gefragt: ›Und wie haben Sie es gemacht?‹ Da sagte er: ›Ich hab mich herangeschlichen mit meiner Leuchtpistolenmunition und hab auf die Scheune geschossen. Da hat sie gebrannt, und die Franzosen waren weg, und wir waren drin.‹«

persönlichen Gespräch kam, dann kannte Rommel nur zwei Themen: den Krieg und die Mathematik, für die er eine besondere Begabung hatte. Rommel, so urteilte Kurt Hesse, der an der Infanterieschule Kriegsgeschichte lehrte, war »kein großer Denker«.

Heidenheim, Aalen, Weingarten, Ulm, Friedrichshafen, Stuttgart und jetzt Dresden. Das Leben in der Provinz prägte Erwin Rommel. Er war »ein schlichter Mann«, so Hesse, »von selbst gebildeter Anschauung«. Schlicht, aber nicht ungebildet oder unintelligent, und manchmal sogar von hintersinnigem Humor. In dieser Schlichtheit, ja »Naivität«, wie es Ernst Jünger später beschreiben sollte, mag der Schlüssel liegen zu Rommels Weg im »Dritten Reich«.

Den Machtwechsel in Berlin am 30. Januar 1933 verfolgte der inzwischen endlich zum Major beförderte Rommel von Dresden aus. Er mag ihn wie die meisten Offiziere zunächst mehr als Beobachter denn als Betroffener empfunden haben. Die Reichswehr hatte das »100 000 Mann Heer« bewusst apolitisch gehalten. Politische Äußerung, Betätigung, ja sogar die Teilnahme an Wahlen waren streng untersagt worden – der Versuch, in einer krisengeschüttelten Demokratie jeden Gedanken an ein selbständiges Handeln des Militärs im Keim zu ersticken, unter den Bedingungen einer Diktatur musste er versagen.

Im Oktober 1933 wurde Rommel nach Goslar versetzt und zum Kommandeur des traditionsreichen III. Bataillons des Infanterieregiments 17, den so genannten Goslarer Jägern, ernannt. Zum Auftakt wandte Rommel sich in einer kurzen Ansprache an sein Bataillon, wobei er ausdrücklich auch die »einzigartigen Leistungen unseres Reichskanzlers Adolf Hitler« erwähnte. Am Ende des Appells wurde ein dreifaches »Hurra« auf den Reichspräsidenten Hindenburg und den Reichskanzler Hitler ausgebracht. Seine Worte über die neue Regierung wiesen Rommel übrigens weder als besonderen Anhänger Hitlers noch als überzeugten Nationalsozialisten aus. Die Programmpunkte der neuen Regierung, Aufrüstung und Vergrößerung des Heeres und damit Wiederherstellung der Wehrkraft, fanden fast automatisch die einhellige Zustimmung der Offiziere der Reichswehr.

Die Versetzung nach Goslar hatte zunächst sogar eine Entfremdung Rommels von dem neuen Regime zur Folge. Das lag vor allem an der Rolle der Sturmabteilung der Partei, der so genannten SA, in Goslar. Auch in dieser Kleinstadt hatte sich, wie in vielen deutschen Gemeinden, »ein übler Haufen«, so der Historiker Dr. Peter Schyga, »kleinbürgerlicher und lumpenproletarischer Schläger und Randalierer« zusammengefunden. Die braune Horde terrorisierte die jüdischen und anders denkenden Goslarer Bürger mit nackter Gewalt. Am 5. Mai 1933, ein halbes Jahr vor Rommels Eintreffen, hatten etwa bewaffnete SA-Trupps den langjährigen SPD-Abgeordneten Wilhelm Söffge und den jüdischen Besitzer eines kleinen Kaufhauses, Selmar Hochberg, gezwungen, sich auf einen Schlachterkarren zu kauern. An beiden Seiten des Gefährts waren Schilder angebracht: »Nur für Schweine«, und den beiden Männern Plakate umgehängt worden mit der Aufschrift: »Ich bin der Schieber Söffge« und »Ich bin der Jude Hochberg«. Unter den Tönen eines Trommler- und Pfeiferkorps wurden die zwei

Männer dann auf dem Karren durch die Stadt gezogen. Manche Goslarer Bürger reihten sich johlend ein in die Prozession, mancher Passant spuckte den wehrlosen Männern auf dem Karren ins Gesicht, andere schlossen betroffen ihre Fensterläden und waren entsetzt über die Unmenschlichkeit. Eingreifen konnten sie nicht; die SA-Männer waren bewaffnet.

Auch Rommel geriet nach seiner Ankunft in Goslar als Standortkommandant zwangsläufig mit der braunen Schlägertruppe in Konflikt. Wiederholt provozierten SA-Männer Prügeleien mit Soldaten seines Bataillons. Ein pensionierter Goslarer General, Ernst von Oven, der es sich nicht nehmen ließ, auch nach dem Boykott weiter in jüdischen Geschäften einzukaufen, wurde deswegen von einem der berüchtigten SA-Männer angepöbelt und bedroht. Rommel habe daraufhin, so die allerdings nur mündliche Überlieferung, einen Maschinengewehrposten im Treppenhaus von Oven postieren lassen und gedroht, jeden Übergriff notfalls mit Waffengewalt zu verhindern. Sicher ist jedenfalls, dass Rommel diesen von der Partei gedeckten Zustand gewalttätiger Anarchie scharf verurteilte.

Die regionalen Probleme Rommels mit der SA in Goslar fanden 1934 in gewisser Hinsicht auf nationaler Ebene ihre Entsprechung in der Auseinandersetzung der Reichswehrführung mit dem ehrgeizigen Stabsführer der SA, Ernst Röhm. Immer drängender forderte Röhm, seine braunen Horden als eine Art zweite Armee im Land zu etablieren. Das widersprach diametral den Vorstellungen der Reichswehr, die eifersüchtig über ihre Vormachtstellung im Staate wachte. Im Juni 1934 steuerte der Konflikt seinem Höhepunkt zu. Gerüchte von einem geplanten Putsch der SA waren in Umlauf gebracht worden; der Chef der Heeresleitung hatte die Wehrkreisbefehlshaber angewiesen, unauffällig ihre Truppen zusammenzuziehen. Eine Maßnahme, die auch der Kommandeur der Goslarer Jäger, Erwin Rommel, erfahren haben wird. Jedenfalls befand sich sein Bataillon am 30. Juni zum Manöver auf dem Truppenübungsplatz Altengrabow bei Magdeburg. An diesem Tag löste Hitler das Problem auf seine Weise. Fünfundachtzig SA-Führer und Regimegegner wurden auf seinen Befehl getötet.

Der Öffentlichkeit stellte man das Massaker als die Niederschlagung eines geplanten Putsches dar. Besonders von den Offizieren der Reichswehr wurde das Vorgehen Hitlers, zumeist in Verkennung der tatsächlichen

Hitler zu Besuch in Goslar. 30. September 1934 (Rommel l. neben Hitler)

Ereignisse, ausdrücklich positiv bewertet. So sprach etwa der 26 Jahre alte Oberleutnant Claus Graf Schenk von Stauffenberg davon, dass die Beseitigung der SA-Führung wie das Platzen einer Eiterbeule gewesen sei, das endlich klare Verhältnisse geschaffen habe. Und Generalmajor Erwin von Witzleben, der zweite Feldmarschall neben Rommel, der für seinen Widerstand 1944 ermordet werden sollte, bedauerte es sogar, bei der Abrechnung mit den SA-Männern nicht persönlich dabei gewesen zu sein. Auch Oberstleutnant Erwin Rommel, der sein Bataillon noch am 30. Juni in Eilmärschen wieder zurück nach Goslar geführt hatte, begrüßte die »Nacht der langen Messer«. »Bei diesem Anlass«, so Rommel, »hätte man mit der ganzen Blase aufräumen sollen.«

Der »Röhm-Putsch« hatte Rommel mit dem neuen Regime wieder versöhnt. Er wurde zum Auftakt für die Annäherung Rommels an Hitler und den Nationalsozialismus. Nach dem Tod des Reichspräsidenten Paul von Hindenburg am 2. August 1934 wurde die Wehrmacht auf den »Führer und Reichskanzler« vereidigt. Im September kam Hitler dann persönlich nach Goslar. Mit großem propagandistischem Aufwand – Leni Riefenstahl drehte das Ereignis sogar in Farbe mit – demonstrierte man in der »Reichsbauernstadt« zum Erntedankfest die Verbundenheit der NS-Bewegung mit dem Bauernstand. Rommel stellte die Ehrenkompanie vor der Kaiserpfalz. Für ein paar Minuten schritt er in zweiter Reihe hinter Hitler die angetretenen Soldaten ab. Anschließend nahm der »Führer« im Kaisersaal die »Huldigung des Bauerntums« entgegen. Rommel war ihm nicht weiter aufgefallen.

Umso mehr verfiel Rommel, der im März 1935 zum Oberstleutnant befördert worden war, jetzt den Scheinerfolgen Hitlers. Zum Heldengedenktag am 17. des Monats hielt er eine Ansprache auf dem Festplatz vor der Domkaserne. Am Tag zuvor hatte Hitler die allgemeine Wehrpflicht wieder eingeführt und befohlen, die Wehrmacht auf eine Stärke von zwölf Korps und 36 Divisionen zu bringen. Begeistert sprach Rommel vom »Frontsoldaten Adolf Hitler« als »Wegbereiter für die Gegenwart und die Zukunft«. Im Einzelnen seien »durch die genialen Maßnahmen des Führers« die Arbeitslosigkeit besiegt und sozial Schwache versorgt worden. Im Land herrsche wieder Optimismus, nach außen habe »des Führers aktive Außenpolitik … Deutschland die Selbstachtung wiedergegeben«. Mit der Wiedereinführung der Wehrpflicht und der Aufstockung der Wehrmacht sci »mutig der für das deutsche Volk entehrendste Teil des Versailler Vertrages zerrissen«. Rommel schloss mit den Worten: »Das Deutsche Volk will keine Revanche. Es will den Frieden für sich und die Welt, aber einen Frieden der Ehre und des Rechts.«

Rommel hatte in Goslar auch die Schattenseiten des Regimes kennen gelernt. Irrtümlich glaubte er wie viele andere, die Auswüchse seien mit der Niederschlagung des »Röhm-Putsches« beseitigt worden. Aber noch lebten 50 Juden in der knapp 23 000 Einwohner zählenden Stadt. Ihre Ausgrenzung und Entrechtung, die Schilder, die ihre Geschäfte brandmarken, die Gesetze, die ihr Leben einengten, die Hetze, die es bedrohte – all das gehörte in diesen Jahren in Goslar wie in ganz Deutschland zum Alltag. Auch wenn Rommel im privaten Kreis den Antisemitismus der Regierung

Taktiklehrer. Mit dem Kommandeur der Kriegsschule (Rommel r.). Potsdam, 1938

»Keineswegs als Nazi anzusehen«. Potsdam, 1938

ablehnte, wie sein Sohn Manfred betont, eingesetzt hat er sich für seine verfolgten Mitbürger nicht.

Schon im Januar 1935 war Rommel, der Jahr um Jahr hervorragende Beurteilungen erhalten hatte, die Versetzung als Lehrgangsleiter für die Kriegsschule in Potsdam in Aussicht gestellt worden. Am 15. Oktober des Jahres war es so weit. Rommel nahm in Potsdam seine Lehrtätigkeit wieder auf, jetzt als Taktiklehrer. Wie schon in Dresden blieben seine Ansichten und sein Unterricht unkonventionell und der unweigerliche Höhepunkt seiner Vorlesungen der Sieg auf dem Monte Matajur.

Erst 1937 kam wieder Bewegung in sein Leben. Zum einen veröffentlichte Rommel seine Erinnerungen an den Ersten Weltkrieg unter dem Titel »Infanterie greift an«. Das Buch wurde nicht nur in militärischen Kreisen zum Bestseller. Zum anderen erhielt Rommel am 25. Februar einen Sonderauftrag: Er wurde Verbindungsoffizier der Wehrmacht zur Reichsjugendführung. Das bedeutete für Rommel zunächst, den Kontakt zu den Funktionären der Jugendorganisation zu halten und als hochdekorierter Veteran des Ersten Weltkriegs vor begeisterten Hitlerjungen über seine Erlebnisse am Matajur zu sprechen. Tatsächlich war Rommel vom Reichskriegsministerium mit der heiklen Mission betraut worden, die Organisation unter die Kontrolle der Wehrmacht zu bringen. Schon einmal hatte die Reichswehr einen Anlauf genommen, sich der Hitler-Jugend zu bemächtigen, um hier die vormilitärische Ausbildung selbst in die Hand nehmen zu können. Das war aber 1935 am Widerstand des Reichs-Jugendführers Baldur von Schirach gescheitert. Nun sollte Rommel sein Glück versuchen.

Schon das erste Treffen mit Schirach stand unter keinem guten Stern. Rommel hatte den Reichs-Jugendführer in dessen Ferienhaus am Kochelsee aufgesucht. Vergeblich versuchte Schirachs Frau Henriette, den schwäbischen Offizier aus Potsdam auf die Schönheit der bayerischen Alpen aufmerksam zu machen. »Unabsichtlich«, so der allerdings nicht unvoreingenommene Schirach in seinen Memoiren, »hatte Henriette unserem Gast ein Stichwort gegeben.« – Berge! Rommel begann einen zweistündigen Vortrag über die Erstürmung des Monte Matajur.

Im Mai 1938 wurde es ernst. Während des Reichsführerlagers in Weimar, einer Art Massenzelten von über 3000 Hitler-Jugendführern, unterbreitete der mittlerweile zum Oberst beförderte Rommel dem stellvertretenden Reichs-Jugendführer Hartmann Lauterbacher einen Vertragsentwurf. Lauterbacher lehnte empört ab: »Nach Abschluss eines solchen Vertrages wären wir mit Sicherheit keine Gliederung der NSDAP mehr gewesen, sondern eine militärische Nachwuchsorganisation.« Nach zähem Ringen gelang es, eine Kompromisslösung zu formulieren, die Baldur von Schirach vorgelegt werden sollte. Lauterbachers Erinnerungen nach soll Rommel dem Reichs-Jugendführer am folgenden Tag die ursprüngliche Version überreicht und Schirach unter dem Vorwand zur Unterschrift gebracht haben, das Papier sei die mit seinem Stellvertreter ausgehandelte Kompromisslösung.

Kurz darauf zog Schirach jedenfalls verärgert seine Unterschrift zurück und erklärte die Abmachung für ungültig. Außerdem wandte sich der Reichs-Jugendführer direkt an Hitler, um den Vorstoß der Wehrmacht abzuwehren und Rommel loszuwerden. Mit Erfolg. Die Hitler-Jugend blieb auch fortan eine Parteiorganisation, und Rommel wurde im August 1938 stillschweigend von seinem Posten abberufen. Schirachs Meinung stand fest: »Rommel«, so vertraute er Martin Bormann an, »[sei] keineswegs als Nazi anzusehen.« Der alte Nationalsozialist hatte Recht: Rommel war wohl von den Scheinerfolgen des Regimes geblendet, die Ideologie aber blieb ihm zeit seines Lebens fremd.

Das scheint Erwin Rommel nicht geschadet zu haben. Vom 1. bis zum 9. Oktober '38 wurde ihm das Kommando über das Führerhauptquartier während des Einmarsches in das Sudetenland übertragen. Militärisch gesehen stellte die Aufgabe keine besondere Herausforderung dar. In erster Linie war Rommel für die Sicherheit Hitlers verantwortlich. Persönlich katapultierte das Kommando den Oberst und Lehrgangsleiter in das direkte Umfeld der Macht. Rommel hatte einflussreiche Gönner. Einer von ihnen war der Adjutant der Luftwaffe bei Hitler, Nicolaus von Below, der Rommel als Fahnenjunker auf der Infanterieschule Dresden kennen gelernt hatte. Ein anderer, der Chefadjutant der Wehrmacht bei Hitler, Rudolf Schmundt, war es gewesen, der Rommel als Kommandant vorgeschlagen hatte. Zwischen Schmundt und Rommel sollte sich ein freundschaftliches Verhältnis entwickeln. Schmundt blieb bis zu seinem Tod infolge des

Attentats vom 20. Juli 1944 Rommels Förderer und wichtigster Ansprechpartner im Führerhauptquartier.

Nach seiner Rückkehr wurde Rommel am 10. November 1938 Kommandeur der altehrwürdigen Maria Theresianischen Militärakademie in Wiener Neustadt. Kurz darauf besuchte er zum dritten Mal einen so genannten Nationalpolitischen Lehrgang für höhere Offiziere in Berlin. Zum Abschluss der Veranstaltung sprach Adolf Hitler persönlich. Offensichtlich beeindruckt berichtete Rommel in einem Brief an seine Frau Lucie: »Gestern sprach der Führer: Soldat muss heute politisch sein, denn er muss stets einsatzbereit sein für die neue Politik. Die deutsche Wehrmacht ist das Schwert der neuen deutschen Weltanschauung.«

In gewisser Weise war Rommels Entwicklung bis zu diesem Zeitpunkt wie ein Spiegel der Verstrickung der Reichswehr und später der Wehrmacht mit der Diktatur, die in dem irrigen Glauben, die erste Macht im Staate zu sein, immer tiefer in die Abhängigkeit zu Hitler geraten war. Das Motto »Der Führer ja! Die Partei nein!« half über die offensichtlichen Verbrechen des Regimes hinwegzusehen. Das galt auch für Rommel.

Zum Jahresende 1938 hatte Rommel eine Einladung in die Schweiz erhalten. Sein Buch »Infanterie greift an« war hier besonders positiv aufgenommen worden und fand mittlerweile Verwendung im taktischen Unterricht der Schweizer Offiziersanwärter. Nun sollte der Autor persönlich in Basel, Zürich, Schaffhausen und Olten vor Schweizer Offizieren über seine Erlebnisse im Ersten Weltkrieg berichten. Die Vortragsreihe hatte ein unangenehmes Nachspiel. Rommel gab wie üblich den Sturm auf den Matajur und schilderte dabei wie immer auch plastisch die Reaktion der demoralisierten italienischen Truppe. Darauf beschwerte sich der italienische Militärattaché in der Schweiz bei der deutschen Gesandtschaft in Bern, es sei ihm zugetragen worden, Rommel habe sich bei seinen Vorträgen abfällig über die italienischen Soldaten geäußert. Das war kein ganz unbedeutender Vorwurf – Italien war seit 1936 Achsenpartner, der »Duce« Benito Mussolini ein »Freund« des Führers. Rommel musste sich rechtfertigen.

In einem zweiseitigen Schreiben an das Oberkommando des Heeres beteuerte Rommel: »Ich habe mich streng an die geschichtlichen Ereignisse gehalten, jede abfällige Bemerkung gegen italienische Soldaten und ihren

Kampfwert unterlassen.« Im letzten Absatz gab Rommel einen kurzen Stimmungsbericht von seiner Reise und schrieb unter anderem: »… insbesondere brachten die jüngeren Offiziere ihre Sympathie für das neue Deutschland zum Ausdruck. – Auch über die Judenfrage wurde von einzelnen Herren recht verständig gesprochen.« Es lag nahe, dass bei Rommels Vorträgen in der Schweiz im Anschluss auch über die Behandlung der Juden in Deutschland diskutiert wurde; der 9. November 1938, die so genannte Reichskristallnacht, lag erst einen knappen Monat zurück. Die inszenierten Ausschreitungen hatten im Ausland zu empörten Reaktionen geführt. Auch Rommel selbst war sicherlich im Bilde. Sein Sohn Manfred hatte sogar versucht, sich die Trümmer der ausgebrannten Synagoge in Wiener Neustadt anzusehen, war aber an einer eigens errichteten Absperrung von der Polizei wieder nach Hause geschickt worden.

Was bedeutete unter diesem Aspekt »recht verständig«? Hatten einzelne Schweizer Offiziere sich zustimmend über das blutige Pogrom geäußert? Das erscheint eher unwahrscheinlich. Hatten sie die Ausgrenzung, Entrechtung und Vertreibung der Juden in Deutschland begrüßt, solange sie in »geordneten Bahnen« verlief, und nur die »spontanen« Ausschreitungen der braunen Meute verurteilt? Eine Haltung, die in Deutschland damals weit verbreitet war. Oder hatten die Schweizer Offiziere das »neue Deutschland« trotz der Verfolgung der Juden und der Ereignisse am 9. November begrüßt? Auch das ist möglich. Rommel war jedenfalls kein Antisemit und sah die »ganze Judenfrage«, so sein Sohn Manfred (damals zehn Jahre alt), »sicher als etwas Negatives«. Tatsächlich gibt es keine weitere bekannte Quelle, die auch nur im Ansatz auf eine judenfeindliche Einstellung Rommels hinweisen würde.

Im März 1939 hatte Rommel beim Einmarsch in die Tschechoslowakei und der Übernahme des Memellandes für knapp zwei Wochen wieder das Kommando über das Führerhauptquartier. Hatte er sich bei aller Anerkennung für Hitler bislang durchaus nicht vom national-konservativen Standpunkt des Gros der Offiziere der Wehrmacht entfernt, so begann jetzt die Phase der persönlichen Annäherung an den Diktator. Es sollte zu einer verhängnisvollen Affäre werden, aus der Rommel sich bis ans Ende seines Lebens nicht mehr ganz lösen konnte. Den Auftakt bildete ein Zusammentreffen mit Hitler an der tschechoslowakischen Grenze. Hitler, dessen SS-Begleitkommando noch nicht eingetroffen war, zögerte deshalb, in Prag einzuziehen. »Ich bin es gewesen«, so Rommel später stolz zu seinem Freund Kurt Hesse, »der Hitler veranlasst hat, unter meinem Schutz weiterzufahren – direkt auf den Hradschin. Ich sagte ihm: ›Sie haben keine andere Wahl. Es gibt für Sie, mein Führer, nur den Weg in das Herz des Landes, in die Hauptstadt, auf die Burg von Prag.‹ Ich habe ihn gewissermaßen gezwungen, mit mir zu fahren. Er hat sich mir anvertraut und nie vergessen, dass ich ihm diesen Rat gab.«

Ein halbes Jahr später wurde Rommel am 1. August 1939 zum ersten Mal außerhalb der Reihe zum Generalmajor befördert. Wäre Rommel nach dem Ersten Weltkrieg Generalstabsoffizier geworden, hätte er als Träger des Pour le Mérite wohl schon Jahre früher davon profitieren können. Erst jetzt, mit 48 Jahren, bekam er Zugang zu den höheren Weihen der Offizierslaufbahn. Am 23. August wurde Rommel erneut zum Führerhauptquartier versetzt. Die von Hitler angefachte Krise um Polen ging ihrem Höhepunkt entgegen. Alle Zeichen standen auf Krieg. Nur Rommel wollte nicht daran glauben. Bei der Verabschiedung von Lucie in Wiener Neustadt sagte er mit felsenfester Überzeugung: »Da kannst Du Dich drauf verlassen, solange die Generation lebt, die den Ersten Weltkrieg mitgemacht hat, da kommt kein Zweiter.« Und noch am 31. August, am Tag vor dem deutschen Überfall auf Polen, schrieb Rommel an Lucie: »Wie es wohl mit der Lage werden mag? Ich glaube doch, dass es noch ohne schwerere kriegerische Verwicklungen abgehen wird.« Das war grenzenlos optimistisch. Frankreich und England hatten mobil gemacht und drohten, für den Fall einer bewaffneten Auseinandersetzung Polen beizustehen. Unbeirrt vertraute Rommel der Ordonnanz Hitlers, Heinz Linge, seine Prognose an: In 14 Tagen sei alles vorbei!

In der Nacht zum 1. September überfielen Sonderkommandos der SS in polnischen Uniformen in drei grenznah zu Polen gelegenen Orten deutsche Einrichtungen, darunter auch den Sender Gleiwitz. Diese inszenierten Grenzzwischenfälle sollten Hitler den Vorwand für den Überfall auf Polen liefern. Am nächsten Morgen um 10.00 Uhr wandte der Diktator sich in der Berliner Kroll-Oper an den Reichstag und das deutsche Volk. Seine

Immer in zweiter Reihe. Polen, im Führerhauptquartier (Rommel 2. v. r.), September 1939

Rede gipfelte in den berüchtigten Worten: »Polen hat nun heute nacht zum ersten Mal auf unserem eigenen Territorium auch durch reguläre Soldaten geschossen. Seit 5.45 Uhr wird jetzt zurückgeschossen! Und von jetzt ab wird Bombe mit Bombe vergolten.« Begeistert schrieb Rommel an Lucie: »Was sagst Du zu den Ereignissen des 1. [September] (Führerrede)? Es ist doch wunderbar, dass wir diesen Mann haben.« Rommel ahnte nicht einmal im Ansatz, welchem Herrn er diente.

Der inszenierte Grenzzwischenfall war erst der Beginn der Verbrechen in Polen. Zur Befriedung des besetzten Landes ermordeten Einsatzgruppen der SS, rein »vorsorglich«, die polnische Intelligenz. Adel und Klerus, Professoren, Lehrer und Ärzte, vor allem Juden wurden zu Tausenden an die Wand gestellt und erschossen. Rommel kann von diesen Massakern nichts erfahren haben. Sonst hätte er sich später nicht blauäugig an den Adjutanten des Reichsführers SS, Heinrich Himmler, gewandt, um nach dem

Schicksal eines polnischen Verwandten zu forschen. Lucies Onkel, der katholische Geistliche Edmund Rosczynialski, war kurze Zeit nach dem Einmarsch der Deutschen spurlos verschwunden. Rommel erhielt später auf seine Anfrage Antwort aus dem Reichssicherheitshauptamt: Die Ermittlungen seien ergebnislos verlaufen: »Es ist mit der Möglichkeit zu rechnen, dass er [Rosczynialski] den Wirren des Krieges oder den Witterungsunbilden zum Opfer fiel.«

Wie auf »Lützows wilder verwegener Jagd«, so ein Offizier, konnte man Rommel in den ersten Wochen des September 1939 im Panzerspähwagen an der Spitze des Führerkonvois durch Polen rasen sehen. Mit 16 Offizieren und 274 Soldaten sorgte er für den Schutz Hitlers bei dessen zahlreichen Truppenbesuchen. In den Wochenschauen, die diese Ausflüge weidlich ausschlachteten, ist zum ersten Mal auch Rommel zu sehen. Immer in zweiter Reihe, unsicher und irgendwie etwas verloren. Im Kreis der Spitzen des NS-Staates, die sich jetzt im Führerhauptquartier die Klinke in die Hand gaben, fühlte er sich ganz offensichtlich nicht sehr wohl.

Umso geschickter verstand es Hitler, sich mit kleinen Gesten der Gunst Rommels zu versichern. Heinz Linge schrieb in seinen Erinnerungen: »Hitler gestattete ihm, an Lagebesprechungen teilzunehmen, lud ihn zum Essen ein und gab ihm Informationen, die ihn als besonders bevorzugt erscheinen ließen. Er erklärte ihm das Zusammenwirken von Panzern, Sturmtruppen, und Sturzkampfbombern und machte ihm klar, dass schnelle Siege den Feind hindern müssten, ihm, Hitler, die Strategie und Taktik abzuschauen. Ich hatte den Eindruck, dass Rommel jedes Wort des Führers gierig in sich aufsog.«

Es ist faszinierend, die einzelnen Stufen dieser Werbung in den Briefen Rommels an seine Frau Schritt für Schritt nachzuvollziehen. So schrieb er am 9. September etwa: »Bin viel mit dem F[ührer] zusammen oft bei intimsten Besprechungen. Dies Vertrauen ist für mich die größte Freude, mehr als mein Generalsrang …« Am Tag darauf hieß es: »Abends ist immer lange Besprechung der Lage, wobei ich anwesend sein darf und gelegentlich auch ein Wort sprechen darf. Das ist wunderbar, wenn man die Klarheit in der Behandlung der Probleme miterlebt.« Am 12. September hielt Rommel fest: »Der Führer ist allerbester Stimmung. Komme nun öfters mit ihm ins Gespräch, das ist ganz persönlich.« Und am 23. September schließlich: »Der Führer ist loser Stimmung. Man sitzt nun täglich zweimal an seinem Tisch, gestern Abend durfte ich neben ihm sitzen. Der Soldat ist wieder etwas wert.«

In diesen Wochen vollzog sich der endgültige Wandel Rommels zum überzeugten Anhänger der Person Hitlers, der seinem Herrn mit beinahe ehrfürchtiger Andacht begegnete. Hitler seinerseits schien Gefallen an dem bescheidenen Schwaben mit dem Pour le Mérite gefunden zu haben. Rommels Bewunderung unterschied sich in den Augen Hitlers wohltuend von der sonst »mangelnde[n] Bereitschaft des Heeres und besonders des Heeresgeneralstabes zu Vertrauen und Gefolgschaft ihm gegenüber …«.

Viereinhalb Monate nach dem Sieg über Polen erhielt Rommel das Kommando über die 7. Panzerdivision bei Bad Godesberg. Diese für einen Infanteristen ungewöhnliche Berufung verdankte er seinem neuen Gönner.

Im Sonderzug des »Führers«. Polen, September 1939

Glücklich empfing Rommel zum Abschied aus dem Führerhauptquartier von Hitler eine handsignierte Ausgabe von »Mein Kampf«. Der Diktator persönlich hatte sein Buch gewidmet: »Herrn General Rommel zur freundlichen Erinnerung ... 3. 2. 1940.«

Rommel ließ an seiner Gefolgschaftstreue zu Hitler jetzt keinen Zweifel mehr. Verwundert nahmen die Offiziere seines neuen Divisionsstabes bei der Kommandoübernahme zur Kenntnis, dass er mit erhobenem rechtem Arm schneidig mit »Heil Hitler« grüßte. Und als seinem Stab Anfang März 1940 Leutnant Karl Hanke zugeteilt wurde, der im zivilen Leben Staatssekretär im Propagandaministerium war, schrieb Rommel an seine Frau: »Mir tut das nicht weh, ich brauche mein Mundwerk nicht in Zaum nehmen, aber die anderen werden z. T. vorsichtig sein müssen. Nationalsozialismus ist wohl manchen noch eine fremde Angelegenheit.« Offensichtlich hielt Rommel sich jetzt für einen in der Wolle gefärbten Natio-

47

nalsozialisten. Bei den anderen Generalen jedenfalls brachte ihm diese Haltung den Ruf eines Nazi-Generals ein.

Als habe er sich vorgenommen, das Vertrauen, das Hitler in ihn gesetzt hatte, um jeden Preis zu rechtfertigen, stürzte Rommel sich am 10. Mai mit der 7. Panzerdivision in die Schlacht gegen Frankreich. An der Spitze seiner Truppen überquerte er schon drei Tage später im Morgengrauen die Maas. Am 16. Mai hatte seine Panzerdivision die legendäre Maginotlinie erreicht. Obwohl der Oberbefehlshaber der 4. Armee, Generaloberst Hans Günther von Kluge, ausdrücklich befohlen hatte: »Kein Durchbruch«, konnte Rommel nicht widerstehen. Wie schon im Ersten Weltkrieg setzte er darauf, den französischen Gegner zu überraschen. Gegen 18.30 Uhr brach Rommels Vorausabteilung in die ersten Linien ein. Rommels Plan ging auf. Die Verteidiger in ihren Betonbunkern, hinter den Minenfeldern und Stacheldrahtverhauen, hatten mit dem Auftauchen seiner Panzer nicht gerechnet. Gegen 23.00 Uhr gelang Rommel der Durchbruch. Jetzt war er nicht mehr zu halten. Rommel entschloss sich, den Überraschungserfolg durch einen Vorstoß tief in Feindesland zu krönen.

HEINZ PLÜMACHER Soldat im Frankreichfeldzug

»Ich war ja auch bei der 4. Armee, und da hörten wir auf einmal –, ich glaube, unser Wachtmeister hat es erzählt – ja, da ist irgendein Divisionskommandeur, der prescht einfach nach vorne, ohne Deckung links und rechts und hat aber trotzdem Erfolg. Das war die ›Gespensterdivision‹. Hinterher haben wir dann erfahren, dass das der Rommel war.«

Wie besessen jagte Rommel immer weiter vorwärts. Vergeblich versuchten seine Vorgesetzten ihn zu stoppen. Aber Rommel antwortete einfach nicht auf ihre Funksprüche. Irgendwann verloren die Kampfverbände von Rommels Division dann noch den Anschluss an die Vorausabteilung. Völlig isoliert, wie eine Insel in einem Meer, fuhr Rommel mit einigen wenigen Panzern durch Feindesland. Alles war wie einst im Ersten Weltkrieg. »Die gleichen Schliche, Finten und Überraschungen, nur diesmal im Großformat«, so ein Leutnant der 7. Panzerdivision. »Die Vormarschstraße bot ein Bild, wie ich es nie gesehen hatte«, schrieb Kurt Hesse, der mittlerweile als Kriegsberichterstatter in Frankreich eingesetzt war. »Viele Hunderte von Fahrzeugen standen, zum Teil in den Straßengraben gefahren, zum Teil ausgebrannt, viele noch mit Toten und Verwundeten auf den Sitzen, über eine Strecke von wenigstens 8–10 km. Hin und wieder tauchten auch aus einzelnen Gehöften und Waldstücken Franzosen mit erhobenen Händen auf, alle Zeichen tiefen Erschreckens an den Tag legend; von vorn aber hörte man unaufhörlich die kurzen schnellen Abschüsse der Panzer, die Rommel oft einzeln persönlich ansetzte, dabei in seinem Führungswagen mit nur zwei Begleitoffizieren stehend, die Mütze auf dem Kopf, vorwärtsfahrend. Ein ›feu sacré‹ erfüllte ihn; hier gab es keinen Widerstand, weder beim Feind noch in seiner Umgebung. Mochte liegen bleiben, wer nicht mehr mit konnte, wenn nur er und drei Panzer die Somme-Mündung erreichten!«

Der Erfolg war beeindruckend: Das II. Französische Korps hatte sich in Panik aufgelöst; seine Panzerdivision war aufgerieben worden. Außerdem ein knappes Dutzend kleinere Verbände. Über 10 000 französische Gefangene waren eingebracht worden. Der Vorstoß hatte Rommels Division bei den Franzosen den Beinamen »la division fantôme« (die Gespensterdivision) eingebracht. »Das psychologische Schockelement«, so der Militärhistoriker Karl-Heinz Frieser, »war zur wirkungsvollsten Waffe geworden.«

Als der Waffenstillstand mit Frankreich am 22. Juni 1940 im Wäldchen von Compiègne unterzeichnet wurde, konnte Rommel zufrieden sein. Für seinen Husarenritt durch die Maginotlinie war er mit dem Ritterkreuz ausgezeichnet worden. Und auch sonst hatte er Vorsorge getroffen, dass seine Taten nicht in Vergessenheit geraten würden. Regelmäßig hatte Rommel

Mit unendlichem Stolz erfüllt. Siegesparade, Paris, 20. Juni 1940

ausführliche Gefechtsberichte an Rudolf Schmundt im Führerhauptquartier geschickt, mit der Bitte, sie an Hitler weiterzuleiten. Nie wieder sollte es ihm so gehen wie am Monte Matajur. Umso ärgerlicher wurde Rommel, als er erfuhr, dass zwei »Generalstäbler« ihn »übersprungen« hatten und zu Generalleutnanten befördert worden waren. »Das ist recht bitter«, schrieb Rommel am 27. August an Lucie, »wenn man auf die Leistungen der letzten Monate zurückschaut. Es ist eben nach wie vor ›Der Frontsoldat zum Sterben da‹.«

Möglicherweise hat Rommel auch seine Bedeutung für Hitler etwas überschätzt. Stolz ließ er zu Weihnachten 1940 durch seinen Ordonnanzoffizier Karl Hanke eine in rotem Leder gebundene, eigenhändig gestaltete Sammlung aller Gefechtsberichte seiner Division ins Führerhauptquartier bringen. Hitler bedankte sich umgehend und schrieb am 20. Dezember: »Lieber General Rommel, ich danke Ihnen sehr für die mir übersandte Sammlung des Gefechts Ihrer 7. P[anzer] Div[ision] im Westfeldzug. Sie haben mir dadurch die Möglichkeit gegeben, noch mal den Siegeszug Ihrer Division mitzuerleben. Sie dürfen stolz auf das Geleistete sein. Ihnen und Ihrer Division wünsche ich für das kommende Jahr das Beste. Mit deutschem Gruß, Ihr Adolf Hitler.« Schmundt fügte noch ein kleines Anschreiben bei, das Rommel besonders freute. »Sie können sich denken«, so Schmundt, »mit welcher Freude der Führer darin studierte.« Überglücklich berichtete Rommel sogleich an Lucie: »… Dass der Führer bei all der Arbeit, die auf ihm lastet, noch Zeit gefunden hat, sich mit meiner Geschichte der Panzerdivision zu beschäftigen und mir zu schreiben, erfüllt mich mit unendlichem Stolz …«

Vielleicht hätte Rommel anders über das Schreiben gedacht, wenn er gewusst hätte, welche Geschichte sein Ordonnanzoffizier Hanke hinter seinem Rücken zum Besten gab: »Hitler habe das Tagebuch durchgeblättert, den Text nicht einmal überflogen, den Band weggelegt und seinen Adjutanten angewiesen, den üblichen Dankbrief zu schreiben.« Der Diktator war mit seinen Gedanken längst über Rommel hinaus. Am 18. Dezember hatte er die geheime Weisung Nr. 21 erlassen. Unter dem Decknamen »Barbarossa« begann die Vorbereitung für den Überfall auf die Sowjetunion.

51

2

PENDEL

Die Briten kamen zuerst. 1882 vertrieben sie den türkischen Statthalter aus Ägypten und besetzten das Land, vor allem, um den eben erst ausgehobenen Suezkanal zu sichern. Dreißig Jahre später eroberten die Italiener von den Türken die Provinzen Tripolitanien und Cyrenaika, die 1934 mit Fessan zur italienischen Kolonie »Libia« vereinigt wurden. Im Jahr darauf marschierten die Truppen des italienischen Diktators Benito Mussolini in Abessinien ein und besetzten am 5. Mai 1936 die Hauptstadt Addis Abeba. Der »Duce« proklamierte in Verklärung römischer Machtentfaltung der Antike das neue »Imperium Romanum«.

Am 10. Juni 1940 erklärte Italien, ermutigt von den Erfolgen der deutschen Offensive im Westen, Großbritannien und Frankreich den Krieg. Die Entscheidung kam spät und sie war auf Sand gebaut. Schon zwölf Tage später wurde der Waffenstillstand in Compiègne unterzeichnet. Im Gegensatz zu Deutschland, in dem seit Jahren für Hitlers Krieg gerüstet worden war, befand sich das italienische Militär weitgehend noch auf dem Stand des Ersten Weltkriegs. Dennoch hoffte Mussolini im Windschatten seines Achsenpartners auf leichte Beute. Das Objekt seiner Begierde: Ägypten. So wie einst im römischen Imperium der Cäsaren griff Mussolini jetzt nach der Vorherrschaft über das Mittelmeer, das in Italien ohnehin »mare nostro« [unser Meer] genannt wurde.

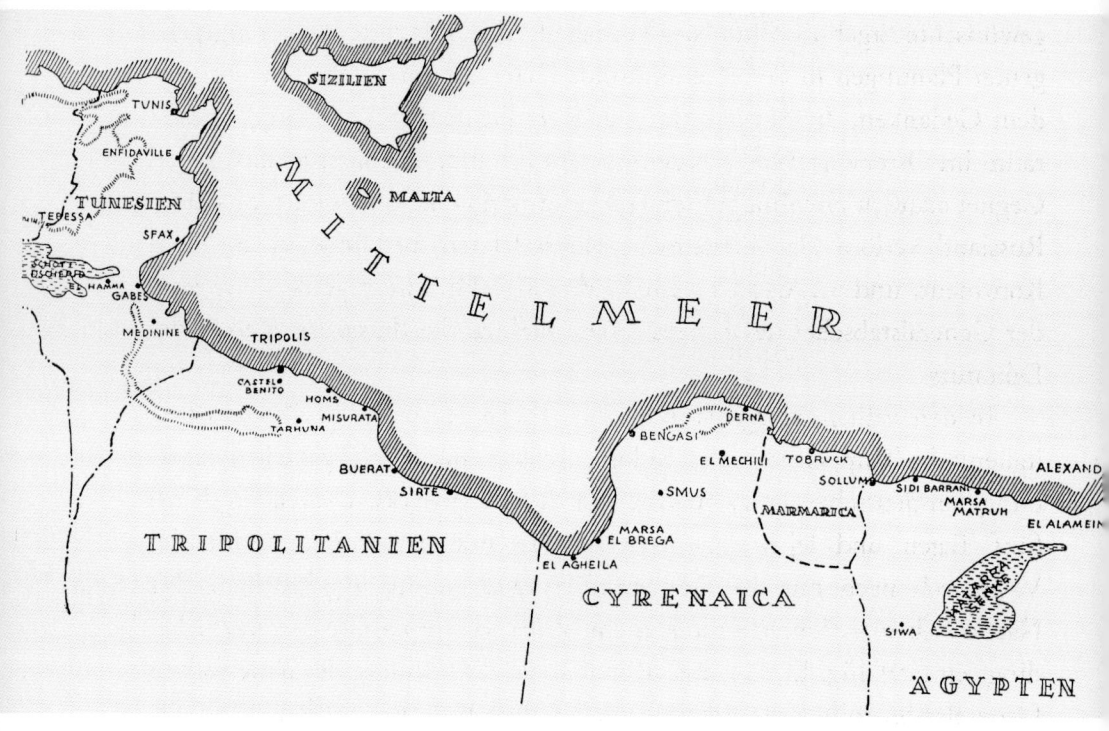

Kriegsschauplatz Nordafrika. Karte von 1950

Unabhängig von Mussolinis Interessen wurde auch in den Oberkommandos der Wehrmacht und des Heeres seit Juni darüber nachgedacht, einen möglichen italienischen Vorstoß von Libyen aus auf den Suezkanal zu unterstützen. Im Zusammenhang mit dem geplanten Angriff auf England wurden Möglichkeiten geprüft, das britische Empire auch in seinen Kolonien zu treffen. In Stellvertreterkriegen mit deutscher Unterstützung sollten die »befreundeten« faschistischen Regime Spanien durch die »Wegnahme Gibraltars« und Italien durch eine »Angriffsoperation gegen den Suezkanal … die Achillesferse des Britischen Weltreiches durchtrennen«.

Aber der spanische »Caudillo« Francisco Franco lehnte ab, und Mussolini zog es vor, seinen Zugriff auf Ägypten in eigener Regie anzugehen. Schon im August war das deutsche »Landeunternehmen Seelöwe« auf die englische Insel für unbestimmte Zeit verschoben worden. Auch die vollmundig angekündigte »Luftschlacht« über England brachte nicht das

54

gewünschte Ergebnis. Ein neues Vorhaben Hitlers drängte alle vorangegangenen Planungen in den Hintergrund: Der Diktator spielte seit Juni mit dem Gedanken, die Sowjetunion zu überfallen. Der »Kampf um Lebensraum im Osten« und die mörderische Abrechnung mit dem ideologischen Gegner standen ohnehin auf seiner Agenda. Mit einem schnellen Sieg über Russland verlöre Großbritannien seinen letzten Verbündeten auf dem Kontinent, und »… dann ist Englands letzte Hoffnung getilgt«, notierte der Generalstabschef des Heeres, Franz Halder, das illusionäre Kalkül des Diktators.

In den frühen Morgenstunden des 13. September 1940 überschritten italienische Truppen von der Kolonie Libyen aus die ägyptische Grenze, ohne den deutschen Achsenpartner im Voraus konsultiert zu haben. Nach fünf Tagen und leichten Grenzgefechten mit den Briten wurde der Vormarsch nach nur 90 Kilometern in Sidi Barrani abgebrochen. Der Nachschub funktionierte nicht mehr, und die Truppe war nur noch bedingt einsatzfähig. Erst in drei Monaten, so die Planung des italienischen Generalstabs, sollte die Offensive wieder aufgenommen werden.

Damit hatte das Pendel des Krieges in Nordafrika zum ersten Mal ausgeschwungen. Fünfmal ging sein tödlicher Schlag in den kommenden zwei Jahren über die Cyrenaika hinweg. Das Schlachtfeld erstreckte sich über etwa 1000 Kilometer, zwischen dem Wüstenfort El Agheila im Westen und der Hafenstadt Sollum im Osten; im Norden begrenzt vom Mittelmeer, im Süden von der Wüste. Gekämpft wurde auf dem etwa 100 Kilometer breiten Küstenstreifen dazwischen – auf Geröllfeldern, steinigen Ebenen und karstigen Steppenböden. Beim Kampf in dieser Ödnis kam es wie beim Seekrieg in erster Linie darauf an, den Gegner zu stellen und zu schlagen. Herkömmlicher Geländegewinn war nahezu unerheblich, ja, er konnte sich sogar zum Nachteil wenden, denn nichts war in der Wüste so entscheidend wie der Nachschub. Treibstoff, Munition, Waffen und auch Wasser mussten auf Lastwagen über Hunderte von Kilometern herangebracht werden. Je weiter eine der Krieg führenden Parteien vorstieß, umso mehr entfernte sie sich von ihren Nachschubbasen. Umgekehrt kam der Verlierer auf dem Rückzug seinem Nachschub immer näher. Vorausgesetzt, der Antransport über das Meer verlief ungestört, befand sich am Ende einer

Offensive der Unterlegene paradoxerweise zumeist in der besseren Position als der Sieger.

Im Dezember 1940 schlug das Pendel überraschend zurück. Unter dem Befehl von Generalleutnant Richard O'Connor begann die britische Offensive gegen die italienischen Positionen bei Sidi Barrani. Der Erfolg übertraf alle Erwartungen. In nur acht Wochen hatte O'Connor die Italiener aus der Cyrenaika vertrieben und stand mit der Vorhut seiner Truppen vor El Agheila. 130 000 italienische Soldaten waren gefangen genommen worden, 400 Panzer und 3000 Geschütze erbeutet. Der Rest der italienischen Armee in Nordafrika befand sich in Auflösung und strömte in Richtung des 800 Kilometer weiter westlich gelegenen Tripolis zurück.

Obwohl der britische Sieg in Libyen in greifbare Nähe gerückt war, befahl der englische Premierminister Winston Churchill am 12. Februar 1941, den Angriff einzustellen und die britischen Truppen aus Afrika zu großen Teilen an den Kriegsschauplatz Griechenland zu verlegen, in das italienische Truppen, wiederum ohne Absprache mit dem Achsenpartner Deutschland, eingefallen waren. Hätte O'Connor seine Offensive fortsetzen können, wäre der italienische Widerstand in Libyen innerhalb von zwei Wochen zusammengebrochen. So sollte der Krieg in Nordafrika noch weitere zwei Jahre dauern.

Es ist eine Ironie der Geschichte, dass an ebenjenem 12. Februar Erwin Rommel auf dem Flughafen von Tripolis zum ersten Mal afrikanischen Boden betrat. Sechs Tage zuvor hatte ihm Hitler persönlich in der Reichskanzlei in Berlin das Kommando über einen deutschen Sperrverband übertragen, der den britischen Vormarsch in Nordafrika aufhalten sollte. Hitler fürchtete zu Recht, dass der Verlust der italienischen Kolonie Libyen seinen ›Freund‹ Mussolini in große politische Schwierigkeiten bringen würde und somit die Achse Berlin-Rom gefährdet war. Für den Diktator und seine militärischen Berater war Libyen dennoch nicht mehr als ein Nebenkriegsschauplatz. Hitler suchte die Entscheidung ›seines‹ Krieges jetzt im Osten.

Während Rommels Aufenthalt in Berlin hat Hitler möglicherweise den ursprünglich geplanten Vorstoß bis zum Suezkanal wieder auf den Tisch gebracht. In jedem Fall ermunterte er Rommel, unverzüglich loszuschlagen. Ganz im Einklang mit dem, was er Mussolini über den deutschen Einsatz in Nordafrika geschrieben hatte: »… ich glaube, dass durch das rein defensive Halten einer Stellung das weitere Vordringen der Engländer nicht verhindert werden kann … Die Abwehr selbst muss offensiv geführt werden.«

Die Einweisung durch den Oberbefehlshaber des Heeres, Generalfeldmarschall Walther von Brauchitsch, und dessen Generalstabschef Halder hatte allerdings noch ganz anders geklungen. Auf der Basis präziser Berechnungen der Nachschubmöglichkeiten und vor allem in Anbetracht des bevorstehenden Überfalls auf Russland, über den Rommel nicht informiert war, hatten beide Generale von Anfang an die Meinung vertreten, der Sperrverband könne in keinem Fall so versorgt werden, dass ein größerer Angriff in absehbarer Zeit Aussicht auf Erfolg haben würde. Rommel sollte einen weiteren Rückzug der italienischen Truppen in Richtung Tripolis verhindern und auf der so genannten Sirte-Linie zur defensiven Verteidigung übergehen. Der Generalstab hatte Rommel gebremst, Hitler ermutigte ihn loszuschlagen. Dieser Widerspruch war Ausdruck eines andauernden Konflikts, der schon seit dem Überfall auf Polen zwischen dem Diktator und der Heeresleitung schwelte.

»Du kannst Dir denken«, schrieb Rommel in dieser Situation an seine Frau, »wie mir der Kopf brummt, ob all dem vielem Neuen. Was wird dabei herauskommen?« Es war keine Frage, auf wessen Seite Rommel sich schlagen würde. Einem jungen Leutnant vertraute er nach seiner Ankunft in Libyen an: »Wir werden bis zum Nil vorstoßen, machen dann eine Rechtswendung [nach Ostafrika] und gewinnen alles zurück.« Rommel hatte es offensichtlich eilig. Ohne zu wissen, dass Churchill den Vormarsch gestoppt hatte, wähnte er sich zunächst einer vermeintlich weit überlegenen britischen Streitkraft gegenüber, deren Vorstoß auf Tripolis er mit jedem Tag erwartete. Abgesehen von einzelnen Verbänden der Luftwaffe, die sich seit Januar in Libyen befanden, standen am 12. Februar außer einem Feldlazarett zwei Wasserkolonnen und einer Kraftfahrzeugwerkstatt noch keine deutschen Truppen auf afrikanischem Boden. Zwei Tage später trafen die ersten Kampfeinheiten gegen Abend im Hafen von Tripolis ein. Der frisch ernannte Generalleutnant Rommel stand am Kai und trieb persönlich die Hafenarbeiter und die Truppe an. Über Nacht, so hatte er gefordert, müsse alles ausgeladen sein.

Schon am nächsten Morgen um 11.00 Uhr konnte Rommel vor der alten türkischen Festung auf dem Hauptplatz von Tripolis die Aufklärungs-Abteilung 3 und die Panzerjäger-Abteilung 39 antreten lassen. Unter den Klängen einer Militärkapelle und dem Jubel der italienischen Bevölkerung rollten die Soldaten in ihren Fahrzeugen vorbei an ihrem Kommandierenden General und den italienischen Militärs. Von der Parade ging es ohne Zwischenstopp weiter durch das Araberviertel von Tripolis in Richtung Osten. Nach 26 Stunden erreichten die Spitzen der Abteilungen am 16. Februar die vordersten Linien der Italiener bei Sirte, einem Ort am Rande der Wüste. Rommel war mit seinem Leichtflugzeug vom Typ »Fieseler Storch« ebenfalls herbeigeeilt. Zufrieden ließ er an das Führerhauptquartier funken: »Die ersten deutschen Truppen haben soeben die vorderste Front in Afrika erreicht.«

Zwei Tage später erhielt Rommels »Sperrverband« seine erste offizielle Bezeichnung: Deutsches Afrika-Korps. Stolz berichtete Rommel nach Hause an seine Frau, »dass der Führer hocherfreut sei über den Umschwung der Lage, die seit meinem Eintreffen und Eingreifen hier eingetreten sei. Er billige meine Maßnahmen in jeder Hinsicht.«

Noch verfügte Rommel über keine schweren Panzer, noch war ein Großteil der für seinen Auftrag vorgesehenen Verbände nicht in Afrika eingetroffen. Aus Rommels Sicht war es ein Gebot der Stunde, den Gegner über die eigene »Stärke – oder Schwäche« zu täuschen. In den deutschen Instandsetzungswerkstätten südlich von Tripolis begannen die Mechaniker in diesen Tagen mit der Herstellung von Panzerattrappen aus Pappe, und in der Wüste wirbelten kleine Gruppen leichter Fahrzeuge mit Reisigbüschen oder Zeltbahnen im Schlepptau zur Täuschung der feindlichen Luftaufklärung so viel Staub auf wie eine ganze Panzerabteilung. Auch als am 11. März 1941 endlich die ersten Panzerkampfwagen in Tripolis ausgeladen wurden, griff Rommel zu einem Trick, um den Eindruck von der Schlagkraft seiner Streitmacht zu verstärken. Er befahl den Panzerfahrern, nach dem Vorbeimarsch um den nächsten Häuserblock zu fahren und sich wieder in die Parade einzureihen, um von neuem an der Tribüne vorbeizurollen.

Während Rommel später mit solchen Täuschungsmanövern gewisse Erfolge erzielen sollte, so scheint es doch, als seien sie in diesen ersten

Deutsch-Ostafrika erobern. Tripolis, 12. März 1941 (Rommel 2. v. r.)

Wochen wirkungslos verpufft. Die Briten hatten ohnehin nicht die Absicht anzugreifen. Es war vielmehr Rommel, der sich aus seiner vermeintlichen Position der Schwäche heraus gezwungen sah, dem Gegner zuvorzukommen und in Richtung der Cyrenaika vorzustoßen. Nach dem Motto »Angriff ist die beste Verteidigung« befahl er den Vormarsch nach Osten in Richtung El Agheila.

Rommel selbst flog am 19. März nach Deutschland, um Hitler persönlich in der Reichskanzlei Vortrag zu halten. Zur Begrüßung verlieh der Diktator dem Generalleutnant in Anerkennung seiner »besonderen Leistungen« im Frankreichfeldzug das Eichenlaub zum Ritterkreuz. Rommel verbreitete Optimismus, sagte, er sähe keine Schwierigkeiten in Afrika, und hoffe, nach schneller Zuführung der 15. Panzerdivision mit seinem ganzen Korps nach Osten [in Richtung der Cyrenaika] antreten zu können. Hitler sprach nach dem Besuch »voll des Lobes über diesen General und sah die Entwicklung der Lage in Nordafrika sehr positiv an«.

Die nachfolgende Besprechung Rommels beim Oberkommando des Heeres verlief nicht ganz so harmonisch. Selbstbewusst hatte Rommel erklärt, so der Generalstabschef des Heeres Franz Halder nach dem Krieg, »er werde bald Ägypten und den Suezkanal erobern«. »Dann sprach er von … Deutsch-Ostafrika«, erinnerte sich Halder. »Ich konnte mich eines etwas ironischen Lächelns nicht erwehren und fragte ihn, was er für diesen Zweck brauche. Er [Rommel] meinte, er benötige noch zwei Panzerkorps. Ich fragte ihn: ›Selbst wenn wir sie hätten, wie wollen Sie die unterhalten und versorgen?‹ Darauf erhielt ich die klassische Antwort: ›Das ist mir völlig egal. Das ist Ihre Sache!‹«

Mittlerweile war das Afrika-Korps aus der Sirte-Stellung etwa 280 Kilometer nach Osten vorgedrungen, ohne auf nennenswerten Widerstand zu treffen. In der Nacht zum 24. März gelang es einem Spähtrupp, das Wüstenfort El Agheila einzunehmen. Zu einem Kampf mit den Briten war es allerdings auch hier nicht gekommen – das Fort lag nachtsüber verlassen. Erst gegen Morgen traf die britische Besatzung ein und wurde in überraschendem Zugriff überwältigt. Die Wochenschau blies das wenig spektakuläre Unternehmen gewaltig auf und zeigte Bilder einer dramatischen Schlacht um El Agheila, die so gar nicht stattgefunden hatte. Generalleutnant Erwin Rommel, als Einziger in der Wüstenhitze in der feldgrauen Wehrmachtsuniform mit Schaftstiefeln und dem Ritterkreuz mit Eichenlaub über dem Pour le Mérite um den Hals, »leitet in vorderster Linie den Angriff«, so der Wochenschaukommentar. Tatsächlich war er im Fieseler Storch erst am Morgen nach der Einnahme in El Agheila eingetroffen. Das bedeutete nicht, dass Rommel die vorderste Front gemieden hätte, aber es zeigte, dass er es verstand, sich öffentlichkeitswirksam ins Bild zu setzen. Das war weniger seiner Eitelkeit geschuldet als seiner Erfahrung aus dem Ersten Weltkrieg. Er hatte sich geschworen, sich nie mehr die ›Butter vom Brot nehmen zu lassen‹. Offensichtlich wirkte die traumatische Erfahrung vom Monte Matajur noch immer nach.

»Beim Führer ist sichergestellt«, so hatte ihm der Adjutant der Wehrmacht bei Hitler, Rudolf Schmundt, beruhigend nach Afrika geschrieben, »dass eine historische Verdrehung der Verdienste nicht wieder stattfinden wird.« Und sein alter Weggefährte Kurt Hesse, der mittlerweile zum Pressechef des Heeres aufgestiegen war, sandte Anfang März offensichtlich auf Bitten Rommels zusätzlich zum üblichen Kontingent drei Berichterstatter der Propaganda-Kompanie nach Afrika, die im Zivilleben bereits eindrucksvolle Karrieren gemacht hatten: den Kameramann Hans Ertl, der für seine Filmaufnahmen vom Himalaya berühmt geworden war und an Leni Riefenstahls Olympiafilm maßgeblich mitgewirkt hatte; den Starfotografen von der »Berliner Illustrirten«, Eric Borchert, und den Topautor Hanns Gert Freiherr von Esebeck.

Die drei Berichterstatter wurden dem Stab Rommels angegliedert und befanden sich stets in seiner Nähe. Niemand sollte übersehen, dass er in Afrika die Zügel in der Hand hielt. Neben den ohnehin attraktiven Sujets

HEINZ-WERNER SCHMIDT Ordonnanzoffizier bei Rommel

»Rommel hatte nichts dagegen, jetzt der Öffentlichkeit mehr vorgestellt zu werden. Er hatte also nichts dagegen, wenn jetzt ein Kameramann kam und Aufnahmen machte oder wenn fotografiert wurde, und Rommel hat manchmal auch eine Pose eingenommen. Wenn er merkte, da ist ein Kameramann und der will ihn im Profil sehen, dann hat er sein energisches Kinn gezeigt und ein paar Sekunden so gehalten, wie es für den Fotografen am günstigsten war.«

Öffentlichkeitswirksam im Bild. Propagandafoto, 1941

aus Libyen – Wüstenlandschaften, exotische Flora und Fauna – wurde Rommel so zum festen Bestandteil der Berichterstattung. Der Grundstein für den Mythos war gelegt.

Sicher wirkte sich auf Rommels Eigenwerbung hilfreich aus, dass der 36 Jahre alte Oberleutnant Dr. Ingemar Berndt seinem Stab zugeordnet

worden war. Im Zivilleben war Berndt Ministerialdirektor in Goebbels'
Propagandaministerium. Nach Afrika kam er allerdings, ähnlich wie sein
Vorgänger Hanke nach Frankreich, lediglich, weil Joseph Goebbels es gerne
sah, wenn seine Mitarbeiter sich an der Front bewährten. Nichts spricht
dafür, dass der Propagandaminister schon vor dem Afrikafeldzug auf Rommel aufmerksam geworden wäre.

In Goebbels' umfangreichen Tagebuchaufzeichnungen fiel der Name
Rommel jedenfalls zum ersten Mal am 22. Februar 1941. »General Rommel
ist in Tripolis angekommen«, vermerkte der Propagandaminister trocken.
Erst nachdem Goebbels dem Kommandeur des Afrika-Korps einen Monat
später in der Reichskanzlei persönlich begegnet war, änderte sich der Ton
in seinem Tagebuch. »General Rommel erhält das Eichenlaub«, schrieb er
am 21. März. »Ein fabelhafter Offizier.« Fortan ließ Goebbels den »fabel-
haften Offizier« nicht mehr aus den Augen.

Entgegen allen Befehlen entschloss sich Rommel am 31. März 1941, von
El Agheila aus den Vormarsch in die Cyrenaika auf eigene Faust fortzusetzen. Das war ein klarer Akt des Ungehorsams gegen das Oberkommando
des Heeres. Intuitiv verließ sich Rommel dabei auf Hitlers Deckung. Seiner
Frau Lucie schrieb Rommel: »Seit 31. 3. sind wir im Angriff mit prächti-
gem Erfolg. Die Vorgesetzten in Tripolis, Rom und vielleicht auch Berlin
werden die Hände über dem Kopf zusammenschlagen. Gegen bisherige
Weisungen und Befehle habe ich's gewagt, weil die Gelegenheit sich günstig bot. Nachher wird wohl alles gutgeheißen und jeder hätte in meiner
Lage genauso gehandelt.«

Am 3. April erhielt Rommel einen eindeutigen Funkspruch aus Berlin.
Der Führer habe entschieden: »Hauptaufgabe des deutschen Afrika-Korps
bleibt es vorerst, die erreichten Stellungen zu sichern und möglichst starke
englische Kräfte in Nordafrika zu binden … Auch nach Eintreffen der
15. Panzerdivision … ist eine großräumige Offensive etwa mit dem Ziel
Tobruk vorerst nicht vorgesehen.« Am Abend war auch der italienische
General Italo Gariboldi aus Tripolis eingetroffen. Der Oberbefehlshaber in
Libyen, dem Rommel formal unterstand, war aufgebracht und forderte seinerseits die sofortige Einstellung der Offensive. Ein weiterer Funkspruch
aus Berlin rettete die Lage. Wie von Rommel vermutet, hatte es sich Hitler

Auf eigene Faust. Cyrenaika, April 1941

angesichts der ersten Fortschritte wieder anders überlegt. Er beglückwünschte Rommel zu den »unerwarteten Erfolgen«, so der Generalleutnant in einem Brief an seine Frau, und erteilte neue »Richtlinien, die meinen persönlichen Ansichten voll entsprechen …«.

Das Pendel schlug zurück. In rasender Geschwindigkeit. Nur 14 Tage brauchte Rommels Afrika-Korps, um die 1000 Kilometer von El Agheila bis nach Sollum vorzurücken. O'Connor hatte für dieselbe Strecke gegen die Italiener acht Wochen benötigt. Rommel kam dabei zugute, dass nach dem Abtransport der Masse der britischen Truppen nach Griechenland eine deutlich unterlegene Streitmacht auf ihrem Posten geblieben war. Außerdem hatte der Oberbefehlshaber der britischen Streitkräfte im Mittleren Osten, General Archibald Wavell, abgefangenen deutschen Funksprüchen vertraut, die besagten, der Auftrag des Afrika-Korps laute, lediglich die Sirte-Front zu stabilisieren. Mit dem Eigensinn des Kommandierenden Generals des Deutschen Afrika-Korps konnte Wavell nicht rechnen. Die Überraschung war perfekt, und an vielen Orten blieb der britischen Besatzung nichts anderes als der überstürzte Rückzug. Neben Tausenden Soldaten gerieten dabei auch sechs britische Generale in Gefangenschaft, darunter der Meister des Wüstenkrieges, General Richard O'Connor. Er wäre wohl der Einzige gewesen, der Erwin Rommel von Anfang an hätte gefährlich werden können.

Im Gegensatz zu O'Connor, dem es zur Jahreswende 1940/41 gelungen war, der italienischen Armee einen entscheidenden Schlag zu versetzen, entkam Rommel allerdings der Großteil der britischen Truppen. Was blieb, war ein trügerischer Geländegewinn. Einzig die Festung Tobruk konnte nicht eingenommen werden. Sie lag wie ein Stachel im Rücken der Front. Dem Anschein nach glich Rommels Vormarsch einem Triumphzug – tatsächlich hätte der Kampf um Tobruk beinahe das Ende seiner Karriere bedeutet.

Schon am 9. April 1941 hatten die Spitzen des Afrika-Korps sich der Stadtgrenze bis auf 30 Kilometer genähert. Während ein Stoßkeil Tobruk weiträumig umging und in Richtung ägyptische Grenze vorstieß, plante Rommel mit den verbliebenen Kräften die Eroberung der Hafenstadt. Ohne das Gelände oder die Abwehrstellungen der Briten erkundet und

Blutige Belagerung. Tobruk, April 1941

auch ohne sich beim italienischen Verbündeten über die Verteidigungsanlagen rückversichert zu haben, befahl Rommel für den 10. April den ersten Angriff. Er rechnete fest mit dem Überraschungsmoment und hoffte, mit den zurückflutenden britischen Truppen in die Hafenstadt eindringen zu können. Was Rommel nicht wusste: Tobruk war von den Italienern als Land- und Seefestung ausgebaut worden. Auf 49 Kilometer Länge umschloss die Hafenstadt ein aufwändig ausgebautes Stellungssystem aus 126 perfekt getarnten Bunkern, dichten Flächendrahthindernissen, Minenfeldern und einem tiefen Panzergraben. Tobruk im Handstreich zu nehmen war nahezu unmöglich.

Rommel standen für den 10. April lediglich vier ausgelaugte Kampfverbände zum Sturm zur Verfügung. Die Soldaten waren abgekämpft von dem neuntägigen Vormarsch durch die Wüste. Die Hitze, der Durst und der Ghibli, ein glühend heißer Sandsturm, trugen ein Übriges zur Erschöpfung der Truppe bei. Jeder freie Mann wurde an diesem Morgen von Rommel ohne Rücksicht auf Rang oder Dienstalter eingesetzt. Den neu eingetroffenen Kommandeur der 15. Panzerdivision, Generalmajor Heinrich von Prittwitz und Gaffron, dessen Panzer zum Großteil noch nicht in Nordafrika angekommen waren, schickte er zur Erkundung einer günstigen Artilleriestellung auf der Küstenstraße, der so genannten Via Balbia, in Richtung Tobruk vor. »Bis zum Kilometerstein 13 können Sie unbesorgt fahren«, hatte Rommel dem in Nordafrika völlig unerfahrenen Prittwitz noch zugerufen, »denn dort stehen nach den neuesten Meldungen schon italienische Sicherungen.« Rommel sollte sich geirrt haben.

Fassungslos starrten die deutschen Soldaten an der Via Balbia einem Kübelwagen hinterher, der sich in rasender Geschwindigkeit in Richtung Tobruk bewegte. Vergeblich hatten die Männer gewinkt und geschrien, um den Fahrer aufzuhalten. Doch der Beifahrer, ein höherer Offizier, hatte nur zurückgerufen: »Los, vorwärts, der Feind baut ab!« Der höhere Offizier war Generalmajor Prittwitz. Nach dem so genannten Weißen Haus, einem Gebäude bei Kilometer 14 an der Via Balbia, fuhr Prittwitz direkt in britisches Abwehrfeuer. Ein Vollgeschoss traf den 51 Jahre alten Divisionskommandeur; er war sofort tot. In makabrem Humor hatten britische Soldaten am Weißen Haus eine Reklametafel angebracht. Sie zeigte ein kühles Bier und die englische Aufschrift: »Keep Going – Fill up in town a good drink but bloody hard to get.« [Frei übersetzt: Immer weiter – in der Stadt gibt's ein gutes Bier, aber es ist verdammt schwer zu kriegen.] Der Tod von Prittwitz wurde zum Menetekel für die blutige Belagerung von Tobruk.

Der erste Angriffstag verging, ohne dass an irgendeiner Stelle des Festungsrings ein Einbruch erzielt werden konnte. Damit war der Überraschungseffekt verpufft. Trotzdem ließ Rommel den Angriff am Karfreitag, den 11. April 1941 fortsetzen. Zum zweiten Mal rückten die Soldaten des MG-Bataillons 8 mit den Panzern der 5. leichten Division gegen die unsichtbaren Befestigungsanlagen von Tobruk vor. »Nach zwei [Kilometern] Fahrt«, so das Kriegstagebuch des Bataillons, »erhalten wir plötzlich rasendes Art[illerie] Feuer … Die Panzer weichen aus und kehren um … In dieser kurzen Zeitspanne rennt, stolpert und stürmt alles weiter. Als sich diese Feuerwand erneut auf uns legt, ist ein Vorwärtskommen unmöglich. Jetzt erhalten wir auch schon Pak- und MG-Feuer. Mit Händen und Füßen und allen zur Verfügung stehenden Mitteln graben und kratzen wir uns ein …«

Erst als es dunkel wurde, ließ das Feuer endlich nach. Vergeblich hatten die Soldaten gehofft, dass der selbstmörderische Vorstoß nunmehr abgebrochen würde. Rommel aber verlangte die Wiederaufnahme des Angriffs für den nächsten Tag. Gegen 11.00 Uhr morgens wiederholte sich das sinnlose Schauspiel. Der Panzerverband rollte in hoher Fahrt gegen die unsichtbaren Stellungen. Das MG-Bataillon folgte in seinem Schatten. Wieder setzte schweres Abwehrfeuer ein, wieder mussten die Panzer sich zurückziehen, weil sie auf einen der unüberwindbaren Gräben gestoßen waren und ihre Munition ausging. Den Soldaten blieb nichts anderes übrig, als flach auf dem Boden kauernd, erneut auf die Dunkelheit zu hoffen. »Selbst die Notdurft«, so das Kriegstagebuch des Bataillons, »muss im Liegen verrichtet werden.« Diesmal befanden sich die Soldaten so nahe am Gegner, dass sie nachts nicht einmal mit Essen versorgt werden konnten. Aber Rommel blieb hart: »MG-Btl. 8 soll die erreichte Stellung halten.«

Für den Ostersonntag hielt das Kriegstagebuch fest: »… nun sind sie alle der Erschöpfung nahe – körperlich, geistig und auch nervlich. Sie [die Soldaten] spüren es, dass sie in diesem Kampf weitgehend auf sich allein gestellt sind – ein Bataillon gegen eine starke Festung!« Vor 17.00 Uhr gab es neue Befehle von Rommel: »Der Kommandierende [General] hat erneut den Angriff auf die Festung Tobruk befohlen.« Wieder rannten die Soldaten gegen das feindliche Feuer an. Es war aussichtslos. Der Angriff endete wie an den Tagen zuvor.

Nachts unternahm der Kommandeur des MG-Bataillons auf eigene Faust einen letzten verzweifelten Versuch. Im Schutz der Dunkelheit gelang es schließlich gegen 2.00 Uhr, an einer Stelle den Drahtverhau zu durchdringen und einen kleinen Brückenkopf im Festungsring zu bilden. Drei Stunden später kamen die Panzer der 5. leichten Division dem verlorenen Haufen zu Hilfe. Aber der gegnerischen Übermacht waren auch sie nicht gewachsen. Im Morgengrauen wurden elf Panzer in einem heftigen Feuergefecht abgeschossen. Der letzte Rest zog sich zurück. Gegen 11.30 Uhr morgens am 14. April 1941 war der Kampf des MG-Bataillons zu Ende. »60 verdreckte Gestalten erhoben sich träge«, so das Kriegstagebuch. »Uns war speiübel zu Mute. Manchem liefen Tränen der Wut über die stoppeligen Wangen. So hatten wir uns das Ende nicht vorgestellt.« Etwa 700 von 900 Mann allein des MG-Bataillons 8 waren seit Beginn der Offensive am 31. März gefallen, verwundet oder in Gefangenschaft geraten. Die meisten von ihnen vor Tobruk.

Rommel blieb nichts anderes mehr übrig, als diesen Angriff auf die Festung abzublasen. Erregt erschien er kurze Zeit später auf dem Gefechtsstand der 5. leichten Division, zu der das MG-Bataillon und das Panzerregiment gehörten. Im Befehlswagen des Kommandeurs Generalmajor Johannes Streich ließ Rommel jede Zurückhaltung fallen. In Gegenwart der Offiziere seines Stabs brüllte er Streich minutenlang zusammen. Ein anwesender Ordonnanzoffizier Rommels erinnerte sich, er habe es als beschämend empfunden, »dass ein deutscher General sich solche Worte anhören musste«. Das angefertigte Protokoll dieses Auftritts gibt die Atmosphäre nur unzulänglich wieder. Jedenfalls warf Rommel Streich vor, »schuld des Misserfolges wäre in der Hauptsache falsche Führung gewesen. Man dürfe nicht durch eine schmale Einbruchstelle durchstoßen, sondern müsse zuvor nach beiden Seiten aufrollen …« Auf den Einwurf, dass überhaupt nicht genügend Soldaten für ein solches Unternehmen vor Ort gewesen wären, hatte Rommel schroff entgegnet: »Dann hätte die Div[ision] dafür sorgen müssen.« Wenige Wochen später befanden sich Streich und auch der Kommandeur des Panzerregiments Oberst Herbert Olbrich auf dem Weg nach Deutschland – Rommel hatte sie zurückversetzen lassen.

Zum Abschied hatte er Streich mit auf den Weg gegeben: »Ich habe Ihnen die Qualifikation zum Div[isionskommandeur] nicht abgesprochen. Sie sind mir aber in der Fürsorge für die Truppe zu weit gegangen!« Hatte Rommel seinerseits vor Tobruk die Fürsorge für die Truppe vernachlässigt? Dreimal noch ließ er Soldaten gegen die Festung Tobruk anrennen; dann gab er am 4. Mai fürs Erste auf. Der Generalstabschef des Heeres, Halder, vermerkte in seinem Tagebuch: »Afrika-Korps meldet aus den Angriffskämpfen bei Tobruk Verluste von 53 Offizieren und 1187 Mann an. Sehr hoch!«

»Lassen Sie nicht den Kopf hängen«, hatte Rommel nach dem Untergang des MG-Bataillons zu Offizieren aus dem Stab von Streich gesagt, »das ist Soldatenschicksal; Opfer müssen gebracht werden.« Sicher ist, dass der 49 Jahre alte Generalleutnant bei der Durchführung des Angriffs auf Tobruk gravierende Fehler gemacht hatte. Weder ließ er das Gelände zuvor gründlich erkunden, noch wartete er, bis genügend Kampfverbände versammelt und die Unterstützung von Artillerie und Luftwaffe sichergestellt waren, um einen koordinierten und konzentrierten Schlag zu führen.

Rommel war nicht als »Wüstenfuchs« nach Afrika gekommen. Vor Tobruk musste er Lehrgeld zahlen. Auf Kosten seiner Soldaten. Offensichtlich war er in den ersten Monaten von seiner neuen Aufgabe als Kommandierender General überfordert. Zusätzlich hatte er sich durch sein eigenmächtiges Vorgehen unter enormen Erfolgszwang gesetzt.

In den kommenden Wochen sollten beim Oberkommando des Heeres über ein Dutzend mündlicher und schriftlicher Beschwerden über Rommels Führungsstil in Afrika eintreffen. Eine anschließende vertrauliche Beurteilung fiel dementsprechend aus: »Als Hauptmerkmale zeigen sich für mich«, so schrieb General Bodewin Keitel, Chef des Heerespersonalamts, über Rommel, »folgende Eigenarten: Bei aller Anerkennung einer hervorragenden persönlichen Tapferkeit und harter Entschlüsse erscheint mir zeitweise der Überblick zu fehlen. Dadurch werden Befehle gegeben, die in kurzer Zeit widerrufen werden müssen, weil unüberlegt und unausführbar … Der zweite und noch bedenklichere Punkt liegt in der harten und schroffen Art und in der an die Ehre der Offiziere rührenden Behandlung alter und bisher voll bewährter Kommandeure. So sind Urteile wie ›Ich sehe mich gezwungen, Sie Ihrer Dienststellung zu entheben‹ oder Sonderbeurteilungen mit der Bitte um sofortige Ablösung und Vorschläge zur Einleitung von kriegsgerichtlichen Untersuchungen wegen Feigheit nicht selten.«

Nicht nur in Berlin, auch in Nordafrika befand sich Rommel jetzt in ernsthaften Schwierigkeiten. Seine Nachschubwege waren weit überdehnt. Erschwerend kam hinzu, dass die Geschwader der Royal Airforce begannen, Jagd auf die Seetransporte zu machen. So war es am 16. April gelungen, einen Geleitzug von fünf Frachtern für das Deutsche Afrika-Korps zu versenken. Menschen und Material, die Rommel dringend gebraucht hätte. Im eingeschlossenen Tobruk und hinter der ägyptischen Grenze standen gut versorgte britische Truppen. Damit war er gezwungen, seine ohnehin zahlenmäßig schwachen Einheiten auf zwei Fronten zu verteilen. An eine große Offensive war gar nicht mehr zu denken. Vielmehr musste Rommel jetzt sogar fürchten, von einer britischen Gegenoffensive aus dem Felde geschlagen zu werden. Nur nach außen gab er sich zuversichtlich. So erläuterte er am 19. April 1941 dem eingeflogenen Generalfeldmarschall der Luftwaffe Erhard Milch die Situation auf einer Karte und sagte: »Sehen Sie, Milch, da ist Tobruk! Das nehme ich! Da ist der und der Pass, nehme ich auch! Und da ist Kairo, nehme ich auch!« Wie es wirklich in ihm aussah, schrieb Rommel an seine Frau: »Selten habe ich mil[itärisch] solche Sorgen gehabt wie in diesen Tagen.«

Damit war genau das eingetreten, was der Generalstabschef des Heeres Halder von Anfang an befürchtet hatte. Verärgert schrieb er in sein Tagebuch: »Nun meldet er [Rommel] selbst, dass seine Kräfte nicht ausreichen, um die ›beispiellos günstige‹ Gesamtlage ausnützen zu können. Diesen Eindruck hatten wir hier in der Ferne schon länger.« Halder war alarmiert und schickte seinen Stellvertreter, Generalleutnant Friedrich Paulus, nach Afrika, um sich auf diese Weise ein zuverlässiges Bild von der Lage zu machen und »diesen verrückt gewordenen Soldaten durch seinen [Paulus'] persönlichen Einfluss abzufangen«. Zurückgekehrt nach Berlin berichtete Paulus: »Lage Nordafrika unerfreulich. Rommel hat durch Überschreiten des

Befehls eine Lage geschaffen, welcher die Nachschubmöglichkeiten zur Zeit nicht mehr gerecht werden. Rommel ist der Sache nicht gewachsen.«

Halder hatte jetzt genug gehört. In Absprache mit dem Oberbefehlshaber des Heeres von Brauchitsch plante er, Rommel in Nordafrika zu entmachten, indem er ihm eine neu zu bildende Kommandostelle, einen »Befehlshaber der deutschen Truppen in Nordafrika«, vor die Nase setzte. Er hatte die Rechnung ohne Hitler gemacht. Am 19. Mai trug Paulus dem Chef des Wehrmachtführungsstabes, Generaloberst Alfred Jodl, den Plan vor und holte sich eine deutliche Abfuhr. »Dem Führer«, so berichtete Paulus über sein Gespräch mit Jodl, »kommt es nur darauf an, dass Rommel nicht durch eine übergeordnete Stelle gehemmt wird.« Rommels Lage war konsolidiert, und er konnte sich wieder ganz auf den Kriegsschauplatz konzentrieren.

Seit der Niederlage in Griechenland Ende April 1941 war die britische Streitmacht in Ägypten wieder kontinuierlich verstärkt worden. Das Ziel, so formulierte es der Oberbefehlshaber Wavell in Kairo, sei ein »entscheidender Sieg in Nordafrika und die Vernichtung der Achsentruppen«. Schon am 15. Mai war eine kleinere britische Offensive unter dem Namen »Brevity« von Rommel zurückgeschlagen worden. Jetzt sollte die Operation »Battleaxe« die Wende bringen. Am 14. Juni 1941 rollten 300 britische Panzer nach Westen auf die libysche Grenze zu. Das Deutsche Afrika-Korps konnte dem Angriff zu diesem Zeitpunkt nur etwa 80 Panzer entgegensetzen. Doch Rommel hatte Glück. Der britische Kommandeur General Sir Alexander Cunningham war kein Meister des modernen Krieges. Anstatt zu einem ›vernichtenden‹ Schlag schickte er seine Panzer nacheinander ins Gefecht. Damit verspielte er seine Überlegenheit.

Rommel blieb der Herr des Schlachtfelds. Unkonventionell wie er war, setzte er in großem Stil die Flugabwehrkanone mit dem Kaliber 8,8 Zentimeter zur Bekämpfung der feindlichen Panzer ein. Die Wirkung war mörderisch. Ahnungslos rollten die britischen motorisierten Truppen direkt in diese tödliche Falle. In einer Linie aufgestellt, schoss ein Dutzend Flak-8,8 einen Panzer nach dem anderen ab. Schon am zweiten Tag der Schlacht nahm Rommel das Heft vollends in die Hand, setzte sich an die Spitze seiner Truppen und führte sie in den Rücken der britischen Armee. Aber es gelang ihm nicht, den Gegner einzuschließen. Am 17. Juni befahl das

Hauptquartier in Kairo den Rückzug. Rommel hatte den zweiten Gegenangriff erfolgreich abgewehrt – geschlagen hatte er die Briten nicht. Archibald Wavell allerdings kostete die misslungene Offensive den Posten; er wurde vier Tage später nach Indien versetzt.

Wie schon als Stoßtruppführer am Monte Matajur führte Rommel auch in Afrika bevorzugt »von vorne«. Nur unter den Soldaten, direkt an der Front, so glaubte Rommel, könne er seinem Spürsinn folgend die Schlacht gestalten und dabei seine Truppe motivieren und mitreißen. Rommels Domäne war der Bewegungskrieg. Im Gegensatz zum Stellungskrieg, an dem er in Tobruk gescheitert war, konnte er hier in den Lauf der Dinge eingreifen. Schon im Frankreichfeldzug hatte Rommel frohlockt: »Die Zeit eines Seydlitz oder Ziethen ist wiedergekommen.« Wie diese Reiterführer der Friderizianischen Armee, »müssen [wir]«, so Rommel, »den heutigen Krieg vom Kavalleriestandpunkt, Panzereinheiten wie Schwadronen führen, Befehle im fahrenden Panzer wie früher aus dem Sattel geben«. Tatsächlich kam es nicht selten vor, dass Rommel mitten im Gefecht mit seinem Kübelwagen etwa an einen unter Beschuss stehenden Panzer fuhr, sich aufrichtete und mit einem Schraubenschlüssel auf das Turmluk hämmerte. »Das dröhnte dann innen drin«, so Wolf-Dietrich Wagner-Manslau, damals Oberleutnant im Panzerregiment 5, »und dann wusste man schon – aha –, das ist der Feldmarschall, der gibt jetzt neue Anweisungen.«

Längst hatte auch Rommel sich äußerlich dem legeren Stil der Afrikakämpfer angepasst. Im ausgebeulten Ledermantel, um den Hals einen karierten Schal, den seine Tochter Gertrud ihm gestrickt hatte, und auf der Schirmmütze die legendäre englische Staubbrille, wurde sein Bild zur vertrauten Erscheinung bei der Truppe. Kaum einer der Soldaten des Afrika-Korps, der Rommel in den Kämpfen nicht einmal persönlich gesehen hatte. Das machte Eindruck.

Dabei war Rommel »eine kompromisslose, harte, im Grunde unpersönliche Natur«, so sein späterer Stabschef Alfred Gause. »Er wertete den Menschen nur nach seinen Leistungen und bemühte sich weder um die Gunst seiner Vorgesetzten noch seiner Untergebenen. Bei aller Fürsorge für die Truppe verachtete er alle Mittel, sich ›beliebt‹ zu machen.« Und tatsächlich war Rommel bei den Soldaten, die ihn täglich erlebten, nicht etwa

HEINZ-GÜNTER HALM Richtschütze im Afrikafeldzug

»Ich selber habe ihn erlebt, als ich die beiden ersten Panzer abschoss: Ein Fahrzeug hinter uns, das fuhr vorbei, 500 Meter vor unser Geschütz, dann kam es zurück, und da guckt Rommel raus und sagt: ›Jungs, passt auf, da hinten kommen sie, lasst mir keinen durch!‹ Dann ist er 100 Meter hinter unser Geschütz ge-fahren, ist ausgestiegen, hat sich in ein Deckungsloch geworfen. Jetzt haben wir die beiden ersten Panzer abgeschossen, und die anderen drehten ab. Auf einmal war der Panzerspähwagen wieder da, und wer saß drin? Rommel! ›Jungs, das habt ihr fein gemacht‹, und schon fuhr er hinter den abgedrehten eng-lischen Panzern her, um zu sehen, wo die blieben. Das ist so eine Erfahrung, die ich im Einsatz gemacht habe.«

übermäßig beliebt. Manche Offiziere empfanden es sogar als Strafe, in Rommels Stab versetzt zu werden. Wer Rommel allerdings nur auf dem Schlachtfeld begegnete, der war beeindruckt von dem schroffen, schweig-samen und verschlossenen Mann. Vor allem, weil die Soldaten ihn tagtäg-lich dort antrafen, wo sie ihr Leben riskierten – in vorderster Front. »Nie-mand fühlte sich verlassen«, so Rommels Stabschef Alfred Gause über jenes »undefinierbare Fluidum«, das ihn bei seinen Soldaten schon zu Lebzeiten zur Legende werden ließ.

Joseph Goebbels jedenfalls konnte zufrieden in sein Tagebuch schrei-ben: »Rommel selbst ist bei den Truppen, sowohl bei den deutschen wie bei den italienischen, sagenhaft beliebt. Er ist fast eine mythische Gestalt.« Das war nicht der wahre Rommel, das war das Bild vom herzlichen Heerführer, das Goebbels den Deutschen in der Wochenschau verkaufte. Aber er hatte sich vorgenommen, aus Rommel einen »Volkshelden« zu machen. Mit durchschlagendem Erfolg. Täglich traf in Afrika ein »Strom von Post« aus der Heimat ein. Autogrammjäger, Verehrerinnen und alte Kameraden versicherten Rommel ihrer Bewunderung.

»Lieber General Rommel!«, begann etwa der Brief eines zehnjährigen Mädchens aus Augsburg vom 21. Juni 1941, dem Tag vor dem Überfall auf die Sowjetunion. »Ich will ehrlich sein, lieber General Rommel, immer habe ich Dich bewundert, sei es in der Wochenschau oder in der Zeitung. Schon lange dachte ich mir, soll ich an General Rommel schreiben, aber immer habe ich Scheu davor gehabt. Doch in der letzten Wochenschau, die ich gestern sah, nahm ich mir den Mut. Ich brauche ja bei Dir nicht denken, dass Du es so kalt aufnimmst, wie mancher andere. Bei Dir, General Rommel, kann ich aus tiefstem Herzen sprechen. Ich verehre Dich und Dein Afrika-Korps und hoffe, dass Du und Dein Afrika-Korps den Sieg erleben können.«

Am 22. Juni inspizierte Rommel deutsche Stellungen vor Tobruk, als plötzlich eine aufregende Neuigkeit von Posten zu Posten gerufen wurde: »Die Wehrmacht ist in Russland einmarschiert.« Schlagartig muss Rommel klar geworden sein, warum er mit Truppen und Nachschub bisher so stiefmütterlich behandelt worden war. Jetzt konnte er sich Hoffnung auf Besserung machen: Im Vorfeld des Überfalls im Osten hatte ein megalomaner Plan Hitlers erste Gestalt angenommen; am 11. Juni war der Entwurf zur »Führerweisung Nr. 32« ausgearbeitet worden. Nach einem Sieg über Russland, der optimistisch für den Oktober desselben Jahres erwartet wurde, sollte unter anderem ein »konzentrischer Angriff … aus Libyen durch Ägypten, aus Bulgarien durch die Türkei und unter Umständen auch aus Transkaukasien heraus durch den Iran« die »britischen Positionen im Mittelmeer und in Vorderasien« zerschlagen.

Im Vorgriff auf die Erweiterung seines Auftrags wurde Rommel die Bildung einer Panzergruppe in Aussicht gestellt. In diesem Zusammenhang ist wohl auch die Ernennung Rommels zum General der Panzertruppen am 1. Juli 1941 zu sehen. Es war die erste Beförderung, die er deutlich außerhalb der Reihe erhielt – zugleich ein klares Signal Hitlers an Brauchitsch und Halder. »Wie ich jetzt … erfahren habe«, berichtete der frisch ernannte

Absolute Hochstimmung. Mit deutschen und italienischen Offizieren (Rommel M. sitzend), November 1941

General der Panzertruppen sieben Tage später stolz seiner Frau Lucie, »verdanke ich meine neueste Beförderung nur dem Führer … Seine Anerkennung für mein Tun und Handeln ist das Höchste, was ich mir wünschen kann.« Halder musste sich die Niederlage eingestehen und schrieb missmutig in sein Tagebuch: »Rommels charakterliche Fehler lassen ihn als eine besonders unerfreuliche Erscheinung hervortreten, mit der aber niemand in Konflikt geraten will wegen der brutalen Methoden und wegen seiner Stützung an oberster Stelle.«

Es ist eine Ironie der Geschichte, dass aus dem Versuch Halders, Rommel zu entmachten, ein Instrument erwuchs, das zum Fundament seiner künftigen Erfolge werden sollte. Für das geplante neue Oberkommando in Nordafrika war eigens ein hochkarätig besetzter Stab unter Generalmajor Alfred Gause gebildet worden. Dieser Stab, ursprünglich gedacht, um Rommels Befehlsgewalt einzuengen, wurde ihm am 30. Juli 1941 unterstellt. Damit stand Rommel ganz unverhofft ein hoch professionelles Führungsteam zur Verfügung. Dem 46 Jahre alten Ostpreußen Gause und seinen wichtigsten Mitarbeitern, dem 39 Jahre alten Oberstleutnant Siegfried Westphal und dem zwei Jahre jüngeren Major Friedrich Wilhelm von Mellenthin, war eines gemein: Sie waren erstklassig ausgebildete Generalstabsoffiziere mit langjähriger Erfahrung in höheren Stäben und verfügten noch dazu über eine große Begabung in ihrem Handwerk. Für den Truppenführer Rommel war dieser Zuwachs ein Geschenk des Himmels. Während Gauses Stab ihm die Fragen der Koordination der Truppen, des Nachschubs und der Feindaufklärung vom Leib hielt, konnte der Solist Rommel sich nun freier entfalten.

Ab August 1941 begann Rommel intensiv den endgültigen Sturm auf Tobruk vorzubereiten. Bald schon sollte sich sein neuer Stab als Nothelfer bewähren. Während Rommel den Angriff auf die Festung plante, bereitete in Kairo Wavells Nachfolger, General Sir Claude Auchinleck, die nächste Offensive gegen die Panzergruppe Afrika vor. Diesmal schien ein Erfolg für die Briten in greifbarer Nähe. Auchinleck setzte bei der Operation »Crusader« alles auf zahlenmäßige Überlegenheit. Das Verhältnis stand 2:1 für die Briten. Mit gewisser Dickfelligkeit spielte Rommel die Nachrichten von Truppenkonzentrationen an der ägyptischen Grenze als Gegenmaßnahmen für seinen beabsichtigten Sturm auf die Festung Tobruk herunter. Optimistisch hielt er am 20. November 1941 als geplantem Termin für den Angriff auf die Festung fest.

Im Morgengrauen des 18. November 1941 überschritten die Truppen der neu aufgestellten britischen 8. Armee die Grenze nach Libyen. Rommel, der in Rom mit dem Chef des italienischen Oberkommandos, Marschall Ugo Cavallero, konferiert hatte, kehrte erst am 19. November nach Nordafrika zurück. Am Abend des darauf folgenden Tages endlich erkannte Rommel den vollen Ernst der Lage und reagierte. Er befahl dem neuen Kommandierenden General des Deutschen Afrika-Korps, Generalleutnant Ludwig Crüwell, mit den zwei Panzerdivisionen bei Anbruch der Morgendämmerung im Raum Sidi Rezegh südlich von Tobruk anzugreifen.

Die Schlacht um Sidi Rezegh sollte bis zum 23. November 1941, dem »Totensonntag«, dauern. In gewisser Weise kam Rommel sein anfängliches Zögern schließlich sogar zugute. Hätte sich die Panzergruppe Afrika der neu formierten britischen 8. Armee zu einem früheren Zeitpunkt zum Kampf gestellt, wäre deren Überlegenheit stärker zum Tragen gekommen. So hatte sich die britische Streitmacht in den ersten drei Tagen auf dem Weg in die Cyrenaika bereits vielfach aufgeteilt, wodurch sich die Gelegenheit bot, die britischen Verbände bei Sidi Rezegh nacheinander anzugreifen und zu schlagen. Rommel befand sich während der schweren Kämpfe zumeist an vorderster Front; einmal stellte er sich sogar selbst an die Spitze einer Aufklärungsabteilung. Für den 23. November befahl Rommel schließlich den zusammengefassten Angriff aller Kräfte der Panzergruppe. In der »Schlacht am Totensonntag« gelang es unter großen Verlusten, den Angriff der 8. Armee endgültig zurückzuschlagen.

Rommel war jetzt in absoluter Hochstimmung: Der weichende Gegner musste sofort verfolgt und so wie im Juni in der Flanke angegriffen und abgeschnitten werden. Das hätte bei einem Erfolg die vollkommene Vernichtung der 8. Armee bedeutet. Am 24. November um 10.30 Uhr morgens brach Rommel mit seinem Stabschef Alfred Gause an der Spitze des gesamten Afrika-Korps in Richtung ägyptische Grenze auf. Er wähnte den Sieg jetzt zum Greifen nah. Nicht mal Waschzeug hatte Rommel mitgenommen. Er war sich sicher, bis zum Abend wieder zurück zu sein.

Grenzzaun zwischen Libyen und Ägypten

Gegen 16.30 Uhr erreichte Rommel den Grenzzaun zwischen Libyen und Ägypten. Zufrieden beobachtete er das Vorrücken seiner Einheiten, während die Briten sich überstürzt in Richtung Osten zurückzogen. Bei Einbruch der Dunkelheit machte Rommel einen einsamen Ausflug auf ägyptischen Boden. Dabei brach an seinem Befehlswagen die Lenksäule. Sein Ordonnanzoffizier Ingemar Berndt beschrieb später die groteske Situation. »Der Begleitwagen ist irgendwo liegen geblieben, die letzten Fahrzeuge der Panzerdivisionen verschwinden schon in der Ferne, und mitten in der Schlacht sitzt so der Befehlshaber allein im beschädigten Wagen in der Wüste.«

Tief in der Nacht stieß General Crüwell durch Zufall auf den vor Kälte zitternden Rommel, der mit Gause, Berndt und seinem Fahrer in dem manövrierunfähigen Wagen ausgeharrt hatte. Im Befehlswagen Crüwells ging es zurück an die Grenze, aber der Fahrer konnte die Lücke im Zaun nicht mehr finden. Irgendwann blieb den zwei höchsten Befehlshabern der Panzergruppe Afrika nichts anderes mehr übrig, als mitten in Feindesland auf die Morgendämmerung zu warten. Im ersten Morgenlicht setzte sich

der Befehlswagen wieder in Bewegung, und Rommel kehrte wohlbehalten nach Libyen zurück. Er requirierte den nächstbesten Kübelwagen und begab sich zu den einzelnen Truppenteilen. Wie schon am Monte Matajur sammelte Rommel Versprengte auf, erteilte und widerrief Befehle und hielt das ganze Unternehmen allein durch seine Gegenwart am Laufen.

Die Lage um Tobruk hatte sich inzwischen bedrohlich zugespitzt. Schon seit Tagen versuchte die australische und polnische Besatzung auszubrechen. Am Morgen des 25. November ging ein neuseeländisches Korps nunmehr auch von außen gegen die Ausbruchstelle vor. Die Vereinigung der beiden Stoßkeile hätte die gesamte Panzergruppe Afrika abgeschnitten und ihren Untergang heraufbeschworen.

Oberst Siegfried Westphal, der Erste Generalstabsoffizier, der auf Rommels Gefechtsstand geblieben war, hatte noch am Tag zuvor über Funk dringend gefordert, das Afrika-Korps nach Tobruk zurückzuschicken. Aber Rommel hatte die Gefahr unterschätzt und abgelehnt. Am 25. November brach dann die Verbindung zu Rommel für ganze 24 Stunden ab. Niemand wusste, wo der Oberbefehlshaber steckte. Westphal war verzweifelt. Am Tag darauf gelang den Briten der Ausbruch aus Tobruk. Westphal jagte Rommel einen Funkspruch um den anderen hinterher.

Am 27. November entschied der 39 Jahre alte Stabsoffizier auf eigene Faust. Westphal wandte sich über Funk an das Deutsche Afrika-Korps: »Unter Aufhebung aller entgegenstehenden Befehle hat das Afrika-Korps mit hoher Geschwindigkeit unverzüglich auf Tobruk zu marschieren.« Das war eine gewagte Entscheidung. Westphals Einsatz hat die Panzergruppe Afrika vor dem Untergang bewahrt. Rommel erfuhr wenig später irgendwo an der Front von dem eigenmächtigen Befehl. »Das ist eine Falle der Engländer«, tobte er, »oder der Befehl kommt von dem verdammten Westphal; den stelle ich vor ein Kriegsgericht.«

Am Tag darauf kehrte Rommel nach über vier Tagen wieder in seinen Hauptgefechtsstand zurück. Seine spontane Gegenoffensive war restlos gescheitert. Zwar war die erste Überraschung gelungen, dann aber hatten sich die Briten erneut formiert. Rommel hatte die Stärke des Gegners unter- und die eigene überschätzt; die »Schlacht am Totensonntag« hatte der Panzergruppe Afrika hohe Verluste gebracht. Ohne ein Wort zu sagen, betrat Rommel den Befehlsbus. Er grüßte nicht und keiner grüßte ihn. Er bat um alle Meldungen, die in seiner Abwesenheit gesendet worden waren. Aufmerksam las er sie durch, erhob sich schweigend und verließ den Wagen, um sich schlafen zu legen. Er kam auf diesen Vorfall nie mehr zurück.

Rommel hatte die Kräfte der Panzergruppe verausgabt. Nur 70 Panzer waren ihm geblieben. Mit Ersatz war nicht zu rechnen. Am Ende musste Rommel der Übermacht weichen. Am 7. Dezember 1941 begann der Rückzug der Panzergruppe Afrika. Am Tag zuvor hatte vor Moskau der Gegenschlag Stalins begonnen. Schon seit Oktober hatte es sich angekündigt: Die deutsche Offensive im Osten versackte in Schlamm und Eis der endlosen Weiten Russlands. Wenig später erklärte Hitler auch noch den Vereinigten Staaten von Amerika den Krieg. Dem aufmerksamen Beobachter konnte es nicht mehr verborgen bleiben: Hitlers Krieg war nicht mehr zu gewinnen. Der deutschen Öffentlichkeit stand nach den Siegesmeldungen der vergangenen Jahre zum ersten Mal ein trostloser Winter bevor.

Rommel war Anfang 1942 wieder dort angekommen, wo er seinen eigenmächtigen Vormarsch am 31. März 1941 begonnen hatte – in El Agheila.

Er hatte seinen ursprünglichen Auftrag erfüllt, die britischen Truppen in Schach gehalten und Zeit gewonnen. Als Truppenführer leistete er wie schon im Ersten Weltkrieg und im Westfeldzug Außergewöhnliches. Als Oberbefehlshaber fiel die Bilanz nicht so eindeutig aus. Den Vormarsch in die Cyrenaika hatte er anfangs gegen die erteilten Befehle unternommen. Der Erfolg gab ihm im Nachhinein Recht. Auch wenn es ein leichter Sieg war und auch nur ein halber. Seinem Ziel, dem Suezkanal, war er zu keinem Zeitpunkt nahe gekommen.

Ob es allerdings vorteilhafter gewesen wäre, in der Sirte-Stellung defensiv zu verharren, wie anfänglich vom Oberkommando des Heeres gefordert, muss bezweifelt werden. Aus einer zunächst vermeintlichen, schon bald aber tatsächlichen Position der Schwäche heraus suchte Rommel sein Heil im Angriff. Die ersten Erfolge führten jedoch zu einer verhängnisvollen Automatik. Weil Rommel trotz seiner Unterlegenheit »Erfolg hatte«, so der Militärhistoriker Reinhard Stumpf, »glaubte die oberste Führung, dass er auch weiterhin, seinen ständigen Forderungen nach mehr Panzern, Waffen und Nachschub zum Trotz, mit dem bisherigen Minimum an Kräften würde auskommen können«. Es ist bezeichnend für den Führungsstil Hitlers, dass er Rommel zum einen weit gesteckte Ziele vorgab, zum andern ihn aber nicht mit entsprechenden Mitteln ausstattete. Damit war das Unternehmen von Anfang an zum Scheitern verurteilt.

Das lag sicher nicht in Rommels Verantwortlichkeit. Die Bilanz von Rommels erstem Feldzug im Jahr 1941 hält dem Vergleich mit dem Bild, das in der Öffentlichkeit davon gezeichnet wurde, dennoch nicht stand. Mehr als einmal rächte sich die fehlende Ausbildung zum Generalstabsoffizier. Nur durch sein großes taktisches Talent konnte er das Ruder immer wieder herumreißen. Die einseitige Verklärung seiner Kriegskunst ist ein Teil des Mythos Rommel.

Die Marsa-el-Brega-Stellung, auf die sich Rommels Panzergruppe Anfang 1942 zurückgezogen hatte, lag westlich des Wüstenforts El Agheila. Sie war nur dünn mit deutschen und italienischen Truppen besetzt. »Mit diesem Häuflein«, so erinnerte sich Westphal später, war ein neuer britischer Großangriff nicht aufzuhalten. Am 5. Januar 1942 war wenigstens nach langer Zeit wieder ein Seetransport mit sechs Schiffen unversehrt im Hafen von

»**Unser Rommel**«. Wolfsschanze, 18. März 1942

Tripolis eingelaufen. Neben Treibstoff, Munition und Verpflegung kamen 54 Panzer als hochwillkommener Nachschub für die Panzergruppe Afrika.

Aus der Not der Verzweiflung entwickelte Oberst Westphal jetzt einen ganz ungewöhnlichen Plan, dem Rommel nach kurzem Zögern zustimmte. Bevor sich die britischen Verbände noch zum letzten Angriff formieren konnten, sollte ein Präventivschlag ihnen zuvorkommen. Der Plan beruhte auf »absoluter Überraschung«, und alles war darauf angelegt, den Gegner zu täuschen. Zur Sicherheit informierte Rommel nicht einmal seine italienischen Vorgesetzten und ließ die Vorbereitungen unter strengster Geheimhaltung anlaufen. »Die Lage entwickelt sich günstig«, schrieb er am 17. Januar an seine Frau Lucie, »und mein Kopf ist voller Pläne, die ich meiner Umgebung gar nicht sagen darf. Sie halten mich sonst für verrückt. Ich bin es aber bestimmt nicht. Ich sehe nur weiter als sie. Na: Du kennst mich ja: In der Frühe jeden Tages sind neue Pläne ausgereift. Wie oft wurden sie innerhalb von Stunden im letzten Jahr und in Frankreich mit größtem Erfolg in die Tat umgesetzt.«

Am Tag vor der Offensive hatte ihm Hitler für den »Abwehrsieg«, also den vorangegangenen Rückzug, die Schwerter zum Ritterkreuz mit Eichenlaub verliehen. Am Morgen des 21. Januar 1942 gegen 8.30 Uhr begann die Panzergruppe Afrika den Vormarsch. Was niemand für möglich gehalten hätte – eben noch hatte die deutsch-italienische Streitmacht als besiegt gegolten, jetzt unternahm sie erneut einen erfolgreichen Vormarsch. Das Pendel schlug wieder zurück.

Für Hitler muss der Hoffnungsschimmer in Nordafrika im Vergleich zur Katastrophe im eisigen Winter vor Moskau ein letzter Strohhalm gewesen sein, an den er sich klammern konnte. Dankbar ernannte er Rommel am 24. Januar, nur knapp sieben Monate nach der letzten Beförderung und vier Tage nach der Auszeichnung mit den Schwertern zum Ritterkreuz, zum Generaloberst. Die »Panzergruppe Afrika« wurde zur »Panzerarmee Afrika« umbenannt, Rommel ihr Oberbefehlshaber.

Selbst der englische Premierminister Winston Churchill zollte Rommel Respekt. In einer Rede vor dem Unterhaus am 27. Januar 1942 gab er den Abgeordneten einen ausführlichen Bericht über die Lage an den britischen Fronten und kam dabei auch auf die Cyrenaika zu sprechen: »Ich kann Ihnen nicht sagen, wie die Lage an der Westfront in der Cyrenaika sich im Augenblick darstellt. Wir haben einen sehr kühnen und geschickten Widersacher gegen uns und, wenn ich das über die Verwüstung dieses Krieges hinaus sagen darf, einen großen General.« Die amerikanische und sogar die englische Presse feierte Rommel jetzt als Helden. Und die britischen Soldaten in Nordafrika sprachen nicht mehr von den »Jerrys«, der deutsche Gegner hieß jetzt pauschal nur noch »Rommel«. Ganz selbstlos war die ganze Bewunderung allerdings nicht. Indem Rommels »militärisches Geschick, so beachtlich es war, zu heroischen Proportionen aufgeblasen wurde … erklärte es zugleich den schwachen Auftritt der eigenen Generale«, so der britische Historiker Sir Michael Howard.

Diese Strategie war allerdings ein zweischneidiges Schwert. Hitler konnte zufrieden darüber räsonieren, »wie gefährlich es sei, einen maßgeblichen Mann des Gegners so herauszustellen, wie es Churchill im Falle Rommels getan habe. Ein Name beginne auf diese Weise plötzlich eine Bedeutung zu erlangen, die dem Wert mehrerer Divisionen gleichkomme.« Tatsächlich erließ der britische Oberbefehlshaber Auchinleck bald darauf einen Tagesbefehl, in dem er sich mit diesem Phänomen auseinander setzte: »Es besteht akute Gefahr«, so Auchinleck, »dass unser Freund Rommel ein Schreckgespenst für unsere Truppen wird, und zwar nur deshalb, weil sie so viel über ihn reden. Er ist keinesfalls ein Übermensch, so energisch und fähig er auch sein mag. Selbst wenn er ein Übermensch wäre, ist es doch sehr unerwünscht, wenn ihm unsere Soldaten übernatürliche Kräfte zuschreiben würden.« Auchinleck endete seinen Tagesbefehl allerdings mit einem augenzwinkernden PS.: »Ich bin nicht eifersüchtig auf Rommel.«

Der militärisch unbedeutende Einmarsch nach Bengasi am 29. Januar 1942 wurde zum absoluten Höhepunkt dieser aus der Not geborenen Offensive. »Rommel wird vom ganzen deutschen Volke fast wie eine Sagengestalt bewundert«, schrieb Goebbels am 30. in sein Tagebuch. Mit der Eroberung von Bengasi »... ist der Volksheld fertig«, so der Propagandaminister. Am selben Nachmittag hielt Hitler wie jedes Jahr im Berliner Sportpalast seine Rede zum »Jahrestag der Machtergreifung«. Geschickt benutzte der Diktator die am Vortag im Rundfunk in einer Sondermeldung verkündete Einnahme Bengasis, um von der Lage vor Moskau abzulenken. »Wir stehen fest, und wo wir stehen, wird kein Fußbreit des Bodens ohne Kampf wieder aufgegeben!«, rief Hitler heiser in den Saal. »Und wenn wir einen Fußbreit aufgeben, dann wird sofort wieder nachgestoßen.«

Jetzt konnte Hitler die Karte Rommel ziehen. Mit bebender Stimme fuhr er fort: »Und wir sind glücklich, es seit gestern zu wissen, dass unser Generaloberst Rommel...« Weiter kam der Diktator nicht. Spontaner Jubel unterbrach die Rede. Einundzwanzig Sekunden lang musste er warten, bis er fortfahren konnte: »... mit seinen tapferen italienischen und deutschen Panzern und Mot[orisierten]-Verbänden in dem Moment, wo sie alle glaubten, ihn geschlagen zu haben, sofort kehrtmachte und sie wieder zurücktrieb.«

Glücklich schrieb Lucie ihrem Mann nach Afrika: »Wir sind alle furchtbar stolz auf Dich, geliebter Erwin, und mit uns das ganze Volk, wie der Beifallssturm zeigte, als der Führer gestern in seiner großen Rede Deinen Namen erwähnte und von unserem Generaloberst Rommel sprach …« Rommel befand sich jetzt auf dem Weg zum Gipfel der Popularität. Begeisterte Anhänger ihres Mannes überhäuften Lucie Rommel mit Blumensträußen; die Titelseiten der Illustrierten schmückten sich mit Rommels Konterfei, und im Rundfunk wurden als besondere Hommage Werke von Lehár, Egk, Mozart, Marszalek, Orff und Rossini gespielt. Die Anfangsbuchstaben der Komponisten ergaben rückwärts gelesen »den Namen unseres geliebten Helden Generaloberst Rommel«.

Am 5. Februar 1942 endete Rommels erneuter Vorstoß in die Cyrenaika fürs Erste. Die britische 8. Armee hatte sich hinter die Gazala-Linie zwischen dem Küstenort Ain el Gazala und der Brunnenstation Bir Hacheim zurückgezogen. Der überraschenden Offensive folgte eine fast viermonatige Ruhepause, in der die »Gegner Atem schöpften«. Rommel selbst reiste am 15. Februar für vier Wochen zu seiner Familie nach Wiener Neustadt. Auf dem Programm stand auch ein Besuch in Hitlers geheimem Hauptquartier bei Rastenburg in Ostpreußen. Am 18. März 1942 traf Rommel in der so genannten Wolfsschanze ein und erhielt die im Januar verliehenen Schwerter zum Ritterkreuz mit Eichenlaub aus Hitlers Hand.

Der Diktator hatte allen Grund, seinem Generaloberst dankbar zu sein. Bis zum Letzten ausgeschlachtet von der Goebbels-Propaganda, vermittelte Rommel Hoffnung für das Volk und lenkte es von der Winterkrise vor Moskau ab. Der »Wüstenfuchs« war eine feste Säule des Dritten Reichs geworden – sein Mythos stützte das System.

Rommel seinerseits hatte Hitler viel zu verdanken. 1938 sah alles noch so aus, als würde Rommel sein Leben in den Lehrsälen irgendeiner Kriegsschule beenden. Allenfalls das Kommando über eine Infanteriedivision hätte noch im Bereich des Möglichen gelegen. Hitler war es gewesen, der ihm das Kommando über die 7. Panzerdivision in Frankreich anvertraut hatte – der erste und entscheidende Schritt auf dem Weg nach oben. Für Afrika hatte Rommel sich selbst durch seinen wagemutigen Einsatz im Westen empfohlen; ohne Hitlers Rückendeckung allerdings hätte Rommel die Krise vor Tobruk nicht unbeschadet überstanden. Zum zweiten Mal hatte der Diktator ihm einen unschätzbaren Dienst erwiesen. Und doch, Rommels Verehrung für Hitler war mehr als nur der Dank für die Karriere. So rau, verschlossen und unnahbar sich Rommel nach außen gab, den »Führer« scheint er mit einer tiefen Anhänglichkeit verehrt zu haben. Aus dem Vertrauen des Diktators zog Rommel Motivation und Stärke. »Ist es nicht wunderbar«, hatte er nach seiner Ernennung zum Generaloberst an seine Frau geschrieben, »dass ich … Gelegenheit habe, [mich] für Führer, Volk und die neue Idee auszuwirken.«

Dazu sollte der Generaloberst jetzt reichlich Gelegenheit haben. Am 26. Mai 1942 gab er den Startschuss für das Unternehmen »Theseus«. Die Offensive gegen die Briten in der Gazala-Stellung begann. Alles war minutiös vorhergeplant. Innerhalb von nur vier Tagen wollte Rommel die britische 8. Armee in ihren Stellungen von Bir Hacheim im Süden bis hin nach Ain el Gazala »vernichten« und anschließend endlich die Festung Tobruk einnehmen. Die Vorzeichen standen gut; die Panzerarmee Afrika war mit einer leichten materiellen und personellen Überlegenheit angetreten, und es

Offensive gescheitert. Mit Siegfried Westphal (l.) in der Gazala-Stellung, Mai 1942

gelang, den Gegner bis zum letzten Augenblick über den geplanten Angriff zu täuschen. Rommels Truppen hatten die Gazala-Stellung im Süden umgangen und waren den Briten in den Rücken gefallen. Aber der erste Ansturm konnte von den Soldaten der 8. Armee unter äußerstem Einsatz abgewehrt werden. Jetzt richteten sich die Folgen des Manövers gegen Rommels eigene Truppen. Hinter ihnen war Feindesland, vor ihnen die britische Stellung – damit war die Panzerarmee praktisch eingeschlossen. Westphal erinnerte sich später, dass »die Offensive … fast durchweg als gescheitert betrachtet wurde«. Im Tagesbericht hielt Rommel fest: »Unser Plan, die britischen Truppen hinter der Gazala-Linie zu überrollen, hat nicht funktioniert.«

Nicht nur die Offensive war gescheitert, der Panzerarmee Afrika drohte der vollkommene Untergang. Ein zusammengefasster Stoß der 8. Armee hätte das Ende bedeutet. Aber Rommel hatte einmal mehr Glück. Wie schon im Jahr zuvor setzte der Gegner seine Panzerkräfte nur unkoordiniert ein. Wohl zu Recht bezeichnete der englische Militärhistoriker Barrie Pitt diesen Moment als den »absoluten Tiefpunkt der britischen Generalität während des gesamten Feldzuges in der Wüste«.

Für die Panzerarmee Afrika kam es nun darauf an, die eigenen Truppen wieder zu sammeln, um erneut in die Offensive zu gehen. Innerlich »voller Sorge«, behielt Rommel die Nerven und motivierte seine Umgebung, indem er Zuversicht ausstrahlte. Unter großem persönlichem Einsatz gewann er bis zum 29. Mai die Oberhand und konnte darangehen, die letzten Bastionen der wankenden Gazala-Stellung zu nehmen. Die Krise war fürs Erste überwunden. Am 1. Juni begann der Angriff auf Bir Hacheim, den südlichen Eckpfeiler der britischen Verteidigungslinie. Was am Anfang aussah wie eine Sache von einigen Stunden, sollte am Ende zehn blutige Tage dauern. »Nur selten«, so schrieb Rommel in seinen Erinnerungen, »wurde mir auf dem afrikanischen Kriegsschauplatz ein derartig hartes Gefecht geliefert.«

Zwei alte Zisternen mitten in der Wüste hatten dem Ort seinen Namen gegeben. Bir – der Brunnen – Hacheim. Jetzt warteten hier 3600 Soldaten aus über 15 Ländern unter der Flagge des freien Frankreich auf den Gegner. Unter dem Kommando des Elsässers General Marie-Pierre Koenig standen neben Soldaten aus dem Senegal, Tahiti, Indochina und Franzosen aus den Kolonien vor allem zwei Bataillone der Fremdenlegion. Unter den Legionären befanden sich zahlreiche Österreicher und einige Deutsche, die zum Teil vor den Nazis aus ihrer Heimat geflohen waren.

In mehreren tausend Einsätzen bombardierte die deutsche Luftwaffe den Flecken inmitten der Wüste. Tag und Nacht lag das konzentrische Feuer der Artillerie auf den eingegrabenen Soldaten, und immer wieder führte Rommel persönlich Sturmangriffe auf die »Festung« Bir Hacheim. Dreimal schickte er einen Parlamentär, einmal sogar mit einem eigenhändig geschriebenen ehrenvollen Kapitulationsangebot: »An die Truppen von Bir Hacheim! Weiterer Widerstand bedeutet nutzloses Blutvergießen ... Wir stellen den Kampf ein, wenn Ihr weiße Flaggen hisst. Rommel Generaloberst.«

General Koenig, der sich noch in seinen Memoiren darüber mokierte, dass Rommel die Truppe, aber nicht ihn direkt angesprochen hatte, lehnte ab. Er und seine Soldaten waren hoch motiviert. Sie kämpften – zu einem Zeitpunkt, da ein Teil ihrer Heimat von den Deutschen besetzt, der andere in Kollaboration verfangen war – für die Ehre eines freien Frankreich.

Die Kunde von den Kämpfen um Bir Hacheim war bis ins Führerhauptquartier gedrungen. Am 9. Juni berichtete Hitler seinem angereisten Propagandaminister von den Verteidigern des Wüstenforts: »In dem eingeschlossenen Kessel befinden sich«, so schrieb Joseph Goebbels nach dem Besuch in sein Tagebuch, »... auch eine ganze Reihe von deutschen und italienischen Kommunisten, die sich der Feindseite zum militärischen Kampf zur Verfügung gestellt haben ... die deutschen Kommunisten werden nach ihrer Gefangennahme vernommen, damit man aus ihnen noch einiges herauspressen kann, und dann ausnahmslos erschossen.« Am selben Tag, dem 9. Juni 1942, traf in Rommels Hauptquartier ein entsprechender Befehl Hitlers ein: »Der Führer hat angeordnet, dass gegen diese [deutsche politische Flüchtlinge] mit äußerster Schärfe vorzugehen ist. Sie sind daher im Kampf schonungslos zu erledigen.« Es war das erste Mal, dass Rommel im Krieg mit den Verbrechen Hitlers direkt konfrontiert wurde.

Als am 11. Juli nach zweiwöchigem, heldenhaftem Widerstand der 1. Frei-Französischen Brigade deutsche Soldaten endlich die Trümmer der Wüstenfestung Bir Hacheim besetzt hatten, erlebten sie eine Überraschung. Nur noch etwa 500, meist verwundete Freifranzosen befanden sich in der

Rommel vor Bir Hacheim. Juni 1942

Festung – 2619 Männern war unter Führung ihres Generals Koenig in der Nacht zuvor der Ausbruch zu den englischen Linien gelungen.

Auf eine Anfrage durch Pressevertreter neutraler Länder in Berlin nach dem Schicksal der Gefangenen ließ das Deutsche Nachrichten Büro drei Tage später – im Einklang mit dem am 22. Juni 1940 geschlossenen deutsch-französischen Waffenstillstandsvertrag – verlauten, die Freifranzosen seien Freischärlern gleichzusetzen und »die Behandlung von Freischärlern sei allgemein bekannt«. Das hätte die Hinrichtung der Überlebenden von Bir Hacheim bedeutet. Tatsächlich aber wurden die »Freifranzosen« nicht anders behandelt als die britischen Gefangenen. Sie wurden der Obhut der italienischen Verbündeten übergeben.

91

Auch der Mordbefehl Hitlers an den deutschen Emigranten unter den Fremdenlegionären gelangte, soweit bekannt, nicht zur Ausführung. Laut Siegfried Westphal, der allerdings schon am 1. Juni auf Grund einer schweren Verwundung ausgefallen war, soll der Befehl verbrannt worden sein. Dafür spricht auch, dass vier Monate später mit einem weiteren Mordbefehl ähnlich verfahren wurde. Hitler hatte am 18. Oktober 1942 angeordnet, die Teilnehmer an so genannten Kommandounternehmen, meist britische Soldaten, die hinter den deutschen Linien Sonderaufträge ausführten, »im Kampf oder auf der Flucht bis zum letzten Mann niederzumachen«. Westphal informierte Rommel nach dem Eingang über den völkerrechtswidrigen Befehl und empfahl, »ihn sogleich zu verbrennen«. »Rommel nickte«, so der Erste Stabsoffizier in seinen Memoiren. Westphal zündete den Funkspruch mit dem Sturmfeuerzeug an.

Anders als in den besetzten Gebieten der Sowjetunion, in denen seit knapp einem Jahr ein Vernichtungskrieg tobte, der alle bisher da gewesenen Dimensionen sprengte, blieben Kriegsverbrechen in Nordafrika eine seltene Ausnahme. Natürlich spielten dabei auch äußere Faktoren eine Rolle. In erster Linie fehlte dem Kampf in Nordafrika weitgehend die ideologische Komponente. Mit England wurde kein »weltanschaulicher« Krieg ausgefochten. Gefangene Briten sind ausnahmslos nach den Regeln der Genfer Konvention behandelt worden. Oft ging die Fürsorge, etwa bei der Versorgung von Verwundeten, sogar weit darüber hinaus – von deutscher, italienischer wie von britischer Seite.

Ebenso spricht alles dafür, dass »rassische« Gesichtspunkte sich nicht in der Behandlung der Kriegsgefangenen niedergeschlagen haben. In der 8. Armee kämpften sowohl britische als auch zahlreiche emigrierte deutsche und österreichische Juden, die allerdings zu ihrer eigenen Sicherheit einen anglisierten Namen erhielten, sowie ein jüdisches Bataillon aus Palästina, dessen Soldaten durch einen Streifen am Ärmel ihrer Uniform deutlich zu erkennen gewesen waren. Fälle von Ausschreitungen oder Gewalttaten gegen jüdische Soldaten der 8. Armee sind dennoch nicht bekannt. Das Kriegsgefangenenwesen in Nordafrika oblag ohnehin den italienischen Bündnisgenossen. Aber auch bei der Gefangennahme durch deutsche Soldaten bis zur Auslieferung an die Italiener ist es, soweit bekannt, nicht zu Übergriffen

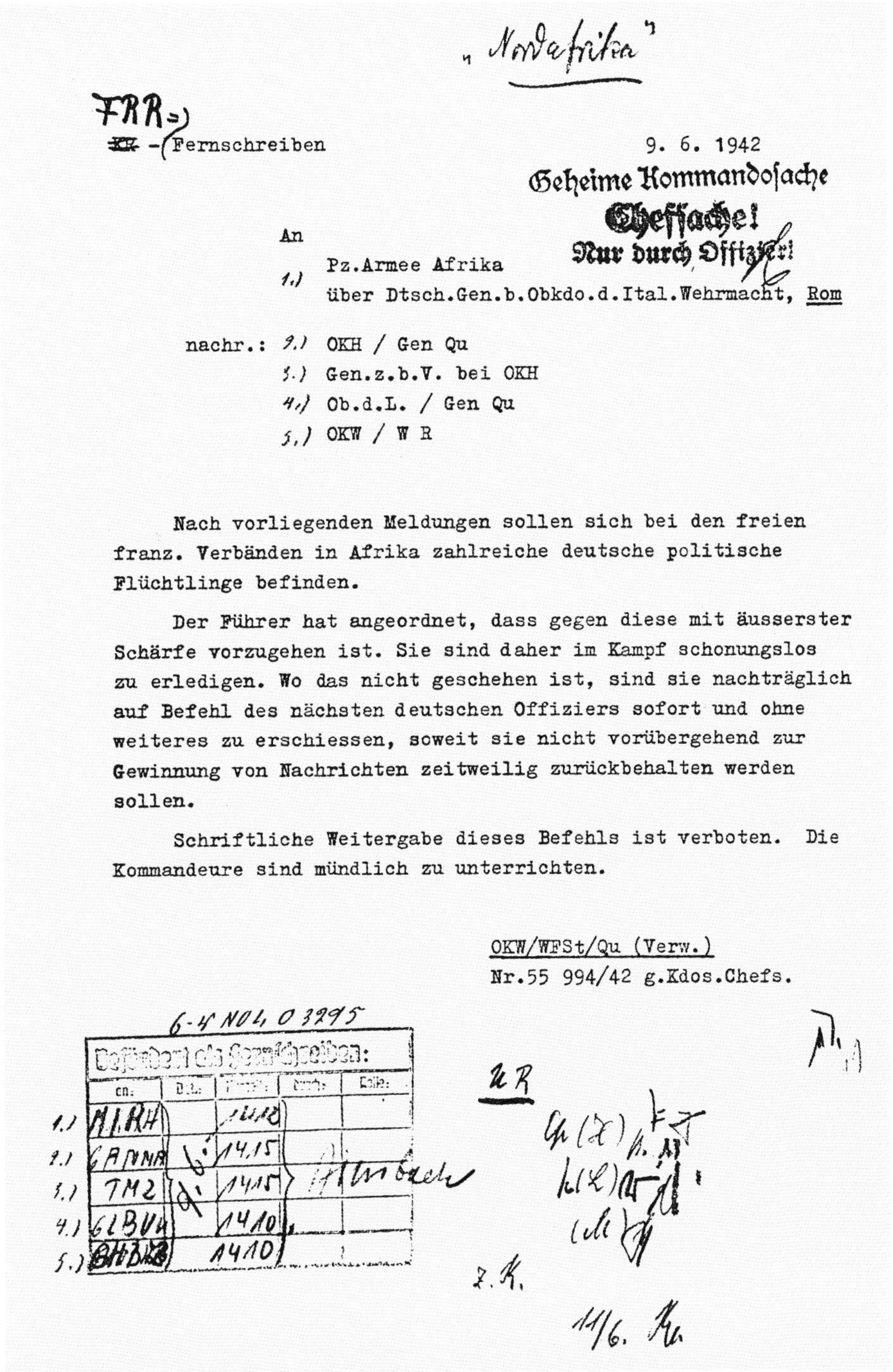

„Nordafrika"

FRR =)
~~KR~~ - Fernschreiben

9. 6. 1942

Geheime Kommandosache

Chefsache!

Nur durch Offizier!

An

1.) Pz.Armee Afrika
über Dtsch.Gen.b.Obkdo.d.Ital.Wehrmacht, Rom

nachr.: 2.) OKH / Gen Qu
3.) Gen.z.b.V. bei OKH
4.) Ob.d.L. / Gen Qu
5.) OKW / W R

Nach vorliegenden Meldungen sollen sich bei den freien franz. Verbänden in Afrika zahlreiche deutsche politische Flüchtlinge befinden.

Der Führer hat angeordnet, dass gegen diese mit äusserster Schärfe vorzugehen ist. Sie sind daher im Kampf schonungslos zu erledigen. Wo das nicht geschehen ist, sind sie nachträglich auf Befehl des nächsten deutschen Offiziers sofort und ohne weiteres zu erschiessen, soweit sie nicht vorübergehend zur Gewinnung von Nachrichten zeitweilig zurückbehalten werden sollen.

Schriftliche Weitergabe dieses Befehls ist verboten. Die Kommandeure sind mündlich zu unterrichten.

OKW/WFSt/Qu (Verw.)
Nr.55 994/42 g.Kdos.Chefs.

6-4 NOL 03295

	an:				
1.)	NIRH		14.18		
2.)	6ANNA		14.15		
3.)	TM2		14.15		
4.)	6LBVA		14.10		
5.)	BHBKB		14.10		

Z.K.

11/6.

»**Sogleich verbrennen!**« Hitlers Mordbefehl, 9. Juni 1942

»Der Krieg geht trotzdem weiter.« Tobruk, 21. Juni 1942 (Rommel l. im Auto stehend)

gekommen. Im Gegenteil: Isaac Levy, Feldrabbiner der 8. britischen Armee, also eine Art geistlicher Seelsorger für die Soldaten jüdischen Glaubens, zollte Rommels Truppe ungewöhnliche Anerkennung: »Da ist eine Sache, die ich betonen muss«, so Levy in einem Interview, »und ich sage das mit großem Respekt und großem Verantwortungsbewusstsein … Bei dem Wenigen, was ich vom Afrika-Korps sah, gab es nie Anzeichen oder irgendeine Andeutung, dass die Soldaten anti-jüdisch waren.«

Natürlich gab es auch in der Panzerarmee Afrika einen gewissen Prozentsatz von Antisemiten. Hierin war sie wie die gesamte Wehrmacht ein Spiegel der damaligen deutschen Gesellschaft. »Voller Abscheu« hatten etwa einzelne Soldaten auf Fronturlaub in Tripolis festgestellt, dass die italienischen Judengesetze von 1938 und vor allem ihre Auslegung es den libyschen Juden erlaube, »ungehindert ihre unlauteren Geschäfte zu betreiben und gegen den faschistischen Staat zu komplottieren«. Übergriffe allerdings sind nicht bekannt geworden. Die circa 26 000 libyschen Juden blieben so vor Schlimmerem verschont.

Auch die arabische Zivilbevölkerung blieb weitgehend unberührt von den Auswirkungen des Krieges. Das lag zum einen daran, dass die Kampfgebiete in der Wüste nahezu menschenleer waren. Zum anderen hatte Rommel im Einklang mit den italienischen Befehlshabern »gelegentliche Übergriffe arabischer Stämme meist übergangen«. In seinen Erinnerungen schrieb er 1943 ganz pragmatisch: »Es ist vielleicht außerordentlich wichtig, dass man beim ersten Aufflackern der Partisanentätigkeit keine Repressalien an Geiseln durchführt, da sonst Rachegefühle erzeugt und die Franktireure verstärkt werden. Es ist besser, einen Vorfall ungeahndet zu übergehen, als auf Unschuldige zurückzugreifen.«

Eine Reihe äußerer Umstände begünstigte somit, dass der nordafrikanische Kriegsschauplatz annähernd frei von Verbrechen blieb. Vieles spricht dafür, dass auch Rommels Persönlichkeit hierzu beigetragen hat. Bei aller Bewunderung für den »Führer« ließ er sich doch nicht zum Komplizen von Hitlers Verbrechen machen. Dass er einem System diente, das die Ausführung solcher Befehle von ihm verlangte, also offensichtlich verbrecherisch war, hinterfragte er noch nicht. Aber für Mord war der schlichte Schwabe einfach nicht zu haben; das ging offensichtlich gegen sein Gewissen. Von

Inzwischen zum Feldmarschall befördert. Tobruk, 22. Juni 1942

dem größten Verbrechen des Regimes, dem Massenmord an den Juden, hatte er ohnehin noch nichts erfahren. Manchmal nur, wenn sein Stab die Nachrichten der BBC abhörte, wurde über Meldungen gesprochen, die von Massakern im Osten kündeten. Aber Offiziere, die von der Ostfront

97

nach Afrika versetzt wurden, versicherten, so Westphal in seinen Erinnerungen, »diese Meldungen seien als Feindpropaganda zu werten«. Das klang überzeugend; man konnte in Nordafrika wieder zur Tagesordnung übergehen und sich den eigenen Schlachten widmen.

Am 11. Juni 1942 war Bir Hacheim schließlich gefallen. Drei Tage dauerte der Kampf um die Gazala-Stellung noch. Dann trat die britische 8. Armee den Rückzug an. Die Schlacht war gewonnen, Rommels nächstes Ziel hieß Tobruk. Der Auftakt war das wohl gelungenste Täuschungsmanöver in seiner gesamten Laufbahn. Der »Wüstenfuchs« schickte seine Panzerarmee nach Osten zum Vormarsch auf die ägyptische Grenze. Wieder ließ er Tobruk hinter sich, ohne es einzunehmen. Erleichtert bezogen die südafrikanischen und indischen Verteidiger der Festung ihre nächtlichen Stellungen. Sie wähnten Rommel bereits auf ägyptischem Boden. Doch sie täuschten sich – überraschend ließ der »Wüstenfuchs« kehrtmachen. In den frühen Morgenstunden des 20. Juni 1942 überrannten Rommels Soldaten nach schweren Luftangriffen die Außenstellungen der Festung. Am Tag darauf ergab sich die Besatzung von Tobruk.

Am Abend des 22. Juni 1942 meldete der deutsche Rundfunk in den Abendnachrichten die Ernennung Rommels zum Generalfeldmarschall. »In dankbarer Würdigung Ihrer Führung«, verlas der Sprecher mit ehrfürchtiger Stimme das Telegramm Hitlers an Rommel, »und Ihres eigenen schlachtentscheidenden Einsatzes sowie in Anerkennung der heldenhaften Leistungen der unter Ihnen kämpfenden Truppen auf dem afrikanischen Kriegsschauplatz befördere ich Sie mit dem heutigen Tage zum Generalfeldmarschall. Adolf Hitler.« Auch Rommels Fahrer, Hellmut von Leipzig, und seine Ordonnanz, Herbert Günther, hatten die Neuigkeit am Radio in Tobruk atemlos mitverfolgt. Rommel selbst war längst zu Bett gegangen. Leipzig und Günther entschlossen sich, den Feldmarschall zu wecken, um ihm zu gratulieren. Rommel nahm die Nachricht gelassen auf. Er dankte, drehte sich mit den Worten um: »Der Krieg geht trotzdem weiter«, und schlief wieder ein. Der Sieg über Tobruk verlieh dem Mythos die Weihen der Ewigkeit. Dabei hatte Rommel den Krieg in Nordafrika ausgerechnet an dem Tag verloren, an dem die Festung fiel.

3

WETTLAUF

Der amerikanische Präsident Franklin Delano Roosevelt reichte das soeben eingetroffene Telegramm wortlos an Winston Churchill weiter. Schweigend überflog der britische Premierminister die Zeilen. »Es war das erste Mal in meinem Leben«, so sein Stabschef, Hasting Lionel Ismay, »dass ich den Premierminister zusammenzucken sah.« Churchill hatte gerade die Nachricht von der Kapitulation der Festung Tobruk erhalten. »Das war einer der schwersten Schläge, die mir aus dem ganzen Kriegsverlauf in Erinnerung geblieben sind«, schrieb er noch Jahre später in seinen Memoiren über diesen 21. Juni 1942. Roosevelt reagierte spontan und bot als Soforthilfe umfangreiche Waffenlieferungen an. Schon zehn Tage später verließen die ersten Eilkonvois Amerika. An Bord: Jagdflugzeuge, schwere und mittlere Bomber sowie 300 Sherman-Panzer und 100 Artillerie-Geschütze.

Auch auf die amerikanischen Pläne einer Intervention in Nordafrika wirkte der Fall von Tobruk wie ein Katalysator. Gut vier Wochen später wurde in London endgültig die Operation »Torch«, die alliierte Landung in Marokko, Algerien und Tunesien, beschlossen. Damit war das Schicksal Rommels in Nordafrika besiegelt. Noch aber herrschte Hochstimmung auf deutscher Seite – in Tobruk und Berlin. In der Reichskanzlei lauschten Hitler und Goebbels am 22. Juni nach dem Abendessen gebannt einer imposanten Rundfunkübertragung von der Einnahme der Festung. Am Mikrofon: der soeben aus Nordafrika eingeflogene Kriegsberichterstatter

Lutz Koch. Höhepunkte der Sendung waren Tonaufnahmen, die Koch vor Tobruk gemacht hatte. Auch Rommel kam in diesem »Hörspiel« von der Eroberung der Festung zu Wort: »Wir haben trotz schwerster Verluste und Entbehrungen Tag und Nacht durchgehalten … in dem Geist, der uns alle beseelt heute, der Geist des Sieges. Mag der Einzelne fallen, der Sieg der Nation ist sicher!« Zufrieden konnte Goebbels an diesem Abend feststellen, »dass kaum ein General so von der Wichtigkeit des Propagandaeinsatzes durchdrungen sei wie Rommel«.

Über das weitere Vorgehen in Nordafrika herrschte Einigkeit. Am 23. Juni 1942 schrieb Rommel an seine Frau: »Schnelligkeit ist jetzt das Wesentliche.« Am selben Tag stärkte Hitler dem Duce in einem pathetischen Schreiben den Rücken gegen dessen Oberkommando, das zögerte, den Vormarsch Richtung Ägypten fortzusetzen. »Die Göttin des Schlachtenglücks«, so Hitler, »streicht an den Feldherren immer nur einmal vorbei. Wer sie in einem solchen Augenblick nicht erfasst, wird sie oft niemals mehr einzuholen vermögen!« Ohne die italienische Entscheidung abzuwarten, befand sich die Panzerarmee Afrika bereits wieder auf dem Vormarsch. Rommels Ziel, der Suezkanal, schien endlich in greifbarer Nähe. Seiner Frau schrieb Rommel am 27. Juni euphorisch: »Wir sind immer noch in Bewegung. Allein die Gelegenheit ist einmalig.« Und zwei Tage später hielt er nach der Eroberung von Marsa Matruh in einem Brief an Lucie fest: »Nach Alexandria noch 150 km!« Schon begannen die höheren britischen Stäbe in Kairo ihre Akten zu verbrennen. In Alexandria verließen die größeren Kriegsschiffe der englischen Mittelmeerflotte den Hafen. Ägypten schien so gut wie verloren. Vorsorglich flog auch der »Duce« am 29. Juni nach Libyen, um rechtzeitig zur Siegesparade vor Ort zu sein. Zur gleichen Zeit rückten in Russland deutsche Soldaten erfolgreich gegen den Kaukasus vor. Der Plan von der »Zangenbewegung« lag wieder in der Luft. Von Ägypten über Palästina, dem Irak und Iran bis an die russische Grenze war es kaum weiter als von Tripolis nach Kairo. Die Vereinigung der Armeen beider Kriegsschauplätze wurde vom obersten Kriegsherrn Hitler, seinem Generalstab und auch von Rommel durchaus als realistisch angesehen.

»›Eine kleine Bahnstation, hineingestellt in Hunderte von Meilen absoluten Nichts‹: das ist El Alamein«, so beschrieb der britische Rundfunk-

»Die Gelegenheit ist einmalig.« Marsa Matruh, Juni 1942

reporter Denis Johnston den Ort, der den Wendepunkt des Krieges in Nordafrika markieren sollte. Gut 100 Kilometer westlich von Alexandria hatte der Oberbefehlshaber der britischen Truppen im Mittleren Osten, General Auchinleck, eine letzte Verteidigungslinie improvisiert und zugleich den Oberbefehl über die 8. Armee in die eigenen Hände genommen. An der schmalsten Stelle zwischen dem Meer und der für Fahrzeuge unbefahrbaren Kattara-Senke hatte sich auf 64 Kilometer Länge sein »letztes Aufgebot« eingegraben.

Am 1. Juli 1942 trafen die Spitzen der Panzerarmee Afrika ahnungslos auf die El-Alamein-Linie. Die geographische Lage machte ein Umgehen der gegnerischen Stellung, den berüchtigten »Rommelschen Haken«, unmöglich. Mit geschwächten Kräften, nur unzureichend aus der Beute von Tobruk bevorratet, rannten die deutschen und italienischen Soldaten gegen die Verteidigungslinie. In der erbitterten Gegenwehr der britischen Truppen versiegte der Schwung des Angriffs, und schon nach drei Tagen schrieb Rommel seiner Frau nach Hause: »Kämpfe um letzte Stellungen vor

Alexandria sind schwer.« Besonders verheerend wirkten die andauernden britischen Angriffe aus der Luft. Nahezu ungestört von der deutschen Luftwaffe flogen in regelmäßigen Abständen bis zu 18 britische Bomber in Formation über die deutschen Stellungen und warfen ihre todbringende Last auf die Truppen. Mehrmals geriet Rommel selber in das Inferno eines solchen Flächenbombardements – die Erfahrung der gegnerischen Luftüberlegenheit, die Ausweitung des Krieges »in die dritte Dimension« wurde zum prägenden Erlebnis für Rommel und sollte seine operativen Erwägungen fortan maßgeblich mitbestimmen.

Für Rommels Truppen wurde die Lage vor El Alamein von Tag zu Tag kritischer. Erschwerend kam hinzu, dass der Nachschub jetzt über Hunderte von Kilometern herangeführt werden musste, während die Briten nur wenige Stunden von ihren Nachschubbasen entfernt lagen. Verzweifelt schrieb Rommel am 18. Juli nach Hause: »Lange darf es nicht mehr weitergehen, sonst zerbricht die Front. Es sind militärisch die allerschwersten Tage meines Lebens, die ich zurzeit durchlebe … Du weißt, dass ich ein unverbesserlicher Optimist bin. Allein es gibt Lagen, in denen es völlig dunkel wird.« Auch wenn sich die Situation schon kurz darauf etwas beruhigte und beide Seiten eine Atempause nahmen, war es nicht mehr zu übersehen: Der deutsche Vormarsch war endgültig gestoppt – die Panzerarmee war wie nach der erfolglosen Belagerung von Tobruk 1941 erneut in einem Stellungskrieg gefangen.

An mahnenden Stimmen, die eine solche Entwicklung voraussahen, hatte es nicht gefehlt. Am deutlichsten hatte sich der Oberbefehlshaber Süd, Albert Kesselring, zu Wort gemeldet. Der damals 56 Jahre alte Generalfeldmarschall der Luftwaffe, der seit Dezember 1941 von Rom aus die deutschen Aktivitäten im Mittelmeerraum koordinierte, hatte von Anfang an die zentrale Bedeutung der Insel Malta erkannt. Von hier aus war es britischen Jägern und Bombern immer wieder gelungen, den deutsch-italienischen Nachschub nach Afrika empfindlich zu stören. Durch Rommels Entschluss, den Angriff nach dem Fall der Festung Tobruk fortzusetzen, rückte der geplante Angriff auf Malta in unerreichbare Ferne. »Der Verzicht auf dieses Unternehmen«, so Kesselring nach dem Krieg in seinen Memoiren, »war der tödlichste Stoß für das Gesamtunternehmen Nordafrika.«

FRIEDRICH HAUBER Ordonnanz bei Westphal

»Westphahl hatte gesagt, wenn wir jetzt El Alamein nicht schaffen, dann wäre Afrika verloren. Ich darauf: ›Herr Oberst, der Krieg ist verloren.‹ Da hat er mich genommen, wir sind 300 Meter in die Wüste gegangen, und er hat mich gefragt: ›Wem haben Sie das noch gesagt?‹ Ich antwortete: ›Niemandem.‹ Und er: ›Sie dürfen so was nicht äußern, sonst kann ich Sie nicht schützen. Sie können mir alles sagen unter vier Augen, aber nie vor andern.‹«

Kesselrings Darstellung traf nur teilweise zu. Natürlich hatte er Recht, wenn er das Versäumnis der Italiener 1940, das damals nur schwach verteidigte Malta in Vorbereitung auf die Offensive in Ägypten einzunehmen, als Verstoß gegen die Idee des Mittelmeerkrieges überhaupt brandmarkte. Und tatsächlich hatte Kesselring seit seinem Amtsantritt im Führerhauptquartier darauf gedrungen, diesen Kardinalfehler endlich auszuräumen. Anfang Mai 1942 schien er am Ziel. Nach verheerenden Luftangriffen auf die Insel konnte er Hitler melden, dass er Malta sturmreif gebombt hatte. Hitler aber blies das Unternehmen »Herkules«, so der Deckname für den Angriff auf Malta, nach kurzem Zögern am 21. Mai endgültig ab. Wohl, weil er eine Wiederholung der verlustreichen Kämpfe wie bei der Luftlandung auf Kreta fürchtete. Kesselring erfuhr von dem Meinungsumschwung im Führerhauptquartier, und es entsprach nicht den Tatsachen, wenn er rückblickend in seinen Memoiren hierfür Rommel den ›schwarzen Peter‹ zuschob.

Vieles spricht dafür, dass Kesselring – der schon Ende Mai 1942, entnervt von Rommels unkonventionellem Führungsstil, einen Wechsel des Oberbefehlshabers bei der Panzerarmee Afrika herbeigesehnt hatte – seine Nachkriegsmemoiren dazu nutzte, seiner Kritik an dem fünf Jahre jüngeren, ungleich populäreren Rommel noch einmal Nachdruck zu verleihen. Aber auch Kesselring wusste zumindest nach dem Krieg, dass mit dem Beginn der amerikanischen Waffenlieferungen und der Absicht der USA, auf dem nordafrikanischen Kriegsschauplatz zu intervenieren, die Insel Malta ihr strategisches Gewicht verloren hatte. Damit blieb Rommel nach dem Fall von Tobruk nur noch die Wahl, den Vorstoß einzustellen oder aber die zurückflutende 8. Armee zu verfolgen – in der Hoffnung, den fliehenden Gegner zu überrumpeln und so mit den ihm verbliebenen schwachen Kräften doch noch bis zum Suezkanal vorzustoßen. Mit der entschiedenen Gegenwehr vor El Alamein konnte Rommel nicht rechnen; sie war vor allem das Verdienst des britischen Oberbefehlshabers Claude Auchinleck, der mit seinem vorausschauenden Handeln und entschlossenen Eingreifen Rommels Vorstoß an den Suezkanal verhindert hatte.

Am 8. August 1942 traf Winston Churchill in Ägypten ein, um nach dem Debakel von Tobruk bei den britischen Streitkräften aufzuräumen. Es lag eine gewisse Willkür in der Entscheidung des britischen Premierministers, ausgerechnet Auchinleck, den erfolgreichen Verteidiger von El Alamein, abzuberufen. Seine Nachfolge als Oberbefehlshaber der britischen Truppen im Mittleren Osten übernahm General Harold Alexander, die Führung der 8. Armee Generalleutnant Bernard Law Montgomery.

Der 55 Jahre alte Engländer Montgomery sollte ähnlich wie Rommel zur Legende werden. Allerdings war er weder als »Retter« gekommen – die kritische Situation in Ägypten hatte sein Vorgänger gemeistert –, noch hatte er auch nur annähernd das Charisma oder das kriegerische Talent Erwin Rommels. Der Generalleutnant war vielmehr ein solide und methodisch vorgehender Offizier, der vor allem von der stetig anwachsenden Überlegenheit an Truppen, Waffen und Nachschub der britischen Streitkräfte profitieren sollte. Sein späterer Sieg über Rommel sicherte ihm einen Teil vom Glanz des Mythos seines Widersachers. Zudem, und das war zumindest im angelsächsischen Raum von noch größerer Bedeutung, sollte er die letzte rein britische Entscheidungsschlacht vor dem Eintreffen der amerikanischen Truppen schlagen.

Allenfalls ein gewisser Hang zur Selbstdarstellung verlieh dem exzentrischen Einzelgänger Farbe. Von seiner Kopfbedeckung, dem schwarzen

Von seinem Vorbild gelernt. Montgomery (M.) mit Churchill (l.) in der Wüste, August 1942

Barett der britischen Panzertruppe, bis hin zum Rommelportrait über dem
Schreibtisch in seinem Befehlswagen – publikumswirksam setzte Montgomery solche Akzente, die ihm die Aufmerksamkeit seiner Soldaten und der
britischen Öffentlichkeit sichern sollten. In seinen Nachkriegsmemoiren
schrieb er sich sogar hellseherische Fähigkeiten zu. »Ich sagte voraus«, so
schrieb Montgomery etwa nach dem Krieg über die Schlacht von Alam
Halfa, »was Rommel tun würde, und er war geschlagen worden.« Erst in
den siebziger Jahren erfuhr die Öffentlichkeit, wie der englische Generalleutnant tatsächlich zu seinen treffsicheren Prognosen gekommen war.

In seinem Buch »Aktion Ultra« enthüllte der ehemalige Mitarbeiter des
britischen Geheimdienstes Frederick Winterbotham zum ersten Mal das
wohl bestgehütete britische Geheimnis des Zweiten Weltkriegs. Auf dem
Landsitz Bletchley Park vor den Toren Londons war es 1941 nach jahre-
langen Vorarbeiten gelungen, verschiedene Codes der deutschen Chiffrier-
maschine Enigma dauerhaft zu entschlüsseln. Anfang Juni 1942 war ein
weiterer Durchbruch erzielt worden. Anstatt wie bisher erst nach Tagen, gelang es nun oftmals, die deutschen Funksprüche innerhalb weniger Stunden

zu dechiffrieren. Montgomery hatte die Bedeutung dieser Waffe von Anfang an klar erkannt und richtete als erster englischer General eigens für die Auswertung eine Abteilung in seinem Stab ein. Und so erfuhr er schon am 17. August, fünf Tage nach Übernahme des Kommandos, die wohl wichtigste Nachricht des Krieges in Nordafrika: einen entschlüsselten Lagebericht der Panzerarmee Afrika vom 15. August, der Rommels Planungen für die nächste Offensive gegen die El-Alamein-Linie und das ungefähre Datum für diesen Angriff enthielt.

Zur gleichen Zeit verlor der Gegenspieler Rommel auf einen Schlag zwei seiner wichtigsten Informationsquellen – seine Funkaufklärungskompanie und einen amerikanischen Diplomaten, der regelmäßig aus Kairo in seine Heimat berichtet hatte. Nun tappte Rommel im Dunkeln. Er hatte sich ohnehin erst nach längerem Zögern zum erneuten Angriff durchringen können. Zwar waren seine Truppen teilweise aufgefrischt worden, noch aber verfügte Rommel nicht über ausreichend Nachschub, um eine größere Offensive zu starten. Vor allem der Mangel an Treibstoff machte eine größere Operation vorerst unmöglich. Das italienische »Comando Supremo«, zuständig für die Versorgung der Achsentruppen in Nordafrika, hatte eigens fünf Konvois zusammengestellt, die mit 20 Schiffen innerhalb von zwei Wochen für den entsprechenden Nachschub sorgen sollten. Was aber niemand ahnen konnte: Der Geheimdienst in Bletchley Park hatte über ein Jahr zuvor auch den italienischen Marine-Code C38m entschlüsselt. Damit wussten die Briten über die Beladung, das Auslaufen und den Zielhafen jedes einzelnen Schiffes genau Bescheid.

Generalleutnant Montgomery kannte jetzt nicht nur die Planungen Rommels für die neue Offensive. Aus den Funksprüchen konnte er sich auch ein genaues Bild über den Versorgungsmangel der Panzerarmee machen. Und die Jagdbomber der Royal Airforce sorgten mit den U-Booten der Royal Navy dafür, dass die angespannte Lage sich nicht änderte. Die ausgelaufenen Schiffe wurden mit einer solchen Präzision versenkt, dass der seit langem schwelende Verdacht, die Italiener betrieben Verrat, sich eindrucksvoll zu bestätigen schien. Diese ebenso ungerechtfertigte wie ungerechte Anschuldigung hält sich bei manchem deutschen Veteranen der Panzerarmee Afrika bis zum heutigen Tage.

Rommel jedenfalls, der den Angriff für die Vollmondnacht am 26. August festgelegt hatte, wurde von Tag zu Tag nervöser. Rückblickend schrieb er über seine Lage: »Betrachtet man … die Tatsache, dass im modernen Krieg die bessere Versorgung die Schlacht entscheidet, so sah man deutlich, wie sich am fernen Horizont für meine Armee die Katastrophe abzeichnete.«

Rommel befand sich in einem ausweglosen Dilemma. Die Diktatoren Hitler und Mussolini drängten darauf, den Vormarsch gegen Ägypten fortzusetzen. Und er wusste, dass umfangreiche Verstärkung und vor allem die amerikanische Waffenhilfe auf dem Weg nach Afrika waren und sich damit bis Mitte September die britische Überlegenheit endgültig zu seinen Ungunsten wenden würde. Zur gleichen Zeit wartete er dringend auf den eigenen Nachschub und musste hilflos mit ansehen, wie ein Schiff nach dem anderen im Mittelmeer versenkt wurde. Für Rommel begann ein Wettlauf mit der Zeit, den er absehbar nicht mehr gewinnen konnte.

In dieser Situation wurde der Feldmarschall krank; schon Anfang August hatte er in einem Brief an seine Frau über »Hitzedurchfall« geklagt und geschrieben: »Ich selbst bin sehr müde und schlapp.« Und am 19. August notierte sein Italienisch-Dolmetscher Wilfried Armbruster in sein Tagebuch: »O[berbefehlshaber] hat etwas Schnupfen und ist daher nicht ganz auf dem Posten.« Am Tag darauf fühlte Rommel sich schon so elend, dass er auf seine Inspektionstouren verzichten musste und im Bett blieb. Der hinzugerufene Internist, Prof. Dr. Hermann Horster, diagnostizierte »erniedrigten Blutdruck mit Neigung zu Ohnmachtsanfällen« infolge einer »Magen-Darmstörung«. Rommels Gesundheit war laut Horster durch die »übermäßige physische und psychische Beanspruchung« sowie die »ungünstigen klimatischen Verhältnisse« angegriffen.

Im Jahr davor hatte Rommel eine schwere Gelbsucht überstanden, ohne auch nur darüber nachzudenken, sich ablösen zu lassen. Jetzt aber entschloss sich Rommel zu einem ungewöhnlichen Schritt: Am 21. August ließ er das »Fachärztliche Urteil« über Funk an das Führerhauptquartier durchgeben und schloss mit den Worten: »Auf Grund des vorstehenden Befundes bitte ich um baldmöglichste Inmarschsetzung eines für meine Vertretung geeigneten Oberbefehlshabers …« Bis zum 22. August hütete der Feldmarschall das Bett. Dann trat eine leichte Besserung ein, sodass er sich zwei Tage darauf im Lazarett von Marsa Matruh einer Generaluntersuchung unterziehen konnte. Prof. Horster hatte den Verdacht auf eine weitere Erkrankung Rommels: Nasendiphtherie. Tatsächlich waren im August 1942 erstmals seit dem Vorjahr wieder Fälle dieser äußerst ansteckenden Infektionskrankheit festgestellt worden. Wäre Rommel tatsächlich an Diphtherie erkrankt gewesen, hätte er das Kommando in jedem Fall abgeben müssen. Die Krankenschwester Rose Kolleth, die in der hygienisch-bakteriologischen Untersuchungsstelle bei Marsa Matruh einen Abstrich von Rommel untersuchen musste, will sich erinnern, dass Horster mit Nachdruck auf seiner Diagnose bestanden hatte. »Keine Spur!«, so Rose Kolleth in einem Interview, »ich konnte nicht Diphterie [attestieren], und das hätte ich nie getan, nur weil Rommel plötzlich nach Hause wollte.«

Am späten Abend des 24. August traf dann ein Funkspruch aus dem Führerhauptquartier bei Rommel ein. Hitler war auf den Vorschlag Rommels gar nicht erst eingegangen, den »Schöpfer der Panzerwaffe«, General-

Nasendiphtherie. Alam Halfa, 30. August 1942

oberst Heinz Guderian, nach Afrika zu entsenden, und befahl stattdessen den Kommandierenden General des Afrika-Korps, Walther Nehring, zu Rommels Nachfolger. Eine Entscheidung, die Rommel offensichtlich nicht sehr glücklich machte. Jedenfalls vollzog sich in den folgenden zwei Tagen eine auffällige »Wunderheilung«. Am 26. August konnte Rommel ins Führerhauptquartier melden: »... dass nach dem fachärztlichen Urteil des Beratenden Internisten sich mein Gesundheitszustand bereits so weit gebessert hat, dass ich in der Lage bin, während der kommenden Operationen unter ambulanter ärztlicher Betreuung die Führung der Armee beizubehalten.«

Es scheint, als hätte Rommel mit der Krankheit unbewusst dem zum Scheitern verurteilten Angriffstermin vom 26. August entkommen wollen. Doch seine Probleme hatten sich damit nicht verringert. Bis zum 27. August waren von fünf ausgelaufenen Versorgungsschiffen vier von den Briten versenkt worden. An diesem Tag tauchte Feldmarschall Kesselring in Rommels Hauptquartier auf, kündigte optimistisch das Einlaufen zweier neuer großer Tanker in Tobruk an und drängte darauf, endlich loszuschlagen. Rommels ebenfalls anwesender Stabschef Westphal reagierte fassungslos. In seinen Augen war es grob fahrlässig, mit der Offensive zu beginnen, bevor der Nachschub auch wirklich sicher in den deutschen Stellungen vor El Alamein eingetroffen wäre. Ansonsten, so argumentierte Westphal, ginge der Panzerarmee schon am dritten Angriffstag der Treibstoff aus. Pathetisch versprach Kesselring, »auf Ehre ... im Notfall täglich bis zu 400 Tonnen Benzin auf dem Luftwege zuzuführen«. Aber auch das war nicht realistisch; unnachgiebig wies Westphal darauf hin, dass allein dafür 250 Flieger pro Tag sicher in Nordafrika landen müssten, die dann ihrerseits einen großen Teil des eingeflogenen Treibstoffs wieder für den Rückflug verbrauchen würden. Kesselring wurde ungehalten und verlangte das Gespräch mit Rommel unter vier Augen fortzusetzen. »Aus der Entfernung sah ich«, so Westphal in seinen Memoiren, »dass beide Feldmarschälle sich nach einer Weile fest die Hand drückten, und hörte Rommel ›Top‹ sagen.« Die Entscheidung war gefallen.

Am Morgen des 30. August 1942 traf Prof. Horster seinen Patienten vor dessen Stabswagen. Mit sorgenvollem Blick begrüßte ihn Rommel mit den Worten: »Herr Professor, der Entschluss, heute anzugreifen, ist der schwerste meines Lebens. Entweder gelingt es uns in Russland, nach Grosny zu stoßen und hier in Afrika den Suezkanal zu erreichen, oder …« Rommel schwieg und, so erinnerte sich Horster, »machte eine wegwerfende Handbewegung«. Obwohl immer noch kein Treibstoff eingetroffen war, begann um 22.00 Uhr im fahlen Schein des Mondlichts Rommels letzte Offensive vor El Alamein. Die Kampfgruppen der Panzerarmee Afrika rannten in die Falle. Montgomerys 8. Armee empfing sie mit mörderischem Feuer zu Lande und aus der Luft. Schon nach den ersten zwölf Stunden spielte Rommel mit dem Gedanken, die Offensive abzubrechen. Die von Kesselring angekündigten Schiffe waren versenkt worden oder verspätet ausgelaufen, die versprochene Versorgung aus der Luft blieb unzureichend. Wie von Westphal vorhergesehen, fehlte den Panzern schon bald der Treibstoff für jede weitere größere Operation. Anstatt seinen Plan aufzugeben, änderte Rommel aber nur das Ziel seines Angriffs. Um die Wege zu verkürzen, dirigierte er seine Truppen mitten in der Offensive nach Norden um und befahl den Sturm auf den Alam-Halfa-Rücken, der der Schlacht ihren Namen geben sollte. Was er nicht wusste: Hier hatten sich die Briten mit ihren Panzern und ihrer Artillerie in nahezu uneinnehmbaren Stellungen eingegraben.

An den Hängen des Alam-Halfa-Rückens versiegte der Schwung des Angriffs endgültig im Inferno der britischen Granaten. Die Nachricht von der Beschädigung des Dampfers »Abruzzi« zwischen Bengasi und Derna durch britische Jagdbomber gab Rommel den Rest. Am 2. September brach er die Offensive endlich ab. Es war die einzig richtige Entscheidung. Umsichtig führte der Feldmarschall seine angeschlagenen Truppen zurück und formierte sie zu einer neuen, intakten Verteidigung. Von Anfang an hatte Rommel geahnt, dass seine Offensive scheitern könnte. Es war ein Fehler gewesen, sie unter diesen Umständen überhaupt zu beginnen. Ein Fehler allerdings, den Rommel in gutem Glauben auf die Versprechen Kesselrings begangen hatte. Ebenso verhängnisvoll war es, die geplante Stoßrichtung mitten im Angriff zu ändern; eine Entscheidung, zu der sich Rommel aufgrund des fehlenden Treibstoffs gezwungen sah. Dass Kesselring seine Zusagen nicht eingehalten hatte, würde Rommel ihm nie verzeihen. Wie groß seine Verbitterung und Enttäuschung gewesen sein muss, bezeugen seine Äußerungen in einem vertraulichen Gespräch mit dem deutschen

Botschafter in Italien, Rudolf Rahn, im Jahr darauf: »Ich vermute nicht nur, sondern ich weiß«, so Rommel, »dass der Feldmarschall Kesselring aus Eifersucht auf meinen Feldherrnruhm bei Alamein bewusst und absichtlich den militärischen Nachschub an Waffen, Munition und vor allem an Benzin verzögert hat.«

Mit dieser Anschuldigung war Rommel wohl zu weit gegangen. Tatsache bleibt, dass sich auf dem späteren Rückzug aus El Alamein in den Tanklagern der Luftwaffe große Mengen unangetasteten Treibstoffs fanden. Kesselring selber nahm hierzu in seinen Memoiren Stellung: »Trotz meiner Zusicherung, 500 cbm Fliegerbenzin der Armee zur Verfügung zu stellen, blieb die Betriebsstoff-Frage prekär. Dies umso mehr als auch diese Mengen aus mir unverständlichen Gründen nicht vollkommen ausgeliefert wurden. Dafür trage ich – obwohl ich erst nach dem Kriege davon Kenntnis erhielt – die Verantwortung.« Unverständlich bleibt, weshalb Kesselring trotzdem wider besseres Wissen behauptete: »An dem Rückschlag waren andere Gründe mehr psychologischer Art schuld. Ich hatte seinerzeit die Überzeugung, dass dieser Kampf für den ›alten‹ Rommel kein Problem gewesen wäre, der eine bereits vollzogene Umfassung des Gegners nie abgestoppt hätte … Es ist natürlich schwer zu sagen, ob ein pausenlos durchgeführter Angriff den erstrebten Erfolg gehabt hätte. Fest steht aber, dass der Sieg greifbar nahe lag.«

Nur in einem mag Kesselring Recht gehabt haben: Rommel war tatsächlich nicht mehr der »Alte«. Vom ersten Ansturm auf die El-Alamein-Linie bis zum Rückzug vor Alam Halfa hatte er sich gewandelt. Es schien, als wäre der brennende Ehrgeiz des Divisionskommandeurs aus Frankreich, die vorwärts peitschende, oft rücksichtslose Energie des Feldherrn in der Cyrenaika einer tieferen, menschlicheren Einsicht gewichen. Nur wenige Wochen sollten ihm noch in Afrika bleiben; er nutzte die Zeit und befestigte die El-Alamein-Linie mit einem ausgeklügelten System von Minenfeldern, den so genannten Teufelsgärten, nun auch von deutscher und italienischer Seite gegen die Briten. Rommel rechnete fest mit einem Angriff der 8. Armee innerhalb der folgenden sechs bis acht Wochen. Am 23. September brach er endlich auf, um seine Kur in der Heimat anzutreten. Seinem Nachfolger in Afrika, General der Panzertruppe Georg Stumme, versicherte er bei der Abreise: »Falls die Schlacht beginnt, breche ich meine Kur ab und komme sofort nach Afrika zurück.«

Am 29. September 1942 sollte Rommel in Berlin aus Hitlers Händen den Feldmarschallstab erhalten. Für seinen Aufenthalt in der Reichshauptstadt hatte er Joseph Goebbels um Quartier gebeten. Es ist das einzige Mal, dass Rommel auf diese Weise auch in persönlichen Kontakt zu einem der Spitzenfunktionäre des »Dritten Reichs« kam. Eine besondere Nähe oder gar Freundschaft erwuchs daraus nicht. Seine Gedanken kreisten wie eh und je um den Krieg. Nur einen Unterschied gab es zu früher – die Erzählungen aus Afrika hatten die Erzählungen vom Matajur abgelöst. »Wir sitzen bis weit nach Mitternacht im engsten Kreise zusammen«, schrieb Goebbels nach dem ersten Abend in sein Tagebuch. »Rommel taut aus seiner Zurückhaltung vollkommen auf und erzählt von seinem Kampferleben in Nordafrika mit einer Spannung und einem Glanz der Darstellung, die bewundernswert sind.«

Am nächsten Morgen empfing Hitler seinen Feldmarschall in der Reichskanzlei. Nach der Übergabe der Feldmarschallstäbe – ein großer, schwerer für offizielle Anlässe, ein handlicher für den Feldeinsatz – wurde über die Lage auf dem nordafrikanischen Kriegsschauplatz gesprochen. Offen »kam Rommel auf seine Bedenken, Sorgen und Wünsche zu sprechen«, so der anwesende Adjutant der Luftwaffe, Nicolaus von Below, in seinen Erinnerungen. »Er [Rommel] befürchtete, dass der Engländer eines Tages mit einer großen Übermacht antreten würde und dass er dann ›Schwierigkeiten‹ bekommen könnte.«

Hitler nutzte die Gelegenheit, Rommel wieder aufzurichten. Im Hof der Reichskanzlei war eine Reihe von neuen Waffen aufgestellt, die Rommel vorgeführt wurden. Eindrucksvolle Konstruktionen wie der »Tiger-Panzer« und der »Nebelwerfer«, eine Art deutscher »Stalinorgel«. Auch auf Rommel verfehlte diese Demonstration von Hightech-Waffen ihre Wirkung nicht. Zudem versprach der Diktator zur Lösung der Nachschubfrage in Nordafrika den Einsatz so genannter Siebelfähren, die wegen ihres geringen Tiefgangs nicht von Torpedos getroffen werden konnten. Schließlich nahm Hitler den Feldmarschall für einen Augenblick beiseite und machte eine geheimnisvolle Andeutung auf eine neue »Wunderwaffe«, die angeb-

»Weltanschaulich gefestigt«. Reichskanzlei, Berlin, 1. Oktober 1942

lich einen erwachsenen Mann noch in drei Kilometer Entfernung vom Pferd werfen würde. Wahrscheinlich spielte Hitler dabei auf die geplante Atombombe an. Jedenfalls verließ Rommel die Reichskanzlei voll neuer Hoffnung; noch glaubte er den Versprechungen des Diktators.

Anschließend nahm Goebbels seinen Gast mit zur Eröffnung des Winterhilfswerks durch Hitler im Berliner Sportpalast, der »alten Versammlungsstätte der Berliner Nationalsozialisten«. Minutenlanger Jubel empfing

»Was wir haben, halten wir fest.« Vor den Vertretern der internationalen Presse. Berlin, 3. Oktober 1942

den Feldmarschall aus Afrika. Unsicher und fast etwas ungläubig starrte Rommel in die tobende Masse. Es war nicht mehr zu übersehen: Er war auf dem absoluten Höhepunkt seiner Laufbahn angelangt. Es ist eine Ironie des Schicksals, dass Rommel in diesen Augenblicken höchsten Ruhmes den Zenit seiner militärischen Erfolge bereits überschritten hatte.

Für den 3. Oktober hatte Goebbels spontan die Vertreter der internationalen Presse eingeladen. Aus Rommels Anwesenheit musste um jeden Preis Nutzen gezogen werden. Dem Feldmarschall kann nicht wohl in seiner Haut gewesen sein. Er kannte die tatsächliche Lage in Nordafrika; vielleicht hatte er nach seinem Besuch in Berlin neue Hoffnung geschöpft, vergessen hatte er die Möglichkeit einer drohenden Niederlage nicht. Es blieb Rommel nichts anderes übrig, als den »Optimisten« zu geben. »Heute stehen wir 100 Kilometer vor Alexandrien und Kairo«, begann Rommel seine kurze Rede, »und haben das Tor Ägyptens in der Hand – und zwar mit der Absicht, auch hier zu handeln! Wir sind dort nicht hingegangen, um uns über kurz oder lang wieder zurückwerfen zu lassen. Man kann sich auch hier darauf verlassen: Was wir haben, halten wir fest.«

Am Nachmittag brach Rommel mit dem Flugzeug nach Wiener Neustadt auf, um endlich bei seiner Frau und seinem Sohn ein paar ruhige Tage zu genießen. Goebbels konnte zufrieden sein. Die Übergabe des Marschallstabes, die Zurschaustellung im Sportpalast und schließlich Rommels Auftritt vor der Presse waren eindrucksvolle und geradezu maßgeschneiderte Ereignisse, um sie in den Wochenschauen, im Rundfunk, in den Illustrierten und Zeitungen öffentlichkeitswirksam zu verwerten – um den »Star« vor den Karren der Propaganda zu spannen. Die Bilder vom Kurzaufenthalt prägten mehr als alle anderen die vermeintliche Verbundenheit Rommels mit dem System und trugen den Ruf vom »Nazigeneral« in die entferntesten Winkel des Landes.

»Er ist ein nationalsozialistischer Heerführer«, schrieb Goebbels nach Rommels Abreise am 4. Oktober 1942 in sein Tagebuch, »so wie wir ihn uns nur wünschen können. Es stände noch besser um die Sache unseres [sic!] Krieges, wenn wir deren ein Dutzend hätten.« Auch Hitler hatte sich voller Anerkennung über seinen Feldmarschall geäußert: »Rommel hat auf ihn einen sehr tiefen Eindruck gemacht«, hielt Goebbels Hitlers Worte in seinem Tagebuch fest. »Er ist weltanschaulich gefestigt, steht uns National-sozialisten nicht nur nahe, sondern ist ein Nationalsozialist, er ist ein Truppenführer mit Improvisationsgabe, persönlich mutig und außerordentlich erfindungsreich. Solche Troupiers können wir gebrauchen. Rommel ist der kommende Oberbefehlshaber des Heeres.«

Es ist zweifellos richtig, dass Rommel zu diesem Zeitpunkt noch immer in vollkommen unkritischer Verehrung für Hitler befangen war. War er deswegen auch der »Nationalsozialist«, den Hitler und Goebbels in ihm sehen wollten? Im Gegensatz zu den Generalen an der Ostfront, die Hitlers Vernichtungskrieg vorbereitet hatten und ihn ausfochten, ja sogar zu einem gewissen Teil zu Vollstreckern seiner Verbrechen wurden, hatte der schlichte Schwabe weitab in Afrika gekämpft. In seinem Hinterland mordeten keine Einsatzgruppen, von Kriegsverbrechen hatte er nur aus dem englischen Rundfunk erfahren und schenkte ihnen keinen Glauben. Er sah sich in erster Linie als Soldat, ganz im Einklang mit Hitler, der gefordert hatte, »dass die Wehrmacht sich unter gar keinen Umständen um innerpolitische Dinge kümmern dürfe. Ihre Aufgabe sei es, Schwertträger nach außen zu sein.«

Manches spricht dafür, dass Hitler und Goebbels in ihren Paradegeneral mehr weltanschauliche Festigkeit hineingesehen haben, als Rommel selbst verinnerlicht und verstanden hatte. Jedenfalls findet sich in den vielen Hunderten seiner Briefe und Aufzeichnungen nicht eine Passage, in der er sich mit der Idee des Nationalsozialismus auseinander gesetzt hätte. In gewisser Weise war er in seiner Einstellung immer noch der national-konservative Reichswehroffizier von 1935, allerdings nun verfangen in der verhängnisvollen Bindung an Hitler und gnadenlos ausgebeutet von einer Propaganda, die ihn ihren Zielen gemäß zum nationalsozialistischen Heros stilisiert hatte. Der Tag aber, an dem die Traumehe ihre ersten Risse bekommen sollte, stand kurz bevor.

Das letzte Tageslicht des 23. Oktober 1942 war erloschen. Schon blitzten die ersten Sterne am Nachthimmel über der Wüste von El Alamein. Die meisten Soldaten der Panzerarmee Afrika schliefen schon in ihren Unterständen und Erdlöchern. Da zerriss um Punkt 21.40 Uhr ein mörderischer Lärm die Ruhe. Auf den 64 Kilometern zwischen Küste und

Kattara-Senke eröffneten 2359 schwere britische Geschütze und Kanonen das Trommelfeuer. Aus der Luft warfen zur gleichen Zeit die Bomber der Royal Airforce Welle um Welle ihre todbringende Last auf die deutschen Stellungen. Generalleutnant Montgomery hatte das massivste Flächenbombardement seit dem Ersten Weltkrieg ausgelöst.

Nach einer Viertelstunde herrschte wieder Ruhe. Noch ehe der Schleier aus Wüstenstaub und der Rauch der Detonationen sich wieder gelegt hatte, rückten die britischen Truppen vor – die Entscheidungsschlacht hatte begonnen: die Schlacht um El Alamein. Beinahe 200 000 Mann, über 1000 Panzer und 1500 Flugzeuge standen auf britischer Seite bereit. Damit war die 8. Armee fast dreimal so stark wie die Deutschen und Italiener zusammengenommen.

Die britischen Truppen waren frisch und hoch motiviert, ihr Nachschub rollte reibungslos, ihre Waffentechnologie befand sich mit amerikanischer Hilfe auf dem Höchststand. Ihr Gegner hingegen war ausgelaugt. In den deutschen Stellungen vor El Alamein gab es vereinzelt bereits Fälle von Skorbut. Über 70 Prozent der Soldaten hatten schwere Ruhr – es fehlte an Munition, Benzin, Ersatzteilen. Und es fehlte der Geist jenes Mannes, der sie bis hierhin geführt hatte – Erwin Rommel; der befand sich immer noch auf »Genesungsurlaub« in Europa. Diese Schlacht war entschieden, bevor sie begonnen hatte.

Rommels Nachfolger in Afrika, General Stumme, unternahm am nächsten Morgen eine Aufklärungsfahrt an die Front. Seine Begleitoffiziere wollten ihn noch zurückhalten – ihm fehle die Erfahrung seines Vorgängers. Stumme gab nicht nach. Schon nach wenigen Kilometern geriet sein Wagen in das Feuer einer australischen Batterie. Stummes Adjutant wurde tödlich getroffen. Der Fahrer riss das Steuer herum und raste in voller Fahrt zurück. Erst als er in Sicherheit war, blickte er hinter sich: Der General saß nicht mehr auf seinem Platz. Bis in die Abendstunden blieb er vermisst. Dann entdeckte ein deutsches Kommando die ausgeplünderte Leiche. Stumme hatte einen Herzanfall bekommen und war aus dem Wagen gekippt. Die Panzerarmee befand sich in der härtesten Schlacht, seit deutsche Soldaten afrikanischen Boden betreten hatten – und sie war ohne Oberbefehlshaber.

4
GEHORSAM

Rommels uneheliche Tochter Gertrud war im Oktober 1942 für einige Tage auf Besuch in Wiener Neustadt. Sie war mittlerweile 27 Jahre alt, verheiratet, Mutter von zwei Kindern und betrieb mit ihrem Mann einen florierenden Gemüsegroßhandel in Kempten. Über all die Jahre hatte sie in engem Kontakt zu ihrem Vater gestanden. Jetzt freute sie sich, den »berühmten« Feldmarschall, der seit der Wiedereroberung Bengasis keinen Urlaub mehr genommen hatte, endlich einmal wiederzusehen.

Am Nachmittag des 24. gegen 15.00 Uhr hatte sich die Laune ihres Vaters nach einem Anruf aus Rom auffällig verändert. Am Telefon war Ingemar Berndt gewesen, sein Ordonnanzoffizier aus Afrika. Er berichtete seinem Feldmarschall vom Beginn der britischen Großoffensive in El Alamein am Abend zuvor. Beunruhigt hatte Rommel auch erfahren, dass sein Stellvertreter, General Stumme, seit dem frühen Morgen von einer Aufklärungsfahrt nicht zurückgekehrt war. Rommel ahnte, was das bedeuten konnte.

Wenig später klingelte erneut das Telefon in Rommels Villa. Diesmal ging Gertrud an den Apparat. Sie erschrak. Am anderen Ende der Leitung meldete sich Adolf Hitler. Schroff verlangte er Feldmarschall Rommel zu sprechen. Der Diktator erörterte mit Rommel die Lage in Nordafrika und informierte ihn über das Verschwinden seines Stellvertreters General Stumme. Rommel wollte sofort nach El Alamein fliegen. Aber Hitler zögerte.

Tochter Gertrud zu Besuch. Wiener Neustadt, Oktober 1942

Was Rommel zu diesem Zeitpunkt nicht wusste: Reichsmarschall Hermann Göring, dessen Stern im Sinken war, weil er den alliierten Bombenangriffen auf deutsche Städte nichts entgegenzusetzen hatte, suchte nach neuen Tätigkeitsfeldern. Eben noch hatte er mit großer Geste angeboten, aus dem abkömmlichen Personal der Luftwaffe 20 »Luftwaffenfelddivisionen« aufzustellen. Jetzt hatte er vorgeschlagen, Feldmarschall Kesselring den Oberbefehl in Afrika zu übertragen. Dabei folgte er wohl einer Anregung Kesselrings selbst, der nicht müde wurde, zu erzählen, dass Rommel vor Alam Halfa angeblich den Sieg verschenkt habe. Hitler stand nun, wie er sich später äußerte, »vor der sehr schweren Frage, ob [er] den Stab von Kesselring da hingeben oder … Rommel die Aufgabe übertragen sollte«.

Letztlich dürfte ein Funkspruch aus El Alamein von Oberst Westphal, Rommels Generalstabschef, den Ausschlag gegeben haben. Er antwortete auf eine Anfrage Hitlers zur Lage: »Es handelt sich einwandfrei um den von

uns wiederholt als unmittelbar bevorstehend gemeldeten feindlichen Großangriff. General Stumme ist gefallen. Sofortige Rückkehr Generalfeldmarschall Rommel unumgänglich.« In den späten Abendstunden übertrug der
Diktator Rommel wieder den Oberbefehl in Nordafrika und befahl ihm,
»sich sofort zur Armee zu begeben«.

Am 25. Oktober gegen 17.00 Uhr betrat Rommel nach kurzem Zwi-
schenaufenthalt in Rom auf dem Feldflughafen Qasaba wieder afrikanischen Boden. Mit dem Leichtflugzeug Fieseler Storch erreichte Rommel bis
zum Einbrechen der Dunkelheit noch die Gegend bei Fuka. Die letzten
120 Kilometer legte er im Wagen zurück. Gegen 20.00 Uhr traf er dann
endlich auf dem Gefechtsstand ein. Noch am selben Abend setzte Rommel
einen Funkspruch an alle Einheiten ab: »Ich habe die Führung der Armee
wieder übernommen. – Rommel.«

Die britische Offensive hatte ihr Ziel, den Durchbruch durch die
deutsch-italienische Front, nicht erreicht. Zwar war es gelungen, die »Teufelsgärten« auf einer Breite von zehn Kilometern zu entschärfen, aber noch

GERD SCHMÜCKLE Offizier im Frankreichfeldzug

»Als Rommel damals, 1941, von Frankreich
nach Afrika aufbrach, hat er sich von mir persönlich
verabschiedet. Und ich habe
ihm damals gesagt:
›Herr General, ich habe
ein arabisches Sprichwort
gelesen:
In der Wüste findet man
zweierlei, erstens Gott und zweitens den Umsturz.‹
Da sagte Rommel: ›Schmückle, vielleicht finde ich
beides dort.‹«

war jeder Angriff aus dieser Einbruchstelle, wenn auch unter schweren Verlusten, abgewiesen worden. In Anbetracht der britischen Artillerie und der andauernden Angriffe aus der Luft war es nur noch eine Frage der Zeit, bis die »Deutsch-Italienische Panzerarmee«, wie die Panzerarmee Afrika seit dem 25. Oktober zur Betonung der Verbundenheit mit dem Achsenpartner genannt wurde, mürbe gebombt war. Noch mehr als die offensichtliche materielle Überlegenheit seiner Gegner beunruhigten Rommel die mangelnden eigenen Reserven. Schon in Rom war ihm mitgeteilt worden, dass die Vorräte an Sprit auf nur drei »Verbrauchssätze« zusammengeschrumpft waren und somit nur noch für drei Tage reichen würden. Die Reichweite der motorisierten Einheiten war bereits so weit eingeschränkt, dass jede taktische Bewegung endgültig wurde, weil dann für eine Rückverlegung nicht mehr genügend Treibstoff zur Verfügung stand.

Schon hatte die Supermarina in Rom für Nachschub gesorgt. Die »Proserpina« mit 2500 Tonnen Treibstoff und die »Tergestea« mit 1000 Tonnen Treibstoff und 1000 Tonnen Munition hatten ihre italienischen Häfen bereits verlassen und befanden sich auf dem Mittelmeer. Ein weiterer Tanker, die »Luisiano« mit 2500 Tonnen Treibstoff, lag zum Auslaufen bereit. Wie immer war die geplante Ankunft der Schiffe per Funk nach Nordafrika gemeldet worden. Und wie so oft hatten die Dechiffreure von Bletchley Park den Funkspruch abgefangen. Das ›Scheibenschießen‹ auf dem Mittelmeer ging weiter. Bereits am 26. Oktober wurden die »Proserpina« und die »Tergestea« nahe des Hafens von Tobruk von Jagdbombern der Royal Airforce in Brand geschossen und versenkt.

Rommel, der nach wenigen Stunden Schlaf am 26. Oktober gegen fünf Uhr morgens zur Fahrt an die Front aufbrach, suchte verzweifelt nach einem Ausweg aus der aussichtslosen Lage. Gegen Abend hatte sich das Bild so weit geklärt, dass die britische 8. Armee ihre Truppen nördlich des Ruweisat-Rückens zum Stoß gegen den Raum zwischen El Daba und Sidi Abd el Rahman konzentrierte. Rommel plante, in einer Art letztem Verzweiflungsschlag dem Gegner zuvorzukommen, und zog nun seinerseits im Nordabschnitt der Front etwa bei Tell el Aqqaqir die größten Teile der zwei deutschen und zwei italienischen Panzerdivisionen zusammen. Am Nachmittag des 27. Oktober begann Rommels Gegenangriff mit starker Artillerie-,

Flak-, und Luftwaffenunterstützung. Noch am selben Abend schrieb Rommel an seine Frau, wie es in ihm aussah: »Von der Angst, die auf mir liegt, kann niemand sich einen Begriff machen. Wieder mal geht es um alles.«

Nachts lag Rommel mit offenen Augen auf seinem Feldbett und fand vor Sorge keinen Schlaf. In seinem nächsten Brief an Lucie, den er in den frühen Morgenstunden des 28. Oktobers schrieb, erwähnte er zum ersten Mal den Gedanken an den eigenen Tod: »Ob ich die Schlacht, falls sie zur Niederlage wird, überlebe, steht in Gottes Hand. Das Leben als Besiegter ist schwer zu ertragen … Sollte ich auf dem Platz bleiben, so möchte ich Dir und dem Jungen für all[e] Liebe und Freude im Leben herzlichst danken.«

Tagsüber gelang es, unter Aufbietung aller Kräfte jeden feindlichen Einbruch zu verhindern. Die eigene Offensive aber erstarb im britischen Trommelfeuer. Besonders die in kurzem Abstand anfliegenden britischen Bombergeschwader, aber auch der Mangel an Treibstoff und Munition machten jede bewegliche Gefechtsführung nahezu unmöglich. Rommel begann zu erkennen, dass die Schlacht um Nordafrika verloren war. Noch in derselben Nacht schrieb er ein zweites Mal an seine Frau: »Viel Hoffnung bleibt mir nicht … Bei Dir und Manfred sind oft meine Gedanken mit innigster Liebe. Wie traumhaft schön war es doch zu Haus. Wie mag nun alles werden, wenn es hier schief geht, der Gedanke daran zermartert mich Tag und Nacht. Ich sehe keinen Ausweg in diesem Fall.«

In der Nacht auf den 29. Oktober fand Rommel wieder keinen Schlaf. Ab 3.30 Uhr wanderte er unruhig durch die Wüste, um dann, zweieinhalb Stunden später zur Truppe aufzubrechen. Der Tag brachte eine Reihe von Hiobsbotschaften. Gegen 11.30 Uhr kam die Meldung, dass auch der als Ersatz entsandte Tanker »Louisiano« am Vorabend, wenige Stunden nach dem Auslaufen aus dem italienischen Hafen Navarino, von der Royal Airforce versenkt worden war. Kurz darauf wurde bei einem gefangen genommenen britischen Offizier der Plan für die britische Entscheidungsoffensive »Supercharge« erbeutet. Rommel musste den vernichtenden Schlag Montgomerys für die kommende Nacht erwarten. Und am späten Nachmittag meldete das Comando Supremo, dass nach Informationen der Feindaufklärung zwei britische Divisionen auf dem Marsch durch die Kattara-Senke,

100 Kilometer südlich von Marsa Matruh, gesichtet worden waren. Das bedeutete die Umfassung der deutsch-italienischen Panzerarmee und deren sicheren Untergang. Rommels resignierter Kommentar dazu: »Uns bleibt auch nichts erspart.«

Auch wenn General Montgomery »Supercharge« letztlich noch einmal um 48 Stunden verschieben und die italienische Meldung sich am nächsten Morgen als ›Ente‹ herausstellen sollte, hatte der 29. Oktober Rommel in seiner Absicht bestärkt, den Rückzug einzuleiten. Obwohl diese Entscheidung einer realistischen Lageeinschätzung folgte, war sie dennoch kein leichter Entschluss. Rommel musste davon ausgehen, dass eine Niederlage in Afrika seinem obersten Dienstherrn nicht ins Konzept passen würde. Umso vorsichtiger ging er jetzt daran, mit den Kommandeuren seiner Verbände die Rücknahme der Truppen um 120 Kilometer bis auf die Höhe von Fuka zu erörtern.

In der Nacht vom 2. November gegen 1.00 Uhr begann der erwartete Großangriff der britischen Armee mit siebenstündigem Luftangriff und dreistündigem Trommelfeuer aus über 300 Geschützen. »Hinter einer starken Feuerwalze und durch Nebel abgeschirmte Flanken« rollten über 500 britische Panzer in Richtung Nordwesten zur Küstenstraße bei El Daba vor. Noch einmal warf Rommel alle verfügbaren Kräfte dem Feind entgegen. Unterstützt von seiner gesamten Heeres- und Flakartillerie entbrannte eine heftige Panzerschlacht, in der es ein letztes Mal gelang, den Gegner wenigstens »notdürftig« aufzuhalten. Aber schon gegen Mittag gab es für Rommel keinen Zweifel mehr, dass der Zusammenbruch kurz bevorstand. »An der Front«, so Rommel in seinen Erinnerungen, »herrschten an vielen Stellen wahrhaft chaotische Verhältnisse … Ununterbrochen hämmerten die britischen Luftgeschwader und Artillerieregimenter auf unsere Truppen. Innerhalb von einer Stunde um die Mittagszeit warfen siebenmal je 18 britische Bomber ihre Lasten auf die Truppe.« Rommel, der von einer Höhe aus den Verlauf der Schlacht verfolgte, musste mit ansehen, wie die Lage seiner Armee von Stunde zu Stunde ernster wurde. So waren etwa beim Deutschen Afrika-Korps nur noch 35 Kampfpanzer und 24 8,8-Geschütze einsatzfähig. Die Gefechtsstärke der deutschen Truppen war auf ein Drittel gesunken. Teile der italienischen Divisionen Littorio und Trieste

Die Führung wieder übernommen. El Alamein, Oktober 1942 (Rommel r.)

waren ohne Führung und befanden sich in heilloser Flucht aus dem Inferno. »Unsere Vernichtung«, so Rommel, »stand deshalb unmittelbar bevor.«

Gegen 15.30 Uhr hatte er genug gesehen. Er brach zum Armeegefechtsstand auf, um den Rückzug einzuleiten. In einer Zwischenmeldung an das Oberkommando der Wehrmacht stimmte Rommel das Führerhauptquartier auf die Lage in El Alamein ein: »Die Kraft der Armee ist nach zehntägigem, härtestem Kampf gegen vielfache britische Übermacht zu Lande und in der Luft trotz des heutigen Abwehrerfolges erschöpft.« Nach einer ausführlichen Schilderung der Situation schloss Rommel mit dramatischen Worten: »Bei dieser Lage muss daher trotz des heldenhaften Widerstandes und vorzüglichen Geistes der Truppe mit der allmählichen Vernichtung der Armee gerechnet werden.« Den geplanten Rückzug allerdings erwähnte er vorsichtshalber nicht. Vielleicht hatte er auch gehofft, Hitler würde angesichts der aussichtslosen Situation zur gleichen Einschätzung gelangen und von selbst den nahe liegenden Rückzug befehlen. Aber nichts

125

spricht dafür, dass im Führerhauptquartier auch nur ansatzweise das Ausmaß der Katastrophe erkannt worden wäre. Vielmehr wiegte sich Hitler in trügerischer Sicherheit; hatte ihm Feldmarschall Kesselring aus Rom doch wenige Tage zuvor noch gefunkt, dass »die Krise der Schlacht überwunden« sei.

Gegen 19.20 Uhr begann die Funkstelle Rommels die einzelnen Verbände zu informieren. Den präzisen Anweisungen war immer der gleiche Satz vorangestellt: »Armee bereitet sich darauf vor, vor überlegenem Feinddruck schrittweise kämpfend zurückzugehen.« Als Erste erfuhren es die Soldaten der 19. Flak-Division und als Letzte schließlich um acht Minuten nach neun abends die der Brigade Ramcke. Wie ein gut geöltes Räderwerk setzte Rommel jetzt den halbwegs geordneten Rückzug in Gang, um seine Armee vor dem Untergang zu retten.

Zur Information des Führerhauptquartiers hatte Rommel mit seinem Stabschef Westphal eine möglichst unverfängliche Tagesabschlussmeldung verfasst. Unter Punkt 2 hieß es da: »Wie in der 2. Zwischenmeldung gemeldet, reicht die Kraft der Armee nicht mehr aus, um einen erneuten Durchbruchsversuch zu verhindern. Die Armee bereitet sich daher darauf vor, ab 3.11. vor überlegenem Feinddruck schrittweise kämpfend zurückzugehen. Hierzu werden die Infanteriedivisionen bereits in der Nacht 2. auf 3.11. zurückgenommen …« Der Funkspruch wurde erst nach Mitternacht abgesetzt. Sollte Hitler damit am nächsten Morgen vor vollendete Tatsachen gestellt werden, um den Rückzug nicht mehr aufhalten zu können?

Der Funkspruch aus Afrika traf jedenfalls gegen zwei Uhr nachts in Rom ein und wurde unverzüglich über Telefon an die Fernsprechzentrale des Führerhauptquartiers weitergeleitet. Gegen drei Uhr klopfte der Betriebsfernsprecher Alfons Schulz an die Tür des Dienst habenden Offiziers des Wehrmachtführungsstabs, Major Dr. Wilhelm Borner. Schlaftrunken überflog Borner den Funkspruch aus Afrika und legte sich dann wieder zu Bett. Wahrscheinlich schien ihm der Inhalt nicht wichtig genug, um deswegen Hitler wecken zu lassen, immerhin hatte doch Rommel in seiner Zwischenmeldung schon entsprechend dramatisch auf den drohenden Untergang seiner Armee hingewiesen.

Gegen 8.40 Uhr morgens ließ Rommel das Führerhauptquartier dann über die ersten Schritte des eingeleiteten Rückzugs informieren. »Im Süd- und Mittelabschnitt«, so die Morgenmeldung vom 3. November, »verlief die Zurücknahme des X. und XXI. A[rmee] K[orps] sowie der L[uftwaffen] Jäg[er] Brigade 1 in die Lage Taqa-Qaret el Abd-Deir el Murra bisher planmäßig.« Aus der »Wolfsschanze« lag bisher noch keine Reaktion vor. Dennoch hatte Rommel »ein unsicheres Gefühl, ob die obersten Stellen trotz unseren eindeutigen Lageberichten auch tatsächlich aus den gegebenen Verhältnissen die Folgerungen ziehen werden«. Er plante, vorsorglich seinen Ordonnanzoffizier Ingemar Berndt ins Führerhauptquartier zu schicken, damit dieser Hitler »eindeutig unsere Lage klar machen und andeuten [solle], dass der afrikanische Kriegsschauplatz wahrscheinlich verloren sei«. Seiner Frau hatte Rommel an diesem Morgen noch einmal geschrieben, wie verzweifelt er war: »… Habe den Versuch gemacht, Teile der Armee zu retten. Ob es gelingt? Nachts liege ich mit offenen Augen u[nd] zermartere mein Hirn, um einen Ausweg aus dieser Not für meine arme Truppe zu finden. Wir stehen vor schweren Tagen, vielleicht den schwersten, die ein Mensch durchmachen kann. Die Toten haben es gut, für sie ist alles vorbei …«

Gegen 11.00 Uhr vormittags begann der Chef des Wehrmachtführungsstabes, General Jodl, im Führerhauptquartier wie jeden Morgen mit seinem Lagevortrag. Dabei wurden Hitler zusammengestellte Meldungen der Nacht und Karten der jeweiligen Kriegsschauplätze, auf denen die jüngsten Entwicklungen eingetragen waren, im kleinen Kreis vorgelegt. Die Funksprüche aus Afrika lagen obenauf. Nachdem er die Meldungen über den Rückzug von Rommels Panzerarmee überflogen hatte, bekam Hitler einen Wutanfall. Als erste Reaktion diktierte er unverzüglich einen Befehl an Rommel, der schon um 11.30 Uhr über Rom nach Afrika abgesetzt wurde. In ihm forderte Hitler mit pathetischen Worten das Aushalten um jeden Preis: »Mit mir verfolgt das deutsche Volk in gläubigem Vertrauen auf Ihre Führerpersönlichkeit und auf die Tapferkeit der Ihnen unterstellten deutschen und italienischen Truppen den heldenhaften Abwehrkampf in Ägypten. In der Lage, in der Sie sich befinden, kann es keinen anderen Gedanken geben, als auszuharren, keinen Schritt zu weichen, und jede

Waffe und jeden Kämpfer, die noch freigemacht werden können, in die Schlacht zu werfen … Ihrer Truppe aber können Sie keinen anderen Weg zeigen, als den zum Siege oder zum Tode. gez. Adolf Hitler.«

Hitler hatte der Rückzug Rommels eiskalt überrascht. »Wenn ich geweckt worden wäre«, so der Diktator zornig, »ich hätte ihm [Rommel] die Verantwortung abgenommen und ihm den Befehl zum Aushalten gegeben.« Dass das Patentrezept aus der Krise vor Moskau im Winter 1941 den Untergang der Panzerarmee Rommels bedeutete, schien Hitler in seinem Hauptquartier in den Wäldern Ostpreußens zunächst nicht erkannt zu haben. Vielmehr witterte er Verrat. Hatte der Wehrmachtführungsstab ihm den Befehl Rommels etwa bewusst vorenthalten? Wenig später verhörten zwei SS-Männer des Reichssicherheitsdienstes als Ersten den ahnungslosen Alfons Schulz, der das Ferngespräch aus Rom entgegengenommen hatte. Zur gleichen Zeit wurde per »Führungsblitzgespräch« auch in der Funkstelle Rom ermittelt.

Schließlich stand der Schuldige fest: Major Dr. Wilhelm Borner. Der 50-jährige Reserveoffizier, im Zivilberuf Vorstandsmitglied des Chemiekonzerns Schering, musste im Laufschritt antreten. In der Baracke, in der die Lagebesprechungen stattfanden, brüllte ihm Hitler entgegen: »In weniger als 60 Minuten sind Sie als Saboteur erschossen.« Borner wurde leichenblass und versuchte zu erklären, warum er die Meldung aus Afrika nicht sofort weitergeleitet hatte. Rommels letzter Funkspruch vom 2. November enthielt ja tatsächlich im Vergleich zu den vorhergehenden keine entscheidenden Neuigkeiten. Aber Hitler ließ sich nicht mehr beruhigen. Tobend warf er Borner nach zehn Minuten aus dem Raum. Der Chef des Oberkommandos der Wehrmacht, Feldmarschall Keitel, führte ihn in sein Arbeitszimmer, stellte eine Flasche Cognac auf den Tisch und legte seine Pistole daneben. »Sie wissen, was Sie zu tun haben.«

Diesen Gefallen wollte Borner seinem Vorgesetzten nicht erweisen. Dafür wurde er ohne Kriegsgericht noch am selben Tag zum einfachen Kanonier degradiert. Auch der Stellvertretende Chef des Wehrmachtführungsstabes General Walter Warlimont musste seinen Hut nehmen. Nur dem vermittelnden Einsatz General Schmundts war es zu verdanken, dass Warlimont kurz darauf wieder eingesetzt wurde. Und auch für Borner konnte Schmundt erreichen, dass er nach sechswöchigem Dienst zur Bewährung am Atlantikwall in seinen Zivilberuf zurückkehren durfte. Die Episode beleuchtet eindrucksvoll die Stimmung im Führerhauptquartier zu einer Zeit, da die Entwicklung an den Fronten der obersten militärischen Führung endgültig das Heft aus der Hand nehmen sollte. El Alamein war nur der Auftakt zu einer Serie verheerender Rückschläge. Die Antwort Hitlers und vieler seiner Gefolgsleute auf die drohende Niederlage war die vollkommene Flucht vor der Realität.

In Afrika traf der verhängnisvolle Führerbefehl an diesem Tag erst gegen 13.30 Uhr ein. Möglicherweise hatte die Entschlüsselungsmaschine Enigma in Rommels Funkzentrale an diesem Vormittag einen Defekt, so dass der Befehl ein zweites Mal gesendet werden musste. Rommel saß mit seinem Stabschef Westphal in dessen Befehlswagen beim Mittagessen, als ein Ordonnanzoffizier den Funkspruch mit den dramatischen Worten übergab: »Die Armee ist zum Tode verurteilt.« Rommel war wie vom Blitz getroffen. Bitter schrieb er später über seine Gefühle: »Wir waren alle wie vor den Kopf geschlagen, und ich wusste das erste Mal während des afrikanischen Feldzuges nicht, was ich tun soll.«

Rommel befand sich in einem schweren Dilemma. Hitler verlangte von ihm, den Untergang seiner Armee sehenden Auges einzuleiten. Das bedeutete den Tod von Tausenden der ihm anvertrauten Soldaten. Auf der anderen Seite hatte Rommel von seinen Untergebenen »immer wieder unbedingten Gehorsam verlangt«. Dieser Gedanke sollte letztlich den Ausschlag geben. Auch er als Feldmarschall, so Rommels Fazit, musste sich jetzt dem Willen seines obersten Befehlshabers beugen. Rommel befahl, den Rückzug einzustellen. Dem »Führer« meldete er die Fortsetzung des Kampfes und gelobte abschließend: »Es geschieht weiterhin das Äußerste, um das Schlachtfeld zu behaupten.« Verzweifelt forderte er kurz darauf in einem Aufruf an die Truppe, »dass alles nur irgend Menschenmögliche geschieht, um die jetzt im Gange befindliche Schlacht durch Behauptung des Schlachtfeldes siegreich zu beenden«. Rommel wusste, dass diese Worte nicht mehr das Papier wert waren, auf dem sie notiert wurden. Rückblickend schrieb er über diesen Augenblick: »In uns stieg eine maßlose Erbitterung hoch, wenn wir an den hervorragenden Geist der Armee dachten, denn der

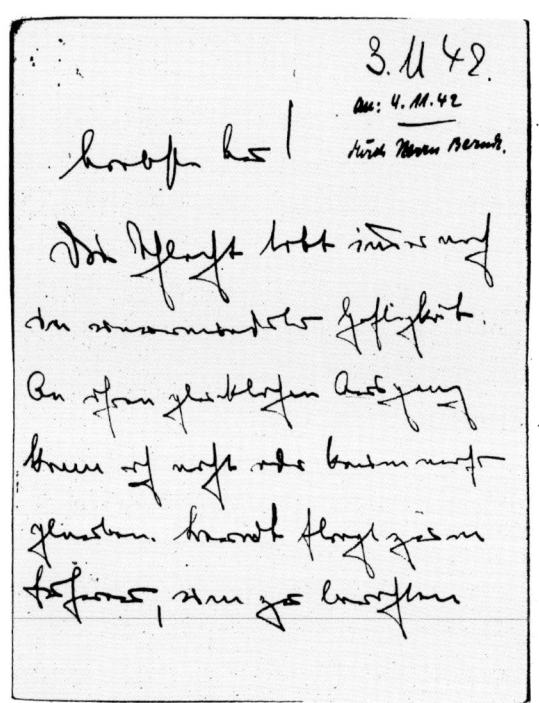

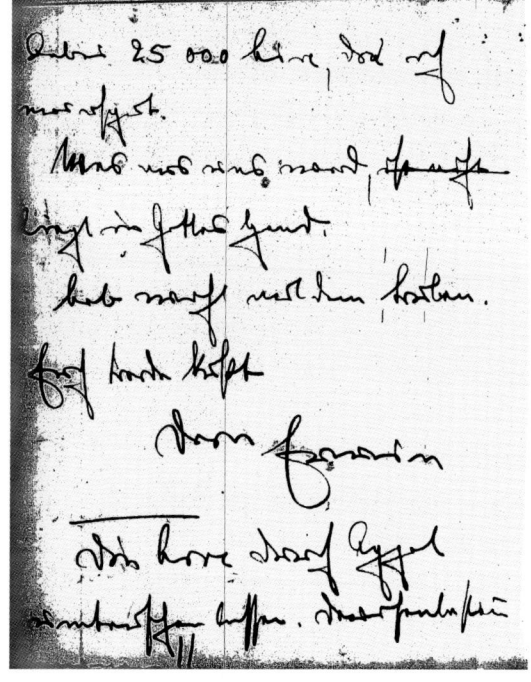

3.11.42

Liebste Lu!
Die Schlacht tobt immer noch
in unverminderter Heftigkeit.
An ihren glücklichen Ausgang
kann ich nicht oder kaum
mehr glauben. Berndt fliegt
zum Führer, um zu berichten.
Anbei 25 000 Lire, die ich mir
erspart.

Was aus uns wird, liegt in
Gottes Hand. Leb wohl mit
dem Buben. Euch beide küsst
Dein Erwin.

Die Lire durch Appel
umtauschen lassen,
Devisenbestimmungen.

»In Gottes Hand«. Abschiedsbrief vom 3. November 1942

letzte Soldat wusste, dass eine Wende des Schlachtenverlaufes selbst durch die größten Anstrengungen nicht mehr eintreten konnte.«

Gegen 16.30 Uhr unternahm Rommel einen letzten Versuch. Er schickte Oberleutnant Berndt endgültig auf die Reise nach Ostpreußen. Vielleicht würde er Hitler doch noch umstimmen können. Viel Zeit blieb nicht mehr. Rommel rechnete mit dem totalen Zusammenbruch seiner Armee innerhalb der nächsten drei Tage. Hastig schrieb er noch ein paar Zeilen, die er Berndt zusammen mit 25 000 ersparten Lire für seine Frau mitgab. Rommel wusste, dass es sein letzter Gruß werden könnte, und schloss seinen Brief mit den Worten: »Was aus uns wird, liegt in Gottes Hand. Leb wohl mit dem Buben.« Wenig später griff er noch einmal zu Papier und Füller, um sich auch von seiner Tochter zu verabschieden: »Ob meine Soldaten und ich das Ende erleben, steht in Gottes Hand. Dir sende ich noch Herzliche Grüße und wünsche Dir und Deiner Familie alles Gute für die Zukunft.«

Fassungslos hatten die Führer der Rommel unterstellten Einheiten den Kurswechsel zur Kenntnis genommen. So protestierte etwa der Oberbefehlshaber des Deutschen Afrika-Korps, General Wilhelm Ritter von Thoma, energisch beim Feldmarschall, dass ein Halten der Stellung die sichere Vernichtung bedeute. Trotz »größter Bedenken« ließ Rommel sich schließlich überzeugen, wenigstens eine taktische Rücknahme von Thomas Truppen zu genehmigen. Dabei wusste er, dass diese Kompromisse wenig mehr als ein Verlängern des Todeskampfes bedeuteten. Rastlos wanderte Rommel noch lange nach Sonnenuntergang vor seinem Befehlsomnibus im Sand der Wüste auf und ab. Westphal, der seinen Chef beobachtet hatte, schickte einen seiner Stabsoffiziere, Major Elmar Warning, als seelischen Beistand mit den Worten zu Rommel: »Begleiten Sie bitte den Feldmarschall, er braucht jetzt dringend jemand als Gesellschaft.«

Ohne Vorbehalte teilte Rommel seine Gedanken mit dem Stabsoffizier. Er sah nicht nur den Untergang der Panzerarmee, sondern auch die Folgen. Der Verlust von Nordafrika bedeute zwangsläufig die Invasion Italiens. Noch mehr aber war Rommel vom Schicksal seiner Soldaten betroffen. Immer wieder kehrte er auf das Prinzip des Gehorsams zurück, um schließlich auszurufen: »Die Menschenleben gehen vor!« Noch konnte Warning nicht ahnen, was Rommel damit meinte. Umso erstaunter war er über die Kritik seines Feldmarschalls an Hitler. Mit tiefer Verbitterung urteilte Rommel über den Diktator: »Das kann nur ein absolut Verrückter sein!« Der »Haltebefehl« hatte Rommels Vertrauen in Hitler von Grund auf erschüttert. Der Tag war zum Wendepunkt in seinem Leben geworden. Klarsichtig hielt Rommel wenige Monate später in seinen Erinnerungen fest: »Der 3. November wird einer der denkwürdigsten Tage in der Geschichte bleiben. Denn an ihm offenbarte sich nicht nur endgültig, dass das Kriegsglück unsere Fahne verlassen hatte, sondern von diesem Zeitpunkt unterlag die Entschlussfreiheit der Panzerarmee schwersten Beschränkungen durch das dauernde Einmischen der vorgesetzten Stellen in die Kampfführung.«

Am darauf folgenden Morgen landete Feldmarschall Kesselring gegen 9.00 Uhr mit dem Leichtflugzeug Fieseler Storch bei Rommels Gefechtsstand. Er hatte Rom schon am Vortag verlassen, um im Sinne des Führerbefehls auf Rommel einzuwirken. Ein Maschinenschaden hatte ihn die Nacht über auf der Insel Kreta festgehalten. Seiner Meinung nach waren »Rommel und Westphal hochgradig überanstrengt und ›sauer‹. Beide brauchen eine kräftige Spritze.« Rommel konnte seine Wut nur mühsam verbergen und flüsterte seinem Stabschef auf dem Weg zum Befehlsomnibus mit Blick auf Kesselring ins Ohr: »Der hat uns das alles eingebrockt.«

Zum Auftakt der Besprechung gab Rommel ein schonungsloses Bild. Seine Stimmung ließ keinerlei Widerspruch zu und Kesselring musste notgedrungen einsehen, dass er die Lage falsch eingeschätzt hatte. Wenn er aber später in seinen Memoiren schrieb, er hätte in der Folge »die Verantwortung für die Nichtausführung des Befehls [von Hitler] mit über[nommen]«, so entspricht dies nicht den Tatsachen. Vielmehr zeigt die erhaltene »Niederschrift … über die Unterredung Generalfeldmarschall Kesselring mit Generalfeldmarschall Rommel«, dass Kesselring es geschickt verstand, den »schwarzen Peter« bei Rommel zu belassen. Er »betrachte das Telegramm des Führers nicht als bindenden Befehl, sondern mehr als Appell«, heißt es da. »Ich an Ihrer Stelle«, so die Worte Kesselrings, »würde handeln, wie es die Lage erfordert.«

Noch einmal kam Rommel im Verlauf der Besprechung darauf zurück, dass »das Telegramm … wie ein Donnerschlag gewirkt [habe], er habe bisher an das Vertrauen des Führers geglaubt«. Kesselring beruhigte Rommel: »Das Vertrauen des Führers sei auch noch voll vorhanden.« Kesselring versprach seinerseits, über den Ernst der Lage zu berichten, und wollte schließlich wissen, ob Rommel nun den Rückzug wieder aufnehme. Verzweifelt antwortete Rommel laut Protokoll darauf: »Nur wenn der Führer seinen Befehl ändert. Er könne doch nicht gegen einen Befehl des Führers handeln.« Rommel beschloss die Unterredung mit dem dramatischen Ausblick, »dass die fechtenden Teile der Armee nach Beendigung der jetzigen Kämpfe zu Schlacke ausgebrannt seien. Jedes Geschütz, jeder Panzer werde an der feindlichen Übermacht zerschlagen.« Als Kesselring den Gefechtsstand wieder verließ, war Rommel nicht ein Stück weiter als zuvor.

Der anbrechende Tag führte Rommel die verhängnisvollen Auswirkungen des »Haltebefehls« schmerzhaft vor Augen. Um 11.00 Uhr erhielt er Meldung vom italienischen XXI. Armeekorps, dass sich Teile der Divisionen Trento und Bologna in Auflösung befanden und ziellos nach Westen flohen. Wenig später meldete die Luftaufklärung, dass auch das X. italienische Armeekorps zurückfiel. Zur gleichen Zeit befand sich die italienische Panzerdivision Ariete im Todeskampf. Aus der Ferne konnte Rommel im Südosten von seinem Gefechtsstand aus die gewaltigen Staubwolken sehen, die die kleinen italienischen Kampfwagen in ihrem hoffnungslosen Gefecht mit über 100 britischen, weit überlegenen Panzern aufwirbelten. »Mit der Ariete«, so schrieb Rommel später in einem Anflug von Wehmut, »verloren wir unsere ältesten italienischen Kameraden, von denen wir wohl immer mehr verlangt hatten, als sie mit ihrer schlechten Ausrüstung zu leisten in der Lage waren.«

Nach heftigen Kämpfen durchbrachen starke britische Kräfte in den frühen Mittagsstunden des 4. November an mehreren Stellen auch die Front des Deutschen Afrika-Korps. Dabei wurde die Kampfstaffel des Korps von nahezu 150 Panzern eingekreist und aufgerieben. General von Thoma, der Kommandierende General des Deutschen Afrika-Korps, hatte genug. Er legte seine Orden ab, verfluchte den »Haltebefehl« als »Wahnsinn« und begab sich in das Zentrum der Schlacht zu seinen todgeweihten Truppen. Aus der Ferne beobachtete ein Offizier aus Thomas Stab eine Stunde später, wie der hoch gewachsene, hagere General inmitten des Infernos aus

Pulverdampf, abgeschossenen Kanonen und im Sand liegenden Leichen aufrecht neben einem brennenden Panzer stand und kurz darauf von britischen Soldaten gefangen genommen wurde.

Gegen Mittag funkte Rommel einen offenen Bericht über die aussichtslos gewordene Lage an das Führerhauptquartier und bat nun doch um die Genehmigung, die Armee auf die Fuka-Stellung zurückziehen zu dürfen. Dann gab er um zwei Uhr mittags an das Afrika-Korps einen ungewöhnlichen Befehl: »Kein unbedingtes Halten in jetziger Stellung, kein nutzloses Opfer.« Der Wandel in Rommels Einstellung kündigte sich an. Gegen 15.00 Uhr war es nicht mehr zu übersehen: Montgomery war nach zwölf Tagen der ersehnte und entscheidende Durchbruch durch die El-Alamein-Stellung gelungen. Die endgültige Umfassung der deutsch-italienischen Panzerarmee war nur noch eine Frage der Zeit.

Gut 24 Stunden hatte es in Rommel gearbeitet. Vierundzwanzig Stunden, seit er den verhängnisvollen »Führerbefehl« erhalten hatte. Jetzt handelte er. Ohne Hitlers Antwort abzuwarten, hatte Rommel sich zu einem einsamen Entschluss durchgerungen. Er befahl, den Rückzug wieder aufzunehmen. »Armee entzieht sich Umfassung und zurückgeht Raum Fuka«, hieß es in dem Funkspruch, der an alle Einheiten abgesetzt wurde. Ganz abgesehen von dem großen persönlichen Risiko, das Rommel damit einging, war dies wohl die schwerste Entscheidung, die er bislang in seinem Leben zu treffen hatte. Das Gespräch mit Kesselring am Vormittag hatte gezeigt, dass Rommel sich trotz aller Verunsicherung lange nicht von der Faszination Hitlers gelöst hatte und welche Bedeutung das »Vertrauen des Führers« für ihn immer noch besaß. Dass er in dieser Stunde die Verantwortung für seine Soldaten dennoch über den Gehorsam zu Hitler gestellt hat, ist umso höher zu bewerten. Rommel selbst zog nur wenige Monate später über seinen Schritt ein bemerkenswertes Fazit: »Ich kann mich nach allen Erfahrungen nur zu einem Fehler bekennen, und dies ist, dass ich nicht schon 24 Stunden früher den Befehl ›Sieg oder Tod‹ umgangen habe.«

Am 4.11. gegen 15.45 Uhr traf Rommels Emissär, Oberleutnant Berndt, im Führerhauptquartier ein. Sicher hatte bei seiner Entsendung auch eine Rolle gespielt, dass Berndt im Zivilberuf Ministerialdirektor im Propaganda-

ROLF MUNNINGER Gefechtsschreiber in Rommels Stab

»Vom Beginn des Rückzugs an war der Rommel ein anderer Mensch. Er hat zum ersten Mal erkannt, dass der Hitler da über 200 000 Mann mehr oder weniger sich zu Tode kämpfen lassen will, vor allen Dingen, wo es kaum noch was zu kämpfen gab. Das muss den Rommel fertig gemacht haben. Von da an war er nicht mehr der Gleiche. Er war anders. Ich habe ihn ja dann jeden Abend erlebt in unserem kleinen Stab. Hat kaum was gesprochen, hat sich nur immer überlegt, was sagt man dem Oberkommando, man konnte ja nur immer kämpfend zurückgehen, so wurde der ›Rückzug‹ dann genannt.«

ministerium gewesen war und als alter Parteigenosse den richtigen Ton bei Hitler treffen würde. Bei Berndts Eintreffen hatte der Diktator sich offensichtlich wieder beruhigt. Für Hitler ging es in erster Linie darum, »irgendwo in Afrika eine sichere Abwehr-Front wieder aufzubauen«. In Gegenwart Berndts befahl er: »… die schwersten Anstrengungen für die Versorgung und Wiederauffüllung der Armee und … sofort die modernsten Waffen zur Verfügung [zu stellen].« Es blieb bei der suggestiv vorgetragenen Absichtserklärung. Die Hilfslieferungen sollten bei weitem nicht den Umfang haben wie angekündigt und waren nicht mehr als ein Tropfen auf den heißen Stein. Nordafrika blieb Nebenkriegsschauplatz, Rommel der Ausputzer, der seine Haut zu Markte tragen musste, ohne dabei ernsthaft von Hitler unterstützt worden zu sein. Wenigstens war es Berndt gelungen, insoweit auf Hitler einzuwirken, dass er sich mit Rommels Rückzug abfand. Um 20.50 Uhr funkte er einsilbig an Rommel: »So wie sich die

Auf dem Nebenkriegsschauplatz. Libyen, November 1942

Lage entwickelt hat, billige auch ich Ihren Entschluss.« Überzeugt hatte Berndt den Diktator nicht. Hitler blieb der irrigen Meinung, der Rückzug Rommels sei ein schwerer Fehler gewesen. »Er musste vorn stehen bleiben«, so Hitler noch 1944, »das war die einzige Möglichkeit, um alles zu retten.«

Das Pendel schlug zum letzten Mal aus. Bei Einbruch der Dunkelheit begann der Rückzug der Reste der deutsch-italienischen Panzerarmee. Hunderte waren in den vergangenen 24 Stunden gefallen. Zehntausende gerieten in Gefangenschaft. Und doch: Über 70 000 deutsche und etwa 30 000 italienische Soldaten konnte Rommel aus der Hölle von El Alamein führen. Die Briten hatten die Schlacht endgültig gewonnen. Glücklich funkte der Oberbefehlshaber der britischen Streitkräfte im Mittleren Osten, General Harold Alexander, am 6. November an den englischen Premierminister: »Lassen Sie die Glocken läuten!« Churchill verzichtete zunächst auf das Geläut, die Glocken hatten seit 1940 geschwiegen, um im Falle einer deutschen Invasion die Bevölkerung zu alarmieren, und warnte wenige Tage später in einer Rede im Mansion House in London vor übertriebenem Optimismus: »Das ist nicht das Ende. Es ist noch nicht einmal der Anfang vom Ende. Aber es ist, vielleicht, das Ende vom Anfang.« In seinen Memoiren ging er rückblickend weiter. Die Schlacht von El Alamein sei »the turning point in the Hinge of Fate«, der »Markstein der Schicksalswende«, gewesen. »Beinahe«, so Churchill, »könnte man sagen: Vor Alamein errangen wir nie einen Sieg. Nach Alamein erlitten wir keine Niederlage.«

Der britische Historiker Sir Michael Howard hat zu Recht darauf hingewiesen, dass dies eine »sehr englische Perspektive« war. Der tatsächliche Wendepunkt des Krieges an dieser Front kam kurz darauf, in der Nacht vom 7. zum 8. November 1942, 3000 Kilometer westlich von El Alamein, als das amerikanisch-britische Expeditionskorps mit über 100 000 Soldaten an der Küste von Marokko und Algerien landete. Auch Hitler erkannte den Ernst der Lage sofort: Auf dem deutschen Nebenkriegsschauplatz Nordafrika war mit einem Mal der Kampf um die Basis für den Sprung nach Südeuropa entbrannt. Die tunesische Halbinsel streckte sich wie ein ›Sprungbrett‹ der italienischen entgegen. Geriet Tunesien in die Hände der Alliierten, war der Mittelmeerraum und damit auch der Achsenpartner Italien über kurz oder lang verloren.

Damit rückte die französische Kolonie in den Brennpunkt der Aufmerksamkeit. Hitler befahl die Bildung eines Brückenkopfs in Tunesien, der um jeden Preis gehalten werden sollte. Vom 11. November an wurden nun auch noch in großem Umfang deutsche und italienische Truppen nach Tunesien gepumpt, die ebenso wie die Einheiten Rommels mit Nachschub, insbesondere mit Treibstoff, versorgt werden mussten. Eine Entscheidung, die zwangsläufig auf Kosten der Armee Rommels gehen würde. Erschwerend kam hinzu: Ausgerechnet Feldmarschall Kesselring wurde der Oberbefehl über die Operation anvertraut. Zugleich blieb er verantwortlich für Libyen und steuerte damit die Versorgung Rommels. Der Interessenkonflikt war vorprogrammiert.

Rommel, der sich nach wie vor auf dem Rückzug befand – seine Truppen hatten die Fuka-Stellung längst hinter sich gelassen –, erkannte das sofort. Nur unter größten Anstrengungen war es ihm gelungen, die Aufgabe der Stellungen vor El Alamein halbwegs geordnet durchzuführen und gleichzeitig die Soldaten wieder zu motivieren. Nach wie vor fehlte es vor allem an Treibstoff, aber auch an Munition und weiterer Ausrüstung. Immer neue Seetransporte fielen dem verhängnisvollen Zusammenspiel zwischen dem britischen Geheimdienst und der Royal Airforce zum Opfer. Jeder Tropfen Benzin musste jetzt auf dem Luftweg zu Rommels Truppen gebracht werden. So war an ernsthaften Widerstand gegen die britischen Verfolger überhaupt nicht zu denken. Es blieb, trotz immer neuer Haltebefehle Mussolinis und des italienischen Oberkommandos, die in berechtigter Sorge um den Verlust ihrer Kolonie waren, nur der weitere geordnete Rückzug.

In dieser verzweifelten Situation kam Rommel manchmal sogar der Zufall zu Hilfe. Immer wieder verhinderten etwa starke Regenfälle den Einsatz der britischen Luftwaffe und das Nachrücken der 8. Armee. Noch mehr aber spielte Montgomerys Strategie dem Rückzug der deutschen und italienischen Truppen in die Hände. Selten offenbarte sich der Gegensatz zwischen den beiden Feldherren des nordafrikanischen Kriegsschauplatzes deutlicher. Wohl beherrschte der britische General die modernen Mittel des Krieges – Panzer und Flugzeuge – virtuos. Aber die aus der materiellen Unterlegenheit geborene Wendigkeit und Schnelligkeit eines Rommel

»Wie mag das Kriegsende aussehen?« Auf dem Rückzug, November 1942

fehlten dem britischen Kriegsherrn. Montgomery wusste, dass er diesen Krieg gewonnen hatte, und ließ sich Zeit.

Letztlich war es vor allem dem rastlosen Einsatz Rommels zu verdanken, dass seine Soldaten gegen alle Widerstände gerettet werden konnten. Der Rückzug von El Alamein bis nach Tunesien ist eine der herausragenden militärischen Leistungen Erwin Rommels. Der Feldmarschall wusste sehr wohl, dass mit der Landung der Alliierten in Französisch-Nordafrika eine neue, tödliche Gefahr für seine Armee aufgetaucht war. Er machte sich keine Illusionen. Nüchtern hatte Rommel erkannt, dass die materielle Überlegenheit der Amerikaner, deren Waffen er vor Alam Halfa und El Alamein zur Genüge kennen gelernt hatte, das Ende in Afrika bedeutete. Realistisch sah er den Untergang der deutsch-italienischen Panzerarmee voraus. Sogar am »Endsieg« kamen ihm jetzt Zweifel. Besorgt schrieb er am 14. November an seine Frau: »Wie mag der Krieg weitergehen, wenn wir Nordafrika verlieren? Wie mag das Kriegsende aussehen? Ich wollte, ich käme von diesen schrecklichen Gedanken los.«

Rommel hatte nur einen Ausweg vor Augen: Ähnlich wie 1940 die Engländer in Dünkirchen, sollten die deutschen und italienischen Truppen unverzüglich aus Afrika evakuiert werden. Zunächst hatte Rommel dringend um eine Aussprache mit Kesselring und Cavallero gebeten. Aber die Marschälle erschienen einfach nicht. Daraufhin schickte er Berndt ein zweites Mal zu Hitler. Am 12. November empfing der Diktator den Abgesandten Rommels erneut, diesmal in München, wo er soeben vor den »alten Kämpfern« im Löwenbräukeller gesprochen hatte. Es war der Tag, an dem Rommels Truppen Tobruk räumen mussten. Manchem alten Afrikakämpfer standen Tränen in den Augen bei der Erinnerung an das Leid und Elend der monatelangen Belagerung im Jahr 1941 und an den Triumph im Juni 1942. Berndt unterbreitete dem Diktator Rommels Plan, »in den Bergen der Cyrenaika eine Abwehrstellung zu beziehen und nachts mit U-Booten, kleinen Schiffen und Flugzeugen so viel wie möglich an ausgebildeten Soldaten nach Europa zu schiffen, um sie für neuen Einsatz bereitzustellen«. Das war das glatte Gegenteil von Hitlers Strategie.

Der »Hohe Herr« sei »sehr ungnädig gewesen«, berichtete Berndt nach seiner Rückkehr an Rommels 51. Geburtstag, dem 15. November 1942.

Einen Ausweg vor Augen. Libyen, November 1942

»Der Führer ließ mir sagen«, notierte Rommel, »dass ich Tunis außerhalb meiner Betrachtungen lassen und einfach annehmen solle, dass es gelänge, diesen Brückenkopf zu halten … Obwohl er mir sein ›ganz besonderes Vertrauen‹ versichern ließe, hätte man ihm doch eine deutliche Verstimmung angemerkt.«

Rommel war verzweifelt. Warum wollte niemand der Wahrheit ins Auge sehen? Beschwörend schrieb er an diesem Tag seiner Frau und offenbarte unbewusst, worauf es ihm nach wie vor ankam: »Möge der Allmächtige mir im neuen Jahr beistehen, wie im vorvergangenen, damit ich das Vertrauen von Führer und Volk rechtfertigen kann.«

5

KESSELTREIBEN

In den frühen Morgenstunden des 19. November 1942 begann der sowjetische Großangriff am Don. Ziel der Operation war die Einkesselung der 6. Armee unter General Friedrich Paulus in Stalingrad. Drei Tage brauchte die Rote Armee, dann waren 300 000 deutsche und 10 000 rumänische Soldaten eingeschlossen. Hitler unterschätzte die Gefahr und zog keinen Moment in Erwägung, Stalingrad aufzugeben. Vielmehr beabsichtigte er, die 6. Armee aus der Luft versorgen zu lassen. Eine allzu optimistische Beurteilung der Möglichkeiten durch den Generalstabschef der Luftwaffe, General der Flieger, Hans Jeschonnek, mag hierzu den Ausschlag gegeben haben. Außerdem rief der Diktator schon am 20. November die neue Heeresgruppe Don ins Leben, an deren Spitze er den wohl fähigsten Strategen der Wehrmacht, Generalfeldmarschall Erich von Manstein, setzte. Ziel der Heeresgruppe Don war zunächst die Koordination und später die Befreiung der eingeschlossenen Armee.

Spätestens am 22. November hatte sich bei General Paulus in den eingeschlossenen Stellungen Stalingrads endgültig die Erkenntnis durchgesetzt, dass eine Versorgung aus der Luft nicht realistisch war. In Anbetracht der eigenen Knappheit an Munition und Treibstoff war die Vernichtung der eingeschlossenen Truppen durch die klar überlegenen russischen Kräfte nur eine Frage der Zeit. Die Antwort auf die bedrohliche Lage sah Paulus im »Ausbruch nach Westen«. In einem Telegramm an das Oberkommando des Heeres vom selben Tag versprach Paulus, den Raum Stalingrad zu halten. In einem Nachsatz kam er dann auf den Punkt: »Erbitte Handlungsfreiheit für den Fall, dass Igelbildung im Süden nicht gelingt. Lage kann dazu zwingen, Stalingrad und Nordfront aufzugeben, um mit ganzer Kraft Gegner an Südfront zwischen Don und Wolga zu schlagen und hier Anschluss an 4. rumänische Armee zu gewinnen.« Das bedeutete im Klartext: Ausbruch.

Mit »Engelszungen« hatte der Kommandierende General des LI. Armeekorps in Stalingrad, Walther von Seydlitz-Kurzbach, auf Paulus zuvor eingeredet, er solle Hitler die Bitte um Handlungsfreiheit erst gar nicht vortragen, sondern ihn gleich vor vollendete Tatsachen stellen und melden, die Entwicklung der Lage habe die Einleitung des Absetzens aus dem Raum Stalingrad notwendig gemacht. Das hielt Paulus' Stabschef, Generalleutnant Arthur Schmidt, für glatte »Meuterei« und lehnte es kategorisch ab. Drei Stunden nach Paulus' Telegramm kam Hitlers Antwort: »Die 6. Armee ist vorübergehend von russischen Kräften eingeschlossen. Ich kenne die 6. Armee und ihren Oberbefehlshaber und weiß, dass sie sich in dieser schweren Lage tapfer halten wird.« Obwohl mittlerweile auch der Generalstabschef des Heeres, General Kurt Zeitzler, bei Hitler darauf gedrängt hatte, der 6. Armee den Befehl zum Absetzen zu geben, bestand der Diktator darauf auszuharren.

Trotzdem ließ Paulus im Kessel die Vorbereitungen für den Ausbruch unter dem Decknamen »Umbau« weiterlaufen. Am 23. November hatte sich auch der Oberbefehlshaber der Heeresgruppe B, Generalfeldmarschall Maximilian von Weichs, vorbehaltlos der Lagebeurteilung von Paulus angeschlossen und den Ausbruch der 6. Armee gefordert. Aber Hitler, der aufgrund der angespannten Situation von Berchtesgaden ins Führerhauptquartier nach Rastenburg aufgebrochen war, ließ noch aus dem Zug generell jede Ausweichbewegung verbieten. Er hatte seinen eigenen Plan: Eine eigens dafür aufzustellende Entsatzgruppe sollte den Weg zur 6. Armee wieder freikämpfen. Die Versorgung bis dahin hatte aus der Luft zu erfolgen. Dabei verließ Hitler sich auf Zahlen, die der Oberbefehlshaber der Luftwaffe, Reichsmarschall Hermann Göring, ihm mittlerweile geliefert hatte. Angeblich, so Göring, könnten im Durchschnitt 500 Tonnen an

Munition, Treibstoff und Verpflegung täglich in den Kessel eingeflogen werden. Abgesehen davon, dass General Seydlitz 1500 Tonnen als realistischen Tagesbedarf der Armee errechnet hatte, war das nackte Utopie. Tatsächlich gelang es der Luftwaffe, trotz des fraglos tapferen Einsatzes der Flieger, an keinem Tag mehr als durchschnittlich 100 Tonnen nach Stalingrad einzufliegen.

Paulus war hin und her gerissen. Mit jeder Stunde verschlechterte sich die Situation seiner Armee. Und doch konnte er sich nicht dazu durchringen, gegen den Befehl Hitlers zu handeln. Noch einmal wandte er sich am Abend des 23. Novembers über Funk an Hitler: »Mein Führer! Seit Eingang Ihres Funkspruchs vom 22.11. abends hat sich die Entwicklung überstürzt … Die Armee geht in kürzester Frist der Vernichtung entgegen, wenn nicht unter Zusammenfassung aller Kräfte der von Süden und Westen angreifende Feind vernichtend geschlagen wird. Hierzu ist sofortige Herausnahme aller Divisionen aus Stalingrad und starker Kräfte aus der Nordfront erforderlich. Unabwendbare Folge muss dann der Durchbruch nach Südwesten sein … Bitte aufgrund der Lage nochmals um Handlungsfreiheit.«

Am folgenden Morgen bekräftigte Hitler dann endgültig seine Entscheidung und forderte, den Raum »unter allen Umständen [zu] halten«. Paulus nahm das Todesurteil für seine Armee hin, ohne zu protestieren. Die Vorbereitungen zum Ausbruch wurden ersatzlos eingestellt. Die letzte Hoffnung, den Diktator noch umzustimmen, richtete sich jetzt auf Manstein, der zur selben Zeit bei der Heeresgruppe B eintraf, um sich über die Lage zu informieren. Feldmarschall Weichs bekräftigte noch einmal seine Ansicht, dass die einzige Rettung für die 6. Armee im Rückzug läge. Aber auch Manstein verfolgte eigene Pläne. Gegen die Einschätzung des Oberbefehlshabers der Heeresgruppe B und der anwesenden Generale und ebenfalls in vollkommener Verkennung der Möglichkeiten einer Versorgung aus der Luft empfahl auch er das Ausharren. An Paulus funkte er: »Übernehme 26.11. Befehl über H[eeresgruppe] Don. Wir werden alles tun, um Sie herauszuhauen.« Paulus mag diese Ankündigung eines so anerkannten Soldaten wie Manstein fürs Erste beruhigt haben. Hitler konnte jedenfalls mit Manstein zufrieden sein. Den Eingeschlossenen blieb nun nichts anderes mehr übrig, als auf Entsatz und bis dahin auf ausreichende Versorgung aus der Luft zu hoffen.

Am 25. November appellierte General Seydlitz im Kessel von Stalingrad noch einmal schriftlich an Paulus. Mit glühenden Worten forderte er: »…Vor dem eigenen Gewissen [ergibt sich] … die gebieterische Pflicht, sich die durch den bisherigen Befehl verhinderte Handlungsfreiheit selbst zu nehmen …« Verständnislos schrieb Generalleutnant Schmidt nach Erhalt der Denkschrift an den Rand: »Wir haben uns nicht den Kopf des Führers zu zerbrechen und General Seydlitz nicht den des O[berbefehlshabers].«

Am Abend unternahm General Zeitzler im Führerhauptquartier einen letzten Versuch, Hitler umzustimmen. In der Lagebesprechung drängte er den Diktator noch einmal, der 6. Armee den Ausbruch zu erlauben. Im Anchluss kam es zur offenen Auseinandersetzung zwischen Zeitzler und Göring. Der Generalstabschef des Heeres wusste mittlerweile von mehreren Luftwaffengeneralen, dass die Zahlen für die Lufttransporte unhaltbar waren. Als Göring in pathetischer Pose, den rechten Arm zum »deutschen Gruß« erhoben, seinem »Führer« versicherte, er garantiere die Versorgung der 6. Armee aus der Luft, hakte Zeitzler nach und fragte, ob er überhaupt wisse, welche Tonnage täglich benötigt werde. Göring wurde verlegen. Unverständlicherweise sprang ihm Zeitzler jetzt bei und nannte seinerseits die viel zu niedrige Zahl von 300 Tonnen täglich. Auch das überstieg bei weitem die Kräfte der Luftwaffe. Dennoch ergriff Göring die Chance und erklärte feierlich: »Das kann ich!« Zeitzler rief empört aus: »Mein Führer, das ist eine Lüge!« Aber es war zu spät. Etwas anderes hatte Hitler nicht hören wollen. Befriedigt äußerte er sich später über seinen alten Kampfgenossen, »der schaffe das wie in früheren Jahren. Dort sei nicht der Kleinmut, wie bei vielen Stellen des Heeres.« Das war Görings Ziel gewesen. Sein Stand war vorerst gesichert, wenn auch auf Kosten der 6. Armee.

Am 26. November war es so weit: Die Vorräte an Munition und Treibstoff waren so knapp geworden, dass ein Ausbruchsversuch unmöglich wurde. Die einmalige Chance auf die Rettung von Hunderttausenden von Soldaten war vertan. Erst in den kommenden Wochen rückte ein Aspekt in den Vordergrund, der das Ausharren der Soldaten in Stalingrad angeblich rechtfertigen sollte: Der Kessel band über 90 sowjetische Großverbände, die nach einem Ausbruch der 6. Armee frei geworden wären, um die Heeresgruppen B und Don anzugreifen sowie die Heeresgruppe A im Kaukasus abzuschneiden.

In den Tagen vom 19. bis zum 26. November jedenfalls hatte dieses Argument keine Rolle gespielt. Natürlich hätte ein Ausbruch auf eigene Faust auch so ein ungeheures Risiko dargestellt. Schon vor dem 19. November war die Versorgungslage der 6. Armee angespannt – der gemeldete Treibstoff reichte rein rechnerisch nur noch für circa 100 Kilometer. Ohne Abstimmung mit der Heeresgruppe B, die bei einem eigenverantwortlichen Handeln nicht möglich gewesen wäre, hätte der Ausbruch aus dem Kessel von Stalingrad leicht zu einer Katastrophe werden können. Umso schwerer wog in dieser Situation das Auftreten Mansteins, das den Eingeschlossenen neue Hoffnung gab. Seine erste Einschätzung, die 6. Armee könne entsetzt werden, trug wesentlich zum Untergang der »Festung« bei. Dennoch: Es war General Friedrich Paulus, dem die 300 000 Soldaten im Kessel von Stalingrad anvertraut waren. Die Entscheidung zum Ausbruch war – ganz unabhängig von dem persönlichen Risiko, von Hitler abgesetzt und bestraft zu werden – die wohl schwerste in seinem Leben. Er hat das unglaubliche Gewicht dieser Verantwortung gespürt. Doch der »Cunctator«, der Zauderer, wie er schon auf der Kriegsschule genannt worden war, hat sie nicht übernommen. Paulus stellte Gehorsam über das Leben seiner Soldaten.

Feldmarschall von Manstein bestätigte ihn noch am 26. November in dieser Haltung: »Was wird, wenn die Armee in Erfüllung des Befehls des Führers die letzte Patrone verschossen haben sollte, dafür sind Sie nicht verantwortlich.« Am Tag darauf verfasste Hitler einen Aufruf, der sich direkt an die eingeschlossenen Soldaten im Kessel von Stalingrad richtete, in dem er mit flammenden Worten an den Durchhaltewillen appellierte. Paulus' Stabschef brachte den Appell des Diktators an die Truppe auf einen zündenden Nenner: »Drum haltet aus, der Führer haut uns raus.«

Hitler konnte zufrieden sein. Die Krisen von El Alamein, Französisch-Nordafrika und Stalingrad schienen fürs Erste gemeistert. Eine trügerische Ruhe breitete sich aus im Führerhauptquartier. Da platzte am 28. November gegen 12.00 Uhr die Meldung in die Morgenlage, dass Rommel sich

PHILIPP VON BOESELAGER Offizier im Russlandfeldzug

»Paulus' Entscheidung hat kein Mensch verstanden. Ist ja einfacher, den Befehl zu befolgen, sehr viel einfacher. Das konnte niemand verstehen. Aber, aus der Verantwortung für 300 000 Soldaten heraus war das unmöglich, unmöglich! Er hätte es tun müssen, wie die paar Generäle – es gab ja Generäle im Kessel, die gesagt haben, wir brechen aus –, Paulus hätte es nur tun müssen, den Befehl geben müssen. Und selbst, wenn es ihn den Kopf gekostet hätte. Ich sage immer, ein Feldmarschall hat eine andere Verantwortung als ein Bataillonskommandeur. Er wird auch anders bezahlt, sagte man damals im Krieg.«

auf dem Weg ins Führerhauptquartier befände. Der Feldmarschall hatte das Kommando in Libyen kurzfristig auf den Kommandierenden General des Afrika-Korps, Gustav Fehn, übertragen und sich unangekündigt von der Truppe entfernt, um Hitler persönlich Vortrag zu halten.

Rommel war beunruhigt. In gewisser Weise kämpfte er in Nordafrika mit denselben Schwierigkeiten wie Paulus in Stalingrad. Durch die Seeblockade der Briten war er nahezu von jeder Nachschubzufuhr übers Meer abgeschnitten. Es blieb nur die Versorgung aus der Luft, die Kesselring ihm auch großzügig zugesagt hatte. Tatsächlich erreichte aber nur ein Bruchteil an Treibstoff und Munition auf diesem Weg die italienisch-deutsche Panzerarmee. Wütend hatte Rommel sich bei Kesselrings Abgesandtem, General der Flieger Hans Seidemann, beschwert, »dass er dauernd mit falschen Zahlen abgespeist werde«. Rommel bestand darauf: »… er wolle Sprit und keine leeren Versprechungen.« Zudem hatten ihm der »Duce« und der »Führer« das Halten einer neuen »Abwehrstellung« bei Marsa el Brega, unweit von El Agheila, befohlen. Wie diese kaum befestigte »Linie«, die doppelt so breit war wie die Stellung vor El Alamein, ohne Treibstoff und Munition, mit einer Armee, die nur noch ein Drittel ihrer ursprünglichen Kampfstärke hatte, gegen einen offensichtlich weit überlegenen Gegner gehalten werden sollte – das allerdings überließen die Diktatoren dem Feldmarschall.

In dieser Situation hatte sich Rommel zu dem ungewöhnlichen Schritt entschlossen, unangemeldet ins Führerhauptquartier zu fliegen, um Hitler mit den Tatsachen zu konfrontieren. In Gegenwart des Reichsmarschalls Hermann Göring begann Rommel gegen 17.00 Uhr in der Lagebaracke mit seinem Vortrag. Hitler konnte seinen Missmut über den »unbequemen Mahner« kaum verbergen. Als Rommel am Ende seiner schonungslos offenen Ausführung als Konsequenz aus der aussichtslosen Lage die »Räumung des afrikanischen Kriegsschauplatzes« forderte, ließ Hitler die Maske fallen. In Gegenwart der anwesenden Stabsoffiziere und Generale brüllte er Rommel an: »Sie schlagen genau dasselbe vor, wie die Generale 1941/42 in Russland. Da sollte ich auch auf die deutsche Grenze zurückgehen. Ich habe es nicht getan und Recht behalten. Hier mache ich es auch nicht, denn ich muss die politischen Folgen berücksichtigen.«

Rommel blieb bei seiner Meinung. Angesichts der materiellen Überlegenheit des Gegners sei die Vernichtung der Armee, wenn sie in Nordafrika verbliebe, sicher. Er ging im Verlauf der Besprechung sogar noch weiter: »… wenn es den Alliierten gelingt, auf dem Kontinent Fuß zu fassen«, so Rommel, »[werde] es jeder anderen Armee [genauso] gehen.« Das war eine bemerkenswert offene und zudem realistische Einschätzung des weiteren Kriegsverlaufs. Aber Hitler hatte kein Interesse an einer »vernünftige[n] Diskussion«. Erregt wollte er wissen, wie viele deutsche Soldaten Rommel noch zur Verfügung stehen würden. »70 000«, antwortete Rommel. Aber nicht die Zahl der Soldaten, sondern deren Bewaffnung sei entscheidend. Von den 70 8,8-Zentimeter Flugabwehrkanonen hätten die Briten vor El Alamein, so Rommel, allein 50 »zerschlagen«. Auch fehlten 15 000 bis 20 000 Gewehre. In einer seiner typischen Gesten befahl Hitler

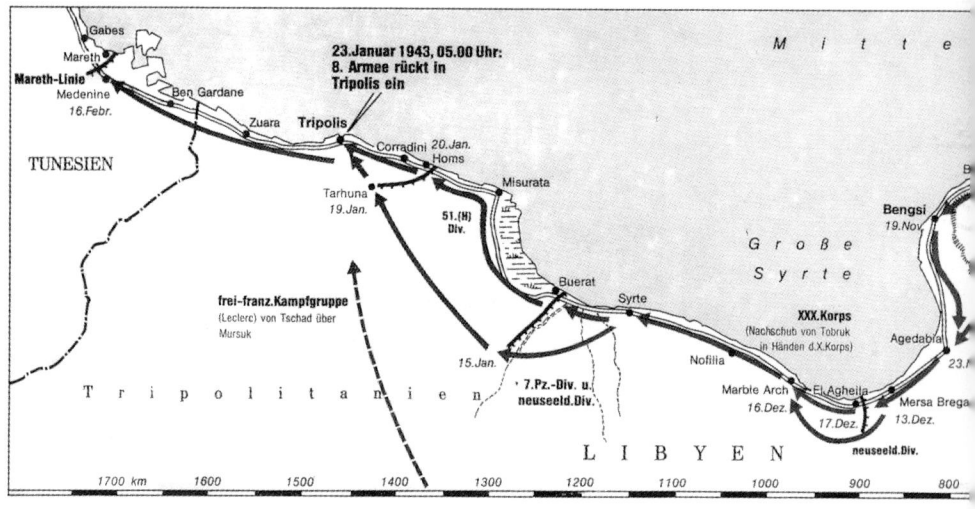

Herausragende militärische Leistung. Rommels Rückzug von El Alamein bis nach Tunesien

die sofortige Übersendung von 6000 Gewehren nach Afrika. Aber auch das konnte Rommel nicht überzeugen. Ärgerlich empfahl er Hitler, doch am besten selbst nach Afrika zu kommen und ihm zu zeigen, »wie man mit Gewehren gegen Panzer siegen könne«. Damit hatte Rommel den Bogen überspannt. Tobend warf ihn der Diktator aus der Lagebesprechung.

»Wie ein begossener Pudel«, so erinnerte sich Hitlers Ordonnanz Heinz Linge, verließ Rommel den Raum. Hitler, der wohl spürte, dass er zu weit gegangen war, lief Rommel persönlich nach, murmelte entschuldigend etwas von: »Unsere Nerven sind wohl alle etwas angespannt«, und bat ihn wieder in den Raum. Noch einmal versuchte der Diktator Rommel umzustimmen. Er befahl »die schnellste Zuführung von Waffen und Munition unter Einsatz aller Mittel«. Außerdem versprach Hitler, die ersten 20 Stück des neuen 8,8-Geschützes direkt an Rommels Armee zu senden. Dann diktierte er einen Funkspruch an Mussolini und kündigte das Eintreffen des Reichsmarschalls mit Rommel in Rom an. Göring sollte im Auftrag Hitlers der Nachschubfrage den notwendigen Nachdruck verleihen. Auf diese Weise konnte der Diktator den lästigen Rommel, der offensichtlich weder durch Einschüchterung noch durch Versprechen kleinzukriegen war, endlich loswerden. Zum Abschied versicherte Hitler den Feldmarschall »seines besonderen Vertrauens«. An einen Abtransport der Truppen aus Afrika

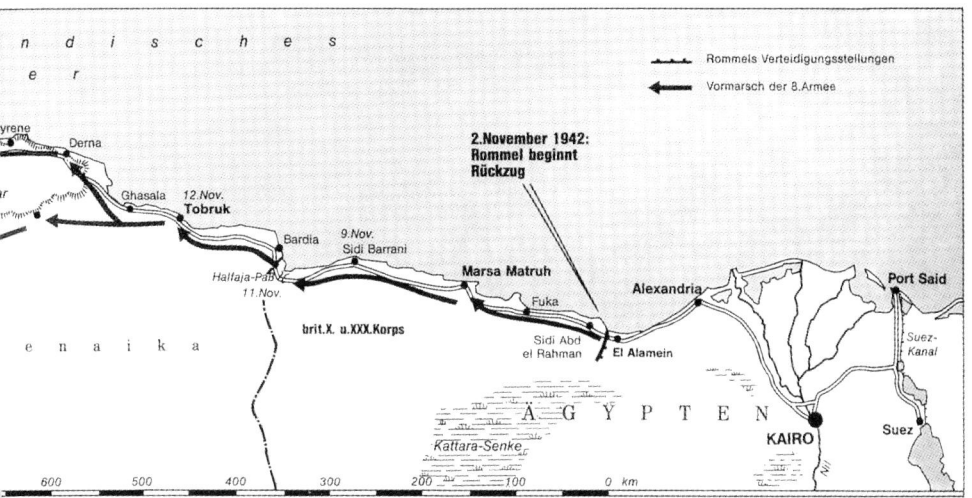

allerdings »sei gar nicht zu denken«. Es blieb dabei: »Es müsse gehalten werden, koste es was es wolle …«

Nach drei Stunden, gegen 20.00 Uhr, verließ Rommel mit Göring das Führerhauptquartier, um mit dem »Sonderzug des Reichsmarschalls« nach Rom aufzubrechen. Er war entsetzt. Nicht nur über die erniedrigende Behandlung, die ihm zum ersten Mal zuteil geworden war, sondern vor allem über Hitlers mangelnde Bereitschaft, der Realität ins Auge zu sehen. Rommel war überzeugt, dass die deutschen und italienischen Truppen in Nordafrika dem Untergang geweiht waren. Er selbst zweifelte daran, ob er Europa noch einmal wiedersehen würde, und bat seine Frau, in München am Bahnhof zuzusteigen, um mit ihr im Zug die letzten gemeinsamen Stunden zu verbringen. Lucie Rommel erinnerte sich nach dem Krieg an ihren ersten Eindruck: »Mein Mann war vollkommen erschüttert. Er sagte: ›Sie sehen nicht die Gefahr, und sie wollen sie auch nicht sehen. Aber sie kommt mit Riesenschritten auf uns zu. Diese Gefahr heißt Zusammenbruch!‹« Ausführlich sprach Rommel mit seiner Frau auf der Fahrt über die Folgen des »Zusammenbruchs«. Wie klar er zu diesem Zeitpunkt, Ende 1942, die kommenden Ereignisse vorhersah, zeigt sich unter anderem in seinem Wunsch, Lucie möge mit ihrem Sohn Manfred aus Wiener Neustadt nach Württemberg übersiedeln, weil sie hier außerhalb der Reich-

Spielt nicht mit offenen Karten. Kesselring (r.), November 1942

weite der Russen wären. Rommel hatte endgültig aufgehört, an den »Endsieg« zu glauben.

Trotzdem ließ der Feldmarschall nicht nach, für seine Soldaten nach einem Ausweg zu suchen. Noch in Afrika hatte er den Plan für einen Rückzug bis nach Tunesien in die so genannte Gabes-Stellung entworfen. Die Verteidigung aus der von den Franzosen bereits ausgebauten Anlage heraus bedeutete zwar den Verlust Libyens, aber zumindest eine reelle Chance für eine Atempause zur Auffrischung der Truppen. Rommel, der Göring in dessen luxuriösem Sonderzug bewusst aus dem Weg ging, bat Berndt, dem Reichsmarschall den Gabes-Plan vorzutragen. Mit Erfolg. Göring versprach, sich bei den Italienern dafür einzusetzen.

Doch schon in der ersten Besprechung nach der Ankunft in Rom am 30. November fegte der hinzugezogene Kesselring diese vernünftige Lösung wieder vom Tisch. Angeblich, so Kesselring, käme »ihm dann die feindliche Luftwaffe zu nahe …«. Tatsächlich lag zu diesem Zeitpunkt jedes Ziel in Tunesien von Malta und Algerien aus in der Reichweite der britischen und amerikanischen Luftgeschwader. Im Protokoll der Besprechungen von Göring in Rom finden sich noch zwei weitere Hinweise darauf, dass Kesselring nicht mit offenen Karten spielte. Als die 20 neuen Flak-Geschütze erwähnt wurden, die Hitler Rommel zwei Tage zuvor versprochen hatte, stellte sich heraus, dass zwei Stück bereits nach Tunis gebracht worden waren und weitere vier sich auf dem Weg dorthin befanden. Schließlich vermerkt das Protokoll, dass der Dampfer »Gualdi«, der Treibstoff und Munition für die deutsch-italienische Panzerarmee geladen hatte, auf Befehl Kesselrings nach Tunis umgeleitet worden war. Es war nicht das erste Mal, dass der dringend benötigte Nachschub für Libyen mitten auf dem Weg nach Tunesien umdirigiert wurde. Auf Kosten der Panzerarmee stärkte Kesselring so seine Position in Nordafrika.

Rommel war verzweifelt. Die Erlebnisse der vergangenen Wochen, die Lage seiner Armee, der Aufenthalt im Führerhauptquartier und jetzt das Verhalten von Göring und Kesselring hatten ihn mürbe gemacht. Nach einem erneuten Treffen mit dem Reichsmarschall am 1. Dezember im Hotel »Exelsior« in Rom brach er zusammen. Der ebenfalls anwesende Feldmarschall der Luftwaffe, Erhard Milch, schrieb darüber in seinen unveröffentlichten Memoiren: »Beim gemeinsamen Mittagessen hatte Göring ihn in seiner burschikosen Weise angesprochen, was Rommel tief verschnupfte. Ich war nachher stundenlang auf seinem Zimmer und suchte ihn zu beruhigen; er war innerlich so kaputt, dass er lange Zeit weinte und erst langsam meine Worte trostreich empfand. Worüber er nicht wegkam, war das Misstrauen Hitlers gegen seine Führung.«

Rommel ahnte nicht einmal, dass dieses Misstrauen vor allem von Göring und Kesselring geschürt worden war. Triumphierend konnte Göring nach Rommels Zusammenbruch ins Führerhauptquartier melden: »… Rommel hat absolut seine Nerven verloren.« Kesselrings perfide Unterstellung, die er schon nach der Schlacht von Alam Halfa intoniert hatte, trug endlich Früchte: Rommel sei eben kein »Steher«, sondern ein »Pessimist«. Im Erfolg wohl »himmelhochjauchzend«, aber »in der Niederlage zu Tode betrübt«. Das war Wasser auf die Mühlen Adolf Hitlers. Er ging jetzt sogar so weit, den Treibstoffmangel ausdrücklich zu begrüßen, weil er Rommel am weiteren Rückzug hindere. In der Lagebesprechung vom 12. Dezember gab der Diktator, bestärkt von Göring und Kesselring, seine Sicht zum Besten: »Es wäre vielleicht richtiger gewesen, man hätte ihn [Rommel] gleich zurückgeholt und irgendeinen anderen Bullen hingesetzt mit dem striktem Befehl: Sie müssen hier halten …«

Tief deprimiert kehrte Rommel am 2. Dezember nach Afrika zurück. Seinem Stabschef Westphal blieb nicht verborgen, dass Rommel ein anderer geworden war. Offen sprach der Feldmarschall jetzt davon, dass Deutschland den Krieg »mit Pauken und Trompeten verlieren würde«. »Er hatte«, so Westphal, »auch Visionen von einem deutschen Bürgerkrieg. Damals wandte er sich von Hitler ab. Zu jener Zeit begann in ihm wohl der Gedanke zu reifen, dass etwas unternommen werden müsse, um den aussichtslos werdenden Kampf so bald wie möglich zu beenden …« Seine Frau bat Rommel in einem Brief, ihm ein »englisch-deutsches Taschenwörterbuch« mit Kurierpost zu übersenden. »Ich werde es«, so schrieb er ihr, »gut brauchen können.« Und seinen Sohn bereitete er in einem Brief vom 8. Dezember in ernsten Worten auf die Zukunft vor: »Bald liegt die Schule hinter Dir. Sei Dir des Ernstes der Lage bewusst und lerne … für die Schule, so viel Du kannst. Du lernst für Dich. Es kann sein, dass Du, lieber

Manfred, sehr bald auf eigenen Füßen stehen musst. Die Zeiten können für uns alle sehr, sehr schwer werden.«

Immerhin hatte Rommel während seines Aufenthaltes in Rom eine weitere Verlegung der Abwehrstellung um 380 Kilometer durchsetzen können. Aber auch die neue, so genannte Buerat-Linie, östlich von Tripolis, brachte keine wesentliche Erleichterung. Es war absehbar, wann Montgomery mit seinen Truppen diese Stellung aus den Angeln heben würde. Wie schon in den Wochen zuvor, befahl Mussolini auch diesmal wieder kategorisch »bis zum letzten Mann zu halten«. Jetzt stand die Hauptstadt und damit das Schicksal der italienischen Kolonie Libyen auf dem Spiel.

Zu seinem Außenminister und Schwiegersohn, Graf Galeazzo Ciano, meinte der »Duce« am 5. Januar 1943, Tripolis müsse »bis zum Äußersten verteidigt [werden], Straße um Straße, Haus um Haus, wie Stalingrad«. Doch der magenkranke, müde Mussolini hatte wenig Hoffnung. »Er findet bittere Worte«, so schrieb Ciano in sein Tagebuch, »gegen ›diesen verrückten Rommel, der einzig daran denkt, sich nach Tunesien zurückzuziehen‹.« Mussolini hatte seinen Schuldigen gefunden. Am 8. Januar erfuhr Kesselring unter der Hand vom Chef des italienischen Oberkommandos, Marschall Ugo Cavallero, dass Mussolini es an der Zeit fand, Rommel ablösen zu lassen. Diese brisante Neuigkeit kam Kesselring sicher entgegen. Noch nach dem Krieg schrieb er in seinen Memoiren: »Ich will hier unerörtert lassen, ob das selbständige Handeln Rommels als eine ›politische Großtat‹ oder als eine ›verhängnisvolle Insubordination‹ anzusehen war. Eins war sicherlich falsch, Feldmarschall Rommel in seiner Stellung zu belassen, da die bestehende Disharmonie nicht beseitigt werden konnte, so dass zwangsläufig die militärischen Operationen darunter leiden mussten.«

Als Rommel am 10. Januar 1943 erfuhr, dass Kesselring zum Wehrmachtbefehlshaber Mittelmeer ernannt worden war und ihm damit faktisch auch die deutsch-italienische Panzerarmee unterstand, unternahm er einen letzten Versuch, die Lage zu seinen Gunsten zu wenden. Noch einmal sandte er seinen Ordonnanzoffizier Ingemar Berndt ins Führerhauptquartier, um die Schwierigkeiten mit Kesselring anzusprechen und für einen Rückzug seiner Truppen nach Tunesien zu plädieren. Aber Kesselring kam Rommel zuvor. Am 12. Januar gegen 12.00 Uhr traf er überraschend

»Bis zum letzten Mann halten«. Mussolini im Dezember 1942. Soldatenfriedhof in Libyen

im Führerhauptquartier ein. Berndt, der schon am frühen Morgen angekommen war und Hitler ebenfalls gegen Mittag Vortrag halten wollte, musste warten.

Kesselring setzte wie immer auf Optimismus. Das war zwar ebenso unbegründet wie unrealistisch, aber es traf Hitlers Nerv. Rommels Armee nach Tunesien zu verlegen lehnte Kesselring mit der schwammigen Begründung ab, dass »dies dem Grundgedanken der Verteidigung Tunesiens wider[spräche]«. Selbst Teile der Divisionen wollte Kesselring nur dann in Tunesien sehen, »wenn Rommel die Abgabe von wichtigen Kampfkräften nicht zum Anlass nimmt, noch weniger zu kämpfen und noch rascher nach Tunesien auszuweichen«. Spitz äußerte er sich – seinen eigenen Erinnerungen nach – Hitler gegenüber mit den Worten: »Ich komme von dem Verdacht nicht los, das muss ich offen aussprechen, dass seit El Alamein nicht mehr so hart und konzessionslos gekämpft wird, wie ich es von der Afrika-Armee gewohnt war.«

Als Kesselring das Führerhauptquartier nach einer Stunde wieder verließ, konnte er zufrieden sein. Berndts Vortrag war, obwohl sich Hitler über drei Stunden Zeit nahm, nur noch eine Formalie. Der Diktator spulte wie

üblich die Platte mit dem Nachschub ab, »Afrika solle nur das Beste an Material erhalten«, und erging sich sonst in Allgemeinplätzen: »Er verkenne die großen Schwierigkeiten für den O[ber] B[efehlshaber] [Rommel] nicht, insbesondere hinsichtlich der schwierigen Befehlsverhältnisse, aber auch er, der Führer, müsse oft politische Rücksichten nehmen und bittet den Feldmarschall dasselbe zu tun, auch wenn es manchmal sehr schwer sei.« Schließlich betonte Hitler noch, dass er Rommel »die Gesamtführung in Tunesien anvertrauen [wolle]«. Allerdings machte der Diktator eine ungewöhnliche Einschränkung. Hitler fügte an, »... wenn er [Rommel] sich gesundheitlich in der Lage fühle, diese Aufgabe zu übernehmen«.

Tatsächlich litt Rommel seit El Alamein unter schweren Kopfschmerzen und Kreislaufstörungen, in deren Folge er mehrmals ohnmächtig geworden war. Beinahe zwei Jahre Wüstenkrieg, aber vor allem auch die Ereignisse der vergangenen Wochen, waren nicht spurlos an dem über 50 Jahre alten Mann vorübergegangen. Rommels physische und psychische Verfassung mag vielleicht sogar eine, allerdings unbewusste, Reaktion auf die ausweglose Lage gewesen sein. Aber weder sein Gesundheitszustand noch seine seelische Niedergeschlagenheit hatten ihn bislang daran hindern können, den Überblick zu bewahren und die richtigen Entscheidungen notfalls gegen den Willen seiner Vorgesetzten durchzusetzen. Was also hatte Hitler am 12. Januar in seinem Gespräch mit Berndt darauf gebracht, die Gesundheit Rommels ins Spiel zu bringen?

Es ist wahrscheinlich, dass Kesselring dem Diktator bei seinem Vortrag am selben Tag die Neuigkeiten von Marschall Cavallero aus Rom berichtet hatte: Mussolini forderte Rommels Kopf. Das brachte Hitler in eine Zwickmühle: Gerade in diesen Monaten der schwindenden militärischen Erfolge war er besonders auf den Achsenpartner Italien angewiesen, dessen Truppen in Russland, auf dem Balkan und in Tunesien für deutsche Ziele kämpften. Auf der anderen Seite war sich der Diktator immer auch der starken Wirkung des Feldmarschalls auf den britischen Gegner und die deutsche Öffentlichkeit bewusst. Die Abberufung Rommels aus Afrika hätte unabsehbare Folgen haben können. Es ist möglich, dass Berndt in diesem Zusammenhang die Gesundheit Rommels als goldene Brücke ins Gespräch gebracht hatte. Als Ordonnanzoffizier war er einer der wenigen, die dem Feldmarschall nah genug kamen, um auch über dessen persönlichen Zustand Bescheid zu wissen. Jedenfalls unterzog sich Rommel nach Berndts Rückkehr unverzüglich einer Untersuchung durch Prof. Hermann Horster. Der Feldmarschall hatte nichts unversucht gelassen, das Blatt zu wenden. Doch Hitler schien für seine Argumente offensichtlich nicht mehr zugänglich. Rommels Handlungs- und Entscheidungsspielraum war zunehmend eingeschränkt worden. Es war an der Zeit zu gehen.

Nach Berndts Besuch im Führerhauptquartier stellte das Comando Supremo beim Oberkommando der Wehrmacht den förmlichen Antrag, »Rommel anderweitig zu verwenden«. Das Kriegstagebuch des Chefs des Heerespersonalamtes hielt später fest: »Der Führer entschloss sich aus politischen Gründen, dem Antrage stattzugeben.« Aber anstatt dies Rommel nun mitzuteilen, erkundigte sich das Oberkommando der Wehrmacht bei Rommel noch einmal, ob er »gesundheitlich in der Lage sei, die Armee weiter zu führen«. Noch am selben Tag wurde das Gutachten von Prof. Horster an das Führerhauptquartier gefunkt. Die Diagnose war eindeutig: Rommels Kräfte waren erschöpft. Als hätte das Comando Supremo nur auf das Stichwort gewartet, wurde Rommel am 26. Januar »zu einem von ihm zu benennenden Termin zur Wiederherstellung seiner Gesundheit von der Armeeführung entbunden …«.

In ebenjenen Tagen räumte die deutsch-italienische Armee Tripolis und zog sich nach Tunesien hinter die Mareth-Linie zurück. Libyen, der Schauplatz seines zweijährigen Ringens, die Bühne seiner großen Siege, war verloren. »Ich bin so deprimiert«, schrieb Rommel am 25. Januar seiner Frau, »dass ich kaum meine Arbeit machen kann. Vielleicht sieht ein anderer die Lage günstiger an und kann daraus noch etwas machen. K[esselring] zum Beispiel ist voller Optimismus und sieht vielleicht in mir den Grund, warum die Armee nicht länger standgehalten hat.« Rommel war an seinem absoluten Tiefpunkt angelangt. Begann er jetzt an sich selbst zu zweifeln? Sein Ordonnanzoffizier Berndt jedenfalls beeilte sich in einem Brief an Lucie Rommel zu versichern: »Der Zustand des Marschalls bedingt Depressionen, in denen er alles anders sieht, als es ist, dunkler, ungünstiger … Diese Zeilen wollte ich Ihnen … zur Beruhigung schreiben.«

In Tunesien befanden sich mittlerweile 210 000 alliierte Soldaten mit 1300 Panzern. Deutsche und Italiener hatten dem 120 000 Mann und 150 Panzer entgegenzusetzen. Bei der absoluten amerikanisch-britischen Luftüberlegenheit und den unbegrenzten Nachschubmöglichkeiten der Alliierten war es nur noch eine Frage der Zeit, wann das »Kartenhaus« der Achsenmächte in Tunesien in sich zusammenbrechen würde. Nicht Rommels Krankheit oder sein »Pessimismus« waren die Ursache für diese Situation – die unabwendbare Niederlage und die aus seiner Sicht unverantwortliche mangelnde Einsicht von Hitler, Göring und Kesselring hatten den militärisch erfahrenen Realisten krank und depressiv gemacht.

Am 30. Januar wurde Rommel in seinem Gefechtsstand Zeuge, wie sich ein weiteres düsteres Kapitel der deutschen Geschichte schloss. An seinem Rundfunkempfänger verfolgte er die Rede des Reichsmarschalls Hermann Göring zum Todeskampf der »Festung Stalingrad«. In Anspielung auf das Opfer des Königs Leonidas und seiner 300 Spartaner, die im Kampf gegen die Perser bei den Thermopylen gefallen waren, versuchte Göring dem Opfer der deutschen Soldaten in Stalingrad einen höheren Sinn zu geben. »Wanderer, kommst Du nach Sparta«, hieß es auf der Grabinschrift des Leonidas, »verkündige dorten, du habest uns hier liegen gesehen, wie

Wie ein alter Kavalleriegaul. Auf dem Weg zum Kasserine-Pass, Tunesien, Februar 1942

das Gesetz es befahl.« »Kommst du nach Deutschland«, rief Göring in blechernem Kasinoton jetzt aus, »so berichte, du habest uns in Stalingrad kämpfen gesehen, wie das Gesetz für die Sicherheit unseres Volkes es befohlen hat!«

Über 50 000 deutsche Soldaten waren in den Kämpfen um Stalingrad seit dem 19. November gefallen. Eine Viertelmillion ging in russische Gefangenschaft. Nur wenige tausend kehrten zurück.

Rommels Zeit in Afrika war abgelaufen. Aber noch zögerte er, den Kontinent zu verlassen, und schrieb am 8. Februar trotzig an seine Frau: »Bin entschlossen, den Befehl über die Armee nur auf Befehl niederzulegen. In Anbetracht der Lage will ich bis zum Äußersten durchhalten, wenn auch der Arzt davon abrät. Du wirst meinen Standpunkt verstehen.« Während Rommel unbeirrt den Ausbau der Mareth-Stellung vorantrieb, begann am 14. Februar aus dem Brückenkopf Tunesien heraus das deutsche Unternehmen »Frühlingswind«. Unter Führung von Generaloberst Hans-Jürgen von Arnim, der im Dezember den Oberbefehl über die 5. Panzerarmee in Tunesien übernommen hatte, gelang es den deutschen Panzerverbänden, schon am ersten Tag Sidi Bou Zid zu erobern und das amerikanische »Combat Command A« in die Flucht zu schlagen. Als am folgenden Tag auch der amerikanische Gegenangriff erfolgreich abgewehrt wurde, gerieten die US-Truppen in Panik und zogen sich auf breiter Front zurück. Dabei wurde auch die weiter südlich gelegene Oase Gafsa kampflos geräumt. Schon am Nachmittag rückte die italienische Divison Centauro, die der deutsch-italienischen Panzerarmee unterstand, aus der Mareth-Stellung nach Gafsa ein. Damit war Rommel, der ohnehin geplant hatte, diesen Ort zu nehmen, unfreiwillig in das Geschehen von »Frühlingswind« hineingezogen worden.

Am Morgen des 16. Februar brach der Feldmarschall gegen 7.30 Uhr auf, um die eingenommene Stadt zu inspizieren. Ein letztes Mal witterte Rommel Morgenluft. Ein Gegner auf dem Rückzug war für ihn, den Meister des Augenblicks, eine Gelegenheit, die nicht vergeben werden durfte. Ungeduldig forderte er vom Oberkommando der 5. Armee, sofort nachzustoßen, um noch in derselben Nacht die Stadt Sbeitla zu übernehmen. Aber General von Arnim hatte nicht die Absicht, sich von Rommel in seine Planungen hineinreden zu lassen. Erst am folgenden Morgen setzte er seine

Truppen in Marsch. Rommel begann seinerseits von Gafsa aus einen Vorstoß in nordöstlicher Richtung. Von zwei Seiten, so Rommels Kalkül, bewegten sich nun die Divisionen der deutsch-italienischen Panzerarmee und der 5. Panzerarmee auf Tebessa und den Kasserine-Pass zu – zwei strategisch wichtige Zugänge in das tunesische Bergland. Aber als Rommel gegen 16.00 Uhr die Straße nach Kasserine erreicht hatte, musste er feststellen, dass die Divisionen der 5. Panzerarmee nach Norden eingeschwenkt waren. Generaloberst von Arnim, der in engem Kontakt mit Kesselring in Rom stand, hatte sich entschlossen, zunächst die Orte Sbiba und Thala einzunehmen.

Rommel war fassungslos. Wieder verging kostbare Zeit, die die Truppen des Gegners nutzen konnten, um sich neu zu formieren. Am 18. Februar riss Rommel dann endlich die Initiative wieder an sich. In seinem Tagesbericht ließ er festhalten: »O[berbefehlshaber] entschließt sich um 12.30 [Uhr] mittags im Wagen [seines Stabschefs] einmal einen großen Wurf zu riskieren und mit allen Kräften auf Tebessa zu stoßen.« Das war ein kühner Plan. Mit allen verfügbaren Kräften wollte Rommel im Rücken der amerikanisch-britischen Front über Tebessa bis nach Bone vorstoßen. Ein Erfolg dieser Operation hätte den Alliierten Streitkräften in Tunesien einen verheerenden Schlag versetzt. Rommel hatte »sich niemals dazu hergegeben, va banque zu spielen«, so der Tagesbericht vom 18. Februar. »Inzwischen sei die Lage nun einmal so, dass man noch mehr wagen müsse als bisher, um sie zu unseren Gunsten zu wenden.«

Unverzüglich trug Rommel seine Absicht General von Arnim vor und forderte die Unterstellung von zwei Panzerdivisionen der 5. Panzerarmee unter sein Kommando. Aber Arnim widersetzte sich auch dieses Mal wieder den Absichten des Feldmarschalls. Rommel wandte sich daraufhin über Funk direkt an Kesselring und das Comando Supremo in Rom. Gegen Abend kam eine erste Antwort. Kesselring signalisierte, dass er sich bei Mussolini für Rommels Plan einsetzen wolle. Tatsächlich aber konferierte er hinter Rommels Rücken direkt mit Arnim, der sich entschieden gegen eine Operation auf Tebessa aussprach. Wenn überhaupt, so Arnim, käme nur ein Vorstoß auf das etwa 150 Kilometer südlich gelegene Le Kef in Frage.

Auf Rommels Gefechtsstand herrschte an diesem Abend Hochstimmung. Der Feldmarschall hatte eine Flasche Sekt bestellt und erklärt: »[Es geht mir] wie einem alten Kavalleriegaul, der wieder Musik hört.« Doch Rommels gute Laune sollte nicht von langer Dauer sein. Schon am nächsten Morgen herrschte wieder Katerstimmung. Das Comando Supremo hatte in der Nacht die Aktion genehmigt, mit einer Einschränkung. Als Angriffsziel war Le Kef befohlen.

Rommel war entsetzt; anstelle einer geschickten Umfassung wäre der Vormarsch mitten in die feindlichen Reserven erfolgt. Dass vom Schreibtisch in Rom aus nun auch noch in seine operative Planung eingegriffen wurde, bedeutete eine weitere Zuspitzung seiner ohnehin kaum mehr haltbaren Lage.

Was Rommel zu diesem Zeitpunkt noch nicht wissen konnte: Der Zeitverlust durch das Hinhalten General von Arnims hatte es den alliierten Verbänden ohnehin erlaubt, ihre Kräfte neu zu ordnen und sich auf die drohende Offensive vorzubereiten. Die Schlacht um den Kasserine-Pass war für Rommel verloren, bevor er sie überhaupt begonnen hatte.

Am 19. Februar um 7.30 Uhr setzten sich die deutschen und italienischen Truppen in Bewegung. Nach anfänglichen Erfolgen dauerte es drei Tage, bis Rommel erkannte, dass die Offensive gescheitert war. Erschwerend kam hinzu, dass sich die britische 8. Armee eben in diesem Moment anschickte, gegen die Mareth-Stellung anzurennen. Es war nur noch ein rein formaler Akt, dass Rommel auf Vorschlag von Kesselring am 23. Februar das Oberkommando über eine neu zu bildende Heeresgruppe Afrika übertragen wurde. Tatsächlich konferierte Kesselring hinter Rommels Rücken in Rom schon insgeheim mit Arnim über die nächsten Schritte in Tunesien. Rommel kam dem falschen Spiel durch Zufall auf die Spur und war empört. Aber sein Protest gegen diesen Affront verhallte ungehört, bei Kesselring ebenso wie im Führerhauptquartier.

Am 4. März musste Rommel an der Mareth-Linie mit ansehen, wie ein Angriff gegen die 8. Armee, der der Offensive Montgomerys zuvorkommen sollte, im Feuer der britischen Artillerie blutig versiegte. Auch hier war es Rommel nicht mehr gelungen, seine operativen Absichten gegen den Widerstand der italienischen Generale durchzusetzen. Es hätte im Übrigen nichts an dem Ausgang der Schlacht geändert. General Montgomery war durch entschlüsselte Enigma-Funksprüche im Voraus von dem geplanten deutschen Angriff bis in jede Einzelheit informiert. Als sich beim Verhör von britischen Gefangenen dann herausstellte, dass der Gegner den deutschen Angriffsplan gekannt hatte, bestärkte dies Rommel in seinem lang gehegten, aber falschen Verdacht: Hohe italienische Offiziere betrieben angeblich Verrat an der gemeinsamen Sache.

Ein letztes Mal wandte Rommel sich in dieser verzweifelten Lage an Hitler. Er schlug am 4. März in einem ausführlichen Funkspruch vor, die Frontlinie dramatisch zu verkürzen und sich auf einen kleinen Brückenkopf um Tunis zurückzuziehen. Es ist sehr wahrscheinlich, dass Rommel diesen Vorschlag im Hinblick auf die seit El Alamein geforderte Evakuierung der Truppen aus Afrika gemacht hatte. »Ein weiteres Verbleiben der Heeresgruppe auf dem afrikanischen Kontinent«, schrieb Rommel jedenfalls später in seinen Memoiren, »kam nun einem Selbstmord gleich.«

Hitler war wütend über Rommels Vorstoß. Das »sei … eine hundertprozentig andere [Beurteilung], als er sie selbst früher gegeben habe«, tobte der Diktator zu Unrecht. Hatte er Rommels Besuch am 28. November des vergangenen Jahres verdrängt? Es scheint so, als wendete sich Hitlers Zorn auf die Generale nun endgültig auch gegen Rommel. Zum Chef des Wehrmachtführungsstabs, Alfred Jodl, äußerte er sich jedenfalls nach Eingang des Funkspruchs aus Afrika: »Dass er [Rommel] sich jetzt zurückzieht ist eine Unmöglichkeit.« Und Rüstungsminister Albert Speer wurde Zeuge, wie Hitler »Tag für Tag« über die »faulen«, »feigen« und »phantasielosen« Generale schimpfte, »die schuld seien an der Niederlage [von Stalingrad], an den Niederlagen in Afrika und, im weiteren Verlauf jenes schrecklichen Winters, an den fortgesetzten Rückschlägen im russischen Schnee und Eis«.

Rommel erhielt am 7. März einen Funkspruch aus dem Führerhauptquartier, in dem sein Vorschlag kategorisch abgelehnt wurde. »Die Zurückführung beider Armeen in einen engen Brückenkopf um Tunis und Biserta«, so hieß es in dem Schreiben, »ist der Anfang vom Ende.« Vierzehn Tage hatte Rommel den Oberbefehlshaber der Heeresgruppe Afrika gegeben. Jetzt sollte es genug sein. Am Morgen des 7. März, nachdem er Hitlers harsche Zeilen überflogen hatte, entschloss sich Rommel, »nunmehr sofort seine Kur anzutreten«. Dass Arnim, der sein Nachfolger werden sollte, die Nachricht nicht persönlich von Rommel entgegennehmen konnte, weil er gerade wieder einmal aufbrach, um sich heimlich in Rom mit Kesselring zu treffen, störte Rommel nicht mehr wirklich. Das Kesseltreiben der vergangenen Monate war zu Ende.

Am 9. März 1943 wartete auf dem Feldflughafen von Sfax das Flugzeug auf den Feldmarschall, das ihn in die Heimat fliegen sollte. Stumm und ergriffen, ohne ein Wort zu sagen oder sich noch einmal umzusehen, bestieg Rommel an diesem Morgen gegen 7.50 Uhr die Maschine. Er sollte Afrika nicht mehr wiedersehen. Wenige Tage zuvor hatte er seiner Frau in einem seiner letzten Briefe nach Hause geschrieben: »Draußen ist Frühling, blühende Bäume und Wiesen, Sonne. Die Welt könnte so schön sein für alle Menschen. Es gäbe so unendlich viel Gelegenheit, sie zufrieden und glücklich zu machen …«

HELLMUT VON LEIPZIG Fahrer von Rommel

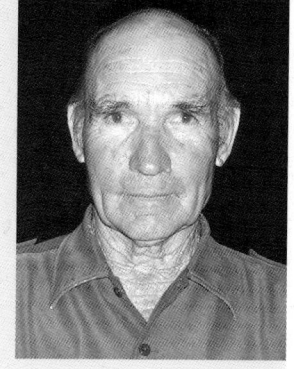

»Ich hatte ihn eigentlich bis dahin erlebt als mein Vorbild während dieser ganzen Zeit in Nordafrika und musste jetzt erleben – und das war ja auch deprimierend für ihn –, dass er faktisch ersetzt wurde durch von Arnim. Er hat extra darum gebeten, was mich in gewisser Weise freute, dass ich ihn wegfahre zum Flugplatz. Ich muss sagen, das hat mir schon …, das ist mir schon nahe gegangen. Es war kein erfreulicher Abschied. Auch auf seiner Seite, das sah man ihm an. Dass er wegging wohl mit dem Gefühl, das ist hier zu Ende in Nordafrika. Und wahrscheinlich hat er auch da schon gefühlt, dass es insgesamt nicht mehr zum Erfolg führen wird.«

Das Kesseltreiben ist zu Ende. Vor dem Abflug, 9. März 1943

6
INTERMEZZO

Als Rommel am 10. März 1943 um 15.15 Uhr auf dem Flugplatz Kalinowka nahe dem neuen Führerhauptquartier »Werwolf« bei Winnica in der Ukraine landete, hatte er seine Entscheidung, Afrika zu verlassen, schon wieder bereut. Er war fest entschlossen, Hitler noch einmal die aussichtslose Lage der deutschen und italienischen Soldaten in Tunesien zu schildern und dann an den Kriegsschauplatz zurückzukehren.

Gegen 18.30 Uhr empfing der Diktator seinen Feldmarschall zum Tee. Hitler, so schrieb Rommel später über das Gespräch unter vier Augen, »schien durch die Katastrophe von Stalingrad sehr mitgenommen zu sein«. Er verwarf jedes der Argumente Rommels und warnte ihn davor, »dass man nach Niederlagen leicht zum Schwarzsehen neige, was einen zu gefährlichen Trugschlüssen verleiten könne«. Hitlers Fazit war eindeutig: Rommel solle seine Kur antreten. Nach seiner Wiederherstellung könne er ja dann »bei den späteren Operationen auf Casablanca … wieder die Führung übernehmen«. Der Diktator weigerte sich offensichtlich, den Fall von Tunis überhaupt ins Kalkül zu ziehen. Aber unter diesem Aspekt war eine Schlacht um Casablanca pure Utopie. Rommel war verzweifelt. Wenigstens für die nächsten Wochen, so flehte er Hitler an, wolle er nach Afrika zurückkehren, um den Angriff der Amerikaner abzuwarten.

Hitler blieb hart. Zur Aussöhnung für den unglücklichen Feldmarschall gab es am folgenden Tag »spontan« die höchste Kriegsauszeichnung – das

Eichenlaub mit Schwertern und Brillanten zum Ritterkreuz des Eisernen Kreuzes. Diese Geste konnte Rommel nicht darüber hinwegtäuschen, dass er fürs Erste ausgedient hatte. In einem Brief vom 14. März, in dem Hitler Mussolini über Rommels »Beurlaubung« informierte, konnte der Diktator ein paar Zeilen des Nachrufs offensichtlich nicht unterdrücken: »Denn wie immer auch die Nachwelt den Feldmarschall Rommel beurteilen wird«, so Hitler, »er ist für seine und vor allem natürlich für die deutschen Soldaten in jeder Kommandostelle, die er innehatte, ein geliebter Führer gewesen. Und er war und ist bei seinen Gegnern immer ein gefürchteter Feind.«

Rommel machte sich keine Illusionen über Hitlers Haltung zu ihm. Nach seiner Rückkehr vertraute er seinem Sohn an, er sei »in Ungnade gefallen und könne gegenwärtig mit keiner wichtigen Aufgabe mehr rechnen«. Und seinem Nachfolger in Tunesien, Generaloberst Hans-Jürgen von Arnim, sandte er am Ende einer letzten Lagebeurteilung wehmütige Worte: »Meine Gedanken und Sorgen sind nach wie vor in Afrika und ich wünsche sehnlich, dass es gelingen möge, trotz aller Schwierigkeiten sich zu behaupten ...«

Wie weit sich Rommel innerlich von Hitler und dem Regime entfernt hatte, zeigen seine Erinnerungen an den Feldzug in Afrika, die er in den darauf folgenden Wochen seiner Frau in die Schreibmaschine diktierte. Eindeutig fiel Rommels Abrechnung mit dem Oberkommando der Wehrmacht und vor allem mit Göring aus: »Es gab eben Männer an wichtigen Stellen, denen nicht etwa der Verstand zum Erkennen der tatsächlichen Verhältnisse gefehlt hätte, sondern die vor allem nicht den Mut gehabt haben, nüchtern zu sehen und aus realen, unabänderlichen Verhältnissen die Konsequenzen zu ziehen. Sie zogen es vor, Vogel-Strauß-Politik zu betreiben, in einer Art militärischem Opiumrausch zu leben und Sündenböcke zu suchen, die sie meist in der Truppe und den Frontbefehlshabern fanden.« Sogar für Hitler fand Rommel ungewöhnlich offene Worte: »Mir wurde es klar, dass Adolf Hitler die wahren Verhältnisse nicht sehen wollte und sich gefühlsmäßig gegen das wehrte, was sein Verstand ihm sagen musste.«

Bis zum 31. März erholte er sich, wie geplant, in einer Villa auf dem Semmering. Dann kehrte Rommel in sein Haus auf dem Gelände der Kriegsakademie in Wiener Neustadt zurück. Der Öffentlichkeit sollte auf

In Ungnade gefallen. Wiener Neustadt, April 1943

Wunsch Hitlers weisgemacht werden, der Feldmarschall befände sich noch bei der Heeresgruppe Afrika. Zur Tarnung musste er Zivilkleidung tragen und durfte das Grundstück nicht verlassen. So verbrachte Rommel seine Tage in vollkommener Zurückgezogenheit und abgeschnitten von der Außenwelt. Neuigkeiten, vor allem über den Kriegsschauplatz in Tunesien, musste sich Rommel wie jeder andere aus der Zeitung und dem Radio filtern. Umso mehr freute er sich, wenn er Besuch aus Afrika bekam. Atemlos folgte er dann den Berichten der Soldaten, die auf Heimaturlaub oder zur Genesung nach Deutschland geschickt worden waren. Mit dem Herzen war er immer noch bei seiner Truppe und litt unendlich darunter, in Wiener Neustadt zur Untätigkeit verdammt zu sein, während seine Heeresgruppe in Tunesien dem Untergang entgegenging. Am meisten, so vertraute er einem der Besucher an, quälten ihn die zahlreichen Briefe der Mütter und Frauen seiner Soldaten, die ihn noch immer über seine alte Feldpostnummer erreichten. In dem irrigen Glauben, der Feldmarschall befinde sich noch in Afrika, schrieben sie ihm, solange er bei ihren Söhnen und Männern ausharre, seien sie beruhigt.

»Nicht nach Belieben schaffen … Rommel vor Hitlerjugend in Wiener Neustadt, Mai 1942

… und nach Belieben wieder beseitigen.« Goebbels über Rommel

Wie von Rommel schon lange vorhergesehen, spitzte sich die Lage in Tunesien in diesen Tagen immer mehr zu. Die Offensive der Alliierten begann am 19. April. Den Soldaten der Heeresgruppe Afrika waren zu diesem Zeitpunkt nur noch 48 Panzer und 300 Geschütze geblieben. Mit letzter Kraft kämpften die deutschen und italienischen Truppen ihren aussichtslosen Kampf. Am 7. Mai erreichten die Spitzen der britischen Panzerdivisionen die Außenbezirke von Tunis und am Nachmittag desselben Tages rückten US-Truppen in Biserta ein. Die endgültige Niederlage war nur noch eine Frage von Tagen.

Die Entwicklung in Afrika rückte den Feldmarschall wieder in das Blickfeld des Diktators. »Rommel gerät dadurch in eine außerordentlich peinliche Situation«, notierte Propagandaminister Goebbels am 7. Mai nach einem Gespräch mit Hitler in sein Tagebuch. »Er besitzt die Brillanten zum Eichenlaub, ohne dass das Volk davon weiß; er befindet sich schon einige Wochen auf dem Semmering, kein Mensch hat davon eine Ahnung. Jeder glaubt ihn in Afrika, und wenn man jetzt, nachdem die Katastrophe nahe ist, mit der Wahrheit herausrückt, wird kein Mensch es mehr glauben.« Goebbels hatte Angst um seine Schöpfung. Schließlich sei Rommels Name für die »weitere Kriegsführung sehr wertvoll«, vertraute er wenige Tage später seinem Tagebuch an, »denn eine militärische Autorität wie die Rommels kann man nicht nach Belieben schaffen und nach Belieben wieder beseitigen«.

Es schien an der Zeit, Rommel wieder mit einer Aufgabe zu betrauen. Für den 9. Mai 1943 wurde der Feldmarschall nach Berlin befohlen. Hitler, der sich für einige Tage in der Hauptstadt befand, empfing ihn gegen 12.30 Uhr in der Reichskanzlei.

Für kurze Zeit hatte der Diktator mit dem Gedanken gespielt, Rommel mit einem Kommando im Osten zu betrauen. Aber sein Misstrauen gegen Rommels Fähigkeiten war seit El Alamein geweckt. Und so beschloss Hitler, den Feldmarschall zunächst in seiner unmittelbaren Umgebung zu behalten. »Er will ihn sich aufsparen«, schrieb Goebbels, »für die erste große und schwierige Aufgabe, die auftaucht, und will ihn dann immer dahin setzen, wo eine klare improvisatorische Führung am dringendsten benötigt wird.«

Hierbei dachte Hitler wohl vor allem an einen Einsatz gegen die alliierten Truppen, deren Invasion auf dem europäischen Kontinent nach der Niederlage in Afrika mit Sicherheit bevorstand. Insbesondere in Italien und Griechenland schien die Schwäche der italienischen Armee eine feindliche Landung geradezu herauszufordern. Zur Verstärkung wurden aus den deutschen Soldaten, die nicht mehr rechtzeitig nach Tunesien gebracht werden konnten und die sich nun in den Häfen am Mittelmeer stauten, drei neue Divisionen in Süditalien unter dem Oberbefehl von Feldmarschall Kesselring aufgestellt. Zudem lagen Hitler alarmierende Geheimdienstberichte aus Italien vor. Die Tage Mussolinis schienen nach dem Verlust der Kolonie Libyen und den fortwährenden Niederlagen an allen Fronten gezählt. Schon begann die Opposition seinen Sturz zu planen.

Etwas enttäuscht diktierte Rommel nach der Besprechung in den Tagesbericht: »Noch kein besonderer Auftrag. Generalfeldmarschall Keitel deutet eine Verwendung in Italien beim Duce an, falls die Lage dort schwierig werden sollte.«

Am Nachmittag des 9. Mai ließ Hitler ein Kommuniqué aufsetzen, in dem er vor allem Rommels Gesundheitszustand vorschob, um die deutsche Öffentlichkeit über Rommels Abwesenheit in Afrika aufzuklären. Es schloss mit den Worten: »Die Gesundheit des Generalfeldmarschalls Rommel befindet sich zurzeit im Zustande einer Besserung. Der Führer wird ihn nach seiner völligen Wiederherstellung mit einer neuen Aufgabe betrauen.«

Rommel selbst hatte es an diesem Tag noch einmal aus seiner Villa, dem ehemaligen Sitz der jugoslawischen Gesandtschaft in der Rauchstraße, nach draußen getrieben. In Zivil, einen grauen Homburg tief in die Stirn gezogen, machte er einen Spaziergang durch den Berliner Tiergarten. Kaum jemandem fiel er auf. Nur ganz selten einmal drehte sich ein Passant nach ihm um und starrte ihm fassungslos nach. Der Feldmarschall war, wie so oft in den vergangenen Wochen, in Gedanken bei seinen Soldaten in Afrika. Die drohende Niederlage ging ihm mehr zu Herzen, als er jemals geahnt hatte. Und das, obwohl für Abwechslung gesorgt war. Am Abend hatte ihn Ingemar Berndt, sein alter Ordonnanzoffizier aus Afrika, zum Abendessen eingeladen. Schmundt wollte ihn sehen, und Goebbels hatte zum Tee geladen. »... und doch«, so schrieb Rommel am nächsten Morgen seiner Frau, »könnte ich heulen wie ein kleiner Bub über die Lage in T[unesien].«

Am 11. Mai 1943 um 19.21 Uhr setzte General der Panzertruppe Hans Cramer aus seinem Gefechtsstand bei Enfidaville in Tunesien einen Abschiedsgruß über Funk an Rommel ab: »Der derzeitige letzte Kommandierende General des Deutschen Afrika-Korps grüßt in aufrichtiger Verehrung den Gründer und ersten Kommandierenden General des Afrika-Korps.« Cramer schloss mit dem alten Gruß der deutschen Afrikakämpfer des Ersten Weltkriegs: »Heia Safari.« Fünf Stunden später, gegen 0.40 Uhr am 12. Mai, folgte dann der letzte Funkspruch Cramers an das Oberkommando der Wehrmacht. »Munition verschossen. Waffen und Kriegsgerät zerstört. Das D[eutsche] A[frika] K[orps] hat sich befehlsgemäß bis zur Kampfunfähigkeit geschlagen. Das D[eutsche] A[frika] K[orps] muss wieder erstehen.« Am selben Tag wurde der Oberbefehlshaber der Heeresgruppe Afrika, Generaloberst Arnim, auf dem Flugplatz St. Marie du Zit westlich von Hammamet von indischen Truppen gefangen genommen. Am Donnerstag, dem 13. Mai 1943, ergaben sich auch die letzten versprengten Einheiten der legendären 90. leichten Division am Hals von Cap Le Bon. Der Krieg in Afrika war zu Ende.

130 000 deutsche und 180 000 italienische Soldaten gerieten in alliierte Gefangenschaft. 18 594 Deutsche, 13 748 Italiener, 35 476 Briten und 16 500 Amerikaner waren seit Beginn der Kämpfe im September 1940 gefallen. Insgesamt über 100 000 Menschen kostete der sinnlose Krieg in Nordafrika das Leben.

Nachdem ihn die Nachricht von der Niederlage erreicht hatte, versank Rommel für einige Tage in tiefe Depression. Er litt unter der Einsamkeit im alten Führerhauptquartier in Ostpreußen, in das Hitler am 13. Mai mit seinem Stab zurückgekehrt war, und vermisste seine Familie. Sein neuer Auftrag, sich als Berater, eine »Art stellvertretender O[berbefehlshaber] d[es] H[eeres]«, wie er es selbst nannte, bereitzuhalten, füllte ihn nur in geringem Maß aus. Außerdem hatten die Generale und Offiziere des Stabs auf den Querdenker aus dem Schwäbischen nicht unbedingt gewartet. Meist stand er während der Lagebesprechung stumm am Kartentisch und sehnte sich nach seiner Truppe zurück.

Tiefe Depression. Aufnahme von Hitlers Fotograf Walter Frentz, 1943

Die Entwicklung in Italien erlöste Rommel für kurze Zeit aus seiner Agonie. Immer neue Geheimdienstmeldungen warnten vor dem nahenden Zusammenbruch des faschistischen Systems. Im Anschluss an die Lagebesprechung vom 15. Mai malte Hitler ein düsteres Bild der Situation: »In Italien ist nur der Duce für uns zuverlässig. Seine Beseitigung oder Ausschaltung in irgendeiner Form ist zu befürchten. Feindlich oder ablehnend uns gegenüber sind: Königshaus, das führende Offizierskorps aller Wehrmachtteile, Klerus, Juden, weite Teile der Beamtenschaft.« Im Zuge der Entmachtung Mussolinis rechnete Hitler fest mit der Landung der alliierten Truppen in Italien oder Griechenland. Für diesen Fall plante er, acht Panzer- und vier Infanterie-Divisionen von der Ostfront abzuziehen und notfalls auch gegen den Willen der italienischen Regierung in Italien zu stationieren. Im Klartext bedeutete dies die Vorbereitung der bewaffneten Besetzung Italiens.

Rommels Erfahrungen mit den italienischen Verbündeten prädestinierten ihn geradezu für diese Aufgabe. Zwei Tage später ordnete Hitler die Bildung eines »Sonderstabes Rommel« an: »Es ist beabsichtigt, Feldmarschall Rommel mit diesem Stabe im italienischen Operationsgebiet einzusetzen.« Unter strengster Geheimhaltung begann Rommel jetzt den Überfall auf Italien zu planen. Als Deckname für die Operation wurde »Alarich« gewählt, der Name jenes Gotenkönigs, der im Jahr 410 Rom eingenommen und verwüstet hatte. Der Sonderstab wurde in Wiener Neustadt aufgestellt und nahm unverzüglich die Arbeit auf. Schließlich hatte Hitler in seinem Vortrag vom 15. Mai gesagt: »Kritisch sind die nächsten 8–14 Tage.« Tatsächlich aber ließen sich die Alliierten Zeit. Und auch in Italien blieb es zunächst überraschend ruhig.

Für Rommel begannen zwei rastlose Monate, in denen er einmal in der Woche nach Wiener Neustadt flog und sich ansonsten immer in Reichweite Hitlers aufhalten musste. Möglich, dass der Diktator auf diese Weise das seit El Alamein zerrüttete Verhältnis zu seinem Feldmarschall wieder festigen wollte. Rommel jedenfalls hat auf die Frage, was er eigentlich im Führerhauptquartier mache, einmal geantwortet: »Ich befinde mich hier zu einer Höhensonnen-Kur.« Das bedeute, so der schwäbische Schwejk verschmitzt: »Ich werde hier mit Höhensonne und Glauben bestrahlt.«

Zur »Höhensonnen-Kur«. Führerhauptquartier, Sommer 1942

Die Wirkung blieb aus. Bei einem Besuch zu Hause in Wiener Neu-
stadt erzählte Rommel seiner Frau und seinem Sohn erschüttert von einer
Aussprache mit dem Diktator. Offen habe er Hitler seine Ansicht über die
Gesamtlage geschildert. Der drohende Zusammenbruch des Bündnispart-
ners Italien, die materielle Überlegenheit der Amerikaner und Briten, die
hohen monatlichen Verluste etwa an U-Booten, all diese Faktoren gäben
Anlass zu höchster Besorgnis. Hitler habe ihm mit niedergeschlagenen
Augen zugehört. »Plötzlich blickte er auf«, so berichtete Rommel später von
der Begegnung, »und sagte, auch ihm sei klar, dass nur noch eine geringe
Chance bestünde, den Krieg zu gewinnen. Aber der Westen würde niemals
Frieden mit ihm schließen … er habe niemals Krieg mit dem Westen ge-
wollt. Aber jetzt solle der Westen seinen Krieg haben – bis zum Ende.«
Manchmal, so vertraute Rommel seiner Frau Lucie später verunsichert an,
habe er das Gefühl, Hitler »ist nicht mehr ganz normal«.

178

Am 10. Juli 1943 gegen 8.30 Uhr morgens landeten amerikanische und britische Truppen an der Südspitze Siziliens. Die alliierte Invasion in Europa hatte begonnen. In den kommenden Tagen sollten über 478 000 Soldaten an Land geworfen werden. Und das war erst der Anfang. Die deutschen Truppen in Süditalien unter Feldmarschall Kesselring waren Ende Juni auf sieben Divisionen aufgestockt worden. Zu wenige, um mit den kriegsmüden italienischen Soldaten erfolgreich Widerstand zu leisten. Vorsorglich wurde Rommel am 15. Juli darauf vorbereitet, den Oberbefehl in Italien zu übernehmen. Aber noch zögerte Hitler, weitere Divisionen in das Land zu verlegen. Seine Berater waren in zwei Fraktionen gespalten. Der Chef des Oberkommandos der Wehrmacht Keitel, der Chef des Wehrmachtführungsstabs Jodl und auch Rommel warnten vor einer neuerlichen Verlegung von Truppen, aus Angst, sie könnten im Fall eines Umsturzes abgeschnitten werden.

Kesselring und die Spitzen der deutschen Diplomatie in Italien rieten zu Vertrauen in den Bündnispartner. Ein persönliches Gespräch mit dem »Duce« sollte Hitler Klarheit bringen. Für den 19. Juli wurde kurzfristig ein Treffen im oberitalienischen Feltre vereinbart.

Um allerdings die Besprechung nicht unnötig im Voraus zu belasten, empfahlen Göring und der eigens angereiste deutsche Botschafter in Italien, Hans von Mackensen, dem Diktator dringend, zu diesem Zeitpunkt von der Ankündigung der neuen Aufgabe Rommels abzusehen. Er stehe nämlich in dem Ruf, ein »Italiener-Hasser« zu sein. Zumindest Göring wird diese Einflüsterung von seinem Feldmarschall Albert Kesselring erhalten haben. Kesselring mag wenig Lust verspürt haben, nun unter Rommels Befehl gestellt zu werden. Zunächst sah auch alles so aus, als hätte die Intrige ihren Zweck erfüllt. Verbittert hielt Rommel in seinem Tagesbericht fest: »Ich erfahre, dass man dem Führer abgeraten hat, mir den Oberbefehl in Italien zu geben, denn ich sei den Italienern feindlich gesinnt. Ich nehme an, die Luftwaffe steckt dahinter. Mein Einsatz in Italien rückt dadurch wieder in weite Ferne.«

Der Vorwurf traf Rommel nur teilweise berechtigt. Sicher hatte er seit Afrika eine tief verwurzelte Abneigung gegen die italienische Generalität. In diese ungerechte Ablehnung mischten sich dieselben Ressentiments, die der Außenseiter auch gegenüber deutschen Generalstabsoffizieren hegte.

Ein zusätzlicher Faktor mag die zwar verständliche, aber falsche Einschätzung gewesen sein, in Afrika sei durch den Bündnispartner in großem Umfang Verrat betrieben worden. Vorurteile oder gar Hass gegenüber den Italienern im Allgemeinen aber waren Rommels Wesen fremd. Im Gegenteil: Die einfachen Soldaten waren ihm in Afrika ebenso ans Herz gewachsen wie seine eigenen Truppen. Die Sympathie beruhte auf Gegenseitigkeit. Ganz zu Recht hatte Jodl in einer Lagebeurteilung von Rommel, »als de[m] einzige[n] Führer« gesprochen, »dem sich zahlreiche Offiziere und Soldaten in Italien freudig unterstellen« würden.

Hitler kehrte am Abend des 19. Juli bester Laune aus Feltre zurück. Er war überzeugt, seinen »Freund« und Verbündeten wieder einmal »ganz in die Reihe gebracht« zu haben. Er irrte sich. Mussolini hatte Feltre tief deprimiert verlassen. Die deutschen Forderungen waren mit der italienischen

Realität nicht mehr in Einklang zu bringen. Äußerlich ließ man sich in Rom nichts anmerken. Sizilien, so wurde jetzt mehrfach versichert, werde »mit allen Mitteln« und »bis zum letzten Mann« gehalten. Und als Bauernopfer stimmte das Comando Supremo nun endlich der schon lange geforderten Unterstellung der 11. italienischen Armee in Griechenland unter deutschen Oberbefehl zu. Hitler nahm die Gelegenheit wahr, Rommel, der in seinen Augen jetzt nicht mehr für Italien gebraucht wurde, nach Griechenland wegzuloben. Vielleicht spielte auch die seit längerem bestehende Furcht vor einer Invasion auf dem Balkan eine Rolle bei dieser Entscheidung. Sicher ist jedenfalls, dass Rommel trotz aller Improvisationsgabe mit der 11. italienischen Armee und nur einer deutschen Panzerdivision kaum eine Chance auf eine realistische Abwehr gehabt hätte. Der Feldmarschall wurde am 23. Juli nach Saloniki als neuer Oberbefehlshaber einer Heeresgruppe für Griechenland in Marsch gesetzt.

Der »Duce« hielt sich nach dem Treffen mit Hitler in Feltre nur noch sechs Tage an der Macht. Am Sonntag, den 25. Juli 1943 hatte der Faschistische Großrat ihm nach einer stürmisch verlaufenen Sitzung das Vertrauen entzogen, und am Nachmittag entließ der italienische König im Einklang mit der Verfassung Mussolini aus all seinen Ämtern. In Hitlers Hauptquartier »Wolfsschanze« waren die ersten alarmierenden Nachrichten aus Rom bereits gegen Mittag eingelaufen. Im Verlauf des Tages erhielt der Diktator dann Gewissheit über den Abtritt seines Spießgesellen. Während der Abendlage forderte Hitler erregt die sofortige Besetzung Italiens, die Verhaftung des Königs und der neuen Regierung. Dafür schien ihm vor allem ein Mann geeignet: »Ist der Rommel schon weg?«, rief Hitler in die Runde. Generaloberst Jodl nickte: »Ja, Rommel ist weg.« Hitler hatte es eilig: »Gleich feststellen, wo der Rommel ist!«

Rommel war, wie befohlen, an diesem Tag in Saloniki eingetroffen. Um 23.15 Uhr holte ihn ein Anruf aus dem fernen Rastenburg wieder aus dem Bett. »Duce ist in Schutzhaft genommen«, diktierte Rommel im Anschluss an das Gespräch in den Tagesbericht. »Ich bin zum Führerhauptquartier befohlen. Lage in Italien ungeklärt.« Am nächsten Morgen um sieben hob Rommels Flugzeug wieder von der Rollbahn auf dem Militärflughafen Saloniki ab.

Schon am Abend nach der Verhaftung Mussolinis hatte der neue Staatschef Italiens, Marschall Pietro Badoglio, erklärt, der Krieg an Deutschlands Seite ginge weiter. Badoglios hehre Worte entsprachen nicht den Tatsachen. Hinter den Kulissen verfolgten der König und sein Marschall von Anfang an nur ein Ziel: Frieden für Italien. Das Land war ausgeblutet, die Bevölkerung zermürbt, und die Soldaten waren es müde, für einen verlorenen Krieg ihr Leben zu lassen. Dass Badoglio jetzt im Geheimen seine Fühler zu den Alliierten ausstreckte, um einen separaten Waffenstillstand auszuhandeln, war die einzig richtige Konsequenz aus der aussichtslosen Lage, in der Italien sich befand.

Der deutschen Führung blieb solcher Realismus fremd. Hitler hatte sich vorgenommen, das deutsche Volk entweder zum Sieg oder eben in den Untergang zu führen. Nicht nur deswegen stieß allerdings der Sonderweg der Italiener auf wenig Gegenliebe. Immerhin hatte Mussolini seinerzeit unaufgefordert in Nordafrika und auf dem Balkan seinen Krieg vom Zaun gebrochen, in dessen Verlauf jeweils deutsche Truppen zum Eingreifen

»Ist der Rommel schon weg?« Saloniki, 25. Juli 1943

182

gezwungen waren. Das hatte wichtige Reserven für den Krieg im Osten und vor allem Zehntausende deutscher Soldaten das Leben gekostet. Schon einmal, im Ersten Weltkrieg, hatte Italien die Seiten gewechselt. Im Sommer 1943 lag es wieder in der Luft – das böse Wort vom »italienischen Verrat«.

Hitlers Reaktion war eindeutig: Am 26. Juli ließ er die Vorbereitungen zum Unternehmen »Alarich« anlaufen. Allerdings vorläufig nur auf »kaltem Wege«. Jede Provokation sollte zunächst vermieden werden, um den Bruch mit Italien nicht vorzeitig heraufzubeschwören. Vier Divisionen, die ohnehin zur Verstärkung der Truppen in Süditalien angekündigt waren, wurden in Bereitschaft versetzt. Von der Ostfront wurde die 1. Waffen-SS-Division »Leibstandarte Adolf Hitler« nach Italien abkommandiert. Zusätzlich standen drei weitere Divisionen bereit, um in Südfrankreich einzumarschieren. Dem aus Saloniki zurückgekehrten Rommel wurde der Oberbefehl über die Heeresgruppe B für das Einsatzgebiet Norditalien übertragen. Allerdings hielt man seine Berufung geheim. Zur Tarnung führte die Heeresgruppe den Decknamen: »I. A. OKW / Auffrischungsstab München«. Ihr Hauptquartier wurde in Pullach vor den Toren Münchens versteckt. Dem Feldmarschall und seinem Stab war es zudem streng verboten, die südliche Reichsgrenze zu überschreiten. Unter »Hausarrest«, wie Rommel diese Maßnahme spöttisch genannt hatte, bereitete er den Einmarsch in Italien vor.

Hitler zögerte noch bis zum 29. Juli. Dann brachte ein abgehörtes Funkferngespräch zwischen Churchill und Roosevelt endgültig Klarheit. Der englische Premierminister hatte mit dem amerikanischen Präsidenten über den Waffenstillstand mit Italien gesprochen. »Damit«, so wurde im Kriegstagebuch des Oberkommandos der Wehrmacht am 29. Juli vermerkt, »ist ein einwandfreier Beweis dafür gegeben, dass bereits geheime Verhandlungen der Anglo-Amerikaner mit Italien im Gange sind.«

Das Unternehmen »Alarich« wurde ausgelöst. Rommels Plan sah ein stetiges Einsickern der deutschen Divisionen in Norditalien vor. Sein besonderes Augenmerk galt dabei der sofortigen Sicherung der Alpenpässe. Gegen 20.10 Uhr am 30. Juli meldete die erste Marschgruppe der 26. Panzerdivision, »soeben ohne Zwischenfälle die Brennergrenze überschritten«

WOLF-DIETRICH WAGNER-MANSLAU Offizier in Rommels Stab

»In dieser Zeit bin ich beim Arbeitsstab Feldmarschall Rommel gewesen, und wenn er beinahe täglich vom Obersalzberg runterkam, habe ich ihn öfters gehört, wie er sehr achtungslos von denen da oben sprach. Kein anerkennendes Wort in irgendeiner Weise vom ›Führer‹ oder vom Führer- hauptquartier. Er war nur entsetzt und sagte immer wieder: ›Was haben die nur für Vorstellungen?‹ Aber er sprach immer im Plural, er hat das nicht persönlich auf den Hitler bezogen, da war'n ja da oben auch Feldmarschall Keitel und Jodl und so weiter. So dass man nicht so spezifisch sagen kann, er sprach schlecht vom ›Führer‹.«

zu haben. »Sie müssen freundlich und liebenswürdig zu den Italienern sein«, hatte Rommel dem Kommandoführer der Vorausabteilung vor dem Abmarsch eingeschärft. »Reibungen vermeiden … Den Italienern sagen, dass wir beste Stimmung haben. Dass [die] Schlacht im Osten gut stehe, Russe große Verluste hat … Ihr Vormarsch sei eilig, Sie werden benötigt im Kampfraum Süditalien.« Der Kommandoführer fragte nach: »Wenn Widerstand [geleistet wird]?« »Dann«, so Rommel, »verhandeln [Sie] … Wenn Sie angegriffen werden, schlagen Sie zu.« Rommels Bluff ging auf. Nahezu ohne jeden Widerstand war die 26. Panzerdivision am nächsten Tag auf die italienische Seite gelangt und sicherte den Brennerpass auf voller Länge. Am 1. August folgte die 44. Infanteriedivision und zwei Tage später schließlich die aus dem Osten eingetroffene »Leibstandarte Adolf Hitler«.

Es war eine merkwürdige Besetzung, die da unter der unsichtbaren Regie Rommels unblutig durchgeführt wurde. Während immer mehr deutsche Soldaten strategisch wichtige Positionen in Norditalien übernahmen, trafen sich deutsche und italienische Abgesandte noch dreimal am grünen Tisch. Dabei wurde gelogen, dass sich die Balken bogen. Die deutschen Unterhändler betonten, die eingerückten Divisionen dienten nur der Verteidigung gegen die Alliierten; die Italiener ihrerseits wurden nicht müde, ihre Waffentreue zu Deutschland zu beschwören und jede Art von Geheimverhandlungen über einen separaten Waffenstillstand von sich zu weisen. Und im Grunde warteten beide Seiten nur darauf, dass der Umbruch endlich kam.

Wie groß das gegenseitige Misstrauen geworden war, zeigte sich bei der dritten und letzten Zusammenkunft in der Villa Federzoni in Bologna am 15. August, an der neben General Jodl auch Rommel als Abgesandter der deutschen Seite teilnahm. Im Kern ging es bei der Besprechung darum, herauszufinden, »ob die Italiener, wie sie öffentlich verkündet und auch … zugesichert haben, tatsächlich weiterkämpfen wollen oder nicht«. Hitler

Unter Hausarrest. Mit Stabschef Alfred Gause (r.), Pullach, August 1942

185

hatte seine Unterhändler vor dem Treffen gewarnt, es könnte versucht werden sie zu verhaften oder gar zu vergiften. Vorsorglich stellte das Führerhauptquartier eine Hundertschaft SS-Männer der »Leibstandarte« als Begleitschutz. Ohne Vorankündigung zogen die Soldaten nach Beginn der Besprechungen einen Sicherheitskordon um den Verhandlungsort und stellten einen Doppelposten vor das Portal der Villa Federzoni. Die Demonstration militärischer Macht war nicht zu übersehen.

Die Besprechung, die von italienischer Seite durch den Chef des Generalstabs der italienischen Armee, General Mario Roatta, geleitet wurde, verlief, wie nicht anders zu erwarten war, ohne konkretes Ergebnis. Rommel, der die ganze Zeit über geschwiegen hatte, während Jodl grob und Roatta aalglatt miteinander Katz und Maus gespielt hatten, war dennoch zufrieden. Wenigstens war seine Verwendung als Befehlshaber für Norditalien angesprochen worden und die Zeit des Versteckspiels in Pullach vorüber. Im Tagesbericht hielt er fest: »Mir sind somit endlich die Wege geöffnet.«

Von Anfang an bestand kein Zweifel daran, dass der italienische Waffenstillstand mit einer Landung der Alliierten auf dem Festland einhergehen würde. Für diesen Fall war im Führerhauptquartier seit Anfang August das »Unternehmen Achse« geplant worden. Rommels Aufgabe sah die sofortige Entwaffnung der italienischen Soldaten in Norditalien und die Übernahme der Küstenbefestigungen vor. Rommel rechnete mit der Landung der Alliierten weit im Norden. Aus dieser Erwägung heraus sah seine Strategie die Einrichtung einer weit zurückliegenden Verteidigungslinie quer über den italienischen Stiefel entlang der Südflanke des Apennin bis an die Adriaküste vor. Die verbleibenden deutschen Truppen in Süditalien sollten sich in mehreren Etappen bis hinter die »Auffangstellung Apennin« zurückziehen und von hier aus jedes weitere Vorstoßen des Feindes verhindern. Sobald die Vereinigung der Kräfte vollzogen wäre, sollte die Heeresgruppe Süd des Feldmarschalls Kesselring aufgelöst und der Oberbefehl über alle deutschen Truppen in Italien dann auf Rommel übergehen.

Hitler hatte sich zu diesem Zeitpunkt weitgehend den militärischen Vorstellungen Rommels angeschlossen. Erstaunt über seine Renaissance vermerkte Rommel in diesen Tagen in seinem Tagesbericht: »Ich stelle wiederholt fest, dass er [Hitler] mir sein volles Vertrauen schenkt.« Möglich, dass dies auch auf seine Haltung zu Hitler nicht ganz ohne Wirkung blieb. An Rommels realistischer Sicht über den Kriegsausgang aber hatte sich nichts geändert. Am Sonntag, den 22. August gönnte er sich einen privaten Besuch bei einem alten Freund, dem Gutsbesitzer Dr. Oskar Farny, in Wangen im Allgäu. Rommel ließ sich von Pullach nach Wangen mit seinem »Fieseler-Storch« fliegen und landete auf einem Feld nahe Farnys Haus. Irgendwann im Verlauf der Unterhaltung kam Rommel dann auch auf die militärische Lage zu sprechen und fragte Farny, was er von der Kriegssituation halte. Nach kurzem Nachdenken meinte dieser: »Nicht viel, wenn die Feldmarschälle ins Land fliegen und den Bauern solche Fragen stellen.« Rommel nickte nur kurz und sagte: »So ist es.«

Am 3. September begann die Landung britischer Truppen nördlich von Reggio di Calabria. Fünf Tage ließ die Kapitulation der Italiener noch auf sich warten. Dann war es so weit. Am 8. September gegen 17.00 Uhr wurde die Meldung vom Waffenstillstand über zahlreiche ausländische Sender verbreitet. Der deutsche Botschafter in Rom, Rudolf Rahn, begab sich daraufhin sofort persönlich zum italienischen Außenminister Raffaele Guariglia. Ohne zu zögern bestätigte Guariglia die Nachrichten aus dem Radio. Damit war der italienische Waffenstillstand auch für Deutschland offiziell. Rahn polterte: »Also doch Verrat!« Der deutsche Botschafter verließ grußlos das Arbeitszimmer des Außenministers, um kurz darauf per Telefon das Führerhauptquartier zu informieren. Um 20.00 Uhr löste General Jodl auf Befehl Hitlers das Unternehmen »Achse« aus. Noch in derselben Nacht floh die gesamte politische und militärische Führung des Badoglio-Regimes, an ihrer Spitze der greise Marschall selbst, samt König und Hofstaat aus Rom. Ohne weitere Befehle überließen sie eine Million italienischer Soldaten ihrem Schicksal.

In den Morgenstunden des folgenden Tages begann die Landung der 5. US-Armee im Golf von Salerno. Auch wenn damit offensichtlich war, dass die Alliierten sich für eine Invasion im äußersten Süden und damit für den langen, verlustreichen Marsch durch ganz Italien entschieden hatten, schien eine weitere Landung weiter nördlich, wie von Rommel vorhergesagt, nach wie vor nicht ausgeschlossen. Nach Rommels Planung sollten sich die deutschen Truppen, »falls es die Lage erforderte«, nunmehr Richtung Norden zurückziehen. Doch Kesselring gelang es zunächst unter dem Einsatz aller Kräfte, den Vormarsch der alliierten Truppen aufzuhalten und nach kurzen Kämpfen mit italienischen Truppen auch die Lage um Rom zu beruhigen. Es muss verlockend für Hitler geklungen haben, als Kesselring am 11. September meldete, er wolle »möglichst lange die allgemeine Linie Salerno–Benevento–Eboli halten, die verhältnismäßig wenig Kräfte erfordert«. Jedenfalls befahl Hitler am Tag darauf, dass die vorgesehene Unterstellung von Kesselring unter Rommels Befehl vorerst nicht eintreten sollte. Vielleicht war Hitler auch deswegen so erpicht auf die Frontlinie in Süditalien, weil es an jenem 12. September gelungen war, Mussolini aus der Haft auf dem Gran Sasso zu befreien. Mit ihm wollte er den bankrotten Faschismus in Italien wieder auferstehen lassen. Zu mehr als einer Marionettenregierung von Hitlers Gnaden mit Sitz in Salò am Gardasee aber sollte es nicht mehr reichen.

Auch Rommel hatte seinen ersten Auftrag erfolgreich durchgeführt. Ganz Norditalien stand unter deutscher Kontrolle. In Mailand und Turin war es zu spontanen Aufständen gekommen, die unbarmherzig niedergeschlagen wurden. Die zahlenmäßig gewaltige italienische Streitmacht aber, die in diesem Raum lag, Teile der 4. Armee, die 5. und 8. Armee sowie die Territorialverteidigungen von Bologna und Mailand, waren durch das schnelle Zugreifen von Rommels Truppen förmlich überrumpelt worden. Nur vereinzelt war es zu Gegenwehr gekommen. Im Großen und Ganzen aber löste sich das italienische Militär ganz einfach auf. »Welch schimpfliches Ende für eine Armee«, schrieb Rommel an seine Frau.

Schon am 8. September waren aus dem Führerhauptquartier genaue Anweisungen über den Umgang mit den italienischen Soldaten bei Rommel eingetroffen. Der Befehl unterschied zunächst zwischen drei Kategorien, die in einer späteren Fassung eingeteilt wurden in: »1. bündnistreue ital[ienische] Soldaten, die weiter kämpfen oder Hilfsdienst leisten. 2. ital[ienische] Soldaten, die nicht weitermachen wollen«, und »3. ital[ienische] Soldaten, die Widerstand leisten oder mit dem Feind oder Banden paktiert haben.« Die erste Weisung vom 8. September sah vor, die bündnistreuen Soldaten »unter unauffälliger Bewachung zusammenzuziehen«. Die »übrigen ital[ienischen] Soldaten sind bis zur Entscheidung über die Entlassung zu internieren«, hieß es weiter.

Am 9. September erfolgte dann, wohl seit einiger Zeit vorhergesehen, die Anweisung, wie mit den Kriegsgefangenen weiter zu verfahren sei. Außer »Fachkräfte[n] für die Rüstungswirtschaft« und ehemaligen Faschisten sollten sie ausnahmslos »für den Bau des Ostwalls zur Verfügung« gestellt werden. In der Praxis bedeutete das die Verschleppung von über 600 000 Soldaten und Offizieren aus Italien zur Zwangsarbeit ins »Reich«, nach Polen und in die besetzten Gebiete der Sowjetunion. Etwas mehr als die Hälfte von ihnen, ca. 310 000 Mann, waren allein im Gebiet der Heeresgruppe B gefangen genommen worden. Für viele der italienischen Kriegsgefangenen, die auf Befehl Hitlers ab dem 20. September als »Militärinternierte« bezeichnet wurden, begann ein unsäglicher Leidensweg. Über 45 000 Italiener sollten ihre Heimat nicht mehr wiedersehen.

Rommel konnte von den harten Bedingungen, die die Militärinternierten erwarteten, nichts wissen. Ihre Evakuierung folgte in seinen Augen nur der rein militärischen Erwägung, dass die große Anzahl italienischer Gefangener in ihrem eigenen Land unmöglich sicher bewacht werden konnten und somit ein Sicherheitsrisiko darstellten. Seine Haltung in Norditalien zeichnete sich aber, wie schon in Afrika, durch ausgesprochene Fairness dem Gegner gegenüber aus. Am 12. September, ein Tag nach einer Besprechung mit Rommel über die Kriegsgefangenenfrage, wies der Kommandierende General der Sicherungstruppen Joachim Witthöft noch einmal besonders darauf hin, »dass unter allen Umständen gute Behandlung und ausreichende Verpflegung der italienischen Gefangenen entsprechend den ergangenen Befehlen sichergestellt wird … Alle unterstellten Einheiten sind entsprechend zu unterrichten und insbesondere die Bewachungsmannschaften entsprechend zu belehren.« Mehrmals befahl Witthöft in der Folge auch, dass »den Kriegsgefangenen … Verpflegung nach den Sätzen der deutschen Zivilbevölkerung zu gewähren« sei.

Es blieb nicht aus, dass diese Anweisungen durch die Wachmannschaften gebeugt oder missachtet wurden. Und es kam auch im Bereich der Heeresgruppe B zu einzelnen Übergriffen gegen italienische Kriegsgefangene. Spätestens am zweiten oder dritten Tag auf dem Transport in den Osten, wenn in den voll gekoteten Viehwaggons Hitze, Hunger und Durst unerträglich wurden, hatte die brutale Realität die gefangenen italienischen Soldaten eingeholt. Allein, das ist nicht Rommel anzulasten. Für den Feldmarschall war die Entwaffnung und Internierung in Norditalien nicht mehr als ein Nebenkriegsschauplatz. Längst hatte er sich mit der üblichen militärischen Präzision auf die Vorbereitung der Abwehrschlacht am Apennin geworfen.

Einen Tag nach dem Befehl über die Verwendung der Kriegsgefangenen als Zwangsarbeiter verschärfte Hitler am 10. September erneut die Anweisungen über die Behandlung der italienischen Soldaten. Wahrscheinlich ausgelöst durch den zähen Widerstand, der den deutschen Truppen vor allem auch auf dem Balkan und in Süditalien bei der Entwaffnung der Italiener entgegenschlug, forderte der Diktator jetzt: »Dort, wo ital[ienische] Truppen oder sonstige Waffenträger z[ur] Z[eit] noch Widerstand leisten, ist ihnen ein kurz befristetes Ultimatum zu stellen, dabei ist zum Ausdruck zu bringen, dass die für den Widerstand verantwortlichen ital[ienischen] Kommandeure als Freischärler erschossen werden, wenn sie bis zur festgesetzten Zeit nicht den Befehl an ihre Truppen zur Abgabe der Waffen an die deutschen Verbände gegeben haben.« Achtundvierzig Stunden später legte Hitler noch einmal nach: »Auf Befehl des Führers«, so ein Erlass vom 12. September, den Generalfeldmarschall Keitel unterzeichnet hatte, »ist mit italienischen Truppenteilen, die ihre Waffen in die Hände von Aufständischen haben fallen lassen oder überhaupt mit Aufständischen gemeinsame Sache gemacht haben, nach der Gefangennahme wie folgt zu verfahren: 1.) Die Offiziere sind standrechtlich zu erschießen. 2.) U[nteroffiziere] und Mannschaften sind unmittelbar … nach Osten … zum Arbeitseinsatz zu verbringen.«

Die Fernschreiben vom 10. und 12. September waren an die Oberbefehlshaber West, Süd, Südost, der Marine, der Luftwaffe und der Heeresgruppe B gegangen. Der Befehl hatte »blutige Folgen«, so der Militärhistoriker Gerhard Schreiber, der sich in jahrelanger Arbeit mit den deutsch-italienischen Beziehungen befasst hat und kaum verdächtig scheint, zu viel Verständnis für die deutsche Seite aufgebracht zu haben. »In erster Linie«, so heißt es bei ihm zu diesem Thema, »war das auf dem Balkan, auf den Inseln im östlichen Mittelmeer und im Befehlsbereich des Generalfeldmarschalls Kesselring der Fall. Folgt man den Quellen, so scheint es im Bereich der Heeresgruppe B weniger brutal zugegangen zu sein.« Das lag natürlich zum einen daran, dass die Entwaffnung der italienischen Soldaten im Bereich von Rommel außerordentlich schnell vor sich gegangen war und damit bewaffnete Auseinandersetzungen weitgehend unterblieben. Es ist aber zum anderen durchaus möglich, dass Rommel den Mordbefehl, ähnlich wie in Afrika, nicht an seine Truppe weitergegeben hat.

Am 15. September wurden die Befehle noch einmal in den »Grundsätzliche[n] Richtlinien über die Behandlung der Soldaten der ital[ienischen] Wehrmacht und Miliz« zusammengefasst. Rommel sollten diese Richtlinien schon nicht mehr erreichen. Am Abend zuvor hatte er in seinem neuen Hauptquartier, der »Villa Canossa« am Gardasee, starke Bauchschmerzen bekommen. »[Ich] musste mich erbrechen«, schrieb Rommel seinem Sohn Manfred, »die Schmerzen ließen leider nicht nach. Ich quälte mich dann die ganze Nacht herum, schließlich mit Hilfe eines Arztes hatte ich etwas Beruhigung. Am Tag darauf wurde ich operiert.« Die Ärzte mussten seinen Blinddarm entfernen. Rommel blieb im Lazarett und war für die kommenden zwei Wochen außer Gefecht gesetzt.

Am 23. September – Rommels Heilung war gut verlaufen, und er unternahm an diesem Tag im Garten des Lazaretts zum ersten Mal für eine Stunde einen Spaziergang – erließ Rommel einen Aufruf an die Truppe, der bis heute immer wieder irrtümlich in den Kontext zu den vorausgegangenen Führerweisungen gestellt wird. »Irgendwelche sentimentalen Hemmungen des deutschen Soldaten«, so hieß es in dem von Rommel unterzeichneten Dokument, »gegenüber Badoglio-hörigen Banden in der Uniform des ehemaligen Waffenkameraden sind völlig unangebracht. Wer von diesen gegen den deutschen Soldaten kämpft, hat jedes Anrecht auf Schonung verloren und ist mit der Härte zu behandeln, die dem Gesindel gebührt, das plötzlich seine Waffen gegen seinen Freund wendet.« Tatsächlich bezog sich dieser Aufruf, der im Gegensatz zu den Hitler-Befehlen trotz seiner aggressiven Formulierung keine Aufforderung zu »völkerrechtswidriger Tötung« darstellte, auf italienische Soldaten, die sich den Partisanen angeschlossen hatten und den Kampf hinter der Front fortsetzten. Es ist daher nicht nachzuvollziehen, warum ausgerechnet dieser Aufruf die »Auseinandersetzung mit

Der Oberbefehlshaber
der Heeresgruppe B

H.Qu., den 23.September 1943

Irgendwelche sentimentalen Hemmungen des deutschen
Soldaten gegenüber Badoglio-hörigen Banden in der Uniform
des ehemaligen Waffenkameraden sind völlig unangebracht.
Wer von diesen gegen den deutschen Soldaten kämpft, hat
jedes Anrecht auf Schonung verloren und ist mit der Härte
zu behandeln, die dem Gesindel gebührt, das plötzlich
seine Waffen gegen seinen Freund wendet.
Diese Auffassung muß beschleunigt Allgemeingut aller
deutschen Truppen werden.
Entsprechende Warnung ergeht an die Italiener über alle
italienischen Sender.

Verteiler
bis Divisionen.

Auseinandersetzung brutalisiert? Befehl vom 23. September 1943

den Exverbündeten brutalisieren sollte und musste«, wie es der Militärhistoriker Schreiber behauptet. Die Ausschreitungen waren eine Folge der Mordbefehle Hitlers, und sie hatten längst begonnen – auch in Norditalien.

Südlich der piemontesischen Provinzhauptstadt Cuneo war es einigen hundert Soldaten der italienischen 4. Armee vor ihrer Festnahme gelungen, sich in die Berge zu flüchten. Die meisten von ihnen lagen in den Hängen des Monte Bisalta oberhalb des kleinen Ortes Boves. Die italienische Bevölkerung von Boves stand in engem Kontakt zu den Soldaten und half mit Nahrungsmitteln aus. Von deutscher Seite unterstand die Gegend dem Kommandeur des III. Bataillons der SS-Division »Leibstandarte«, Sturmbannführer Joachim Peiper. Am 16. September ließ Peiper in Boves einen von ihm unterzeichneten Aufruf anschlagen, in dem er der Bevölkerung schwerste Strafen und härteste Vergeltungsmaßnahmen androhte, wenn sie den »Widerstandsgruppen« Schutz gewähre. Ein von Parlamentären überbrachtes Angebot, dass die italienischen Soldaten aufgeben und »in ihre Häuser zurückkehren würden«, wenn ihnen freies Geleit zugesichert würde, musste Peiper ablehnen.

Drei Tage später bot sich ihm die Möglichkeit, das drängende Problem auf seine Weise zu lösen. Am 19. September fielen zwei von Peipers SS-Männern, die in einem verlassenen Armeepionierdepot in Boves nach Ersatzteilen für die eigenen Fahrzeuge suchten, den italienischen Soldaten in die Hände. Gegen Mittag meldete der italienische Polizeiposten von Boves die Gefangennahme nach Cuneo an den Gefechtsstand des III. Bataillons. Unverzüglich wurde eine Befreiungsaktion gestartet. Die erste SS-Truppe geriet südlich hinter Boves in ein Feuergefecht mit den italienischen Soldaten, bei dem die Einheit einen Toten und mehrere Verwundete zu beklagen hatte. Über Funk wurde Verstärkung angefordert. Gegen 13.00 Uhr traf Sturmbannführer Peiper mit der 13. Schützenpanzerwagenkompanie am Ort des Geschehens ein. Möglicherweise schon im Ort, sicher aber wieder südlich von Boves kam es zu Kampfhandlungen, in deren Verlauf sich die italienischen Soldaten zurückzogen. Schließlich gelang es auch, die beiden gefangenen SS-Männer zu befreien. Zu diesem Zeitpunkt war fast die gesamte Bevölkerung des Ortes auf die Felder geflüchtet und hielt sich dort versteckt. Nur die Alten, Kranken und Körperbehinderten waren im Dorf zurückgeblieben. Zur Vergeltung ließ Peiper jetzt die Ortschaft in Brand setzen. Ohne Mitleid sollen seine SS-Männer auf jeden geschossen haben, der vor den Flammen zu fliehen versuchte. 350 Häuser wurden zerstört. 23 tote Zivilisten wurden später in den rauchenden Ruinen entdeckt.

Peipers Kalkül ging auf. Schon um 3.00 Uhr nachts konnte er melden, die »ursprünglich sich widersetzenden Truppenteile [hätten das] Gebirge verlassen und die Waffen niedergelegt«. Joachim Peiper verstand bis zu seinem Tode die Aufregung um »das Massaker von Boves« nicht. Hatte er doch nur getan, was 1943 an der Ostfront, wo er die meiste Zeit über gekämpft hatte, längst Alltag geworden war – das Niederbrennen von Dörfern und Mord an der Zivilbevölkerung als Repressalie und Mittel zum Kampf gegen Partisanen. »So bedauerlich die Folgen unseres Einsatzes in Boves für die betroffene Bevölkerung auch waren«, so Peiper in einer Stellungnahme nach dem Krieg, »so kann andererseits nicht übersehen werden, dass infolge unseres einmaligen Einschreitens weiteres unermessliches Blutvergießen im Zuge fortgesetzter italienischer Aktionen – und zwar auf beiden Seiten – vermieden worden ist.«

Rommels Hauptquartier wurde am 21. September über den ›Vorfall‹ in Boves unterrichtet: »2 Angehörige der LSSAH wurden von Banditen verschleppt«, hieß es in der Morgenmeldung des II. SS-Panzerkorps. »Erster Versuch, sie zu befreien, scheiterte am starken f[eindlichen] Widerstand. Eine verstärkte Kompanie konnte die Männer nach Brechung des Widerstandes in Boves … und auf der Straße nach Castellar befreien. Die männliche Bevölkerung von Boves war unter Mitnahme von Handfeuerwaffen und Handgranaten in die Berge geflüchtet. Die Versorgungsbasen für Banditen Boves und Castellar wurden abgebrannt. In fast allen brennenden Häusern explodierte Munition. Einige Banditen wurden erschossen.«

Auch wenn es ohnehin unwahrscheinlich ist, dass Rommel von dem Massaker erfahren hatte, da er zu diesem Zeitpunkt noch im Lazarett lag, konnte er schwerlich aus dem verschleiernden Fernschreiben den wahren Sachverhalt ablesen. Und es kann kein Zweifel daran bestehen, dass er das »Massaker von Boves« wie jede Form von Gewaltmaßnahmen gegen die Zivilbevölkerung scharf abgelehnt hätte. Das zeigte sich in diesen Wochen besonders deutlich an einem anderen Fall. Am frühen Morgen des 23. September entdeckte ein italienischer Angler am Lago Maggiore zwei ans Ufer getriebene männliche Leichen. Im Nacken und im Rücken waren die Spuren von Einschüssen zu erkennen. In den folgenden Tagen gab der See immer neue Körper frei. Am 28. noch einen Mann, in den folgenden Tagen zwei Frauen und bis zum 5. Oktober sieben weitere Männer. Alle Toten schienen auf die gleiche Weise von hinten erschossen worden zu sein. Auffällig war, dass seit dem Anschwemmen der ersten Männerkörper eine Streife der 4. Kompanie der SS-Division »Leibstandarte« am See patrouillierte und das Ufer nach Leichen absuchte. Offensichtlich versuchten die SS-Männer die angetriebenen Toten möglichst unauffällig zu beseitigen. In der Bevölkerung begannen die Leichenfunde Unruhe hervorzurufen. Das grauenvolle Geheimnis des Lago Maggiore ließ sich jetzt nicht mehr geheim halten.

Mitte September hatte das I. Bataillon der »Leibstandarte« den Bereich um den See besetzt und dabei über 50 Juden festgenommen. Sie hatten hier in der trügerischen Ruhe Schutz gesucht und stammten zumeist aus Mailand. Aber auch ein altes jüdisches Ehepaar aus Litauen, zwei ungarische und einige griechische Juden hatten am Ufer des Lago Maggiore Unterschlupf gefunden. Der älteste unter den festgenommenen Juden war der 75 Jahre alte Dino Fernandez, die jüngsten seine Enkel Giovanni, 16, Roberto, 13, und Bianca, 11 Jahre alt.

Auf einer Kompanieführerbesprechung um den 19. September in Anwesenheit des stellvertretenden Bataillonskommandeurs Hauptsturmführer Hans Röhwer wurde über das Schicksal der Juden beraten. Im Verlauf der Besprechung wurde kurzerhand beschlossen, sie zu ermorden. Noch wurden die Juden in Italien nicht durch deutsche Organisationen verfolgt. Aber Röhwer und seine Kompanieführer hatten in Russland genug Einblick bekommen, um zu wissen, was von ihnen verlangt wurde. Drei Tage nach dem Treffen wurden die ersten Juden aus dem »Grand Hotel« in Meina abgeholt, wo sie im dritten Stock eingesperrt worden waren. Unter dem Vorwand, sie würden in ein Lager gebracht, fuhren die SS-Männer ihre ahnungslosen Opfer ins Gebirge. Nach circa einer halben Stunde Fahrt hielt der Wagen auf einem Seitenweg. »Es hieß in freundlichem Ton«, so gaben die Mörder 1967 dem Untersuchungsrichter in Osnabrück zu

REBECCA BEHAR Tochter des Grand Hotel-Besitzers in Meina, Italien

»›Hast du gehört, Beccy?‹, fragte John. ›Sie haben heute Nacht unsere Eltern weggebracht, aber wir fahren ihnen bald nach. Sie haben sie zu einem deutschen Kommando gebracht, wo wir bald nachkommen.‹ – Das schwierigste war damals für mich, einem Freund, einem Spielkameraden, dem ersten richtigen Freund, den ich hatte, sagen zu müssen: ›Ja. Du hast Recht. Du fährst bald zu ihnen. Ich bin sicher, dass Du bald nachfährst.‹ Ich musste ihn anlügen, das werde ich nie vergessen. Er schaute mich vertrauensvoll an und sagte mir: ›Du wirst sehen, bald fahren wir zu ihnen!‹ Und ich hatte schon die Leichen seiner Eltern am See gesehen.«

Protokoll, »man habe sich verfahren und alle müssten aussteigen.« Nach ein paar Schritten wurden die Juden von hinten erschossen. Über fünfzig Menschen, als Letztes Dino Fernandez mit seinen drei Enkeln, fanden in dieser Nacht den Tod.

Die Leichen hatte man mit Steinen beschwert und in den Lago Maggiore geworfen. Hätten die SS-Männer diese Arbeit nicht so stümperhaft ausgeführt, wäre das Verbrechen vielleicht nie ans Tageslicht gekommen. Nach den grausigen Funden am Ufer des Sees war das Gerücht vom Mord an den Juden in aller Munde. Auch Rommel erfuhr davon und war entsetzt. Ob die vom Divisionskommandeur der »Leibstandarte« SS-Brigadeführer Theo Wisch Anfang Oktober eingesetzte Untersuchungskommission auf Rommels Befehl hin erfolgte, lässt sich nicht mehr klären. Jedenfalls verliefen die Ermittlungen der zwei SS-Richter im Sande, weil die Division bereits ab dem 20. Oktober wieder an die Ostfront verlegt wurde. Rommel war durch dieses Ereignis das erste Mal direkt mit dem Mord an den Juden konfrontiert worden; auch wenn in diesem Fall Einzeltäter hinter dem Verbrechen standen. Der Schock saß tief. Als sein Sohn Manfred ihn bei seinem nächsten Heimaturlaub ahnungslos damit konfrontierte, dass er sich freiwillig zur SS melden wolle, reagierte Rommel ungewöhnlich scharf und verbat sich diesen Wunsch seines Sohnes ohne jede Widerrede. Nie zuvor war Rommel den Verbrechen des Regimes, dem er diente, so nahe gewesen, wie in diesen Monaten in Italien.

Am 30. September hatte Hitler Rommel zusammen mit Kesselring ins Führerhauptquartier befohlen. In einem fahrigen Monolog stimmte er die beiden Feldmarschälle auf die kommenden Monate ein: »Es muss Zeit gewonnen und die Entscheidung dadurch hinausgeschoben werden«, so Hitler. »Den anderen geht es auch nicht rosig. Ihre Menschen- und Materialreserven unterliegen genau den gleichen Beschränkungen wie die unsrigen, und einmal wird der Zeitpunkt kommen, wo es ihnen zu dumm ist. Von einem gewissen Zeitpunkt kann man den Krieg nicht mehr gewinnen, indem man die Welt erobert, sondern indem man den Kampf so lange in die Länge zieht, bis die anderen mürbe werden.« Beschwörend richtete Hitler, der bis dahin gebückt über dem Kartentisch gestanden hatte, sich auf und rief: »Zeit, Zeit, Zeit!«

Die wollte Rommel ihm verschaffen. Erneut drängte er auf einen schnellen Rückzug bis in die Auffangstellung Apennin. Hier, etwa 120 Kilometer nördlich von Rom, ließ sich der Anprall der Alliierten in strategisch günstiger Lage mit großer Sicherheit über einen langen Zeitraum abwehren. Hitler hatte andere Pläne. Trotz der an allen Fronten angespannten Lage beharrte er darauf, auch den äußeren Balkankreis nach wie vor zu halten. Dafür musste die Verteidigungslinie in Italien südlich von Rom gezogen werden, um den Alliierten keine Plattform für einen Sprung über die Adria nach Jugoslawien einzuräumen. Kesselring, der sich gerade noch für eine weitere »bewegliche Kampfführung« ausgesprochen hatte, sprang seinem »Führer« in gewohntem Optimismus bei. Er war sofort bereit, die von Hitler geforderte Linie Gaeta–Ortona, etwa 120 Kilometer südlich von Rom, über den Winter zu halten. Rommel schwieg. Anstatt die Kräfte zu sammeln und sie im Osten einzusetzen, wo mittlerweile Divisionen mit nur noch 70 Prozent ihrer Kampfstärke antraten, vergrößerte Hitler in Rommels Augen einmal mehr die Gefahr einer Verzettelung.

Dennoch sah alles so aus, als würde sich wenigstens die unbefriedigende Befehlssituation Rommels endlich zu seinen Gunsten wenden. Am 17. Oktober wurde Rommel erneut ins Führerhauptquartier befohlen. Seine Ernennung zum Oberbefehlshaber war beschlossene Sache. Kesselring sollte nach Norwegen abgeschoben werden. Der Preis dafür war hoch. Hitler forderte von Rommel, die ungeliebte Gaeta–Ortona-Linie über den Winter hindurch zu halten. Rommel war entrüstet und lehnte es ab, das Amt des »Oberbefehlshabers Italien« anzunehmen, bis er sich ein eigenes Bild von den Verteidigungsmöglichkeiten in Süditalien gemacht habe. Und selbst dann, so erinnerte sich Hitler später an die düsteren Prognosen Rommels, sagte er für »Italien … den Zusammenbruch als ganz nahe bevorstehend« voraus. Aber sobald seine Ernennung ausgesprochen sei, werde er »bezüglich der Kampfführung in Italien einen ungeschminkten Vorschlag machen«.

Was Rommel mit dieser merkwürdigen Ankündigung gemeint haben mag, hat vielleicht sein erster Stabsoffizier, Oberst Hans-Georg von Tempelhoff, am Tag nach Rommels Rückkehr erfahren. »Herr Feldmarschall, es ist wohl nun Zeit«, so ein Offizier beim Abendessen, »dass man sich überlegt, mit welcher Seite man Schluss macht.« Auf den Zwischenruf: »Mit dem Osten oder mit dem Westen?«, antwortete Rommel: »Na, mit dem Osten kommt ja nicht in Frage!« Es ist das erste Mal, dass sich in den Quellen zu Rommel ein Hinweis auf die Möglichkeit eines Separatfriedens mit den Alliierten als Ausweg aus der hoffnungslosen deutschen Situation findet. Vielleicht hatte er ihn schon früher in Erwägung gezogen. Sicher ist, dass ihn dieses Thema von nun an nicht mehr loslassen sollte.

Auch im Führerhauptquartier konnte Rommels Einschätzung der Kriegslage nicht mehr übersehen werden. Nach der Besprechung hatte selbst sein treuer Gönner, der Adjutant der Wehrmacht bei Hitler, Rudolf Schmundt, gestöhnt: »Mit dem Rommel wird es immer schwieriger auszukommen.« Auch von außen kamen Klagen. So beschwerte sich etwa der Gauleiter von Tirol, Andreas Hofer, Rommel sei »bezüglich des weiteren Kriegsverlaufs pessimistisch eingestellt … verbreite diesen Pessimismus unter seiner Umgebung, und man gewinne den Eindruck, dass er am liebsten

Bankrott. Mit Mussolini (r.), Salò, Oktober 1943

sofort mit all seinen Truppen auf die Brennerstellung zurückginge«. Selbst bis zu Goebbels im fernen Berlin drang die Kunde: »Rommel ist leider in seinen Ansichten etwas schwach und wankelmütig geworden«, vertraute der Propagandaminister in diesen Tagen seinem Tagebuch an. »Man kann schon fast sagen, dass er den Krieg von der defätistischen Seite aus ansieht. Mir tut das sehr Leid. Es wird vielfach sogar die Ansicht vertreten, dass Rommel nur noch ein Rückzugsgeneral sei.«

Die Folgen blieben nicht aus. Am 19. Oktober 1943 hatte General Jodl noch gegen 12.20 Uhr telefonisch bestätigt, »dass der vom Führer genehmigte Befehl [zur Übernahme des Oberbefehls in Italien] an Heeresgruppe unterwegs ist«. Doch dann ordnete Hitler an, den Brief aus der Fernschreibzentrale zurückzuholen. Der Diktator hatte sich gegen Rommel entschieden. Etwa 19.30 Uhr abends wurde Rommels Stabschef telefonisch darüber informiert. Rommels italienisches Intermezzo war zu Ende. Nachdenklich schrieb er am 26. Oktober seiner Frau: »Vielleicht habe ich nicht sehr große Hoffnungen auf das Halten der Stellungen erweckt. Vielleicht hat mein Zögern in der Übernahme des Kom[mandos] die Ursache abgegeben. Vielleicht sind es ganz andere Gründe. K[esselring] bleibt vorerst. Vielleicht kann ich weg. Ich nehme es, wie es kommt.«

Als Hitler den Feldmarschall aus seinem Bunker im Hauptquartier in Ostpreußen begleitete, schien die Diskussion über den Atlantikwall noch einmal aufzuleben. Rommel war an diesem 5. November 1943 seine neue Aufgabe übertragen worden: Inspekteur der Verteidigungsanlagen im Westen. Reisen, Prüfen, Vorschlagen und doch keine eigene Truppe. Rommel war enttäuscht. »Höflich«, aber »distanziert«, so erinnerte sich Rüstungsminister Albert Speer, der vor dem Bunker auf seinen Vortrag bei Hitler wartete, setzte Rommel dem obersten Kriegsherren noch einmal sein Credo auseinander: »Wir müssen den Gegner bereits bei der ersten Landung abfangen … Gelingt das nicht, dann ist trotz des Atlantikwalls die Invasion geglückt.« Rommel, der in Afrika die verheerende Wirkung der britischen Luftüberlegenheit kennen gelernt hatte, war zu Recht überzeugt, dass das herkömmliche freie Operieren im Bombenhagel der englischen und amerikanischen Flieger nicht mehr durchführbar sei. Hitler, dessen Vertrauen in die Fähigkeiten seines einstigen Vorzeigegenerals durch das italienische Intermezzo nicht größer geworden war, schien auf dieses Argument gewartet zu haben. »Gerade das wollte ich Ihnen, Herr Feldmarschall, heute zeigen.« Er führte Rommel und Speer zu einem neu entwickelten Panzerfahrzeug, das mit einer 8,8-Zentimeter-Flugabwehrkanone als Schutz gegen feindliche Bomber dienen sollte. Beiläufig fragte Hitler den ebenfalls anwesenden Rüstungsexperten Karl Saur: »Wie viel können Sie davon liefern?«

Saur stellte einige hundert solcher Fahrzeuge in Aussicht, und Hitler äußerte sich zufrieden: »Sehen Sie, mit dieser gepanzerten Flak ist es möglich, die Bombenkonzentration über unseren Divisionen zu zerstreuen.« Hält man sich vor Augen, dass die alliierten Luftflotten allein am ersten Tag der Invasion 14 674 Einsätze flogen, wird klar, wie absurd der Einsatz von ein paar hundert fahrbaren Flugabwehrkanonen, die im Übrigen die Front nie erreichen sollten, als Allheilmittel gegen diese gewaltige Übermacht war. Rommel schwieg zu Hitlers Darlegungen. Als Hitler merkte, dass seine Ausführungen den Feldmarschall nicht überzeugten, verabschiedete er sich kurz und zog sich verstimmt zur Besprechung mit Speer in seinen Bunker zurück.

Wieder in seinem Quartier in Italien angekommen, schrieb Rommel seiner Frau: »Stimmung gedrückt. Man weiß nicht recht, ob neue Verwendung eine Kaltstellung bedeuten soll. Von verschiedenen Seiten wird sie anscheinend so bewertet. Ich sträube mich, dies zu glauben. Der Führer sprach ganz anders.« Tatsächlich war Rommel jetzt wie Johann ohne Land, ein Generalfeldmarschall mit dem Stab einer Heeresgruppe, aber ohne einen einzigen Soldaten unter seinem Befehl. In Hitlers Kalkül nicht mehr als eine psychologische Trumpfkarte, die er, wie schon zuvor in Italien, diesmal zur Abwehr der Invasion aus dem Ärmel zauberte; wirkungsvoll begleitet von Propagandaschlagzeilen wie »Rommel an der Kanalküste« oder »Rommel bei Besichtigungen«. Der Oberbefehlshaber West, Generalfeldmarschall Gerd von Rundstedt, wurde in Paris unter der Hand im Auftrag Hitlers beruhigt. Rommel, so der Chef des Oberkommandos der Wehrmacht Wilhelm Keitel, würde »nie« sein Nachfolger werden. Für größere strategische Operationen sei er nicht geeignet. Allenfalls – in Anspielung auf einen General Friedrichs des Großen, der für sein Draufgängertum berühmt wurde – für Angriffe à la »Seydlitz bei Rossbach«.

Mehr noch als die Ungewissheit über seine eigene Zukunft bedrückte Rommel in diesen Tagen die Lage Deutschlands. Früher und realistischer als die meisten deutschen Offiziere ahnte er die bevorstehende Niederlage. Als Rommel bald darauf in Italien seine Zelte räumte, verabschiedete er sich von einem seiner Dolmetscher mit eindeutigen Worten: »Es fällt mir schwer … Ihnen für die Zukunft alles Gute zu wünschen, denn der Krieg ist so gut wie verloren, und schwere Zeiten stehen uns bevor. Nach mir zu-

»Nicht mehr als ein Divisionskommandeur«. Rundstedt (l.) über Rommel, Paris 1944

gegangenen Berichten wird der Gegner täglich stärker an Menschen und modernem Material, während unsere Propaganda über die Wunderwaffen bis jetzt nichts als Bluff ist. Leider haben wir oben mit Menschen zu tun, deren Fanatismus dem Wahnsinn gleichkommt!« Und seinem Stabschef aus Afrika, Siegfried Westphal, der mittlerweile dem Stab Kesselrings vorstand, gab er bei ihrem letzten Treffen im November in bitterer Ironie die Worte mit auf den Weg: »Wenn alles zusammenbricht, komme ich zu Ihrer Frau Schwiegermutter nach Ungarn und verdinge mich bei ihr als Kuhknecht.«

Am 19. Dezember des Jahres erschien Rommel im vornehmsten der Pariser Hotels, dem »George V«, zum Antrittsbesuch bei Rundstedt. Die Gegensätze hätten nicht größer sein können. Rundstedt nannte Rommel hinter vorgehaltener Hand den »Bubi« und gab im kleinen Kreis seine Einschätzung zu Rommel zum Besten: »Mehr als ein Divisionskommandeur ist er doch nicht.« Rommel seinerseits hielt den 69 Jahre alten Rundstedt für einen »alten, müden Mann«, der angesichts der desolaten Lage der Küstenverteidigung resigniert hatte. Rundstedts Fazit zur Abwehr der alliierten Invasion an der französischen Küste fiel dementsprechend aus: »Ich sehe

JOHANN GRAF VON KIELMANSEGG Generalstabsoffizier beim Oberkommando des Heeres

»Es gab die Hoffnung und diese Möglichkeit, würde ich sagen, sehe ich auch heute noch, dass wir bei einer anderen Führung des Krieges überhaupt vielleicht so lange hätten durchhalten können, bis die Alliierten von sich aus gesagt hätten: ›Jetzt wollen wir aber verhandeln.‹ Das ist nicht sicher, aber die Möglichkeit sehe ich heute noch.«

black.« Anders Rommel. Noch am selben Abend schrieb er an seine Frau: »Nun will ich mit aller Macht mich auf die neue Aufgabe stürzen und sehen, dass sie erfolgreich gelöst wird.«

Wenn Rommel jetzt ein letztes Mal wie ein Berserker an die Arbeit ging, ja sogar im März 1944 für eine kurze Zeit der Illusion nachhing, der alliierte Angriff im Westen könne abgeschlagen werden, so bedeutete dies nicht, dass sich seine Beurteilung der Lage grundsätzlich gewandelt hatte. Rommel glaubte nach El Alamein nicht mehr an den »Endsieg«. Aber er hing jetzt, wie viele seiner Zeitgenossen, der trügerischen Hoffnung nach, die erfolgreiche Abwehr der Invasion berge den Schlüssel für einen annehmbaren Frieden in sich. So abwegig dieser Gedanke aus heutiger Sicht auch erscheinen muss, so spielte er 1944 selbst im Kalkül des Oberkommandierenden des alliierten Expeditionskorps, General Dwight D. Eisenhower, eine gewichtige Rolle. In seinen Memoiren entwirft er ein düsteres Bild für den Fall des Scheiterns der Invasion: »Eine solche Katastrophe hätte eventuell eine vollständige Umgruppierung aller in Großbritannien versammelten amerikanischen Streitkräfte und ihre Verlegung nach anderen Kriegsschauplätzen notwendig gemacht, während Kampfmoral und Entschlossenheit der Alliierten in nicht abzuschätzendem Ausmaße darunter gelitten hätten. Schließlich hätte sich ein solcher Fehlschlag gewiss auch äußerst stark auf die Lage in Russland ausgewirkt, und man konnte den Gedanken nicht von der Hand weisen, dass dieses Land womöglich an einen Sonderfrieden gedacht hätte, wenn es seine Verbündeten für vollkommen unnütz halten und sehen müsste, dass sie nicht imstande wären, in Europa ein größeres Unternehmen vom Stapel zu lassen.«

Wie ein Getriebener begann Rommel jeden Zoll der zu verteidigenden Küste zu bereisen, um sich vor Ort ein eigenes Bild der Lage zu machen. Seine Erwägungen waren geprägt von den Erfahrungen der Vergangenheit: Seit seinem ersten Vorstoß auf El Alamein in Ägypten im Juni 1942 hatte Rommel immer und immer wieder erleben müssen, wie britische Flieger seine Truppen oft tagelang bis zum vollkommenen Stillstand »an den Boden genagelt« hatten. Während der Verteidigungsvorbereitungen an der italienischen Küste im Herbst 1943 hatte Rommel erkannt, dass die deutschen Truppen nicht ausreichen würden, um operative Reserven zu bilden, und gefolgert: »Alles ist an der Küste einzusetzen, keine Reserven bilden. Gegner muss am Wasser abgewehrt werden.« Und bei einer Inspektionstour, die ihn Anfang Dezember 1943 nach Dänemark geführt hatte, kam ihm auf der Insel Fanö angesichts der breiten, ebenen Strände der Gedanke, der Verteidigungsstellung durch ausgelegte Hindernisse eine größere Tiefe zu verleihen.

Rommels Fazit für die Abwehr der Invasion war ebenso einfach wie einleuchtend: »HKL [Hauptkampflinie] ist der Strand.« In seinem schwächsten Moment, in dem Augenblick, in dem der Gegner aus dem Wasser ans Land kommen würde, müsse er »zerschlagen« werden. Doch dafür brauchte Rommel Zeit und Handlungsfreiheit. Kategorisch forderte er in einem ersten Bericht über seine Inspektionstouren, den er zum Jahreswechsel 1944 an Hitler gesandt hatte, das Kommando über die Truppen an der Küste. Seiner Frau wünschte er beruhigend zu Neujahr: »Alles Liebe und Gute für 1944! Möge es uns den Sieg und einen langen Frieden bringen.«

Am 15. Januar wurde Rommel der Oberbefehl über die 7. und 15. Armee übertragen. Ein schaler Kompromiss. Im Hinterland regierten nach wie

»Es geht bestimmt gut.« Am Atlantikwall, Januar 1944

vor die Militärbefehlshaber Frankreich und Belgien, neben Rommel die Armeeoberbefehlshaber von Südwest- und Südfrankreich sowie das Panzergruppenkommando. Auch die Marine und die Luftwaffe hatten eigene Befehlshaber, und über allem stand der Oberbefehlshaber West von Rundstedt. Und selbst der brauchte Hitlers Genehmigung für den Einsatz der Panzerdivisionen. Rommel blieb faktisch nur der etwa 20 Kilometer tiefe Küstenstreifen zwischen Zuidersee und Loiremündung. Unbeirrt ließ er hier nun die Strände mit Millionen von Minen, Stahlträgern und Holzpflöcken pflastern. Ausgediente Panzerhindernisse aus den vorhergegangenen Feldzügen mit so abenteuerlichen Namen wie »Tschechenigel« oder »Belgischer Rollbock« wurden zu Hunderttausenden aus dem Hinterland an die Strände geschleppt, Holzpfähle in den Sand gerammt und an der Wasseroberfläche mit Minen oder scharfkantigen Stahlzacken, so genannten Büchsenöffnern, versehen. Im Landesinneren wuchsen abstrakte Landschaften aus Steinpyramiden in den Himmel. Sie sollten wie die künstlichen Wälder aus Holzpfählen, von den Soldaten bald schon »Rommelspargel« genannt, feindliche Luftlandungen unmöglich machen. Mitunter steigerte sich Rommels Aktionismus bis ins Absurde. Etwa, wenn er forderte, dass »ein Korallenriff von Hindernissen … an der gesamten Küstenfront entstehen« oder »jede Kompanie über ihre eigene Betonfabrik« verfügen müsse.

Rastlos sann Rommel über neue Wege und Waffen, die es dem Gegner noch schwerer machen sollten zu landen. Als er beim Mittagstisch in einer okkupierten Villa in der Nähe von Saint-Malo auf einige besonders auserlesene Stücke Sèvres-Porzellans hingewiesen wurde, fragte er seinen ersten Generalstabsoffizier abwesend: »Können wir nicht Porzellanminen machen?« »Tag und Nacht«, so schrieb er an seine Frau, zerbreche er sich »den Kopf über die neue Aufgabe«. Und weiter: »Ich habe gute Hoffnung, dass wir es schaffen werden. Es muss noch viel geschehen.«

Seine Truppe motivierte Rommel wie schon in Afrika mit Zuckerbrot und Peitsche. Akkordarbeiter wurden von ihm mit Ziehharmonikas ausgezeichnet, so genannte Tritschler angebrüllt. Auf Rang oder Dienstalter nahm Rommel ohnehin keine Rücksicht. Am 4. Februar etwa erschien er beim Chef der 15. Armee, Generaloberst Hans von Salmuth, an der Kanalküste. Als dieser sich über den »Saudruck« auf seine Kommandeure und

Tellerminen »Nussknacker«

»Tschechenigel« »Büchsenöffner«

Aktionismus bis ins Absurde. April 1944

»Meine Erfindungen kommen zum Einsatz.« Betontetraeder, März 1944

Truppen beschweren wollte, brüllte Rommel ihn im Beisein seines Stabes an: Salmuth habe »keine Ahnung, vor allem nicht den Willen, seine Befehle auszuführen. Vielmehr sabotiere [er] seine Anordnungen«. Mit hochrotem Kopf blickte Salmuth dem Feldmarschall hinterher, als dieser wieder in seinen Wagen stieg und zur nächsten Etappe seiner Inspektionstour davonbrauste. Rommel war offensichtlich mit sich zufrieden und wandte sich an einen seiner Begleitoffiziere, während er mit dem Daumen hinter sich zeigte: »Das ist ein ganz grober Kerl. Den muss man genau so behandeln, wie er ist.«

Der Kommandierende General des LXXXIV. Korps in Arras, Erich Marcks, schrieb nach einem ähnlich lautstarken Rommel-Auftritt an seinen Sohn: »Er ist Choleriker, der oftmals explodiert, und die Kommandeure haben mächtig Dampf vor ihm. Der Erste, der sich am Morgen vor ihm zu produzieren hat, wird grundsätzlich gefrühstückt. Die Folgenden haben es dann leichter, aber sie müssen Leistungen vorzeigen können.«

Rommels Einsatz zeigte Wirkung: Hatte von Rundstedt noch im November 1943 über die »Verwässerung der Westeinheiten« geklagt, so war der Abzug von Truppen aus dem Westen an die Ostfront seit Rommels Eintreffen gestoppt worden. Ausbildungsstand und Einsatzbereitschaft der Soldaten waren ganz erheblich gestiegen. Galten die Infanteriedivisionen im November 1943 etwa als »für die Abwehr nur bedingt geeignet«, so waren sie schon im März '44 zum großen Teil »voll geeignet«. Auch die Personalstärke war aufgrund der Rommelschen Eingaben um 500 000 Mann, die Zahl der Panzer von 256 sogar auf 1299 angestiegen. Es bleibt eine Ironie der Geschichte, dass gerade der sichtbare Teil von Rommels Arbeit, die so genannten Vorstrand- und Luftlandehindernisse, bei der Invasion kaum ins Gewicht fielen. Der Feldmarschall war von der wahrscheinlicheren Landung bei Flut ausgegangen und hatte zunächst den Strand dementsprechend ausbauen lassen. Dann erst sollten die übrigen Bereiche mit Vorstrandhindernissen gepflastert werden. Diese Arbeiten waren noch im Anfangsstadium, als die Alliierten landeten – bei Ebbe.

Der Wert Rommels erwies sich auf ganz anderem Feld: Nicht nur an der französischen Küste, auch in der Heimat wuchs mit Rommels Auftreten die Zuversicht. So konnten die geheimen Lageberichte des Sicherheitsdienstes (SD), eine Art Spitzelbilanz, die monatlich zur Information der Führung im Reichssicherheitshauptamt zusammengestellt wurde, schon bald vermelden: »Die Aussicht, dass in nächster Zeit unbedingt eine entscheidende Wendung im Kriegsgeschehen zu unseren Gunsten eintreten müsse, lässt die meisten Volksgenossen einer Invasion mit großen Hoffnungen entgegensehen. Man spricht von ihr als von der letzten Gelegenheit, das Blatt zu wenden. Eine Angst vor der Invasion ist kaum festzustellen.« Hitlers Erwartungen in seinen Bauern, den er auf dem Schachbrett der Propaganda nach Frankreich geschoben hatte, schienen aufzugehen.

Auch Rommels Selbstvertrauen wuchs von Monat zu Monat. Am 6. Februar hatte er dem stellvertretenden Chef des Wehrmachtführungsstabs, Generalleutnant Walter Warlimont, bei dessen Besuch in Rommels Stabsquartier in Fontainebleau noch anvertraut, dass er an den Erfolg seiner Maßnahmen nicht recht glauben könne, und in einem bemerkenswerten Brief an seine Frau, die auf sein Drängen endlich aus Wiener Neustadt nach Herrlingen bei Ulm umgezogen war, geschrieben: »Wenn man auch in der heutigen so schweren Zeit den Sinn des Neueinrichtens nicht recht einsieht, so muss man doch froh und dankbar sein, dass man eine so schöne neue Bleibe gefunden hat.«

Doch schon im März zeigte sich Rommel, der mittlerweile nach La Roche-Guyon, dem Stammschloss der Herzöge von Larochefoucault, an der Seine zwischen Le Havre und Paris, übergesiedelt war, zum ersten Mal »befriedigt über den Stand der Abwehrmaßnahmen. Sie seien umso notwendiger, da die Verteidigungsschlacht im Falle einer Landung unbedingt gewonnen werden müsse, denn damit entscheide sich das Schicksal Deutschlands und das Geschick Europas für die nächsten 100 Jahre.« Seinem Sohn Manfred, der im Februar zur Flak eingezogen worden war, schrieb er in die Kaserne: »Hier gibt es viel zu tun. Allein die Erfolge sind in jeder Beziehung sichtbar und so gehen wir bester Zuversicht der kommenden, großen, wohl den Krieg entscheidenden Auseinandersetzungen entgegen.«

Vieles spricht dafür, dass Rommel in diesen Wochen tatsächlich geglaubt haben mag, die Invasion sei abzuwehren. Doch das letzte Auflodern des »feu sacré« im Soldaten war nicht mehr als ein Strohfeuer; das Ende der Illusionen stand kurz bevor. Ausgelöst wurde es von einem Konflikt auf militärischer Ebene, der seit Rommels Auftauchen in Frankreich schwelte und der als die »Panzer-Kontroverse« in die Geschichte eingehen sollte.

Leo Freiherr Geyr von Schweppenburg galt als einer der intelligentesten Generale der Wehrmacht. Aus altem rheinischem Adel stammend, sprach er acht Sprachen fließend und hatte sich als Kommandeur der 3. Panzerdivision in Polen und später im Generalstab in Russland einen Namen gemacht. Seine offene und scharfe Form, in der er Missstände anzusprechen pflegte, hatte ihm den Ruf eines »Pessimisten« bei Hitler eingebracht, der ihn wohl mehr aus Mangel an geeigneten Alternativen als aus Überzeugung im Herbst 1943 zum Befehlshaber Panzertruppen-Kommando West ernannte. Im Einklang mit von Rundstedt hatte Geyr hier von Anfang an seine eigene Strategie zur Abwehr der Invasion entwickelt: Er plante den Einsatz möglichst geschlossener Panzerverbände, die bis zur Invasion im Hinterland in Reserve gehalten werden sollten. Erst wenn feststehen würde, wo der Schwerpunkt der feindlichen Landung liege, sollte sich diese Reserve formieren, um dann an einem Schwerpunkt zielgerichtet zum Einsatz gebracht zu werden. Geyr, dessen Plan offensichtlich diametral zu dem Rommels stand, war entsetzt und äußerte sich noch 1961 in einer amerikanischen Militärzeitschrift scharf über den neu eingetroffenen Feldmarschall: »In Verbindung mit Rommels Mangel an strategischer Schulung und seiner Wahnidee, dem Ansturm … von einem Großteil der Welt mit drittrangigen Infanteriedivisionen hinter Sperren und mit dem ›gefährlichen Luxus der Verzettelung‹ von Panzerdivisionen schon an der Küste zum Stehen bringen zu können, in Verbindung ferner mit dem Befehlswirrwarr, war der Ausgang dieses Kampfes nicht nur unvermeidlich, sondern auch logisch.«

Geyr hatte natürlich Recht, wenn er von einer »Wahnidee« sprach, dem Ansturm »von einem Großteil der Welt« trotzen zu wollen. Für seine Kritik an Rommel galt das nur bedingt. Jedenfalls ließ er unerwähnt, dass seine operative Idee aus den gleichen Gründen zum Scheitern verurteilt gewesen wäre. Die totale Luftherrschaft der britischen und amerikanischen Jäger und Bomber in den ersten Wochen der Invasion machte jede Form der klassischen Bewegung von Panzerkräften zunichte.

Es liegt eine gewisse Ironie des Schicksals in der Tatsache, dass Geyrs Stab kurz nach der Invasion selbst Ziel eines schweren Luftangriffs wurde, bei dem zwei seiner Stabsoffiziere vor seinen Augen bei lebendigem Leibe im Befehlsbus verbrannten. In dem Moment, in dem Geyr mit den ihm verbliebenen Panzerkräften endlich seine Konzeption hätte unter Beweis stellen können, war er handlungsunfähig geworden. Unter dem Schock des Erlebten widerrief er seine These und schrieb – ganz Gentleman der alten Schule – an Rommel einen Brief, in dem er sich mit bewegenden Worten bei seinem ehemaligen Gegenspieler verabschiedete. »Wenn ich jetzt mein Kommando niederlege, darf ich mir erlauben, dem offiziellen Abschied einige Worte anzufügen. Die zurückliegenden Kämpfe auf einem Kriegsschauplatz, der härter und anspruchsvoller war, als alles, was ich bislang erlebte, haben in mir zu meiner Unterstellung unter die Heeresgruppe B und der Verwendung bei Ihnen, einen inneren Wandel hervorgerufen. Ihre soldatische Begabung und Erfahrung haben die Art meines Gehorsams in etwas Anderes, Höheres gewandelt, als es die Anstrengung des Willens bislang vermochte.«

Steiniger Weg zurück zur Wahrheit. Treueschwur der Feldmarschälle bei Hitler
(Rommel 2. v. l.), Berchtesgaden, 19. März 1944

Das erste Treffen der Rivalen am 8. Januar 1944 in Paris hatte noch unter einem anderen Stern gestanden. Hart waren die gegensätzlichen Auffassungen Rommels und Geyrs aufeinander geprallt. Doch Geyr war nicht bereit, dem sturen Schwaben auch nur einen Zollbreit nachzugeben. In den kommenden Monaten kämpften beide um ihre Strategie – Geyr sekundiert von Rundstedt und dem »Schöpfer der Panzerwaffe«, General Guderian, mit dem spitzen Degen; Rommel in gewohnter Form mit dem breiten Säbel. Als Rommel merkte, dass er diesmal mit seiner üblichen Grobheit nichts ausrichten konnte, wandte er sich auf dem kleinen Dienstweg über Schmundt an Hitler. Beschwörend forderte er in seinem Brief vom 16. März 1944, ihm Geyrs Panzerverbände unverzüglich zu unterstellen, und schloss mit den Worten: »Die Entscheidung des Kampfes wird an der Küste fallen.«

Drei Tage später bot sich für Rommel die Chance zur persönlichen Aussprache mit Hitler. Sämtliche Feldmarschälle der Wehrmacht waren am 19. März 1944 zum Treueschwur auf den Berghof nach Berchtesgaden ein-

bestellt. Ausgelöst hatte diese ungewöhnliche Ergebenheitsgeste eine Gruppe von hochrangigen Offizieren, die sich in russischer Gefangenschaft zum »Bund deutscher Offiziere« unter Führung des Stalingrad-Generals Walther von Seydlitz-Kurzbach zusammengeschlossen hatten. Seit 1943 wurden unter sowjetischer Regie Flugblätter über den deutschen Stellungen an der Ostfront abgeworfen, in denen die gefangenen Offiziere die Soldaten zum Überlaufen aufforderten. Als der Bund auch noch begann, sich in persönlichen Briefen, die über neutrale Länder weitergeleitet wurden, direkt an führende Offiziere der Wehrmacht zu wenden, schien es Propagandaminister Goebbels an der Zeit zu reagieren.

Um den Spuk zu bannen, hatte er sich eine ganz besondere Inszenierung einfallen lassen: In der großen Halle des Berghofs nahmen die militärischen Spitzen des Reichs Aufstellung in einer Reihe. Am Kopfende als dienstältester Feldmarschall Gerd von Rundstedt. Hitler erschien, und Rundstedt begann das von Goebbels formulierte und von allen unterschriebene Gelöbnis feierlich zu verlesen. Es gipfelte in der Beschwörung »innerste[r] Verbundenheit und nie wankende[r] Treue« zum Führer und zum Nationalsozialismus. Alles, so Rundstedt, würden sie daransetzen, »dass jeder Soldat des Heeres ein umso fanatischerer Kämpfer für die national-sozialistische Zukunft unseres Volkes wird«.

Acht Männer, alle über fünfzig, keiner, der den Untergang nicht wenigstens geahnt hätte, zelebrierten die Verleugnung der Wirklichkeit vor Hitler. Nur ein Einziger war unter ihnen, der den steinigen Weg zurück zur Wahrheit wieder gehen würde: Rommel. In diesem Augenblick aber mag ihn nur ein Gedanke beschäftigt haben: die Befehlsgewalt über die zehn in Frankreich stationierten Panzerverbände zu erlangen. Am folgenden Tag hielt Hitler einen Vortrag vor den ebenfalls angereisten Oberbefehlshabern und Festungskommandanten im Westen: »Es ist selbstverständlich, dass die Landung der Anglo-Amerikaner … kommen wird und muss. Wie und wo sie erfolgen wird, weiß niemand. Ebenso sind keinerlei Vermutungen darüber möglich.«

Und doch hatte Hitler mittlerweile den strategischen Wert der Normandie für eine Landung erkannt. »Am meisten geeignet und damit am meisten gefährdet sind die beiden Halbinseln des Westens, die den Anreiz und die leichteste Möglichkeit zur Bildung eines Brückenkopfes geben, der dann unter einem Masseneinsatz von Luftwaffe und schweren Waffen aller Art planmäßig erweitert werden wird.« Damit hatte Hitler relativ präzise die bevorstehende Landung der Alliierten in der Normandie vorhergesagt. Weitere Folgen hatte diese Erkenntnis allerdings nicht. Selbst Hitler scheute das Risiko, aufgrund seiner Vermutung Abschnitte der französischen Küste ihrer militärischen Kräfte zu entblößen, um den entsprechenden Teil der Normandie zu verstärken.

Bei der Verabschiedung am folgenden Tage gelang es Rommel endlich, Hitler unter vier Augen zu sprechen. Mit Nachdruck forderte er, ihm die gepanzerten Kräfte im Westen zu unterstellen, und trug noch einmal ausführlich alle seine Argumente vor. Hitler reagierte wie immer in solchen Situationen. Mit gespielter Zuversicht bemühte er sich, Rommel zu motivieren, ohne sich in irgendeiner Weise festzulegen. Dabei mag die neue »Wunderwaffe« V 1, eine Rakete mit eingebautem Sprengkörper, eine Rolle gespielt haben. Vermutlich erwähnte auch Hitler das Phantom der »1000 Strahlbomber«, die am Tage der Invasion am Himmel erscheinen würden. Darüber hinaus versicherte er Rommel seiner vollen Unterstützung. Dieser suggestive Mix aus Hightech-Kriegsgerät, Wunderwaffen und scheinbar unerschütterlichem Optimismus gepaart mit der fraglos vorhandenen persönlichen Überzeugungskraft Hitlers verfehlte auch auf Rommel seine Wirkung nicht. Noch nicht. Nach seiner Rückkehr nach Frankreich hielt er im Tagesbericht fest: »Befriedigt über das Erreichte. Der Führer hat sich der Auffassung des OB [also Rommels] der Verteidigung der Küste restlos angeschlossen und auch eine Änderung der Befehlsverhältnisse zugesagt.«

Tatsächlich hatte Hitler aus Rücksicht auf die Position von Rundstedts nicht ernsthaft erwogen, auf Rommels Anliegen einzugehen. Wie man über ihn im Führerhauptquartier wirklich dachte, sollte der neue Stabschef Rommels, Generalleutnant Hans Speidel, kurz darauf erfahren. Am 30. März befand sich dieser in einer der Kondormaschinen des »Führers« auf dem Flug von Lemberg nach Berchtesgaden. Nach seiner Ankunft meldete er sich beim Wehrmachtführungsstab, um Instruktionen für die neue Aufgabe zu erhalten. Der Chef des Stabs, General Jodl, ließ keinen Zweifel über seine Einschätzung der Lage in Frankreich: Rommel sei ein »Defätist«. Speidels Aufgabe sei es in erster Linie, den Feldmarschall zu stützen und aufzurichten.

Eine Woche später, am 7. April 1944, wurde Hitlers Haltung auch für Rommel zur Gewissheit: Der Diktator behielt sich die Entscheidung über den Zeitpunkt vor, »zu dem alle oder ein Teil der schnellen Verbände der Heeresgruppe B in jeder Hinsicht voll unterstellt werden« würden. »Bis dahin muss das Verfügungsrecht über diese Verbände nach dem Willen des Führers dem OB West [also von Rundstedt] verbleiben.« Verbittert schrieb Rommel an seine Frau: »War heute bei Rundstedt. Es ist nicht alles so geworden, wie ich es am 21. 3. erreicht glaubte. Man will keine Kabinettskrise hier und so muss ich mich mal wieder beugen.«

Die Ernüchterung saß tief. Friedrich Ruge, der Rommels Stab als Verbindungsoffizier zur Marine angehörte, schrieb am 16. April in sein Tagebuch, Rommel sei zwar »persönlich sehr nett«, aber »sehr ernst … Für den Westen seien die mündlichen Zusagen Hitlers nicht schriftlich bestätigt und z. T. nicht eingehalten worden«. Wieder einmal hatte sich bestätigt, was Rommel schon Anfang des Jahres zu seinem Pioniergeneral Dr. Wilhelm Meise über Hitler geäußert hatte. Bei aller Anerkennung sei der Diktator eben ein Phantast, »der im Gespräch unter vier Augen vernünftigen Vorschlägen zugänglich war, aber nachfolgend im Zusammensein mit Bormann und Gefolge schnell umfiel und auf deren byzantinische Utopien hörte«.

Rommels Zweifel an Hitler wuchsen. Auch wenn das noch lange nicht den Bruch bedeutete. Die Haltung des Feldmarschalls war gespalten. Wie selbstverständlich sprach er auch in diesem Jahr zu Hitlers Geburtstag am 20. April in kleiner Runde »kurze ernste Worte auf den Führer«. Und als er im Mai wegen einer militärischen Frage zum ersten Mal seit Monaten wieder mit dem Diktator telefonierte, schrieb Rommel anschließend zufrieden an seine Frau: »Er war bester Stimmung und hielt mit der Anerkennung für unsere Arbeit im Westen nicht zurück. Ich hoffe nun rascher vorwärts zu kommen als bisher.« Ein Stück weit mag diese Pose gläubiger Bewunderung der Versuch gewesen sein, die immer drängender werdenden Zweifel an Hitler zu überdecken. So wirkt jedenfalls ein ungewöhnlicher Eintrag vom 13. Mai in den Tagesberichten, die sein Ordonnanzoffizier Hauptmann Lang für Rommel stets in der Ichform verfasste: »Ich bin froh, persönlich hier ins Geschäft gekommen zu sein, nachdem ich ja schon von verschiedenen Kreisen als krank abgeschrieben wurde. Aber der Führer vertraut mir und das genügt mir auch.« Davon konnte spätestens seit dem 7. April '44 nicht mehr die Rede sein.

Trotzdem gab Rommel die Absicht nicht auf, die Panzerkräfte unter sein Kommando zu bringen. Nachdem Geyr am 13. April seinerseits bei Hitler zum persönlichen Vortrag angetreten war, richtete Rommel am 23. ein weiteres beschwörendes Schreiben an das Führerhauptquartier, das in den Worten gipfelte: »Es geht um die entscheidendste Schlacht des Krieges, um das Schicksal des deutschen Volkes.« Rommels Appell provozierte schließlich eine Entscheidung, die keine der beiden Seiten wirklich zufrieden stellte. Wie immer, wenn sich zwei seiner Untergebenen stritten, entschied Hitler weder für den einen noch für den anderen. So befahl der Diktator am 26. April die Teilung der Reserven. Drei Panzerdivisionen wurden Rommel unterstellt, drei wurden an die neu aufzustellende Armee-

Gespielte Zuversicht. Mit General Maisel, Normandie, April 1944

gruppe D in Südfrankreich abgegeben, vier schnelle Verbände blieben unter dem Befehl von Rundstedts.

Dieser konstruierte Kompromiss, der letztendlich beiden Abwehrstrategien ihre Schlagkraft raubte, konnte Rommel natürlich nicht befriedigen. Nur noch nach außen hin gab er sich weiter zuversichtlich. So ermutigte Rommel seine Frau am 12. Mai mit den Worten: »Wir werden von Tag zu

Tag stärker. Meine Erfindungen kommen zum Einsatz. So gehe ich mit bester Zuversicht dem Kampf entgegen.« Und für die Kameras der Wochenschau bellte Rommel in diesen Tagen ein letztes Mal in seiner unverwechselbaren harten und abgerissenen Sprache das Glaubensbekenntnis vom Sieg: »In Hinblick auf unsere starken Anlagen, in Hinblick auf den vorzüglichen Geist unserer Truppe, auf die neue Bewaffnung und die Kampfmittel, die uns an die Hand gegeben sind, können wir den kommenden Ereignissen mit größter Ruhe entgegensehen und brauchen uns keine Sekunde den Kopf zu zerbrechen, ob's gut oder schlecht geht. Es geht bestimmt gut.«

Hinter der Fassade aus gespielter Zuversicht sah es anders aus. Ausgewählten Zuhörern schilderte Rommel ein schonungslos offenes Bild der Lage. So wunderte sich etwa der deutsche Botschafter im besetzten Frankreich, Otto Abetz, der am 16. Mai vom Feldmarschall in La Roche-Guyon zum Abendessen empfangen wurde, über Rommels »scharf oppositionelle Haltung«. Realistisch schilderte der Feldmarschall die Aussichten zur

WINRICH BEHR Offizier in Rommels Stab

»Bei den verschiedenen Fahrten, bei denen ich ihn begleitete, sprach er in seiner einfachen schwäbischen Art ganz offen seine Meinung aus. Er war ja kein komplizierter großer Philosoph oder Denker, sondern er sagte ganz einfach: ›Das schaffe' wir doch nicht und stelle' Sie sich mal vor, die Leute sagen das und das, und sehe' Sie mal, hier ist eine Infanteriedivision eingesetzt, und die haben kaum Geschütze, und wir haben auf zwei Kilometer nur eine Batterie stehen, und dann wollen wir gegen die Engländer antreten?‹«

Lage sehr ernst. Auf Inspektionstour mit Speidel, Ruge und Lang (v. r. n. l.), Mai 1944

Abwehr der bevorstehenden Invasion. »In Berlin«, so Abetz in seinen Memoiren, »könne man den Augenblick dieser Landung kaum erwarten, da man sicher sei, dass sie siegreich abgeschlagen werde. Er [Rommel] teile diesen Optimismus nicht. Die deutschen Verteidigungsanlagen an der Kanal- und Atlantikküste seien nicht genügend in die Tiefe gestaffelt und enthielten keine Vorkehrungen gegen feindliche Luftlandeoperationen; auch die Verminung der für feindliche Landungen in Frage kommenden Küstengewässer sei ungenügend vorbereitet. Im Gegensatz zu Berlin hoffe er daher, dass die angelsächsische Invasion möglichst spät komme und dass ihm genügend Zeit bliebe, die Lücken in den deutschen Verteidigungsanlagen auszufüllen. Wenn es dem Feind gelinge, länger als zwei Tage an einem Punkte der Küste Fuß zu fassen, müsse die Lage als sehr ernst angesehen und mit dem Verlust Frankreichs gerechnet werden.«

Den Krieg verloren

Ähnlich offen äußerte sich Rommel auch am 1. Juni beim Besuch seines ehemaligen Ordonnanzoffiziers aus Afrika, dem Ministerialdirektor aus dem Propagandaministerium Ingemar Berndt. »Den Krieg«, so Rommel, »können wir nicht mehr gewinnen.« Berndt hielt kurz darauf bei Goebbels in Berlin Vortrag. Er hatte sich Rommels Meinung zu Eigen gemacht und sagte dem Propagandaminister ins Gesicht, dass er nicht mehr an den »Endsieg« glaube. Irritiert hielt Goebbels in seinem Tagebuch fest: »[Berndts] Bericht ist zwar einigermaßen alarmierend; aber ich führe das darauf zurück, dass Berndt in der ihm bekannten Weise wahnsinnig übertrieben hat. Berndt ist ein unseriöser Berichterstatter. Ich glaube, ich werde ihm auf Dauer einen maßgebenden politischen Posten im Ministerium nicht mehr überlassen können.«

Berndt hatte nicht mehr und nicht weniger getan, als Rommels düstere Sicht der Dinge Wort für Wort wiederzugeben. Noch wollte Joseph Goebbels nicht wahrhaben, dass seine Propaganda-Schöpfung ihren eigenen Weg gegangen war. Keine zwei Monate später aber musste er sich eingestehen, dass Rommel weit mehr getan hatte, als nur am »Endsieg« zu zweifeln. Erschüttert schrieb Goebbels am 3. August in sein Tagebuch: »Was aber noch bestürzender ist, das ist die Tatsache, dass nicht nur General Stülpnagel sich an dem Putsch gegen den Führer als Mitwisser beteiligt hat, sondern auch Kluge und, wie man vermutet, sogar Rommel. Man möchte die Hände über dem Kopf zusammenschlagen, wohin wir geraten sind. Wir machen augenblicklich die schwerste Krise unseres Regimes durch.«

8

WIDERSTAND

Karl Strölin hatte sich schon im Oktober 1923 um Aufnahme in die württembergische NSDAP beworben. Zehn Jahre später wurde der Nationalsozialist »der ersten Stunde« zum Bürgermeister der Stadt Stuttgart ernannt
und blieb es bis zum Kriegsende. Anstandslos setzte Strölin auch die anti-
semitische Politik Hitlers gegen die jüdischen Bürger seiner Stadt um.
Anfang Dezember 1941 wurden die ersten 1000 Juden aus Stuttgart nach
Riga in Lettland deportiert. Ende April 1942 folgte ein zweiter Transport
nach Isbica bei Lublin im besetzten Polen. Strölin, der über erstklassige
Kontakte verfügte, hatte bald schon erfahren, was mit den deportierten
Juden wirklich geschah: Nach kurzem Aufenthalt in Isbica wurden sie in
den Gaskammern des Lagers Belzec ermordet. Hatte er die Ausgrenzung,
Entrechtung und Vertreibung der Juden noch mitgetragen – den staatlich
organisierten Massenmord lehnte er entschieden ab.

Auch auf anderen Gebieten befand sich Strölin zu diesem Zeitpunkt
nicht mehr in Einklang mit der Führung. Insbesondere wegen der Verfolgung der Kirchen, aber auch bei seinem mutigen Einsatz für die Begnadi-
gung von 13 zum Tode verurteilten jungen Elsässern hatte er sich in offenen
Widerspruch zur Partei begeben. Hinzu kam, dass Strölin nach dem Debakel vor Moskau im Winter 1941 ahnte, dass Hitlers Krieg nicht mehr zu
gewinnen war. Strölins ungewöhnliches Fazit war nicht etwa Kritik am
Nationalsozialismus – ihm blieb er bis zu seinem Tode im Jahr 1963 treu;

in seinen Augen hatte vielmehr Hitler die Grundsätze der Idee verraten. Offen wandte er sich im August 1943 in einer Denkschrift an das Reichsministerium des Innern und forderte einen »grundlegenden innen- und außenpolitischen Kurswechsel«. Kernpunkte der Schrift, die allerdings im Original nicht erhalten ist, waren laut Strölin die »Wiederherstellung des Rechtsstaates … die Ausschaltung des Einflusses der Partei auf die Verwaltung, die Einstellung der Verfolgung von Kirche und Religion, [die] völlige Abkehr von der unmenschlichen Behandlung der jüdischen Einwohner, [die] Überprüfung der Zustände in den KZs« sowie die »Änderung der verhängnisvollen Politik in den besetzten Gebieten«.

In dem ehemaligen Außenminister Constantin Freiherr von Neurath fand Strölin einen Verwandten im Geiste. Strölin kannte den Württemberger, wie übrigens auch Rommel, seit dem Ersten Weltkrieg aus der gemeinsamen Zeit beim »Generalkommando zur besonderen Verfügung Nr. 64«. Neurath war im Juni 1932 Außenminister im Kabinett Papen geworden. Nach Hitlers Machtübernahme blieb er noch bis 1938 in seinem Amt. Von der Besetzung der Tschechoslowakei bis zu seiner Ablösung durch Reinhard Heydrich im Herbst 1941 war er »Reichsprotektor für Böhmen und Mähren«. Für die in seiner Amtszeit begangenen Verbrechen wurde Neurath bei den Kriegsverbrecherprozessen in Nürnberg zu 15 Jahren Haft verurteilt. Nach seiner Ablösung blieb er Reichsminister ohne Geschäftsbereich, Parteimitglied und außerdem SS-Obergruppenführer ehrenhalber. Allerdings hatte er ähnlich wie Strölin mit Hitler endgültig abgeschlossen und erkannt, dass der Krieg verloren war.

In Sorge um die Zukunft Deutschlands und geeint in der Ablehnung Hitlers bewegte Strölin und Neurath in der zweiten Hälfte des Jahres 1943 die Frage nach einem Ausweg. Obwohl beiden klar war, dass »die Rettung Deutschlands vor der völligen Zerstörung an der Person Hitlers nicht scheitern dürfe«, suchten sie zu diesem Zeitpunkt nach einer Möglichkeit, »wie man mit Hitler zunächst einmal noch sprechen … und auf ihn einwirken könnte im Sinne einer Beendigung des Krieges«. Es lag nahe, dass Strölin und Neurath hierbei auf einen Mann kamen, der sowohl die Gelegenheit hatte, den Diktator unter vier Augen zu sprechen, als auch durch seinen Ruf und seine Stellung für diese Aufgabe geradezu prädestiniert schien:

Dem Nationalsozialismus bis zu seinem Tode treu. Karl Strölin (2. v. r.), 1938

Erwin Rommel. Neurath vertrat zudem den Standpunkt, »dass Rommel nach seiner ganzen Stellung auch dafür in Frage käme, notfalls Hitler zu ersetzen«. Strölin und Neurath beschlossen, mit dem Feldmarschall in Kontakt zu treten.

Zur selben Zeit traf sich Strölin auch mehrmals mit seinem ehemaligen Amtskollegen, dem Ex-Oberbürgermeister von Leipzig, Dr. Carl Goerdeler. Goerdeler, der schon im November 1936 von seinem Amt zurückgetreten war, weil er den von der Partei befohlenen Abriss eines Denkmals für den jüdischen Komponisten Felix Mendelssohn Bartholdy vor dem Leipziger Gewandhaus nicht hinnehmen wollte, hatte sich zu einem der führenden Männer des zivilen Widerstands gegen Hitler entwickelt. Ein Attentat auf Hitler lehnte er allerdings entschieden ab, der Diktator sollte nicht zum Märtyrer werden. Goerdeler plante, Hitler verhaften zu lassen, um ihm dann in einem ordentlichen Gerichtsverfahren seine Verbrechen nachzu-

227

weisen. Eine Zeit lang mag Goerdeler gehofft haben, Karl Strölin für seine Absichten zu gewinnen. Es ist sogar wahrscheinlich, dass Goerdeler gegenüber Strölin dabei seine Gedanken und Planungen offen gelegt hatte. Strölin seinerseits mag Rommel ins Spiel gebracht haben. Laut den Erinnerungen Strölins, der allerdings nach dem Krieg eine gewisse Selbststilisierung zum Widerstandskämpfer betrieben hatte, sei er mit Goerdeler übereingekommen, nach einem gelungenen Umsturz Rommel als Staatsoberhaupt einzusetzen. Das erscheint eher unwahrscheinlich. Den Kreisen der Verschwörer in Berlin und in den Stäben an der Ostfront galt Rommel als unsicherer Kantonist. So hatte Henning von Tresckow, der Rommel allerdings nicht persönlich kannte, schon ein halbes Jahr zuvor geäußert, der Feldmarschall gelte als »hoffnungslos«. Er habe »keinen Geist und keine Erkenntnis«.

Strölin, der ja immer noch in Amt und Würden war, scheint sich letztendlich nicht zu einer eindeutigen Haltung durchgerungen zu haben. Goerdeler jedenfalls zog sich schließlich zurück und klagte einem Freund gegenüber: »Mit dem Strölin ist auch nichts anzufangen.« Der Stuttgarter Oberbürgermeister verfolgte seinen eigenen Weg. Die schwäbische Sonderlösung setzte auf Rommel als Retter des Reichs. Es traf sich wie eine Fügung, dass der Feldmarschall seine Familie im Sommer 1943 wegen der andauernden Bombenangriffe auf Wien erneut gedrängt hatte, endlich nach Württemberg zu übersiedeln. Deshalb wandte sich Rommel im September schriftlich an den Oberbürgermeister von Stuttgart mit der Bitte, ihm bei der Suche nach einer Unterkunft für seine Frau und seinen Sohn behilflich zu sein. In Herrlingen bei Ulm fand sich schließlich ein geeignetes Anwesen. Ursprünglich ein Kinderheim der jüdischen Gemeinde, wurde das großzügige Haus als jüdisches Altersheim genutzt, bis 1942 auch die letzten Juden von dort in den Tod deportiert wurden. Kurzfristig interessierte sich der Ulmer Bürgermeister für das beschlagnahmte Anwesen. Schließlich wurde es, nach aufwändigem Umbau, im Januar 1944 zur neuen Bleibe für die Rommels.

Bis zur Fertigstellung des Hauses wohnte Lucie Rommel zur Untermiete in Herrlingen. Strölin nutzte den Aufenthalt von Rommels Frau in seiner Nähe, um die alten Kontakte aufleben zu lassen. So lud er sie in seine

Loge ins Stuttgarter Theater ein, stellte ihr seinen Dienstwagen zur Verfügung und empfing sie mehrmals in seinen Amtsräumen im Rathaus. Immer offener sprach Strölin dabei auch über die aussichtslose Kriegslage und die unhaltbaren Zustände im Land. Schließlich übergab er Lucie Rommel im Dezember 1943 seine Denkschrift mit der Bitte, sie an ihren Mann weiterzuleiten. Rommel, der vom 14. bis 18. Dezember zu Besuch bei seiner Familie in Herrlingen weilte, las die Denkschrift und erfuhr durch seine Frau von den Gesprächen mit Strölin. Sein Sohn Manfred erinnert sich, dass sein Vater in diesen Tagen von »Massenerschießungen im Osten« sprach.

Nach den Gerüchten über die Massaker in Russland, die Rommel in Afrika gehört hatte, und dem Verbrechen vom Lago Maggiore war dies nun das dritte Mal, dass er mit dem Mord an den Juden konfrontiert wurde. Bald darauf, am 9. Februar 1944, der Feldmarschall befand sich auf einer seiner Inspektionstouren an der Küste von Südwestfrankreich, erfuhr Rommel ein neues Detail des Verbrechens. Nach der Begrüßung durch den Oberbefehlshabers der 1. Armee, Generaloberst Johannes Blaskowitz, in Bordeaux, nahm dieser Rommel beiseite. Beinahe entschuldigend versuchte Blaskowitz zu erklären, warum er sich schon so lange Jahre auf diesem ruhigen Posten befand. Noch im Polenfeldzug schien es, als blicke der 57 Jahre alte General der Infanterie einer glänzenden Zukunft entgegen. Nach dem Sieg wurde er am 23. Oktober 1939 zum Oberbefehlshaber Ost der deutschen Truppen im besetzten Polen ernannt.

In zahllosen Massakern waren seit dem Überfall Tausende von Menschen, überwiegend polnische Intelligenz und Juden, ermordet worden. Doch Blaskowitz war nicht bereit, Hitlers brutale Besatzungspolitik schweigend hinzunehmen. Er protestierte mehrmals vehement gegen die Grausamkeiten der SS und der Polizei. Als Hitler davon erfuhr, reagierte er mit »schweren Vorwürfen gegen ›kindliche Einstellungen‹ in der Führung des Heeres«, so der Adjutant des Heeres bei Hitler, Gerhard Engel, in seinem Tagebuch: »Mit Heilsarmee-Methoden führe man keinen Krieg.« Blaskowitz' Karriere war zu Ende. Nach zahlreichen Versetzungen landete er im Herbst 1940 auf dem Abstellgleis als Oberbefehlshaber der 1. Armee in Südfrankreich. Dem Posten, den er immer noch bekleidete, als Rommel ihn dreieinhalb Jahre später besuchte.

Spätestens nach Blaskowitz' Ausführungen hatte Rommel endlich Gewissheit über das Schicksal des seit Herbst 1939 vermissten Pfarrers Edmund Rosczynialski. Der Onkel seiner Frau war wie viele Hunderte polnischer Geistlicher von deutschen Kommandos ermordet worden.

Noch im selben Monat erfuhr Rommel dann die ganze Wahrheit. Bei einem Heimaturlaub vom 22. Februar bis zum 3. März in seinem neuen Haus in Herrlingen war es Karl Strölin auf Vermittlung von Lucie Rommel endlich gelungen, den Feldmarschall persönlich zu sprechen. In größerer Runde, Lucie Rommel und die Frau seines Stabschefs Alfred Gause waren ebenso zugegen wie Sohn Manfred und Rommels Adjutant, begann Strölin mit seinen Ausführungen. Offen schilderte er die Aussichtslosigkeit der militärischen Lage und den verbrecherischen Charakter des Regimes. Strölin sprach auch die Ermordung der Juden aus Stuttgart in Gaskammern im Osten an.

Obwohl sich Rommel, wie nahezu allen Zeitgenossen, die Dimension des Verbrechens nicht in vollem Umfang erschlossen haben dürfte, so steht fest, dass ihn das, was er erfahren hatte, tief erschütterte. Im Juni notierte Admiral Ruge über ein Gespräch unter vier Augen folgende Worte Rommels in sein Tagebuch: »Gerechtigkeit unentbehrliche Grundlage des Staates … Oben leider nicht sauber. Abschlachtungen große Schuld.«

Zweifellos wurde der ethische Aspekt zu einem Faktor, der Rommel dazu bewogen hat, sich dem Widerstand anzuschließen. Noch entscheidender aber war die Kriegslage. Zum Zeitpunkt des Treffens mit Strölin begann Rommel sich seit langem zum ersten Mal wieder Hoffnungen zu machen. Beflügelt von dem Erfolg seines Einsatzes im Westen glaubte Rommel in den kommenden Wochen tatsächlich, die Invasion könne abgewehrt werden. So nimmt es nicht Wunder, dass er sich den Ausführungen Strölins gegenüber zunächst abwartend verhielt.

Wie mit Neurath abgesprochen, entwickelte Strölin an diesem Tag zunächst den Plan, dass Rommel das persönliche Gespräch mit Hitler suchen und auf ihn einwirken sollte, den Krieg zu beenden. Aber Rommel blieb skeptisch. Er wusste ja, wie wenig sich Hitler von außen beeinflussen ließ. Es ist wahrscheinlich, dass Strölin Rommel jetzt auch von Goerdelers Plänen in Kenntnis setzte. Ob Rommel sich aber diesen Vorschlägen im

Zunächst abwartend. Mit Lucie in Herrlingen, Februar 1944

Verlauf der Unterhaltung wirklich annäherte, wie Strölin nach dem Krieg behauptet hat, ist zweifelhaft. Strölin schrieb in seinen Erinnerungen zwar, Rommel sei am Ende der Besprechung davon überzeugt gewesen, »dass er sich für die Rettung des Reiches zur Verfügung stellen müsse. Er wolle Hitler die Notwendigkeit einer raschen Beendigung des Krieges vortragen und … selbständig handeln, wenn dieser nicht zur Vernunft zu bringen wäre.« Tatsächlich lag der Wert des Gespräches aber wohl eher darin, Rommel zum ersten Mal überhaupt über das Vorhandensein eines Widerstands in Deutschland informiert zu haben. Bislang hatte er nach den Leitsätzen so vieler Offiziere dieser Zeit gelebt. Sein Handwerk war der Krieg, die Politik überließ er anderen. Das Gespräch mit Strölin mag der Denkanstoß gewesen sein, der Rommel letztlich dazu veranlasst hat, aus diesen verhängnisvollen Bahnen auszuscheren.

Bei seinem nächsten Gespräch mit Hitler, drei Wochen nach dem Treffen mit Strölin, am 21. März 1944 in Berchtesgaden, forderte Rommel

MANFRED ROMMEL Damals 15 Jahre alt

»Der Strölin war ja bei meinem Vater, und da war ich auch zu Hause, denn ich habe immer Urlaub bekommen, wenn mein Vater gerade da war, und da hat der Strölin in meiner Gegenwart zu meinem Vater gesagt, er wolle noch mal darauf hinweisen, wenn Hitler nicht wegkommt, dann hat alles gar keinen Wert. Und mein Vater hat ihm geantwortet: ›Also ich wäre schon dankbar, wenn Sie solche Äußerungen nicht vor meinem Sohn machen würden.‹«

jedenfalls den Diktator nicht auf, den Krieg zu beenden. Vielmehr ging es ihm bei dieser Gelegenheit nur um das Kommando über die Panzerdivisionen in Frankreich. In der irrigen Annahme, sein Ziel erreicht zu haben, verließ Rommel den Berghof in Hochstimmung. Zwei Tage später besuchte er den Wehrmachtbefehlshaber von Nordfrankreich und Belgien, General Alexander von Falkenhausen, in Brüssel.

Falkenhausen war ein ausgesprochener Gegner des Regimes und stand in direktem Kontakt zum militärischen Widerstand, was ihn freilich nicht daran gehindert hatte, der Verschleppung von 25 000 Juden aus Belgien in seiner Amtszeit tatenlos zuzusehen.

Vorsichtig sondierte Falkenhausen in einem Gespräch unter vier Augen nach dem Abendessen, inwieweit Rommel für den Widerstand gewonnen werden könnte. In scharfsinniger Anspielung auf Hitler hatte er zuvor frei nach Konfuzius zitiert: »Macht verdirbt; totale Macht verdirbt total.« Rommel reagierte nicht. »Damals«, so Falkenhausen über das Gespräch, »hatte ich noch nicht den Eindruck, dass er für eine Aktion zu haben war.«

Im darauf folgenden Monat verfasste der Kopf der militärischen Verschwörung, Generaloberst Ludwig Beck, in Berlin eine Schrift, in der er noch einmal den geplanten Umsturz skizzierte. Beck, in brennender Sorge um die Zukunft Deutschlands, wollte Klarheit von den Alliierten, inwieweit es überhaupt noch eine Chance gäbe, nach einem geglückten Umsturz zu einem Separatfrieden mit den westlichen Mächten zu kommen. Die Angst vor dem Kommunismus und der Rache der Sowjets saß tief. Im Einzelnen sah Becks Plan vor, Hitler zu verhaften und den Alliierten den Westen zu öffnen, um den Kampf im Osten gegen Russland fortsetzen zu können. Beck nannte hierbei auch verschiedene Namen von Generalen, unter ihnen Falkenhausen, die neu zur Fronde hinzugestoßen seien. Von Falkenhausen hatte Beck höchstwahrscheinlich auch erfahren, dass mit Rommel nicht zu rechnen sei. In Zusammenhang mit der vorgesehenen alliierten Landung im Westen schrieb Beck, dass das »allerdings schwierig sein werde, weil man auf Rommel nicht zählen könne«.

Am 4. Mai brachte ein Kurier die Schrift aus Berlin zu dem Abwehrmann Hans Bernd Gisevius, der sich vor seiner drohenden Verhaftung durch die Gestapo nach Zürich abgesetzt hatte. Gisevius war hier im Auftrag des

Widerstandskreises um Ludwig Beck in Kontakt zum Residenten des US-Geheimdienstes in der Schweiz, Allen Welsh Dulles, getreten. Am 16. Mai funkte Dulles den Inhalt der Beck-Schrift verschlüsselt nach Amerika. Das Datum dieser Depesche, die ja einen direkten Hinweis auf Rommels ablehnende Haltung zum Widerstand enthielt, hat bis heute den Blick auf Rommels Wandlung verstellt. Tatsächlich lag der entscheidende Moment, in dem der Feldmarschall begonnen hatte, sich dem Widerstand anzunähern, zum Zeitpunkt des Dulles-Memorandums schon vier Wochen zurück.

Am Anfang dieses einschneidenden Wandels lag ein ganz profanes Ereignis: Streit unter Frauen. Die Berliner Wohnung von Rommels Generalstabschef Alfred Gause wurde im August 1943 während eines Bombenangriffs komplett zerstört. Auf der Suche nach einer neuen Unterkunft für seine Familie bot Rommel seinem alten Weggefährten aus Afrika sein Haus als Übergangslösung an, bis ein neues Quartier gefunden sei. Gauses Frau zog mit ihrer Tochter zu Lucie Rommel nach Herrlingen. Anfänglich verstanden sich die beiden Frauen ausgezeichnet. Aber als Lucie Rommel bei einer Hochzeit schlechter platziert wurde als Frau Gause, begann ein hässlicher Streit, der darin gipfelte, dass Rommel dem Drängen seiner Frau nachgab und seinen Generalstabschef versetzen ließ. Seiner Frau schrieb er darüber am 17. März 1944: »Lass uns einen Schlussstrich unter das Ganze ziehen … Ich werde es tun. Wahrscheinlich wird Gause einen anderen Posten finden. Es ist natürlich ein sehr schwerer Entschluss jetzt, in diesen Zeiten, den Chef zu wechseln.« Rommel selber blieb Gause auch weiterhin gewogen und empfahl dem Führerhauptquartier, ihn zum Kommandeur der nächsten verfügbaren Panzerdivision zu ernennen.

Der einzige Lichtblick dieser absurden Affäre war die Ernennung des Nachfolgers für den Posten des Generalstabschefs: Generalleutnant Dr. Hans Speidel. Der 46 Jahre alte Metzinger, ein Schwabe wie Rommel, hatte nach dem Ersten Weltkrieg Geschichte studiert und seine Promotion mit »Magna cum laude« abgelegt. Speidel kultivierte seinen Ruf als Gelehrter in Uniform und schmückte sich mit den Namen berühmter Zeitgenossen aus Kunst und Kultur.

Spätestens seit seiner Versetzung nach Frankreich stand Speidel dem Widerstand nahe und trug entscheidend dazu bei, auch Rommel dafür zu

Völlige Übereinstimmung. Mit Hans Speidel (l.), Mai 1944

gewinnen. Das brachte ihm nach dem Krieg den Vorwurf revisionistischer Kreise ein, er habe die Abwehr der alliierten Invasion sabotiert. Noch schwerer wog die Behauptung David Irvings in seiner Rommel-Biographie von 1977, Speidel habe den Feldmarschall in den Verhören der Gestapo nach dem gescheiterten Attentat vom 20. Juli 1944 »ans Messer« geliefert. Speidel selbst verschwieg Zeit seines Lebens die wahren Hintergründe. Dafür, so hatte er sich 1946 geschworen, »werde [ich] aus Rommel den Helden des ganzen deutschen Volkes machen«. Speidels Schwur erwies sich als Bärendienst, weil seine allzu glatte Schilderung von dessen Weg zum Widerstand den Blick auf Rommels eigentlichen Wandel bis heute verstellt.

Am 14. April 1944, einen Tag vor seinem Eintreffen in Rommels Hauptquartier La Roche-Guyon, gab es im württembergischen Freudenstadt einen Empfang für Speidel, um sein kurz zuvor aus Hitlers Hand empfangenes Ritterkreuz zu feiern. Unter den Gästen war auch Karl Strölin, der Speidel schon vom Ersten Weltkrieg her kannte. Nach der Feier erzählte

Strölin von seinem Treffen mit dem Feldmarschall im Februar in Herrlingen. Es muss für Strölin ein Leichtes gewesen sein, Speidel, der bereits seit längerem Zweifel an Hitler und dem Regime hegte, von seinen Plänen zu überzeugen. Inständig bat Strölin darum, den Feldmarschall zu einem neuerlichen Treffen mit ihm und von Neurath zu bewegen. Und so bestieg Speidel am Tag darauf die Militärmaschine nach Frankreich mit dem festen Vorsatz, seinen neuen Vorgesetzten für das Anliegen Strölins endlich zu gewinnen. Er hätte den Zeitpunkt für sein Vorhaben nicht günstiger wählen können.

Rommels mühsamer, weiter Weg zum Widerstand war immer auch Spiegel seiner Einschätzung der Kriegslage und seines Verhältnisses zu Adolf Hitler. Schon vor El Alamein im Sommer 1942 hatte Rommel begonnen, am »Endsieg« zu zweifeln. Der sinnlose Haltebefehl Hitlers vor El Alamein im November desselben Jahres hatte bei Rommel die erste Entfremdung auch von seinem einstigen Gönner nach sich gezogen. In Italien 1943 und zu Anfang auch in Frankreich blieb Rommel pessimistisch. Dann, etwa im Zeitraum zwischen Rommels Urlaub Ende Februar und Hitlers Befehl vom 7. April 1944 zur Lösung der »Panzerkontroverse«, kam ein letztes Mal die trügerische Hoffnung auf, dass, wenn auch nicht der Krieg, so doch die Abwehrschlacht der Invasion zu gewinnen sei. Der Illusion folgte die totale Ernüchterung. Aus Rommels innerer Verbundenheit zu Hitler war, wie der Schriftsteller Ernst Jünger, der als Kompaniechef bei der Wachtruppe in Paris stationiert war, treffend bemerkte, eine Art »Hassliebe« geworden. Der Feldmarschall war reif für den Aufbruch.

Am 15. April traf Speidel in La Roche-Guyon ein. Rommel nahm seinen Landsmann herzlich auf. Von Anfang an stimmte die Chemie zwischen den beiden. Schon am ersten Abend bat der Feldmarschall Speidel zum vertraulichen Gespräch in sein Arbeitszimmer. Unter uralten, meisterhaft gewobenen Gobelins stand Rommels Renaissance-Schreibtisch, an dem 1685 der Kriegsminister Ludwigs XIV. das Edikt von Nantes widerrufen hatte. Der Feldmarschall nahm kein Blatt vor den Mund und zeichnete vor Speidel »in der ihm eigenen temperamentvollen Weise« ein düsteres Bild der militärischen und politischen Lage. Speidel war überrascht, wie weit Rommel in seiner Kritik gegangen war. Offensichtlich hatte es seit dem Besuch von Strölin im Februar in ihm gearbeitet, und zufrieden konnte Speidel feststellen: »Meine erste Abgrenzung politischer Gedanken mit Rommel ergab völlige Übereinstimmung.«

Die Kunde von Rommels Wandel war keine sechs Tage nach Speidels Eintreffen sogar bis nach Berlin, wenn auch nicht bis zum Generalobersten Beck, durchgedrungen. Am 22. April gab Ulrich Graf Schwerin von Schwanenfeld, ein führender Mann des Widerstands, dem Attaché der deutschen Botschaft in Lissabon, Botho von Wussow, die letzte Neuigkeit mit auf den Weg zurück nach Portugal. Auch Rommel, der populäre »Nazigeneral« würde jetzt »mitmachen«. Das war allerdings noch etwas zu optimistisch eingeschätzt. Rommel wollte, ganz im Sinne des Vorschlags von Strölin, erst einmal persönlich auf Hitler einwirken, den Krieg zu beenden. Dass dieser Plan von vornherein an der Unnachgiebigkeit des Diktators scheitern musste, mag Rommel geahnt haben. Noch dachte er nicht ernsthaft über Alternativen nach.

Umso größer waren die Hoffnungen, die in Paris auf den neu eingetroffenen Speidel gesetzt wurden. Hier hatte sich um den Militärbefehlshaber Frankreich, Generalleutnant Karl-Heinrich von Stülpnagel, ein kleiner Kreis zum Äußersten entschlossener Verschwörer zusammengefunden, die durch seinen Adjutanten, Dr. Caesar von Hofacker, einem Vetter Stauffenbergs, in direktem Kontakt mit dem militärischen Widerstand in Berlin und an der Ostfront standen. Der Pariser Gruppe kam der Planung nach ein bedeutender Anteil am Gelingen des Umsturzes zu. Nach einem geglückten Attentat auf Hitler sollte die Wehrmacht im Westen den alliierten Truppen die Landung und den Einmarsch in die besetzten Gebiete ermöglichen. Der militärische Aspekt dieses Plans rückte das »Rätsel Rommel«, wie der Feldmarschall von den Pariser Verschwörern spöttisch genannt wurde, in das Zentrum der Aufmerksamkeit. Niemand konnte einschätzen, wo er wirklich stand und wie er sich verhalten würde. Nur eines war sicher: Ohne Rommel ging nichts. Speidel musste um jeden Preis auf die Seite des Pariser Widerstands gezogen werden, um Einfluss auf den Feldmarschall nehmen zu können.

Ein in Paris stationierter Regierungsrat, Dr. Max Horst – verheiratet mit der Schwester von Speidels Frau –, schien durch seine persönliche Beziehung

Ohne Rommel ging nichts. Treffen der Befehlshaber in Paris, 6. Mai 1944,
v. l. n. r.: Geyr Schweppenburg, Blaskowitz, Sperrle, Rundstedt, Rommel, Krancke

zu Rommels neuem Generalstabschef besonders geeignet für eine Kontakt-aufnahme. Horst, der als zuverlässig galt, wurde eingeweiht und erklärte sich bereit, Speidel über die Pläne der Pariser Widerstandsgruppe zu infor-mieren. Anfang Mai kam es im Hotel »Raphael« in Paris zu dem mit Span-nung erwarteten Treffen. »Speidel«, so erzählte Horst nach dem Gespräch, »nahm die Nachricht von dem Bestehen und den Plänen der Um-sturzbewegung mit tiefem Erstaunen und Ergriffenheit auf und sah sofort seine Aufgabe vorgezeichnet.« In den kommenden Wochen zog Speidel alle Register, um Rommel für die Pläne der Pariser Widerstandsgruppe zu gewinnen.

Am 12. Mai suchte der Generalquartiermeister des Heeres, General der Artillerie Eduard Wagner, Rommel in La Roche-Guyon auf, um Lösungen für die drängende Nachschubfrage im Westen zu suchen. Wagner stand in engem Kontakt zum Widerstand und ergriff, so Speidel, die Gelegenheit, Rommel »über die aktiven Widerstandskräfte im Oberkommando des Hee-res, die ›kalendermäßigen‹ Vorbereitungen für eine Erhebung und erstmals über die früheren Anschlagsversuche auf Hitler« aufzuklären. Rommels Reaktion war eindeutig. Er lehnte ein Attentat kategorisch ab. Speidel schrieb später, Rommel habe mit den Gedanken Goerdelers argumentiert und gesagt, »er wolle Hitler nicht zum Märtyrer gemacht wissen«. Wahr-scheinlicher ist wohl, dass ein solches Unternehmen, die Ermordung des Staatsoberhauptes und Obersten Befehlshabers der Wehrmacht, für Rom-mel zu diesem Zeitpunkt einfach außerhalb seines Vorstellungsvermögens lag. Immerhin hatte er Wagner zugehört und dessen Eröffnungen dann für sich behalten. Der Anfang war gemacht.

Drei Tage nach dem Treffen mit Wagner, am 15. Mai, kam Rommel auch mit dem Kopf der Verschwörung im Westen, General von Stülpnagel, zusammen. Der Anlass war unverdächtig gewählt. Man traf sich zur Taufe des Sohnes von Oberst Karl-Richard Koßmann in dessen Landhaus in Mareil-Marly vor den Toren von Paris. Koßmann, der selbst zum Kreis der Pariser Verschwörer gehörte, arrangierte nach der Feierlichkeit einen Spaziergang, bei dem die beiden Paten Rommel und Stülpnagel voraus-gingen, um Zeit für ein ausgiebiges Gespräch unter vier Augen zu finden. Noch einmal wird Stülpnagel hierbei Rommel die Argumente und Pläne

Standpunkt nicht geändert. Mit Stülpnagel, Mareil-Marly, 15. Mai 1944

der militärischen Opposition dargelegt haben. Auch wenn die Inhalte der Unterredung nicht überliefert sind, so ist doch wahrscheinlich, dass Rommel seinen Standpunkt nicht geändert hat.

Wie zur Selbstversicherung seiner Haltung sandte Rommel seinen Stabschef über Pfingsten in die Heimat, um sich dort mit Strölin und Neurath zu treffen. In Speidels Haus in Freudenstadt kam es am 28. und 29. Mai zu zwei längeren Besprechungen, in deren Kern beide Männer darauf drängten, unbedingt noch vor der drohenden Invasion zu handeln. Das war zwar richtig gedacht, überschätzte aber Rommels Bereitschaft und Möglichkeiten. Entscheidender und ganz im Sinne Speidels war der Hinweis Strölins auf »das zentrale Problem der Person Adolf Hitler … mit dem das Ausland keine politischen Abmachungen treffen würde. Nur seine Beseitigung [im Sinne einer Verhaftung] ermögliche eine neue schöpferische Politik.« Neurath legte eine ausführliche Denkschrift nach, in der er die außenpolitische Isolation Deutschlands anschaulich beschrieb. Rommel zeigte sich nach Speidels Rückkehr beeindruckt und ließ Strölin und Neurath wissen, dass »er ohne jeden persönlichen Anspruch zu jedem Einsatz bereit sei«.

Am 3. Juni bat Rommel beim Führerhauptquartier um einen Gesprächstermin mit Hitler. In seinem Tagesbericht ließ er festhalten: »Vor allem lag [Rommel] daran, den Führer persönlich auf dem Obersalzberg zu sprechen und ihm den personellen und materiellen Unterschied des Kräfteverhältnisses von uns zum Gegner im Falle der Anlandung vorzutragen.« Hatte Rommel sich, bestärkt von Strölin und Neurath, endlich entschlossen, dem Diktator noch vor einer Invasion die Sinnlosigkeit seines Krieges vor Augen zu führen und ihn zum Handeln zu drängen? Im Tagesbericht begründete Rommel seinen Schritt mit der Notwendigkeit, »die Heranziehung von weiteren 2 Panzerdivisionen, 1 Flakkorps und 1 Werferbrigade zu erbitten«.

Rommels Umgebung jedenfalls begann zu spüren, dass etwas ›im Busch‹ war. Bei einem Spaziergang sprach es sein Ordonnanzoffizier Hauptmann Lang, in Anspielung auf einen preußischen General aus den Napoleonischen Kriegen, der gegen seinen König heimlich mit dem Gegner paktiert hatte, offen aus: »Herr Feldmarschall, man spricht davon, dass Sie bald die

Zu jedem Einsatz bereit. Juni 1944

Rolle eines Yorck übernehmen müssen!« Rommel erschrak und fuhr seinen Adjutanten auf Schwäbisch an: »Lang, seie Se bloß still! Dees verträgt 's Schnaufe net!«

Rommel wollte die geplante Reise auch nutzen, um endlich auch seine Familie wiederzusehen und gleichzeitig seiner Frau, die am 6. Juni Geburtstag hatte, eine Freude zu machen. Der Zeitpunkt schien passend, weil, wie er Admiral Ruge anvertraute, »die Gezeiten in den folgenden Tagen sehr ungünstig waren und keinerlei Luftaufklärung irgendwelche Anhaltspunkte für eine unmittelbar bevorstehende Landung gegeben hat«. Am 4. Juni traf Rommel aus La Roche-Guyon gegen 18.00 Uhr in Herrlingen ein. Am folgenden Tag wurde sein Termin im Führerhauptquartier für den 8. telefonisch bestätigt. Rommel verbrachte diesen Montag im Kreise seiner Familie. Am darauf folgenden Tag, dem 6. Juni 1944, erschien Rommel gegen 7.00 Uhr gebadet und rasiert in seinem rot gestreiften Morgenmantel im Esszimmer. Auf dem Tisch waren liebevoll die Geschenke für seine Frau aufgestellt. Er hatte ihr ein Paar feine Pariser Schuhe zum Geburtstag mitgebracht. Dass sie Lucie am Ende gar nicht passten, war das geringste Problem an diesem Morgen.

Gegen 7.30 Uhr klingelte das Telefon im Herrenzimmer. Das Dienstmädchen hob den Hörer ab und rief kurz darauf: »Herr Feldmarschall wird am Telefon verlangt.« An der anderen Leitung meldete Speidel aufgeregt, dass in der Nacht alliierte Luftlandeverbände mit Fallschirmen und Lastenseglern in der Normandie niedergegangen seien. Seit 5.30 Uhr habe die gegnerische Schiffsartillerie begonnen, deutsche Küstenbatterien unter Beschuss zu nehmen. Und eine Stunde später seien alliierte Truppen im Schutz künstlicher Nebelwände an der Calvadosküste und der Halbinsel Cotentin angelandet.

Noch herrsche keine Klarheit, ob es sich um einen »groß angelegten Ablenkungsversuch« oder um einen »Schwerpunktangriff« handele. Speidel versprach, seinen Chef über jede Entwicklung sofort auf dem Laufenden zu halten. Im Tagesbericht ließ Rommel festhalten: »Ob es sich um den Beginn der Invasion handelt, ist noch nicht klar.« Unruhig wartete Rommel Minute um Minute auf Neuigkeiten. Gegen zehn Uhr griff er selbst zum Hörer, um in La Roche-Guyon anzurufen. Jetzt gab es keinen Zweifel

Ein Paar feine Pariser Schuhe. Herrlingen, 5. Juni 1944

mehr – die Invasion hatte begonnen. Rommel entschloss sich, sofort nach Frankreich zurückzufahren. Gegen elf Uhr befand er sich wieder auf der Straße und raste mit Höchstgeschwindigkeit in Richtung Westen.

245

Einsam ragt die Gestalt des Generals Erich Marcks aus dem Dunkel der Geschichte. Der kommandierende General des LXXXIV. Armeekorps, das in der Normandie stationiert war, hatte die Invasion genauer als jeder andere vorhergesehen. Schon im Februar 1944, während eines Kriegsspiels in Gegenwart Rommels, humpelte Marcks, der in Russland ein Bein verloren hatte, an den Kartentisch und klopfte überlegen mit seiner Hand auf die Normandie. Hier, so legte er geradezu hellseherisch dar, würde die Invasion erfolgen. Gehört hat keiner auf ihn. Nicht Rommel, der die Invasion zu diesem Zeitpunkt am Pas de Calais erwartete, und auch kein anderer der hohen Militärs. Schon am 12. Mai 1944 schrieb Marcks an seine Frau: »Ich habe so den ›Animus‹, dass es erst um meinen Geburtstag rum ernst wird.« Marcks war an einem 6. Juni geboren! Und vier Tage vor seinem Geburtstag, am Freitag, dem 2. Juni 1944, mutmaßte er einem Offizier gegenüber mit einem Anflug von trockenem Humor: »Wie ich die Engländer kenne, werden sie am nächsten Sonntag noch einmal in die Kirche gehen und am Montag kommen. Nach Dienstag haben sie keine Flutchance mehr … und seitdem man in der Heeresgruppe überzeugt ist, dass sie noch nicht und dann auch bei Calais kommen … werden wir sie am Montag hier begrüßen können.«

Tatsächlich sendete die BBC seit Anfang Juni mehrmals täglich die ersten zwei Zeilen eines Gedichts des französischen Dichters Paul Verlaine:

»Les sanglots longs – des violons de l'automne.« Die deutsche Aufklärung wusste, dass diese Worte der französischen Widerstandsbewegung die bevorstehende Invasion ankündigen sollten. Folgten in den nächsten 14 Tagen dann zwei weitere Zeilen der Strophe, würde die Invasion innerhalb der kommenden 48 Stunden bevorstehen. Da aber von Januar bis Mai des Jahres allein 20 solcher »Invasionssprüche« aufgefangen worden waren, maß das deutsche Oberkommando ihnen kaum mehr eine Bedeutung zu. Außerdem hatten die meteorologischen Sachverständigen des Heeres und der Marine im Westen sowie die Wetterstation am Pas de Calais für den 6. Juni eine Wolkenunterdecke von 300 bis 500 Metern, Windstärke fünf bis sechs und Seegang vier bis fünf gemeldet. Bedingungen, die eine amphibische Großoperation mit entsprechender Luftunterstützung als ausgeschlossen erscheinen ließen. Die Alarmierung der Truppen an der Küste war aufgehoben worden. Nicht zuletzt deswegen hatte Rommel sich entschlossen, diese Tage für eine Reise in das Führerhauptquartier und die Heimat zu nutzen.

Im Stab des Oberkommandierenden der alliierten Streitkräfte, Dwight D. Eisenhower, herrschte Verzweiflung über das Wetter. Am 5. Juni um 3.30 Uhr in der Nacht »wurde unser kleines Lager«, so Eisenhower in seinen Memoiren, »von einem Sturm gepackt, der fast die Stärke eines Hurrikans besaß, und der gleichzeitig herabströmende Regen schien in fast waagerechten Streifen vorüberzujagen. Die kilometerlange Fahrt über verschlammte Straßen bis zum Marine-Hauptquartier war alles andere als aufmunternd, da es unter solchen Verhältnissen vollkommen sinnlos erscheinen musste, die Lage auch nur zu diskutieren.« In Southwick Park, dem Hauptquartier des Oberbefehlshabers der alliierten Seestreitkräfte, angekommen, überraschte der englische Wetterdienst den General mit einer aufsehenerregenden Ankündigung: Von Westen her, eingebettet in die stürmischen Tiefs, zog ein kurzes Zwischenhoch, das für den 6. und 7. Juni etwa 36 Stunden Wetterbesserung versprach. General Dwight D. Eisenhower erkannte die Chance und griff nach dem Mantel der Geschichte. Am 5. Juni um 4.15 Uhr morgens gab er den endgültigen Befehl: Die Invasion sollte in der kommenden Nacht stattfinden.

Drei Stunden später weckte ein Anruf den deutschen Kriegsberichterstatter Dr. Wilhelm Ritter von Schramm in Paris. Am anderen Ende der

Leitung war, offensichtlich in bester Laune, Rommels Stabschef Hans Speidel, der Schramm für diesen Abend nach La Roche-Guyon einlud: »Der Alte ist weg«, so Speidel, »ich lade auch den Ernst Jünger ein und ein paar andere Freunde.« Es war eine der üblichen illustren Tafelrunden Speidels, die sich an diesem Abend im Zimmer von Rommels Generalstabschef im alten Turm aus der Normannenzeit im Schloss einfand. Nach dem Abendessen zog sich der Gastgeber mit Ernst Jünger, Wilhelm von Schramm und Dr. Max Horst zurück. Die diskrete Unterhaltung kreiste um die »Friedensschrift« Jüngers, und Schramm erinnerte sich später, dass er erstaunt war, zum ersten Mal Andeutungen zu hören, die sich auf den bevorstehenden Umsturz des Regimes bezogen. Mitten im Gespräch wurde Speidel plötzlich ans Telefon gerufen.

Gegen 21.15 Uhr hatte die Aufklärungsabteilung des Oberkommandos der 15. Armee folgenden Spruch aufgefangen: »Blessent mon cœur – d'une langueur monotone.« Die dritte und vierte Zeile der ersten Strophe des Verlaine-Gedichts.

Die Invasion stand kurz bevor. Generaloberst von Salmuth hatte seiner 15. Armee, die am Pas de Calais lag, eine Vorwarnung gegeben und sofort die Stäbe des Oberbefehlshabers West und der Heeresgruppe B informieren lassen. Speidel war verunsichert und beauftragte einen Stabsoffizier, in Paris anzufragen, wie zu reagieren sei. In Rundstedts Stab aber war die Nachricht aufgrund der bisherigen Erfahrungen mit solchen »Invasionssprüchen« gelassen aufgenommen worden. Auf dem Dienstweg sollten die unterstellten Kommandobehörden unterrichtet werden. Speidel bekam Anweisung, zunächst abzuwarten. Die 7. Armee des Generaloberstes Dollmann, die im Hinterland und an den Küsten der Normandie lag, wurde nicht alarmiert.

Beruhigt kehrte Speidel zu seinen Gästen zurück. Erst gegen Mitternacht wurde die Runde aufgehoben, und ihre Teilnehmer machten sich auf den Weg zurück nach Paris. Zur gleichen Zeit verließen die ersten Flieger ihre Stützpunkte in England. Ein halbe Stunde später besetzten Luftlandeverbände der Alliierten mit Fallschirmen und Lastenseglern an der Ostküste der Halbinsel Cotentin und östlich von Caen bis nach Deauville französischen Boden. Die Invasion hatte begonnen.

Groß angelegtes Täuschungsmanöver. Die alliierte Landungsflotte vor der Küste der Normandie, 6. Juni 1944

Gegen 1.35 Uhr wurde Speidel wieder geweckt. Mittlerweile befanden sich auch das LXXXIV. Armeekorps von General Marcks und die 7. Armee wegen der Fallschirmlandungen in Alarmbereitschaft. Noch bestand die Möglichkeit, dass es sich um ein groß angelegtes Täuschungsmanöver der Alliierten handelte, um vom eigentlichen Landungsort abzulenken. Tatsächlich waren an verschiedenen Stellen der Normandie Strohpuppen abgeworfen und Feuerwerk gezündet worden, um die Deutschen zu verwirren. Gegen 2.15 Uhr kam Speidel deswegen zur Überzeugung, »dass es sich zunächst nicht um eine größere Aktion handelt«. Eine Einschätzung, die auch im Stabe Rundstedts geteilt wurde. Ab 3.00 Uhr begann die alliierte Luftwaffe dann ein verheerendes Bombardement der Küstenbefestigungen, und kurz darauf wurden die ersten Landungsboote von der Marinegruppe West vor der Calvadosküste gesichtet. Gegen 5.00 Uhr konnte kein Zweifel mehr daran bestehen, dass sich starke Kräfte der Ostküste der Normandie näherten. Kurz darauf begann der Beschuss der Küstenstellungen durch die alliierte Schiffsartillerie. Um 6.30 Uhr landeten die ersten britischen und amerikanischen Soldaten unter dem Ober-

Noch immer keine endgültige Klarheit. US-Truppen in der Normandie, 6. Juni 1944

befehl von Rommels einstigem Gegenspieler in Afrika, General Bernard Law Montgomery, an der Calvadosküste und der Halbinsel Cotentin. Eine Stunde später informierte Speidel seinen Chef in Herrlingen über die Ereignisse der Nacht.

Um fünf Minuten vor 10.00 Uhr hörte die deutsche Rundfunküberwachung eine Rede Eisenhowers in der BBC, die sich an die »Soldaten, Matrosen und Flieger der alliierten Landungsstreitkräfte« wandte. Mit dramatischen Worten verkündete der Oberbefehlshaber der alliierten Truppen den Beginn der Invasion: »Ihr begebt Euch nun auf den großen Kreuzzug, für den wir uns seit vielen Monaten vorbereitet haben. Die Augen der Welt blicken auf Euch; die Hoffnungen und Gebete der freiheitsliebenden Menschen der ganzen Welt begleiten Euch. Zusammen mit unseren tapferen Verbündeten an allen Fronten werdet Ihr die deutsche Kriegsmaschinerie zerschlagen, die Nazi-Tyrannei über alle unterdrückten Völker Europas hinausfegen und Sicherheit für uns alle in einer freien Welt schaffen ... Glück Euch allen und lasst uns den Segen des Allmächtigen Gottes für dieses große und edle Unternehmen erflehen.«

»Also – anganga is.« Hitler zur Invasion, Klessheim, 6. Juni 1944

Aber selbst eine Stunde später, Rommel brach in diesem Augenblick mit großer Eile aus Herrlingen nach Frankreich auf, herrschte bei den deutschen Stäben noch immer keine endgültige Klarheit. So meldete Rundstedt in seiner dritten Lagebeurteilung um 11.00 Uhr an das Führerhauptquartier nach wie vor, dass »bisher noch kein Bild gewonnen [sei], ob Ablenkungs- oder Hauptangriff« vorliege.

Beim Oberkommando der Wehrmacht und Hitler in Berchtesgaden musste so, unterstützt von gleich lautenden Berichten der Marine und der Luftwaffe, der Eindruck entstehen, dass die Stoßrichtung der Hauptkräfte des Gegners sich noch nicht abzeichnete. Es gehört zu den von Hitler selbst ins Leben gerufenen Legenden, dass er am Tage der Invasion zu spät geweckt worden sei, um entscheidend einzugreifen. Tatsächlich setzte der Diktator, auch nachdem er um 11.00 Uhr endlich aufgewacht und über die

Klarheit verschaffen. Britische Truppen in der Normandie, 6. Juni 1944

Landung unterrichtet worden war, zunächst auf Abwarten. »Mit einem völlig unbeschwerten Lächeln«, so erinnerte sich der stellvertretende Chef des Wehrmachtführungsstabs Walter Warlimont, »und in der Haltung eines Mannes, der endlich die lang erwartete Gelegenheit zur Abrechnung mit seinem Gegner gefunden hat«, näherte Hitler sich bei der ersten Lagebesprechung dieses Tages dem Kartentisch und verkündete in seinem österreichischen Dialekt: »Also – anganga is.«

Entgegen seiner ursprünglichen Eingebung erwartete Hitler nun eine zweite Landungsoperation der Alliierten. Diese Fehleinschätzung, die im Übrigen von Rundstedt und Rommel noch lange geteilt werden sollte, führte zu einer vollkommenen Zersplitterung der Kräfte, weil so noch Wochen nach dem 6. Juni deutsche Divisionen am Pas de Calais, in Südfrankreich und den Niederlanden auf die angebliche zweite Invasion warteten, anstatt dort einzugreifen, wo sie dringend gebraucht wurden. Auch an den Küsten der Normandie herrschte Konfusion. Der einzige sofort verfügbare motorisierte Verband war die 21. Panzerdivision, die 30 Kilometer südöstlich von Caen stationiert war. Aber weder im Stab der Division noch bei Speidel bestand Klarheit darüber, welche Teile wie eingesetzt werden sollten. Im Verlauf des Vormittags mischten sich auch die Stäbe der 7. Armee und des LXXXIV. Armeekorps ein. Der Widerstreit der Kompetenzen führte dazu, dass die 21. Panzerdivision bis zum späten Nachmittag immer noch nicht in die Kämpfe eingegriffen hatte.

Viel zu lange hatte die militärische Führung in Frankreich und im Führerhauptquartier an diesem Tage auf »Abwarten« und »Klarheit verschaffen« gesetzt. Kostbare Zeit verstrich, bis Feldmarschall von Rundstedt gegen zwei Uhr nachmittags endlich den Ernst der Lage erkannte und die Freigabe der Reserven vom Führerhauptquartier forderte. Ähnlich Speidel in La Roche-Guyon: Zwar rannte Rommels Stabschef fluchend durch die Gänge, weil der Feldmarschall ausgerechnet jetzt verreist war, er zögerte aber, selbst die Initiative zu ergreifen. Gegen 16.55 Uhr rief Rommel, krank vor Sorge, aus Reims an, um sich über den Stand der Dinge zu informieren. Die Lage war dramatisch. Die Alliierten hatten den Atlantikwall durchbrochen und mehrere Brückenköpfe gebildet; fünf Divisionen befanden sich bereits an Land, drei weitere waren im Rücken der Front gelandet.

Den Segen Gottes für dieses Unternehmen erfleht. Omaha-Beach, 7. Juni 1944

Ungeduldig fragte Rommel: »Wie weit ist unser eigener Gegenangriff?«
Speidel antwortete, die 21. Panzerdivision warte noch auf Verstärkung.
Da bellte Rommel in den Hörer: »Lassen Sie die Division sofort angreifen.
Ohne Rücksicht auf Verstärkung sofort zum Einsatz!«

Auch wenn Rommel es nie ausgesprochen hat, so stellt seine Abwesenheit am ersten Tag der Invasion den wohl bittersten Moment seiner militärischen Karriere dar. Nur ein »sofortiges Eingreifen und entschlossenes
Handeln und Befehlen im Sinne der ursprünglichen Rommelschen Konzeption«, so die Einschätzung des Militärhistorikers Dieter Ose in seinem
Standardwerk zur Invasion, »hätte Erfolg haben können«. Aber der Dirigent hatte bei der Ouvertüre gefehlt. Als Rommel endlich gegen 21.30 Uhr
in La Roche-Guyon eintraf, »zeigte er sich«, so Admiral Ruge, »sehr erfreut
über das schnelle und zweckmäßige Handeln und billigte es voll«. Was an
diesem 6. Juni tatsächlich passiert war, hatte mit »schnellem und zweck-

HEINZ GUDERIAN Offizier in Frankreich

»Die Invasion hatte begonnen. Im Einzelnen konnten
wir das natürlich so schnell nicht übersehen, weil
wir nicht wussten, mit welchen Kräften ist der Feind
denn nun eigentlich gekommen. Das stellte sich ja
dann doch erst so nach und
nach heraus. Wir saßen
ziemlich abgeschirmt da,
noch nördlich der Seine,
in Reserve, wurden dann am nächsten Tag von Rommel
weiter an die Kanalküste rangeschoben, aber nicht
etwa rüber, etwa an die Invasionsfront, sondern an die
Kanalküste, weil er immer sagte: ›Die eigentliche Landung
kommt erst noch. Und die kommt hier an der Kanalküste.‹«

mäßigem Handeln« wahrlich nichts zu tun und war eher das glatte Gegenteil davon. Rommel muss geahnt haben, dass er sich selbst um die Früchte seiner monatelangen Arbeit gebracht hatte.

Die Folgen blieben nicht aus. Am 11. Juni gelang es den Amerikanern und Briten, die letzten Lücken ihrer Invasionsabschnitte Utah, Omaha, Gold, Juno und Sword zu schließen. Damit beherrschten die Alliierten jetzt einen zusammenhängenden Brückenkopf von circa 100 Kilometern Breite und ungefähr 10 bis 15 Kilometern Tiefe. Trotz schwerer eigener Verluste und der tapferen Gegenwehr der deutschen Soldaten war es nicht mehr zu übersehen: Die Invasion der Alliierten war geglückt.

Ernst und bedrückt suchte Rommel an diesem Tag den Oberbefehlshaber West Gerd von Rundstedt in St.-Germain auf. In einem Gespräch unter vier Augen kamen die beiden Feldmarschälle überein, Hitler schonungslos und offen über die hoffnungslose Situation zu informieren. Bald schon, so Rundstedt, könne eine Lage entstehen, »die zu grundsätzlichen Entschlüssen zwingt«. Was damit gemeint war, deutete Hans Speidel an diesem Tag gegenüber Rundstedts Stabschef Generalleutnant Günther Blumentritt an. Während Rommel noch bei Rundstedt saß, kam Speidel in Blumentritts Arbeitszimmer und eröffnete ihm, dass er im Namen Rommels spräche: »Die Zeit ist gekommen«, so Speidel, »dem Führer zu sagen, dass wir den Krieg nicht mehr weiterführen können.« Man müsse im Westen mit den Alliierten ein »Einvernehmen« finden, um den Krieg im Osten fortsetzen zu können. Erstaunt erfuhr Blumentritt bei diesem Gespräch zum ersten Mal, »dass sich im Reich ein Kreis von Männern gebildet habe, um beim Führer vorstellig zu werden«. Die Namen Beck, von Witzleben und Goerdeler fielen. Auch seine Reise über Pfingsten zu Strölin und Neurath ließ Speidel nicht unerwähnt. Am Ende seiner Ausführungen deutete er schließlich geheimnisvoll an, »dass man im äußersten Notfall Hitler eben zwingen müsse, einzulenken, wenn er es nicht von selbst tue«. Von einem Attentat allerdings, also der »Ermordung Hitlers«, so Blumentritt später, sei nicht die Rede gewesen. Das auch lag für Blumentritt außerhalb seines Vorstellungsvermögens.

Am Nachmittag des 11. Juni breitete Rommel bei einem zweistündigen Spaziergang durch die Wälder hinter dem Schloss La Roche-Guyon seine

Schloss La Roche-Guyon

Gedanken noch einmal vor Admiral Ruge aus. »Die beste Lösung in der augenblicklichen Lage«, so Rommel, bestehe »darin, den Krieg zu beenden, solange man noch etwas zum Verhandeln in der Hand hatte.« Rommel dachte jetzt wieder verstärkt über die »Westlösung« nach, die ihn schon in Italien beschäftigt hatte. Aber »Hitler«, so hielt Ruge Rommels Worte in seinen Memoiren fest, »wolle nicht verhandeln – das ginge mit ihm auch nicht –, er wolle bis zum letzten Haus kämpfen. [Der Führer] habe mehrfach geäußert, er wüsste auch nicht, wie es werden sollte, er sei aber der festen Überzeugung, dass es gut ausgehen würde.« An solche Hoffnungen wollte Rommel sich nicht mehr klammern. Am 13. Juni schrieb er nach Hause: »Ich habe gestern dem Führer einen Bericht geschickt. Rundstedt hat dasselbe gemacht. Es ist Zeit, dass die Politik ins Spiel kommt.« Zwei Tage später wurde er zu seiner Frau noch offener: »Mir geht es so weit gut. Ich darf den Mut nicht fallen lassen, trotz allem, auch wenn viele Hoffnungen nunmehr begraben werden müssen. Du kannst Dir ohne Zweifel vorstellen, welch schweren Entscheidungen wir schon bald ausgesetzt sind und wirst Dich dabei sicher noch an unser Gespräch vom November 1942 erinnern …« Die Ahnungen, die Rommel einst im Zug auf der Reise nach Rom seiner Frau, nach der bitteren Niederlage von El Alamein, angedeutet hatte, waren Wirklichkeit geworden.

Während Rommel in La Roche-Guyon noch auf Verhandlungen mit den Alliierten setzte, war Caesar von Hofacker von Paris nach Berlin aufgebrochen, um das weitere Vorgehen mit dem Widerstandskreis in Berlin zu besprechen. Er machte sich keine Hoffnungen mehr: Weder ein »Sieg-Friede noch ein Kompromissfriede« sei jetzt noch möglich. Es gehe »nur noch darum, die unvermeidliche Niederlage so erträglich wie möglich zu gestalten und den militärisch verlorenen Krieg politisch zu liquidieren«. Selbst Stauffenberg machte sich nun Gedanken, ob es noch einen Sinn habe, an dem geplanten Attentat festzuhalten, »da ein praktischer politischer Zweck nicht mehr ersichtlich sei«. Es war der Moment, in dem der Widerstand weit über jedes realpolitische Ziel hinauswuchs. Stauffenbergs Freund, Henning von Tresckow, fasste den Entschluss in die bewegenden Worte: »Das Attentat auf Hitler muss erfolgen, coûte que coûte [um jeden Preis]. Sollte es nicht gelingen, so muss trotzdem in Berlin gehandelt

Fielen kaum ins Gewicht – »Rommelspargel«. Aufgerissene Tragfläche eines alliierten Gleitfliegers in der Normandie, Juni 1944

werden. Denn es kommt nicht mehr auf den praktischen Zweck an, sondern darauf, dass die deutsche Widerstandsbewegung vor der Welt und vor der Geschichte unter Einsatz des Lebens den entscheidenden Wurf gewagt hat. Alles andere ist daneben gleichgültig.«

Am 16. Juni gab Hitler dem Drängen Rundstedts und Rommels nach und flog nach Frankreich. Ort des Treffens mit den Feldmarschällen war das neu erbaute Führerhauptquartier »Wolfsschlucht II« in Margival bei

Soissons, das Hitler bei der Gelegenheit zum ersten und einzigen Mal besuchte. Rommel und Rundstedt trafen in Begleitung ihrer Stabschefs am darauf folgenden Morgen gegen 9.00 Uhr ein. Hitler saß als Einziger, gebeugt und fahl, auf einem Hocker vor dem Kartentisch. Nervös spielten seine Hände mit seiner Brille und ein paar Buntstiften, während Rundstedt über die vergangenen zehn Tage seit dem Invasionsbeginn referierte. Rundstedts Fazit war eindeutig: Mit den vorhandenen Kräften konnte der Gegner nicht mehr aus Frankreich hinausgeworfen werden. Der Oberbefehlshaber West forderte, die Front an mehreren Stellen zurückzunehmen und durch eine flexible, eigenverantwortliche Kampfführung zu retten, was zu retten blieb. Aber Hitler war nicht in den Westen gekommen, um über den Rückzug zu diskutieren. Er forderte unerbittlich sein Patentrezept der vergangenen Jahre ein: »Hier gibt es kein Ausweichen und kein Operieren, hier gilt es zu stehen, zu halten oder zu sterben.« In einem endlosen Monolog zog er alle Register, um die Feldmarschälle auf seinen Kurs einzuschwören. Wohl kalkulierte Einlagen inklusive: So diktierte er mitten im Gespräch dem Vertreter des Reichspressechefs den Wortlaut einer Verlautbarung über die »kriegsentscheidende Wirkung« der »Vergeltungswaffe V1«. Am Vortag waren erstmals die lang angekündigten unbemannten Raketengeschosse gegen London abgefeuert worden. Über 70 Bomben hatten ihr Ziel getroffen und in der Innenstadt der englischen Metropole verheerende Schäden angerichtet.

Nach einer kurzen Mittagsunterbrechung, bei der Hitler zum Erstaunen seiner Gäste neben einem Teller Reis mit Gemüse abwechselnd Pillen und verschiedenfarbige Medizin aus mehreren Likörgläsern zu sich nahm, wurde die Besprechung wegen der Annäherung feindlicher Fliegerverbände im Luftschutzraum des Bunkers fortgesetzt. Hier, im engsten Kreis, fassten sich Rommel und Rundstedt ein Herz und schlugen eine politische Lösung im Sinne von Verhandlungen mit dem Westen vor. Hitler reagierte ausweichend. Ein Separatfrieden werde »von den West-Alliierten nicht angenommen. Es wäre die Vernichtung Deutschlands durch die Verträge beschlossen worden. Darüber werde das deutsche Volk unterrichtet und alles käme jetzt auf ›fanatischen Widerstand‹ an.«

Beim Abschied kam Rommel noch einmal auf den Punkt zurück und fragte: »Mein Führer, wie stellen Sie sich denn eigentlich überhaupt jetzt den Weitergang dieses Krieges vor?« Hitler schien verstimmt und beendete das Gespräch mit den Worten: »Das ist eine Frage, die nicht zu Ihren Obliegenheiten gehört. Das müssen Sie meine Sache sein lassen.«

Kurz nach dem Abmarsch der Feldmarschälle wurde das Führerhauptquartier »Wolfsschlucht II« von einer schweren Detonation erschüttert. Eine V1 war vom Kurs abgekommen und in der Nähe aufgeschlagen. Hitler hatte genug. Überstürzt kehrte er nach Berchtesgaden zurück und äußerte sich nach seiner Ankunft missmutig über seinen einstigen Paradegeneral zu Albert Speer: »Rommel hat seine Nerven verloren, er ist ein Pessimist geworden. Heute können nur Optimisten etwas erreichen.« Nach solchen Bemerkungen, so Speer, »war es nur eine Frage der Zeit, wann Rommel abgelöst würde«.

Rommel selbst ahnte nichts von den dunklen Wolken, die über ihm aufgezogen waren. Ein letztes Mal war er offensichtlich – trotz der harschen Abfuhr bei der Verabschiedung – der Faszination des Diktators erlegen. Sehr wahrscheinlich hatte ihn auch der vermeintliche Erfolg der Wunderwaffe V1 beeindruckt. Rommel ist »wieder da«, hatte Ruge am Abend des 17. Juni in sein Tagebuch geschrieben, »gute Laune … Führer sehr optimistisch, ruhig. Lage anders beurteilt.« Ruge wunderte sich über Rommels Stimmungsumschwung und schrieb über Hitler: »Muss regelrechten Magnetismus haben.« Auch in einem Brief an seine Frau gab sich Rommel am Tag darauf zuversichtlich: »Sah gestern den Führer … Ich sehe jetzt viel weniger besorgt in die Zukunft als vor einer Woche. Der V-Waffenangriff war eine große Entlastung. Ein schneller Durchbruch des Feindes nach Paris ist kaum noch möglich. Wir kriegen jetzt eine Menge Nachschub. Der Führer war sehr nett und guter Laune. Er erkennt durchaus den Ernst der Lage.« Hitlers Persönlichkeit hatte auch diesmal wieder ihre Wirkung getan. Ein letztes Mal flackerte die Glut der Hoffnung in Rommel auf. Doch schon am nächsten Morgen notierte Ruge in sein Tagebuch: »Stimmung nicht mehr so gut.« Bis zum 24. Juni hielt sich bei Rommel, der sich jetzt wieder täglich auf den Weg an die Front machte, noch eine gewisse Zuversicht. Dann holte ihn die Realität wieder ein. Niedergeschlagen von seinen Eindrücken während eines Besuchs beim LXXXIV. Korps nordöstlich von St.-Lô kehrte er gegen 23.00 Uhr nach La Roche-Guyon zurück. Ruge hielt fest: Feldmarschall »sehr ernst, da Verluste der Infanterie außerordentlich groß. Materielle Überlegenheit des Gegners eben zu hoch.«

Am folgenden Tag machte der neue Oberquartiermeister West, Oberst Eberhard Finckh, seinen Antrittsbesuch in La Roche-Guyon. Finckh galt als Organisationstalent und war von seinem Chef, General der Artillerie Wagner, geschickt worden, um die katastrophale Nachschublage in Frankreich auf Vordermann zu bringen. Finckh war wie Wagner ein Mann des Widerstands und nutzte die Gelegenheit, um erneut bei Rommel vorzufühlen.

Rommels Haltung blieb unverändert. Nach wie vor lehnte er ein Attentat auf Hitler kategorisch ab. Laut Speidel beabsichtigte Rommel aber, »noch einmal zu Hitler zu fahren, um seine Forderung in ultimativer Form zu stellen«. Was im Falle des fruchtlosen Verstreichens eines Ultimatums konkret geschehen solle, mag Rommel zu diesem Zeitpunkt immer noch nicht bedacht haben. Aber es bestand für ihn kein Zweifel mehr, dass die Uhr auf fünf vor zwölf stand.

»Sie wollen nicht sehen, dass der Krieg schief geht«, klagte Rommel am selben Abend auf einem seiner Spaziergänge auf der Anhöhe hinter dem Schloss seinem Vertrauten Admiral Ruge. Rommel hatte eine Lieblingsbank, die malerisch unter zwei alten Zedern stand und von der man einen weiten Blick auf das Seinetal hatte. Im warmen Licht der Abendsonne gab sich Rommel auf der Bank seinen Gedanken hin. Zweifelnd gestand er sich jetzt selbst ein, dass Hitler eine magnetische Wirkung auf seine direkte Umgebung haben musste. Ruge hielt Rommels Worte in seinem Tagebuch fest: Hitler sei »immer in einer Art Rausch. Muss nun bald die Folgerungen ziehen. Weicht aber Entscheidungen aus.« Rommel starrte stumm in die Landschaft und sagte laut Ruge schließlich: »Scheußlich, einen Zusammenbruch so auf sich zukommen zu sehen.«

Bis zu diesem Zeitpunkt hatten die Alliierten etwa 850 000 Mann und 154 000 Fahrzeuge in ihren Brückenkopf gepumpt. Dem mörderischen Feuer der alliierten Schiffsartillerie und der Luftflotte hatten die deutschen Truppen fast nichts entgegenzusetzen. Bis zu 150 Kilometern hinter der deutschen Front wurde die Operationsführung zeitweise unmöglich. Wie von Rommel vorhergesehen, legten die circa 8000 alliierten Flieger nahezu alles, von dem sie annahmen, es sei für die deutsche Seite von militärischem Wert, in Schutt und Asche. Bitter rächte sich jetzt auch der »Befehlswirrwarr«, der immer wieder dazu führte, dass sich die wenigen verbliebenen deutschen Kräfte noch weiter verzettelten. Und über allen schwebte die verhängnisvolle Erwartung der zweiten Invasion, die immer noch ein Drittel aller Kräfte band. Es war nur noch eine Frage der Zeit, bis die Alliierten aus ihrem Brückenkopf in der Normandie zum vernichtenden Stoß ins Innere Frankreichs und nach Deutschland ansetzen würden. Wie eine »zum Zerreißen gespannte Kette«, so der stellvertretende Chef des Wehrmacht-

Den Krieg beenden. Mit Blumentritt, Speidel (v. l. n. r.) und Rundstedt (r.), La Roche-Guyon, 26. Juni 1944

führungsstabs, Walter Warlimont, umschlossen die deutschen Kräfte »den Landeraum des Gegners in der Normandie. Von Angriff und ›Zerschlagen‹ konnte nun nicht mehr die Rede sein«. Die deutsche Strategie war endgültig in die Defensive geraten.

Je ernster die Lage wurde, umso hartnäckiger forderte Hitler das Festhalten an jedem »Fußbreit Boden« ein. Sein besonderes Augenmerk galt in diesem Augenblick der Hafenstadt Cherbourg, die um jeden Preis gehalten werden sollte. Um den drohenden Untergang der Festung zu verhindern, forderte der Diktator unverzüglich eine Entsatzoffensive zu starten. Rundstedt und Rommel aber waren die Hände gebunden. Der Mangel an Truppen, Munition, Benzin und Panzern machte jedes Unternehmen unmöglich. Die beiden Feldmarschälle lehnten Hitlers Befehl rundweg ab. Als Rundstedt am 26. Juni im Führerhauptquartier auch noch die Genehmigung einer an sich völlig unbedeutenden Frontbegradigung beantragte, fühlte Hitler, der diese Rücknahme der Front sofort untersagte, sich in seinem ohnehin bestehenden Misstrauen bestätigt. Seine Oberbefehlshaber im Westen schienen resigniert zu haben. Am Nachmittag kam es zu einem heftigen Zusammenstoß zwischen dem Chef des Oberkommandos der Wehrmacht Keitel und Rundstedt. Rundstedt brüllte am Ende eines Telefongesprächs ungehalten in den Hörer: »Was Ihr machen sollt? Schluss sollt Ihr machen mit dem Krieg, Ihr Idioten!« Vierundzwanzig Stunden später wurden Rundstedt, Rommel und die Befehlshaber der Luftwaffe und Marine in Frankreich zu einer Lagebesprechung auf den Berghof befohlen.

Hitler wandte seine übliche Taktik an, um in seinen Augen aufsässige Untergebene schon vor dem Gespräch mürbe zu machen: Die Lagebesprechung war auf ein Uhr mittags angesetzt. Fünf Stunden ließ er die Oberbefehlshaber aus Frankreich warten, dann erst wurden sie in die große Halle des Berghofs gebeten. Hitler stand an dem Tisch mit der roten Marmorplatte, auf dem die Lagekarten ausgebreitet lagen, und hatte sich wohl vorgenommen, Rundstedt und Rommel diesmal keine Chance für irgendwelche unangenehmen Fragen zu geben. Den realistischen Vortrag über die hoffnungslose Lage im Westen konterte der Diktator wie üblich mit Optimismus. Und die mehrfach vorgetragene Bitte, Hitler dringend allein sprechen zu dürfen, überging dieser stillschweigend. Unverrichteter Dinge verließen die Feldmarschälle nach drei Stunden ernüchtert den Berghof und traten den Rückweg nach Frankreich an.

Rommel sollte Hitler zum letzten Mal in seinem Leben an diesem 26. Juni 1944 gesehen haben. Der Bann war gebrochen. Anders als bisher hatte die Begegnung ihn nicht mehr von seinem Weg abgebracht. Schweigend saß Rommel am nächsten Morgen beim Frühstück in La Roche-Guyon. Ruge wunderte sich, dass diesmal kaum etwas von Rommel über den Besuch im Führerhauptquartier zu erfahren war. Und Rommels Bursche Rudolf Loistl war erstaunt, seinen Chef nach der Rückkehr aus Berchtesgaden erstmals Kritik an Hitler üben zu hören: »Der Mann ist einfach nicht da. Man kann reden, was man will, der sieht durch einen durch, der hört einem gar nicht zu …« Die Zweifel an Hitler begannen endlich seine Bewunderung, seine Dankbarkeit und Treue zu überwiegen.

Am 1. Juli '44 kam der Militärbefehlshaber Belgien nach La Roche-Guyon. Noch im März des Jahres hatte General Alexander von Falkenhausen in Brüssel erfolglos versucht, Rommel für den geplanten Umsturz zu gewinnen. Diesmal aber, so stellte Falkenhausen erleichtert fest, »war er sehr aufgeschlossen und entschlossen«. Das bedeutete nicht, dass Rommel damit dem Attentat schon zugestimmt hätte. Aber er teilte die Meinung, dass die Katastrophe um jeden Preis aufgehalten werden müsse. Einer seiner Stabsoffiziere traf Rommel in diesen Tagen im Wäldchen hinter dem Schloss. Oberstleutnant Anton Staubwasser hatte die Nacht über durchgearbeitet und wollte noch für einen Moment frische Luft schnappen, als er den Feldmarschall auf dessen Lieblingsbank sitzen sah. Rommel bat ihn zu sich und begann vor Staubwasser seine Gedanken auszubreiten: »Deutschland hat den Krieg verloren. Diese unabwendbare Tatsache muss der Führer einsehen … jetzt ist der Zeitpunkt gekommen, wo der Führer abtreten muss. Er hat das deutsche Volk durch seine Katastrophenpolitik und das fortgesetzte Eingreifen in die militärische Führung an den Rand des Abgrunds gebracht. Wir müssen jetzt Frieden schließen. Jeder Tag, den der Krieg noch länger dauert, wird weitere, nicht mehr zu vertretende Menschenverluste, Zerstörungen und Verwüstungen bringen und ist deshalb ein Verbrechen.« Noch immer setzte Rommel in seinen Gedanken auf die Alliierten.

Admiral Ruge entdeckte den Feldmarschall am nächsten Abend im großen Saal des Schlosses. Es hatte zu regnen begonnen, und schweigend starrte Rommel auf die Tropfen, die ihre Bahn über die Fenster zogen. Wieder kam das Gespräch auf die Lage. Rommel fragte sich, ob eine »Lösung mit Russland oder mit den Anglo-Amerikanern« möglich sei. Ruge notierte in sein Tagebuch: »Rommel für die westliche [Lösung]. Es wird aber Zeit, dass die Politiker handeln, solange sie noch irgendeinen Trumpf in der Hand haben. F[eldmarschall] wünscht sich, dass die nächsten Wochen vorbei wären. Sehr ernst.« Es war nur noch eine Frage von Tagen, bis Rommel erkennen würde, dass er selbst es war, der handeln musste.

In Paris war an diesem 2. Juli ein Adjutant Hitlers eingetroffen und hatte Feldmarschall von Rundstedt das Eichenlaub zum Ritterkreuz überbracht. Außerdem hatte der Bote ein »herzlich gehaltenes« Handschreiben des Diktators für Rundstedt im Gepäck, das ihm nahe legte, aus Gesundheitsgründen zurückzutreten. Rundstedts Tage waren gezählt. Sein Nachfolger hatte schon während der Lagebesprechung vom 29. Juni auf dem Berghof gewartet: Hans Günther von Kluge. Der 61 Jahre alte Feldmarschall kam wie Rommel aus dem aufstrebenden Bürgertum – sein Vater war erst 1913 geadelt worden – und galt als begabter Militär. Ebenso ehrgeizig wie zielstrebig war der Generalfeldmarschall bei Hitler »persona gratissima« und genoss das uneingeschränkte Vertrauen des Diktators. Obwohl Kluge sich während seiner Zeit als Oberbefehlshaber der Heeresgruppe Mitte in Russland 1942 dem Widerstand angenähert hatte, war sein Verhältnis zu Hitler nicht eindeutig festgelegt. Wie ein »glimmender Docht«, so Fabian von Schlabrendorff, der dem Widerstand angehörte, erlag er immer wieder der Faszination des Diktators. Im Oktober 1943 verunglückte Kluge bei einem Autounfall auf einer Fahrt nach Minsk. Seit seiner Genesung hatte er auf eine neue Aufgabe gewartet.

Hitler war überzeugt, mit Kluge die richtige Wahl getroffen zu haben, um das Blatt im Westen zu wenden. Auf dem Berghof machte er den eben ernannten Oberbefehlshaber West vor seiner Abreise für die neue Aufgabe scharf: »Die Invasion ist nur durch ein paar dumme Zufälle gelungen. So hat man mich zum Beispiel nicht rechtzeitig geweckt, und der Feldmarschall Rommel war gerade bei einer Geburtstagsfeier zu Hause. Im Übrigen ist auch von den Oberbefehlshabern im Westen nicht energisch genug geführt worden.« Erstaunt fragte Kluge, ob damit auch Rommel gemeint sei. Der Diktator hielt mit seiner Meinung nicht hinterm Berg: »Der Feldmarschall Rommel ist ein großer, begeisternder Führer im Siege, aber bei den geringsten Schwierigkeiten wird er ein kompletter Pessimist. Er hat auch keine Ausdauer.« In Hitlers Kalkül spielte Rommel auf dem militärischen Feld endgültig keine Rolle mehr. Die Sorge, die Ablösung des einstigen Helden von Afrika könne von den Gegnern propagandistisch ausgeschlachtet werden und im Volk Unruhe hervorrufen, mag ihm ein ähnliches Schicksal wie Rundstedts zunächst erspart haben. Rommel durfte bleiben, um den Preis der totalen Demontage seiner ohnehin beschränkten Befehlsgewalt.

Hitler verabschiedete Kluge mit den Worten: »Wenn Sie im Westen sind, dann tun Sie mir den Gefallen und sehen auch unserem Freund Rommel auf die Finger. Er muss Ihnen gehorchen!«

Hitlers Worte zeigten Wirkung. Kluges erster Besuch in La Roche-Guyon am 3. Juli begann mit einem Eklat: Ohne Rücksicht auf die Anwesenheit Speidels und eines weiteren Stabsoffiziers zu nehmen, überhäufte er Rommel mit schweren Vorwürfen über angebliche Versäumnisse bei der Abwehr der Invasion und blaffte schließlich, »nun müsse auch [Rommel sich] daran gewöhnen, Befehle auszuführen«. Rommel wurde laut und die Auseinandersetzung so erregt, dass Kluge die anwesenden Stabsoffiziere aus dem Zimmer schickte. Dann fuhr er fort, Rommel zu demütigen. Kluge verlangte von dem sieben Jahre jüngeren Feldmarschall, ihm sofort die Meldungen von der Front vorzulesen. Das war etwa so, als hätte er Rommel befohlen, ihm eine Tasse Kaffee zu bringen. Als Rommel sich weigerte, wurde Kluge unverschämt und sagte herablassend, »dass er ja eigentlich bisher nur eine Division geführt habe«. Auch dieser Schlag ging unter die Gürtellinie. Rommel war in Afrika lange Zeit Oberbefehlshaber einer ganzen Armee gewesen. Verbittert erwiderte Rommel: »Und Sie haben noch nie gegen die Engländer gekämpft!« Auch wenn das Gespräch gegen Ende langsam wieder normale Formen annahm, hinterließ der Auftritt Kluges und der Vorwurf, am Scheitern der Abwehr der Invasion mit schuld zu sein, tiefe Spuren bei Rommel.

Erregt diktierte er nach Kluges Abfahrt eine harsche Stellungnahme, in der er noch einmal Punkt für Punkt festhielt, warum die Abwehr der Invasion seiner Ansicht nach gescheitert war. Von der Überalterung der Truppe über die mangelnde Truppenstärke, den ungenügenden Nachschub, den kleckerweisen Einsatz der Divisionen, die mangelnde Präsenz von Kriegsmarine und Luftwaffe bis hin zur unbefriedigenden Befehls-

Nie gegen die Engländer gekämpft. Feldmarschall Hans Günther von Kluge

führung und -gliederung sprach er deutlich jeden der Missstände an. Das Schreiben wurde noch am selben Tage an das Führerhauptquartier geschickt. Rommel wusste, dass seine »Betrachtungen« Hitler nur noch mehr reizen würden, aber der Vorwurf wog zu schwer, um ihn auf sich sitzen zu lassen. Irgendetwas ausrichten, so viel war jetzt klar, konnte er bei dem Diktator ohnehin nicht mehr. Rommel hatte nun erkannt, warum Hitler ihn auf seinem Posten belassen hatte. Bitter beklagte er sich am Abend bei Admiral Ruge: »Er [Rommel] müsse seinen Namen hergeben«, so Ruge in seinem Tagebuch, »aber mit dem Namen allein sei es eben auch nicht zu machen.«

Zwei Tage später schickte Rommel seine Betrachtungen auch an Kluge. Das Begleitschreiben, ohne Anrede und den üblichen Hitlergruß, zeigte, wie aufgewühlt er noch immer war. Er schloss mit den Worten: »Ihr zu Beginn Ihres Besuches … gemachter Vorwurf, ›nun müsse auch ich mich daran gewöhnen, Befehle auszuführen‹, hat mich tief verletzt. Ich bitte Sie mir mitzuteilen, welche Gründe Sie gehabt haben, diesen Vorwurf gegen mich zu erheben.«

Feldmarschall Kluge war mittlerweile an die Front aufgebrochen, um sich selbst ein Bild vor Ort zu machen. In letzter Sekunde hatten seine Stabsoffiziere ihn davon abhalten können, die Reise, wie er es von Russland her gewohnt war, mit dem Fieseler-Storch zu unternehmen. Das hätte bei der Luftüberlegenheit der Alliierten seinen sicheren Tod bedeutet. Aber auch auf der Straße wurde die Fahrt ein lebensgefährliches Unternehmen. Mehrmals beschossen Tiefflieger den Wagen des Feldmarschalls, und immer wieder musste Kluge im Straßengraben Deckung suchen. Stunden später als geplant traf er am ersten Ziel seiner Etappe, dem Gefechtsstand des LXXXIV. Armeekorps, ein. Die Lage war aufs Äußerste angespannt. Noch war es den britischen und amerikanischen Truppen nicht gelungen, den entscheidenden Ausbruch aus dem Brückenkopf zu führen. Doch die Angriffe wurden von Tag zu Tag massiver und wütender. Allein acht amerikanische Divisionen rannten hier seit dem 3. Juli an sechs verschiedenen Stellen zwischen Portbail und Carentan in »Einzelfrontalangriffen« Tag und Nacht gegen die deutschen Stellungen an. Mit eigenen Augen sah Kluge auch die mörderische Wirkung der gegnerischen Schiffsartillerie und

Luftwaffe auf die eigene, fast ungeschützte Truppe. Im Angesicht dieses Infernos erkannte er, dass Hitler ihn getäuscht hatte. Statt der anfänglichen Herablassung empfand Kluge mit einem Mal Hochachtung vor den Soldaten und ihren Offizieren. Und er war ehrlich genug, seinen Fehler einzugestehen. Von der Front zurückgekehrt, besuchte ihn Rommel am 7. Juli in St.-Germain. Kluge nahm seine Vorwürfe ausnahmslos zurück und bat den gedemütigten Feldmarschall um Verzeihung für sein Verhalten. »Aus dem Saulus«, so bemerkte Speidel zufrieden, »wurde ein Paulus«, mit dem der Widerstand nun wieder rechnen konnte.

Nur Rommel musste jetzt noch für den letzten Schritt gewonnen werden. Abend für Abend nach Dienstschluss suchte Caesar von Hofacker in diesen Tagen General Stülpnagel in seinem Arbeitszimmer im berühmten Hotel »Majestic«, dem Sitz der Militärverwaltung, auf, um darüber zu beraten. Bis tief in die Nacht entwarfen sie eine Denkschrift, die alle entscheidenden Punkte noch einmal zusammenfasste und bei dem Gespräch mit dem Feldmarschall als Argumentationshilfe dienen sollte.

Am Sonntag, den 9. Juli war es dann so weit. Hofacker machte sich auf den Weg nach La Roche-Guyon, um Rommel auf das Attentat einzuschwören. Er hatte seine Trümpfe wohl sortiert. Sein Vater war im Ersten Weltkrieg Generalleutnant der Königlich Württembergischen 26. Infanteriedivision gewesen, die mit der 14. Armee die Offensive aus dem Isonzotal geführt hatte. Hofacker, ein Schwabe wie Rommel, war ihm somit sicher nicht ganz unbekannt. Stabschef Speidel hatte das Seine getan, um Rommel auf den Besuch vorzubereiten. Und so empfing der Feldmarschall den Oberstleutnant zum Gespräch unter vier Augen schon mit der Frage: »Was haben Sie mir zu sagen?« Hofacker ließ jetzt jede Zurückhaltung fallen und ging aufs Ganze: Mitreißend trug er aus der Denkschrift von den Plänen Stauffenbergs für ein Attentat auf Hitler und den Umsturzvorbereitungen der Berliner Gruppe vor. Im Westen, so Hofacker weiter, solle nach dem geglückten Attentat der Kampf unverzüglich eingestellt und die besetzten Länder geräumt werden. Und dafür werde der Feldmarschall gebraucht.

Rommel soll einen kurzen Moment geschwiegen und nachgedacht haben. Am Vortag hatte die britische 2. Armee zum Stoß auf Caen angesetzt.

»Die interessanteste Stunde meines Lebens«. Caesar von Hofacker

Der Angriff hatte mit einem Trommelfeuer von über 80 000 Granaten und einem Teppich von 2500 Tonnen Bomben begonnen und wurde »mit steigender Erbitterung und Masseneinsatz von Menschen und Material geführt«. An vielen Stellen war es den Briten gelungen, in die deutschen Stellungen einzubrechen, und schon nach 24 Stunden musste Caen geräumt werden. Die Offensive der Alliierten hatte begonnen, und Rommel malte für Hofacker jetzt ein düsteres Szenario: »... der Nachschub des Feindes [werde] in etwa 14 Tagen eine erschütternde Übermacht an Menschen und Material geschaffen haben ... der die ... Invasionsfront bestenfalls noch 6 Wochen Widerstand leisten könne.«

Bis heute sind der Inhalt des Gesprächs mit Hofacker und Rommels Reaktion darauf nicht eindeutig geklärt. Zwar hatte schon Keitel bei einer Vernehmung in Nürnberg am 28. September 1945 ausgesagt, Hofacker habe

275

»Durchaus im Bilde«. Rommel, Juli 1944

der Gestapo gestanden, dass »Rommel, nach einigem Nachdenken, gesagt hätte, dass sie auf ihn zählen konnten«. Dennoch haben andere, widersprüchliche Quellen, vor allem Speidel, der sein Leben lang darauf beharrte, dass das geplante Attentat nicht mit einem Wort angesprochen worden sei, das Bild unscharf gemacht. Ein bislang unveröffentlichtes Dokument belegt jetzt einwandfrei, dass Rommel in diesem Gespräch vom Attentat erfahren hatte und es auch billigte. Es handelt sich um eine Aktennotiz des Sekretärs des Führers, in der Martin Bormann am 27. September 1944 schrieb: »… der ehemalige General Stülpnagel wie der ehemalige Oberst von Hofacker, der inzwischen hingerichtete Neffe Kluges, Oberstleutnant Rathgens, und verschiedene der jetzt noch lebenden Angeklagten [haben ausgesagt], Feldmarschall Rommel sei durchaus im Bilde gewesen; Rommel habe erklärt, dass er der neuen Regierung nach gelungenem Attentat zur Verfügung stehen würde.«

Erleichtert machte sich Hofacker auf den Rückweg. Noch am selben Abend erfuhren die Männer des Widerstands in Paris von dem sensationellen Ausgang des Gesprächs mit Rommel. »Ich habe soeben wohl die interessanteste Stunde meines Lebens erlebt«, teilte Hofacker überglücklich als Erstem seinem Freund Dr. Gotthard Freiherr von Falkenhausen im Hotel »Royal Monceau« mit. »Ich bin aufs Ganze gegangen«, so Hofacker weiter, »und habe dem Feldmarschall völlig reinen Wein eingeschenkt.« Als Nächste erfuhren es Stülpnagel und Dr. Friedrich Freiherr von Teuchert. »Was diese Nachricht für uns bedeutete«, so Teuchert in seinen Erinnerungen, »kann man sich vielleicht auch heute noch vorstellen. Nach all dem entnervenden Warten schien jetzt endgültig festzustehen, dass die Zeit der Worte vorbei sei. Hofacker bat mich, umgehend den Entwurf eines Schreibens an das alliierte Hauptquartier für Rommel zu beschaffen. Es sollte von der Absicht Kenntnis geben, die Feindseligkeiten auf eigene Faust einzustellen …«

Teuchert beauftragte am nächsten Tag den eingeweihten Kriegsverwaltungsrat Walter Bargatzky mit der Ausarbeitung des Schreibens, »das Rommel an Feldmarschall Montgomery richten wolle«. Bargatzky erinnerte sich nach dem Krieg an seinen ungewöhnlichen Inhalt: »… weisungsgemäß [enthielt es] nur die Bitte um anfängliche Geheimhaltung und um ehrenvolle Behandlung der Truppe nach der Kapitulation.«

Zur gleichen Zeit befand sich Hofacker schon auf dem Weg nach Berlin, um dort Bericht zu erstatten.

Da die Bahnlinien von und nach Paris durch die alliierten Luftangriffe zerstört waren, ließ er sich im Wagen bis nach Metz mitnehmen. Am Steuer saß der Chef der Militärverwaltung in Paris, Dr. Elmar Michel. Auch er ein Mann des Pariser Widerstands. Noch einmal kam Hofacker auf sein Gespräch mit Rommel zurück: »Generalfeldmarschall Rommel«, so Michel später über Hofackers Bericht, »habe sich voll zur Verfügung gestellt und bereit erklärt, auf dem westlichen Kriegsschauplatz die Waffenstillstandsverhandlungen zu führen. Es handle sich nun noch darum, den Generalfeldmarschall dazu zu gewinnen, dass er die Popularität seiner Person und seines Namens ganz zur Verfügung stelle, indem er eine Art Schutzherrschaft über die neue Regierung ausübe.«

Am 11. Juli traf Hofacker in Berlin auf seinen Vetter. Claus Graf von Stauffenberg kam direkt aus Berchtesgaden, wo er zum ersten Mal versucht hatte, in der Morgenbesprechung mit Hitler die Bombe zu zünden. Nur weil der Reichsführer SS Heinrich Himmler fehlte, hatte Stauffenberg das Unternehmen in letzter Minute wieder gestoppt. Am selben Abend hielt Hofacker dann auch Vortrag bei Ludwig Beck. Becks Reaktion war eindeutig: »Er nennt es eine Charakterlosigkeit«, so Hans Bernd Gisevius, der heimlich aus Zürich angereist war und sich im Untergrund aufhielt, »mit der sich [Rommel] jetzt dem Schrei nach einem Putsche anschließt. Dieser einst so überzeugte Nazi habe … die Forderung aufgestellt, es müssten bei dem Attentat alle drei, Hitler, Göring und Himmler, auf einmal verschwinden. Darüber hinaus habe er wissen lassen, auch dann sei es besser, er trete nicht gleich beim ersten Akt hervor, besser halte man ihn als Trumpf in Reserve. Beck hat keinen Zweifel, dass dieser Bericht des Pariser Mittelsmannes Caesar von Hofacker richtig ist – aber er denkt mit Missbehagen daran, wie grundanders Rommel noch vor wenigen Monaten die Kriegslage beurteilte.« 1946 legte Gisevius vor dem Internationalen Gerichtshof in Nürnberg nach: »Also, es ist eben immer ein sehr großes Problem, ob diese Herren unserer Gruppe beitraten als geschlagene Größen, wann diese Herren kamen, ob als Leute, die ihre Pension retten wollten, oder als Leute, die von Anfang an sich für Anstand und Ehre einsetzten.«

Die Kritik traf Rommel zu Unrecht. Wohl war er eine »geschlagene Größe«, aber um seine »Pension« ging es ihm sicher nicht. Mag sein, dass der eigenwillige Feldmarschall den, wie es Joachim Fest genannt hat, »strengen Imperativen« der Männer des 20. Juli, »ihrer Moral und Gewissensnachdenklichkeit sichtlich fern stand«. Aber einen »Nazigeneral« kann man ihn bei genauerem Hinsehen kaum nennen. Allenfalls sein persönliches Verhältnis zu Hitler war lange Zeit tatsächlich geprägt von einer – aus heutiger Sicht geurteilt – erschreckend unkritischen Verehrung; und es blieb gespalten, buchstäblich bis in die letzte Stunde. Umso schwerer wiegt, dass er sich dennoch, in Sorge um die Zukunft seines Landes, und durchaus auch im Bewusstsein der Verbrechen des Regimes, nach einem langen inneren Prozess eindeutig gegen Hitler und für die richtige Seite entschied. Rommel wurde nicht zum »entschlossenste[n] Gegner Hitlers«, aber er hatte sicher den weitesten Weg von allen zurückgelegt. Es hatte lange gedauert, und er kam spät; doch nicht zu spät, um in diesen letzten Tagen zu einer der wichtigsten Figuren des ganzen Unternehmens zu werden.

Am Morgen nach dem Hofacker-Besuch brach Rommel wie üblich bei Sonnenaufgang mit seinem Horch auf zu einer Fahrt an die Front. Erstes Ziel war das LXXXVI. Armeekorps bei Troarn. Ein geplatzter Reifen zwang zu einer kurzen Pause. Während der Fahrer und Rommels Adjutant sich um den Wagen kümmerten, nahm Rommel den begleitenden Stabsoffizier Oberst Hans Lattmann beiseite. »Nun, Lattmann«, fragte der Feldmarschall nach einer Weile, »wie denken Sie denn über das Ende dieses Krieges?« Lattmann, der Rommel schon von Wiener Neustadt kannte und freundschaftlich mit der Familie verkehrt hatte, sprach offen aus, was er dachte: »Herr Feldmarschall, dass wir den Krieg nicht mehr gewinnen können, ist mir klar. Aber ich hoffe doch, dass wir noch so viel Kraft besitzen, dass es zu einem nicht zu harten Frieden kommt.« Offensichtlich hatte Hofackers Besuch vom Vortag einen tiefen Eindruck bei Rommel hinterlassen. Der Feldmarschall hatte den Plan der Verschwörer angenommen: »Ich will versuchen, aufgrund meines Ansehens bei den Alliierten mit dem Westen zu paktieren, gegen den Willen Hitlers und unter der Voraussetzung, dass sie uns erlauben, mit ihnen gemeinsam gegen Russland zu marschieren.«

Der Oberbefehlshaber

der Heeresgruppe B

Betrachtungen zur Lage.

Die Lage an der Front in der Normandie wird von Tag zu Tag
schwieriger und nähert sich einer starken Krise.
Die eigenen Verluste sind bei der Härte der Kämpfe, dem außergewöhnlich starken Materialeinsatz des Gegners, vor allem an Artillerie und Panzern, und der Wirkung der den Kampfraum unum-
schränkt beherrschenden feindlichen Luftwaffe derart hoch, dass
die Kampfkraft der Divisionen sehr rasch absinkt. Ersatz aus der
Heimat kommt nur sehr spärlich und erreicht bei der schwierigen
Transportlage die Front erst nach Wochen. Rund 97 000 Mann (darunter 2 360 Offiziere) an Verlusten - also durchschnittlich pro
Tag 2 500 bis 3 000 Mann - stehen bis jetzt 10 000 Mann im Ersatz
gegenüber. (davon rund 6 000 eingetroffen).
Auch die materiellen Verluste der eingesetzten Truppen sind außergewöhnlich hoch und konnten bisher in nur ganz geringem Umfan-
ge ersetzt werden, z.B. von rund 225 Panzern bisher 17.
Die neu zugeführten Infanterie-Divisionen sind kampfungewohnt und
bei der geringen Ausstattung an Artillerie, panzerbrechenden Waffen und Panzernahbekämpfungsmitteln nicht im Stande, feindliche
Großangriffe nach mehrstündigem Trommelfeuer und starken Bombenangriffen auf die Dauer erfolgreich abzuwehren. Wie die Kämpfe
gezeigt haben, wird bei dem feindlichen Materialeinsatz auch die
tapferste Truppe Stück für Stück zerschlagen und verliert damit
Menschen, Waffen und Kampfgelände.
Die Nachschubverhältnisse sind durch Zerstörung des Bahnnetzes,
die starke Gefährdung der Straßen und Wege bis 150 km hinter die
Front durch die feindliche Luftwaffe derart schwierig, dass nur
das Allernötigste herangebracht werden kann, und vor allem mit
Artillerie- und Werfermunition überall äußerst gespart werden muß.
Diese Verhältnisse werden sich voraussichtlich nicht bessern, da
der Kolonnenraum durch Feindeinwirkung immer mehr absinkt und die
feindliche Lufttätigkeit bei Inbetriebnahme der zahlreichen Flug-
plätze im Landekopf voraussichtlich noch wirkungsvoller wird.

Hitler die letzte Chance gegeben. Betrachtungen zur Lage, 15. Juli 1944

- 2 -

Neue nennenswerte Kräfte können der Front in der Normandie ohne
Schwächung der Front der 15. Armee am Kanal oder der Mittelmeer-
front in Südfrankreich nicht zugeführt werden. Allein die Front
der 7. Armee benötigt aber dringend 2 frische Divisionen, da die
dort befindlichen Kräfte abgekämpft sind.
Auf der Feindseite fliessen Tag für Tag neue Kräfte und Mengen
von Kriegsmaterial der Front zu. Der feindliche Nachschub wird
von der eigenen Luftwaffe nicht gestört. Der feindliche Druck wird
immer stärker.

Unter diesen Umständen muß damit gerechnet werden, dass dem Feind
in absehbarer Zeit gelingt, die dünne eigene Front, vor allem bei
der 7. Armee zu durchbrechen und in die Weite des französischen
Raumes zu stoßen. Auf anliegende Meldungen der 7. Armee und des
II. Fallsch. Jg. Korps darf ich hinweisen. Abgesehen von örtlichen
Reserven der Panzergruppe West, die zunächst durch die Kämpfe an
der Front der Panzergruppe gebunden sind und bei der feindlichen
Luftherrschaft nur nachts marschieren können, stehen keine beweg-
lichen Reserven für die Abwehr eines derartigen Durchbruchs bei
der 7. Armee zur Verfügung. Der Einsatz der eigenen Luftwaffe fällt
wie bisher nur ganz wenig ins Gewicht.
Die Truppe kämpft allerorts heldenmütig, jedoch der ungleiche
Kampf neigt dem Ende entgegen. Es ist m.E. nötig, die Folgerungen
aus dieser Lage zu ziehen. Ich fühle mich verpflichtet als Oberbefehlshaber der Heeresgruppe dies klar auszusprechen.

(gez) : R o m m e l .

HERIBERT ENGL Zeichner in Rommels Stab

»Und mein Kamerad Munninger hat mir das Fern-
schreiben gezeigt, und
dann habe ich gesagt:
›Hat er das weggeschickt?‹
Er antwortete: ›Ja.‹
Darauf habe ich gesagt:
›Dann ist er ein toter Mann.‹
Wortwörtlich.«

Für den 12. Juli hatte sich der Oberbefehlshaber West in La Roche-
Guyon angesagt. Nach dem Abendessen deckte Rommel seine Karten auf.
Ein letztes Mal wolle er Hitler ultimativ auffordern zu handeln, dann werde
er das Heft selbst in die Hand nehmen. Kluge verhielt sich abwartend.
Noch einmal sollten alle militärischen Führer nach ihrer Meinung befragt
werden, wie lange die Invasionsfront noch gehalten werden könne. Dann
würde man weitersehen. Nicht umsonst wurde er unter der Hand der
»kluge Hans« genannt. Doch Rommel nahm jetzt keine Rücksicht mehr
auf seinen zögernden Vorgesetzten. Er beauftragte Speidel, nach Paris zu
fahren, um Stülpnagel darüber zu informieren, dass er zum Handeln bereit
sei – mit oder ohne Kluge.

Am folgenden Abend ging Rommel zum letzten Mal mit Admiral Ruge
auf der Höhe hinter dem Schloss spazieren. Wie immer notierte Ruge
danach Rommels Gedanken in sein Tagebuch: »Feldmarschall leidet sehr
unter dem Druck, der auf allen liegt. Fragt immer mal: Wie wird es in vier
Wochen aussehen? Ob wir da über das Schlimmste hinaus sind? Hat die
Überzeugung, dass die Front nicht mehr lange halten kann, dass der politische Entschluss kommen muss.« Dann, wie in einem Akt der Selbst-

beschwörung, ungewöhnliche Worte für einen Mann, der Mitwisser des Attentats ist und sich vorgenommen hat, Hochverrat zu begehen: »Andererseits Führer großer Mann, hat politischen Instinkt, müsste von sich aus auf die richtige Lösung kommen.«

Immer noch hatte Rommel die Hoffnung nicht ganz aufgegeben, Hitler könne einlenken. Am 15. Juli redigierte er ein letztes Mal seine »Betrachtungen zur Lage«. Die ersten zwei Seiten hatte Speidel entworfen und mit den Worten begonnen: »Die Lage an der Front in der Normandie wird von Tag zu Tag schwieriger und nähert sich einer starken Krise.« Es folgte ein schonungsloser Bericht über den sicheren Zusammenbruch der Westfront. An das Ende fügte Rommel sein Ultimatum: »Die Truppe kämpft allerorts heldenmütig, jedoch der ungleiche Kampf neigt dem Ende entgegen. Es ist m. E. nötig, die [politischen] Folgerungen aus dieser Lage zu ziehen. Ich fühle mich verpflichtet, als Oberbefehlshaber der Heeresgruppe dies klar auszusprechen.« Im letzten Moment konnte Speidel den Feldmarschall davon überzeugen, wenigstens das Wort »politische« zu streichen. Er fand es zu riskant, Hitler in dieser Lage unnötig zu reizen. Die Botschaft von Rommels mutigem Appell sei ohnehin klar genug.

Noch am selben Tag wurden die Betrachtungen an Kluge in St.-Germain zur Weiterleitung an das Führerhauptquartier geschickt. Rommel selbst war es verboten worden, sich noch einmal direkt an Hitler zu wenden.

Nachdem der Kurier La Roche-Guyon verlassen hatte, äußerte sich Rommel grimmig zu Speidel: »Ich habe ihm jetzt die letzte Chance gegeben. Wenn er keine Konsequenzen zieht, werden wir handeln.« Was er zu diesem Zeitpunkt nicht ahnte: Der »kluge Hans« würde das Schreiben vorsorglich zurückhalten. Es sollte Hitler erst zwei Wochen später erreichen.

Am Nachmittag des 15. Juli gegen 15.00 Uhr brach Rommel dann auf, um die Front zu inspizieren. Bei der 16. Luftwaffen-Feld-Division traf er auf einen alten Bekannten: Oberstleutnant Elmar Warning, den Mann, der Rommel in der Nacht vom 3. auf den 4. November 1942 in El Alamein zur Seite gestanden war. Er trug wegen der großen Hitze seine Khaki-Uniform aus Afrika, und Rommel freute sich offensichtlich, mitten in Frankreich einen »Afrikaner« zu treffen. Warning ließ es sich nicht nehmen, seinen

»Auf Dietrich im Ernstfall verlassen«. Sepp Dietrich (M.), 17. Juli 1944

Feldmarschall persönlich zum Wagen zurückzubegleiten. In einem ungestörten Augenblick machte er seinem Herzen Luft: »Herr Feldmarschall, was soll eigentlich hier werden?« Rommel blieb einen Augenblick stehen und sah Warning prüfend an. Dann sagte er: »Ich will Ihnen etwas sagen. Der Feldmarschall von Kluge und ich haben dem Führer ein Ultimatum gestellt, und in dem bringen wir zum Ausdruck, dass der Krieg militärisch nicht zu gewinnen ist und er eine politische Entscheidung treffen muss.« Warning war nicht wirklich überzeugt: »Und was, wenn der Führer das ablehnt?« Rommel antwortete ganz ruhig: »Dann mache ich die Westfront auf, denn es gibt nur noch eine wichtige Entscheidung, nämlich: Wir müssen dafür sorgen, dass die Anglo-Amerikaner eher in Berlin sind als die Russen!«

Vom nächsten Tag an begann Rommel mit den konkreten Vorbereitungen für den geplanten Waffenstillstand. Insbesondere galt sein Augenmerk den Kommandeuren der SS-Panzerdivisionen. Rommel musste herausfinden, wie sich Hitlers Elitetruppen im Fall »selbständiger Entschlüsse« verhalten würden. Am 17. Juli bot sich die Gelegenheit, auf Frontbesuch südlich von Caen mit den Kommandierenden Generalen des 1. und 2. SS-Panzerkorps, Obergruppenführer Josef »Sepp« Dietrich und Gruppenführer Wilhelm Bittrich, zu sprechen. Bittrich sparte nicht mit Kritik an der obersten Wehrmachtführung, bis Rommel ihn ermahnte: »Sie führen eine gefährliche Sprache, Herr Bittrich!« Obwohl Bittrich für sein gespanntes Verhältnis zu Himmler bekannt war, musste Rommel außerordentlich vorsichtig vorgehen. Erst als Bittrich von selbst noch einmal darauf zurückkam, dass er gegen die Befehle von oben einen kurzen Waffenstillstand mit den Engländern für den Austausch von Verwundeten vereinbart hatte, wagte sich Rommel aus der Reserve und sagte: »Ich habe auch schon versucht, mit den Engländern Fühlung zu bekommen.« Bei der Verabschiedung nahm Rommel den General der Waffen-SS beiseite und eröffnete ihm unter vier Augen: »Herr Bittrich, ich würde mich ja einer neuen Staats- und Wehrmachtführung zur Verfügung stellen – vorausgesetzt, dass kein Attentat auf den Führer unternommen wird!«

Noch vorsichtiger musste Rommel anschließend bei Sepp Dietrich vorgehen. Der Bauernsohn aus Niederbayern war einer der ältesten Anhänger Hitlers und für seinen Mut und sein Draufgängertum ebenso berühmt wie berüchtigt. Mit Dietrichs Division, der »Leibstandarte Adolf Hitler«, hatte Rommel in Italien 1943 bittere Erfahrungen machen müssen. Aber auch Hitlers Mitkämpfer konnte seine Augen vor der Lage in Frankreich nicht mehr verschließen. Als Rommel tastend fragte, ob Dietrich auch dann den Befehlen Rommels folgen würde, wenn sie nicht im Einklang mit denen des »Führers« stünden, war er erstaunt, den Obergruppenführer in seinem breiten Bayrisch antworten zu hören: »Sie, Feldmarschall, sind mein Oberbefehlshaber; ich gehorche nur Ihnen, was Sie auch vorhaben werden.« Zufrieden meinte Rommel auf dem Rückweg nach La Roche-Guyon zu seinem Adjutanten: Auf Dietrich »werde er sich im Ernstfall verlassen können«.

Auf dem Gefechtsstand der Panzergruppe West legte Rommel gegen 17.00 Uhr an diesem Tag seinen letzten Zwischenstopp ein. Er fand den General der Panzertruppen Heinrich Eberbach in seinem Quartier. Ohne Umwege kam Rommel auf den Punkt: »Eberbach, ich möchte von Ihnen eine ungeschminkte Beurteilung der Kriegslage hören.« Eberbach, ein Schwabe wie Rommel, war Anfang Juli Nachfolger von Geyr geworden. Er hatte den Feldmarschall erst zweimal gesehen. Auch er sah keine Chance mehr, die Niederlage im Westen abzuwenden. Rommel nickte nur kurz: »Einverstanden – aber können Sie sich vorstellen, dass der Gegner sich mit uns in irgendwelche Verhandlungen einlässt, solange Hitler bei uns an der Spitze ist?« Rommel schien nur darauf gewartet zu haben, dass Eberbach verneinte: »So kann es nicht weitergehen. Hitler muss weg.« In kurzen Worten entwarf Rommel sein Szenario vom Waffenstillstand im Westen bis hin zur Fortsetzung des Kampfes im Osten. Bevor Eberbach noch nachfragen konnte, war Rommel schon wieder im Aufbruch. »Ich muss jetzt leider zu meinem Stab. Über Einzelheiten sprechen wir bald. Aber ich verlasse mich auf Sie. Wir müssen in dieser Sache zusammenarbeiten um unseres deutschen Volkes willen, das so unglaublich anständig gekämpft hat.«

Zwei Tage waren nun schon vergangen, seit Rommel das Ultimatum abgeschickt hatte. Er durfte keine Zeit mehr verlieren und war jetzt bereit, notfalls auch ohne das Attentat, auf eigene Faust zu handeln.

Die 602. Staffel der Royal Airforce, die den Namen der schottischen Stadt Glasgow trug, war am 25. Juni nach Frankreich verlegt worden. Schon seit Stunden machten sechs Spitfires der 602. im Raum Livarot Jagd auf alles, was sich am Boden bewegte. Die Straßen waren gesäumt von ausgebrannten Autowracks und den Leichen getroffener Soldaten. Gegen 18.00 Uhr entdeckten zwei der Spitfire-Piloten, Jacques Remlinger und Bruce Oliver, den offenen Horch-Kübelwagen von Rommel in hoher Geschwindigkeit auf der Straße von Livarot nach Vimoutiers.

Rommels Luftspäher, der Obergefreite Karl Hulke, entdeckte die Jäger im selben Augenblick. Beinahe automatisch drückte der Fahrer, Oberfeldwebel Karl Daniel, das Gaspedal durch. Er wollte versuchen einen circa 300 Meter entfernten Hohlweg zu erreichen, um den Wagen in Sicherheit zu bringen. Rommel war, einer alten Gewohnheit aus Afrika folgend, aufgesprungen, und hielt sich mit den Händen an der Windschutzscheibe fest. Die zwei Spitfires hatten eingedreht und näherten sich mit rasender Geschwindigkeit im Sturzflug ihrem Ziel. Wenige Sekunden später hatte Captain Remlinger den Wagen im Visier. Der erste Schuss seiner 2-cm-Munition jagte auf das Fahrzeug zu und traf den Stabsoffizier Major Neuhaus am Becken. Aber Neuhaus hatte Glück. Die Sprenggranate prallte von seiner ledernen Pistolentasche ab und drang in die linke Schulter des Fahrers. Die Wucht des Geschosses war verheerend. Daniels linker Arm hing nur noch an den Sehnen am Körper. Er verlor die Kontrolle über den Wagen. Rommel stieß mit dem Kopf gegen die Windschutzscheibe, wurde herausgeschleudert und schlug mit dem Kopf auf dem Asphalt auf. Seine Ordonnanz, Hauptmann Hellmuth Lang und Hulke waren aus dem Wagen gesprungen. Rommel lag regungslos auf der Straße. Blut tropfte aus dem Auge und der Nase. Schon drehten die Spitfires ein, um von Neuem anzugreifen. In letzter Sekunde gelang es Lang und Hulke, den ohnmächtigen Feldmarschall in das rettende Unterholz zu schleppen.

Erst nach einer Dreiviertelstunde konnte Lang einen vorbeikommenden Wagen requirieren. In Livarot wurde Rommel in einem Ordenskrankenhaus notdürftig versorgt, bis er noch am selben Tag in das Luftwaffenlazarett in Bernay überführt werden konnte. Die ersten Röntgenaufnahmen zeigten einen schweren Schädelbasisbruch, zwei Brüche an der Schläfe und die Zertrümmerung des Wangenknochens. Erst am nächsten Morgen kam Rommel wieder zu Bewusstsein. Sein Fahrer Daniel war in der Nacht trotz mehrerer Bluttransfusionen seinen schweren Verletzungen erlegen. Stülpnagel, der in Paris von dem Unfall erfuhr, zeigte sich zutiefst erschüttert und sagte fassungslos: »Das fehlt gerade noch!«

Rommels Verletzungen waren schwer, aber die Ärzte machten ihm Hoffnung, dass er wieder vollkommen genesen werde. Zwischen den rasenden Kopfschmerzen jagten die Gedanken Rommels an die Front und zu

Eindeutiges Vorzeichen. Rommels Horch-Kübelwagen nach dem Tieffliegerangriff, 17. Juli 1944

den Männern des Widerstands. Wieder würde er im entscheidenden Moment fehlen. Wieder würde die Geschichte einen anderen Lauf nehmen, weil er, ans Bett gefesselt, zur Untätigkeit verdammt worden war. Ernst Jünger schrieb im Vorwort zu seinen »Strahlungen«: »Der Treffer, den er am 17. Juli 1944 auf der Straße nach Livarot erhielt, beraubte den Plan der einzigen Schultern, denen das fürchterliche Doppelgewicht des Krieges und Bürgerkrieges zuzutrauen war – des einzigen Mannes, der Naivität genug zum Widerpart der fürchterlichen Simplizität der Anzugreifenden besaß. Er war ein eindeutiges Vorzeichen.«

Am 21. Juli 1944 kam Rommels Ordonnanzoffizier Hellmuth Lang wie jeden Morgen in das Zimmer seines Chefs. Rommel, der sein linkes Auge nicht mehr öffnen konnte, blinzelte seinem Adjutanten erwartungsvoll entgegen. Doch diesmal brachte Lang keine Neuigkeiten von der Front. Am Vortag war im Führerhauptquartier in Ostpreußen ein Attentat auf Hitler verübt worden. Der Diktator hatte überlebt. Lang konnte sich noch 30 Jahre später genau an Rommels ungewöhnliche Reaktion erinnern: Der Feldmarschall »wurde bleich wie eine Wand«.

10
WAHRHEIT

In den frühen Vormittagsstunden des 20. Juli 1944 klingelte im Dienstzimmer des neuen Oberquartiermeisters West in Paris das Telefon. Oberst Eberhard Finckh, einer der Männer aus dem Widerstandskreis um General Stülpnagel, hob den Hörer ab. »Übung«, rief eine Stimme ins Telefon und legte auf. Finckh war sofort alarmiert. »Übung«, das bedeutete den ersten Teil des mit den Berliner Verschwörern vereinbarten Codeworts. Der Umsturz stand bevor. Kurz nach 14.00 Uhr folgte dann das zweite Stichwort: »Abgelaufen.« Das stand für ein erfolgreich ausgeführtes Attentat auf Hitler – der Staatsstreich würde anlaufen. Finckh begab sich umgehend zum Hauptquartier des Oberbefehlshabers West in St.-Germain. Doch Feldmarschall Kluge, der nach Rommels Verwundung auch den Oberbefehl über die Heeresgruppe B übernommen hatte, befand sich auf Inspektionstour an der Front. Finckh informierte an seiner Stelle den nicht eingeweihten Stabschef Günther Blumentritt über die Ereignisse im Führerhauptquartier.

Blumentritt verlangte sofort eine Telefonverbindung nach La Roche-Guyon. Am Telefon war Rommels Stabschef Hans Speidel. Nach einer kurzen Begrüßung sagte Blumentritt: »In Berlin ist etwas passiert«, und fügte mit gedämpfter Stimme an: »Tot.« Speidel begriff sofort, zögerte aber zu antworten. Hektisch kurbelte er am Fernsprecher, so als sei die Verbindung schlecht, und rief immer wieder, er habe nichts verstanden. Dann legte er auf.

Vieles spricht dafür, dass in den vorangegangenen Monaten nicht nur Speidel auf Rommel eingewirkt, sondern vielmehr auch der Feldmarschall seinem Stabschef Halt gegeben hatte. An diesem 20. Juli jedenfalls verließ Speidel offensichtlich der Mut. Obwohl es an der Westfront so ruhig war wie schon lange nicht mehr, behauptete er später, es sei bei St.-Lô und Caen eine Abwehrkrise eingetreten, die ihn so in Beschlag genommen habe, dass er von den anderen Entwicklungen nur am Rande erfahren habe.

Um 17.42 Uhr brachte der Inlanddienst des Deutschen Nachrichten Büros zum ersten Mal die Meldung, dass ein Attentat auf Hitler verübt worden war. Der »Führer« aber sei am Leben. Kurz darauf kehrte Kluge von seiner Frontfahrt nach La Roche-Guyon zurück. Speidel informierte ihn unverzüglich über die Lage. Gegen 18.00 Uhr wurde Kluge dann für ein wichtiges Ferngespräch ans Telefon gerufen. Am Apparat war Generaloberst Ludwig Beck, einer der Anführer des Widerstands in Berlin, der erklärte, das Attentat sei gelungen und der Ausnahmezustand für das Reich ausgerufen. Beschwörend forderte er Kluge auf, sich dem Umsturz anzuschließen: »Herr von Kluge, es geht jetzt um Deutschland!« Kluge erbat sich Bedenkzeit und versprach, unverzüglich zurückzurufen.

Kluge hatte zwei Optionen: Beck meinte, das Attentat sei gelungen, der Rundfunk meldete, der Diktator sei am Leben. Vorsorglich bat er zunächst den Militärbefehlshaber von Paris, General Stülpnagel, für 20.00 Uhr zu einer wichtigen Besprechung zu sich ins Schloss. Dann fasste er nach und erkundigte sich telefonisch beim Oberkommando des Heeres, dessen Stab in »Mauerwald« unweit der »Wolfsschanze« lag. Schwer atmend antwortete Generalmajor Helmuth Stieff, auch er ein Mann des Widerstands, auf die Frage, ob der »Führer« tot sei: »Nein. Mein Generalstabsoffizier ... hat eine Stunde nach dem Attentat mit ihm gesprochen.«

Auch wenn jetzt für Kluge kaum mehr ein Zweifel darüber bestehen konnte, dass das Attentat gescheitert war, schwankte er in den folgenden Stunden, ob er auf eigene Faust im Westen Frieden mit den Alliierten suchen sollte. Die Chancen standen schlecht. Anders als dem charismatischen Rommel würde ihm wohl kaum das ganze Westheer folgen. Insbesondere die Waffen-SS, aber auch die Verbände der Marine und der Luftwaffe galten als weitgehend hitlertreu. Am Ende würden deutsche Soldaten mitten im Krieg auf deutsche Soldaten schießen. »Kluge war ein großer Soldat und ein überaus vornehmer, grundanständiger Charakter«, so Rudolph-Christoph Freiherr von Gersdorff, ein Mann des militärischen Widerstands, nach dem Krieg, »aber der Rolle eines Revolutionärs und Staatsmannes, die das Schicksal ihm zuschob, war er einfach nicht gewachsen.«

Als Stülpnagel gegen 8.00 Uhr abends in Begleitung von Hofacker und Horst in La Roche-Guyon eintraf, hatte er sich entschieden. Noch einmal, im selben Zimmer, in dem er am 9. Juli vor Rommel gesprochen hatte, hielt Hofacker eine flammende Rede. Aber Kluge war nicht Rommel. Lapidar kommentierte er Hofackers Ausführungen mit den Worten: »Ja, meine Herren, eben ein missglücktes Attentat!« Ohne weiter darauf einzugehen, bat Kluge im Anschluss an Hofackers Bericht zum Diner. Eine beklemmende Stimmung lastete auf seinen Gästen. Kluge bemühte sich am Anfang noch, mit einem Bericht von seiner Frontfahrt das Gespräch in Gang zu bringen. Dann schwieg auch er. Was er noch nicht wusste: Stülpnagel befand sich in einer ausweglosen Situation. Vor seiner Abfahrt hatte er die Befehle für das Anlaufen des Umsturzes gegeben. In dem Moment, in dem die Offiziere in La Roche-Guyon schweigend vor ihrem Essen saßen, begann in Paris die Verhaftung von über 1200 Männern der Gestapo und des Sicherheitsdienstes. Schließlich fasste sich Stülpnagel ein Herz und bat, Kluge unter vier Augen sprechen zu dürfen.

Kluge tobte, als er von der Aktion erfuhr, und forderte mit hochrotem Kopf: »Der Befehl muss auf der Stelle rückgängig gemacht werden, sonst kann ich für nichts garantieren, für gar nichts!« Zu spät. Aus Paris wurde gemeldet, dass die Truppen bereits marschierten und »nicht mehr abgebremst werden« konnten. Kluge fiel jetzt nichts Besseres ein, als das Abendessen fortzusetzen. Gegen 23.00 Uhr wurde die gespenstische Tafel endlich aufgehoben. Ein letztes Mal appellierte Hofacker an das Gewissen Kluges: »Herr Feldmarschall, Sie stehen mit Ihrem Wort und Ihrer Ehre im Feuer. Die Ehre der ganzen Armee und das Schicksal von Millionen liegen in Ihrer Hand.« Kluge schwieg. Er hatte sich längst entschieden. Der Umsturz im Westen war endgültig gescheitert.

Als der Diktator sich gegen 1.00 Uhr nachts am 21. Juli über Radio an »sein« Volk wandte, waren die ersten Verschwörer in Berlin schon hingerichtet. Generaloberst Ludwig Beck war zum Selbstmord gezwungen, Graf Stauffenberg und weitere Offiziere des Widerstands ohne Standgericht erschossen worden. Atemlos folgte Stülpnagel, der eben aus La Roche-Guyon wieder in Paris eingetroffen war, im Kasino des Hotels »Raphael« der Rede des »Führers«. »Eine ganz kleine Clique«, so Hitler, »ehrgeiziger, gewissenloser und zugleich verbrecherischer, dummer Offiziere hat ein Komplott geschmiedet, um mich zu beseitigen…« Stumm und aufrecht stand Stülpnagel vor dem Lautsprecher. Äußerlich war ihm nichts anzumerken. Nur der anwesende Oberleutnant Graf Arnim bemerkte, dass die Hände des Generals so zur Faust geballt waren, »dass die Knöchel weiß wurden und die Nägel ins Fleisch schnitten«. Hitler fuhr mit heiserer Stimme fort: »Es ist ein ganz kleiner Klüngel verbrecherischer Elemente, die jetzt unbarmherzig ausgerottet werden.« Stülpnagel hatte soeben sein eigenes Todesurteil vernommen.

Noch in derselben Nacht wurden die verhafteten Gestapo-Männer wieder freigelassen. Stülpnagel berief sich auf einen angeblichen Befehl aus Berlin, und für ein paar Stunden sah es tatsächlich so aus, als könnte eine gemeinsame »Sprachregelung« gefunden werden, die den Vorfall als Missverständnis unter den Teppich kehren half. Der Tag nach dem Attentat begann in den Pariser Dienststellen so, als wäre nichts passiert. Für die Verschwörer galt jetzt: Nur nicht auffallen! Auch wenn die Enttäuschung tonnenschwer auf ihren Herzen lastete, musste nach außen hin um jeden Preis der Anschein der Normalität aufrechterhalten werden. So erinnert sich etwa Walter Bargatzky, der für Rommel elf Tage zuvor die Kapitulationserklärung entworfen hatte, dass er gleich nach dem Aufstehen am 21. Juli zur Absicherung einen Brief an seine Eltern schrieb, der allem anderen entsprach als seinen wahren Gefühlen: »Meine Lieben, wir stehen hier ganz im Zeichen des furchtbaren Attentats auf den Führer. Es war wohl eines der größten Erlebnisse, als man nachts seine beherrschte Stimme im Radio hörte. Alles um diese Tat herum ist dunkel. Es kann sich nur um einen ganz kleinen Kreis gehandelt haben. Hier merkten wir nichts, bis sich die erste Radiomeldung herumsprach.«

Auch Rommel, der am Morgen im Luftwaffenlazarett Bernay durch seinen Ordonnanzoffizier Lang von dem Attentat erfahren hatte, erholte

Am 24.7.1944.

Liebe Lu!

Besten Dank für Deine Briefe vom 17., 2o. und 21.
Ich bin nun in einem Lazarett und dort recht gut aufgehoben. Man muß natürlich Ruhe halten bis ein Weitertrans-
port möglich ist, was in 14 Tagen etwa der Fall sein
wird. Mein linkes Auge ist noch zugeklebt und zugeschwollen,
wird aber nach ärztlichem Gutachten doch wieder in Ordnung
kommen. Der Kopf macht noch bei Nacht zu schaffen, bei
Tage jedoch fühle ich mich wesentlich freier. Zu meinem
Unfall hat mich das Attentat auf den Führer besonders
stark erschüttert. Man kann Gott danken, daß es so gut
abgegangen ist. Kurz zuvor hatte ich noch meine Ansicht
über die Lage nach oben gegeben.

Um Daniel tut es mir unendlich leid, denn er war ein
hervorragender Fahrer und ein pflichtgetreuer Soldat.

Dir und Manfred recht herzliche Grüße und gute
Wünsche.

Dein

Lebensversicherung. Rommel-Brief vom 24. Juli 1944

sich schnell von seinem Schreck und sorgte für eine solche Lebensversicherung. Am 21. Juli notierte Lang in den Tagesbericht: »Die Mitteilung vom
Attentat auf den Führer erschüttert den Feldmarschall. Er äußert, dass man
der Vorsehung nur dankbar sein kann, dass der Führer dem deutschen Volk
erhalten geblieben ist.« Und drei Tage später diktierte er in den ersten Brief

an seine Frau nach seiner Verwundung noch einmal: »Zu meinem Unfall hat mich das Attentat auf den Führer besonders stark erschüttert. Man kann Gott danken, dass es so gut abgegangen ist.« Vielleicht war Rommel wirklich ein Stück weit erleichtert, dass Hitler nicht auf diese Weise ums Leben gekommen war. Immerhin hatte er das Attentat die längste Zeit abgelehnt. Dennoch war Rommel Teil des Widerstands gegen Hitler geworden, und seine Einstellung hatte sich nicht geändert. Die Würfel waren gefallen. Jetzt gab es kein Zurück mehr. Ein falscher Schritt, ein unbedachtes Wort konnte sein Leben kosten.

Obwohl die Ärzte ihm strengste Bettruhe verordnet hatten, lief Rommel unruhig in seinem abgedunkelten Krankenzimmer auf und ab. Die linke Gesichtshälfte war dick verschwollen, das Auge blutunterlaufen, und das Sprechen machte ihm noch Schwierigkeiten. Trotzdem konnte er keine Ruhe finden. Zu der bohrenden Ungewissheit kam die Sorge über die Lage an der Front. Heftiger als jemals zuvor rannten die Alliierten nach dem Fall der Städte St.-Lô und Caen gegen die deutschen Linien an. Der Zusammenbruch war nur noch eine Frage von Tagen, und dann würden sich die englischen und amerikanischen Truppen, wie von ihm vorhergesehen, in das offene Hinterland ergießen. Auch das Lazarett in Bernay lag in unmittelbarer Nähe der Front. Rommel, der aus Sicherheitsgründen unter falschem Namen aufgenommen worden war, befürchtete, in seinem Zustand dem Gegner in die Hände zu fallen. Für die Engländer hätte der Feldmarschall eine prächtige Beute abgegeben.

An ebendiesem 21. Juli machte sich General Stülpnagel in Paris auf die Reise nach Berlin. Er war zur »Berichterstattung« befohlen worden. Als die Wachen gegen 11.00 Uhr vor dem großen Portal des Hotel »Majestic« an der Avenue Kléber ihr Gewehr präsentierten, ahnten sie nicht, dass sie den scheidenden Militärbefehlshaber von Frankreich nie mehr wiedersehen sollten. Stülpnagel fuhr mit dem Wagen auf der Route Nationale in Richtung Metz. Gegen Nachmittag befahl er seinem Fahrer einen Umweg. Stülpnagel dirigierte den Wagen zu den Schlachtfeldern vor Verdun. Hier hatte er im Ersten Weltkrieg selbst als junger Hauptmann in den Schützengräben gelegen und gekämpft. Etwa einen Kilometer nach dem kleinen Dörfchen Vacherauville ließ Stülpnagel halten. Der General wollte zu Fuß weiterlaufen und bat, im nächsten Ort auf ihn zu warten. Wenig später zerriss ein Schuss die Stille in dem menschenleeren Tal. »In gewissen Lagen«, hatte Stülpnagel einst zu Ernst Jünger gesagt, »wird das Verlassen des Lebens den Tüchtigen zur Pflicht.«

Doch der Leidensweg des so tapferen Karl-Heinrich von Stülpnagel war noch nicht zu Ende. Wenig später entdeckten sein Fahrer und seine Ordonnanz den Körper des Generals scheinbar tot in einem Seitenkanal der Maas treibend. Um den Kopf hatte sich das Wasser blutrot verfärbt. In letzter Sekunde wurde Stülpnagel aus dem Wasser gezogen und in ein Lazarett nach Verdun gebracht. Die Ärzte retteten sein Leben. Nur sein Augenlicht war für immer zerstört. Stülpnagel hatte sich blind geschossen.

Der 21. Juli war ein Freitag. Zunächst schien es, als sei General Stülpnagel das Opfer eines Partisanenüberfalls geworden. Doch die Untersuchung der Ärzte ließ keinen Zweifel zu. Vierundzwanzig Stunden später war die Nachricht von Stülpnagels Selbstmordversuch bis nach Paris durchgedrungen. Ein Selbstmordversuch, der wie ein Schuldanerkenntnis wirken musste. Die Verhaftung der 1200 Gestapomänner war kein »Missverständnis«, sondern ein abgekartetes Spiel. Stülpnagel war fraglos einer der Verschwörer des 20. Juli. Die trügerische Ruhe in Paris war dahin. Von Samstag auf Sonntagnacht begannen die Verhöre in der Dienststelle des SD in der Avenue Foch. In den frühen Morgenstunden brach der erste Zeuge, der Fahrer Stülpnagels, nachdem er sich in Widersprüche verwickelt hatte, zusammen. Im Stab des ehemaligen Militärbefehlshabers, so der Fahrer, wisse man sehr wohl von dem Selbstmordversuch. Aber Stülpnagels Stabschef, Oberst Hans Otfried von Linstow, habe ihn noch vor dem Verhör bedrängt: »Sie müssen jetzt zum SD zur Vernehmung. Bitte tun Sie mir den Gefallen, und sagen Sie nichts von dem Selbstmordversuch; das sind wir unserem General schuldig.«

Die Spürhunde hatten Fährte aufgenommen. Linstow, ein Mann des Widerstands wie Stülpnagel, wurde noch am selben Tag verhört und unter Hausarrest gestellt. Die Gestapo hatte mitten ins Herz der Pariser Verschwörer getroffen. Von nun an fielen wie Dominosteine einer nach dem anderen aus dem Kreis um Stülpnagel in die Hände ihrer Schergen. Noch hielt sich auch Caesar von Hofacker in der Stadt auf. Aus Rücksicht auf seine Familie hatte er darauf verzichtet unterzutauchen. Ein ebenso ehrenvoller wie gefährlicher Entschluss. Von Linstow zu Hofacker war es nur ein kleiner Schritt. Und von Hofacker führte die Spur direkt zu Rommel.

Der Feldmarschall war am Sonntagmorgen, dem 23. Juli 1944 etwa um die Zeit, als in Paris der Fahrer von Stülpnagel seine verhängnisvolle Aussage machte, mit dem Krankenwagen im Lazarett Le Vesinet östlich von St.-Germain eingeliefert worden. Wie so oft hatte der sture Schwabe auch in Bernay seinen Willen gegen die Ärzte durchgesetzt. Am frühen Nachmittag bekam Rommel Besuch von seinem alten Vertrauten Admiral Ruge. Ruge hatte zur Ablenkung ein Stück zeitgenössischer Belletristik mit dem Titel »Wochenend auf Schloss Denbeck« mitgebracht. Nun las er dem Feldmarschall die »lustige« Geschichte eines amerikanischen Ehepaars vor, dass ein Wochenende auf dem Schloss einer überaus vornehmen englischen Familie erlebt. Trocken schrieb Ruge später: »Es interessierte ihn nicht übermäßig, wirkte aber ganz beruhigend.«

Rommel war mit dem Kopf ganz woanders und unterbrach schließlich die Lesestunde. »Er sprach dann über [die] Lage«, so Ruges Tagebuch, »und seinen dringenden Wunsch, bald weiterzukommen, um dem Führer persönlich Vortrag halten zu können.« Und am Tag darauf notierte Ruge: Rommel »sieht Lösung nur im Frieden auf der einen Seite, damit man sich mit voller Kraft nach der anderen wehren kann«.

Immer noch hatte der Feldmarschall die Hoffnung nicht ganz aufgegeben, irgendetwas bei Hitler zu erreichen. Seinem ehemaligen Stabsoffizier Hans Lattmann erzählte er bei dessen Besuch in Le Vesinet genauer, was er vorhatte: »Wenn ich jetzt wieder gesund bin, dann werde ich zum Führer gehen und ihm deutlich sagen, du musst Schluss machen, denn das deutsche Volk hat so viel geopfert. Es geht nicht mehr, es hat keine Kraft mehr.« Das war natürlich ein vollkommen illusorischer Plan. Immerhin hatte Rommel nicht vor, den letzten Akt der Katastrophe stillschweigend hinzunehmen.

Seit dem Überfall auf Polen im September 1939 bis zum Juli 1944 waren 2 700 000 deutsche Soldaten gefallen. In sinnloser Fortführung eines eindeutig verlorenen Krieges starben bis zur Kapitulation am 8. Mai 1945 in nur zehn Monaten noch einmal so viele wie in den fünf Jahren zuvor.

Kaum ein höherer Offizier ist bekannt, der sich geweigert hätte, seine ihm anvertrauten Soldaten unter diesen Umständen gegen eine Übermacht an Feinden in den sicheren Tod zu schicken. Vor allem im Westen, wo eine humane Behandlung der deutschen Zivilbevölkerung durch die alliierten Soldaten zu erwarten stand, hatte das Weiterkämpfen nur noch eine Konsequenz: Es verlängerte das Leiden der Menschen und kostete Millionen das Leben.

Am 23. Juli schickte Feldmarschall Kluge endlich Rommels Ultimatum, erweitert um eine eigene Stellungnahme, die mindestens ebenso pessimistisch war, an das Führerhauptquartier. Am Tag darauf besuchte er das Lazarett in Le Vesinet. Was Kluge mit Rommel an diesem Tag wirklich besprochen hat, ist unbekannt. Sicher ist, dass beide Feldmarschälle im Voraus von der Möglichkeit eines Attentats auf Hitler gewusst hatten. Deswegen war es nicht mehr als eine weitere Absicherung, wenn Kluge nach seiner Rückkehr zu seinem Stabschef Blumentritt äußerte: »Rommel drückte seine Überraschung aus, dass man versucht hatte, Hitler zu töten, was etwas ganz anderes war als die Ausübung eines Druckes auf ihn, damit er um Frieden bitte.«

In dem Moment, als Kluge an diesem Montagnachmittag wieder in St.-Germain eintraf, beobachteten Stabsoffiziere in Paris, wie Oberst Linstow in Zivil durch einen Polizeioffizier aus seinem Quartier im Hotel »Raphael« abtransportiert wurde. Gleichzeitig wurde bekannt, dass der verletzte Stülpnagel im Lazarett von Verdun unter SS-Bewachung gestellt worden war. Die Schlinge zog sich zu. Am folgenden Tag, dem 25. Juli, griff die Gestapo ein. Gegen Mittag wurde Caesar von Hofacker in der Wohnung eines Freundes verhaftet. Wenig später meldete sich dann der Höhere SS- und Polizeiführer Frankreich, Obergruppenführer Carl-Albrecht Oberg, telefonisch bei Blumentritt. »Kommen Sie doch heute Nachmittag gegen drei zu uns«, so Oberg. »Wir machen ein Verhör. Ich kann Ihnen das jetzt nicht am Telefon sagen, aber ich denke, es ist wichtig, dass Sie persönlich anwesend sind, weil hier Sachen gesagt und Namen genannt werden, die Sie wirklich selber hören sollten.«

Als Blumentritt, der schon zuvor in seiner Funktion als Stabschef des Oberbefehlshabers West zu den Vernehmungen hinzugezogen worden war, gegen drei Uhr im Hotel »Majestic« eintraf, war er überrascht. In lockerer Atmosphäre saßen Oberg und der Leiter des SD in Paris, Standartenführer Dr. Helmut Knochen, in einem der Salons um einen runden Tisch mit Hofacker zusammen. Das »Verhör« dauerte bis in die späte Nacht. Zigaretten wurden gereicht, eine Likörflasche stand bereit, und gegen Abend wurde sogar eine üppige Mahlzeit serviert. Hofacker hatte alle Brücken hinter sich abgebrochen und sprach frei und offen über das Attentat und die Hintergründe des Umsturzes. Hierbei bekannte er sich ohne ein Wort des Bedauerns zur Tat und bezeichnete sich neben Stülpnagel als den Hauptverantwortlichen für die Vorgänge in Paris. Dadurch zog er die Aufmerksamkeit der Gestapo auf sich und lenkte von den anderen Verschwörern ab. Verschiedene Männer des Pariser Widerstands verdanken dieser mutigen Haltung ihr Leben.

Was die Mitwisserschaft von Rommel und Kluge betraf, scheint Hofacker allerdings schon beim ersten Verhör verschiedene Andeutungen gemacht zu haben. Zum einen, weil der Gestapo verschiedene Kontakte – wie etwa das Treffen mit Rommel in La Roche-Guyon am 9. Juli – ohnehin nicht verborgen geblieben waren, zum andern aber auch, weil Hofacker gehofft haben mag, Rang und Stellung würden die Feldmarschälle vor Verfolgung schützen. Auch wenn Blumentritt selbst während seiner Anwesenheit nichts gehört hatte, so erinnerte er sich doch nach dem Krieg genau, wie Oberg ihm fassungslos berichtet hatte, dass vor seinem Eintreffen der Name Kluges und sogar Rommels gefallen war.

Noch ahnte der Patient im Lazarett von Le Vesinet nicht, welche dunklen Wolken sich über ihm zusammenzogen. Rommels Genesung ging nur langsam voran, und er langweilte sich. Abwechslung vom eintönigen Alltag im Lazarett brachte ihm der treue Ruge, der täglich erschien, um dem Feldmarschall Gesellschaft zu leisten. Mal las Ruge ihm vor, mal erzählte Rommel Schnurren vom Monte Matajur bis nach El Alamein. Von Zeit zu Zeit machte Rommel währenddessen mit seinem Hausschuh Jagd nach einer lästigen Fliege. Und Ruge ermahnte ihn dann, daran zu denken, dass die Ärzte ihm nur vorsichtige und ganz langsame Bewegungen erlaubt hatten. Rommel antwortete lachend: »Das habe ich ja auch getan.« Fast schien es, als sei der Feldmarschall irgendwie erleichtert. Am 30. Juli, so Ruge,

»äußerte er zum ersten Mal den Gedanken, doch ganz froh zu sein, dass es so gekommen war«. Weil der Unfall ihm die Verantwortung abgenommen hatte?

Mit seinem Nachfolger, Feldmarschall Kluge, hätte in diesen Tagen wohl niemand tauschen wollen. Am 31. Juli war der 3. US-Armee bei Avranches schließlich der Durchbruch gelungen. Stetig und unaufhaltsam drangen die Gegner jetzt wie vorhergesehen in das offene Hinterland ein. Bitter wandte sich Kluge an die Offiziere seines Stabs: »Meine Herren, der Durchbruch der Amerikaner bedeutet für uns und für das deutsche Volk den Anfang vom nunmehr bitteren Ende. Ich sehe keine Möglichkeit mehr, dem fortschreitenden Angriff des Feindes Einhalt zu gebieten. Denken Sie an diese meine Worte, wenn Sie jemals Gelegenheit haben werden, sich dieser Stunde zu erinnern.«

Rommel reagierte auf seine Weise. Er wusste, dass der Fall von Paris jetzt nur noch eine Frage von Wochen war. Energisch forderte er von den Ärzten, ihn sofort nach Hause zu entlassen. Ihren berechtigten Widerspruch, er brauche noch Ruhe, brüllte er einfach nieder: »Er sei Feldmarschall«, so hielt Ruge den Ausbruch in seinen Memoiren fest, »und wisse, was er sich zumuten könne; er trage selbst die Verantwortung für sich.« Erst nachdem Hans Speidel am nächsten Tag vermittelnd eingegriffen hatte, gab Rommel nach und verschob die Abreise um eine Woche.

Mittlerweile war Caesar von Hofacker nach Berlin in das berüchtigte Gestapo-Gefängnis in der Prinz-Albrecht-Straße verlegt worden. Es ist davon auszugehen, dass die Verhöre hier in anderer Form geführt wurden. Hofacker gelang es, seinem ehemaligen Bürodiener aus dem Berliner Gefängnis einige Stücke seiner Leibwäsche zukommen zu lassen. Die eingetrockneten Blutflecken sprachen eine eindeutige Sprache: Hofacker war gefoltert worden.

Die Aussagen Hofackers sind wie nahezu alle Dokumente der Gestapo zum 20. Juli 1944 bis heute verschollen. Spuren davon finden sich in den so genannten Kaltenbrunner-Berichten, in denen der Chef des Reichssicherheitshauptamtes über den Fortgang der Ermittlungen an Bormann und Hitler berichtete. Allerdings spricht vieles dafür, dass hierin nicht jeder Sachverhalt offen dargelegt wurde. Dennoch lässt sich die Aussage

Hofackers relativ genau rekonstruieren: Die Generale Keitel, Jodl und Maisel, die Einblick in das Verhörprotokoll erhielten, haben unabhängig voneinander nach dem Krieg über den Inhalt berichtet. Ihre Aussagen werden von dem bereits zitierten Aktenvermerk Bormanns vollauf bestätigt. Hofacker hatte demnach der Gestapo gegenüber die Besprechung mit Rommel in La Roche-Guyon in allen Einzelheiten wiedergegeben und den Feldmarschall damit schwer belastet.

Am 1. August 1944 ließ Hitler gegen fünf Uhr nachmittags den Chef des Wehrmachtführungsstabs, General Alfred Jodl, zu sich rufen. »Führer lässt mich die Meldung lesen«, schrieb Jodl anschließend in sein Tagebuch, »die Kaltenbrunner über die Aussagen des Oberstleutnant Hofacker wegen Besprechungen mit K[luge] und R[ommel] gemacht hat. Will Rommel nach seiner Wiederherstellung befragen und ihn dann entlassen, ohne weiteres Aufheben.« Nach dem Krieg kam Jodl beim Verhör in Nürnberg auf diesen Augenblick zurück: »Der Führer war tief getroffen von dem Verrat des Feldmarschall Rommel … und er wollte es dem deutschen Volk nicht antun, bei dem er einen so großen Namen hatte, General Rommel vor Gericht zu stellen.«

Am Tag darauf besuchte Joseph Goebbels die »Wolfsschanze«. Wie es scheint, hatte Hitler noch keine endgültige Klarheit, wie aktiv Rommel am Umsturz beteiligt war. In jedem Fall wäre das Eingeständnis von Rommels Mittäterschaft der Offenbarungseid für den Diktator gewesen. Nach der Besprechung mit Hitler diktierte Goebbels in sein Tagebuch: »Auch der Führer ist der Überzeugung, dass Rommel zwar an den Attentatsvorbereitungen nicht beteiligt ist, dass er aber davon gewusst hat. Ich muss sagen, dass das neben [dem Polizeipräsidenten von Berlin, Wolf Heinrich Graf von] Helldorf die schwerste menschliche Enttäuschung für mich ist. Aber mir war ja schon seit langem bekannt, dass Rommel kein Steher ist. Politisch hat er phantastische Vorstellungen. Großartig ist er zu gebrauchen, wenn es vorwärts geht; aber sobald eine schwere Krise hereinbricht, ist Rommel ohne jedes innere Widerstandsvermögen.«

Telefonisch gab der Propagandaminister nach dem Gespräch mit Hitler Anweisung nach Berlin, mit der Demontage seines einstigen Helden zu beginnen. Die Presse wurde daraufhin am 3. August zum ersten Mal über

Das linke Augenlid gelähmt. Rommel im Lazarett Le Vesinet, Juli 1944

die bis dahin geheim gehaltene Verwundung Rommels informiert. Allerdings hieß es in der Verlautbarung nur, der Feldmarschall sei bei einem Autounfall verunglückt. Wütend ließ Rommel im Tagesbericht festhalten: »Die Art und Weise, wie … die Veröffentlichung der Verwundung vorgenommen worden ist, lehnt der Feldmarschall auf das Entschiedenste ab. Man will anscheinend nicht wahrhaben, dass ein O[ber] B[efehlshaber] einer Heeresgruppe durch Tiefflieger ausfällt.«

Spätestens von jetzt an ahnte Rommel, dass er wieder in Ungnade gefallen war. Am Tag vor seiner Abreise nach Herrlingen bekam Rommel Besuch von Kurt Hesse, seinem alten Freund aus gemeinsamen Dresdner Tagen. Rommel begann sofort zu erzählen, zunächst von seinem Unfall, dann von seiner Demarche an den Führer und von der allgemeinen Lage. Hesse schrieb später über die Begegnung mit Rommel: »Bei dieser Unterredung fiel das entscheidende Wort: ›Er [Adolf Hitler] muss fort. Er ist Deutschlands Unglück.‹ Als ich ihm beim Weggehen sagte, dass ich hoffe, ihn bald wieder völlig gesund und dann noch einmal auf einem wichtigen Posten wiedersehen zu können, meinte er: ›Hoffentlich ist es dann nicht bereits zu spät!‹«

Während Rommel am 8. August mit dem Wagen von Paris nach Deutschland gebracht wurde, ging in Berlin der erste Prozess gegen acht führende Männer des 20. Juli vor dem Volksgerichtshof zu Ende. Neben Generalfeldmarschall von Witzleben und Graf Yorck von Wartenburg stand auch Generalmajor Stieff, den Kluge am frühen Abend des 20. Juli in »Mauerwald« angerufen hatte, vor Gericht. Unter der entwürdigenden Regie des Vorsitzenden Dr. Roland Freisler wurde eine Verhandlung nach dem Muster sowjetischer Schauprozesse gegeben. Alle acht Angeklagten wurden zum Tode durch Erhängen verurteilt und noch am selben Tage hingerichtet. Die Todesqualen der Sterbenden wurden in Ton und Bild von Kameramännern der Wochenschau aufgenommen. Noch am Abend des 8. August ließ Hitler sich die Filmaufnahmen in seinem Hauptquartier vorführen.

Rommel war wachsam geworden. Zu Hause angekommen, verschwieg er seiner Frau die tatsächlichen Ereignisse, um sie zu schützen. Wie perfekt Rommel sich verstellt haben muss, lässt sich auch daran erkennen, dass Lucie Rommel noch nach Kriegsende nicht glauben wollte, ihr Mann sei

Heimgekehrt. Vor Rommels Haus in Herrlingen, 1944

in das Attentat auf Hitler verstrickt gewesen. Am 9. September 1945 gab sie eine Erklärung ab, in der sie jede Verbindung Rommels zum Widerstand bestritt: »Ich möchte nochmals feststellen, dass mein Mann nicht an den Vorbereitungen oder der Ausführung des 20.7.1944 beteiligt war, da er es als Soldat ablehnte, diesen Weg zu beschreiten … Nur als Soldat diente er seinem Volke, selbst dann noch, als er bereits innerlich – durch die Ereignisse klar sehend – mit dem Regime gebrochen hatte.«

Auch seinen 15-jährigen Sohn Manfred, der für die erste Zeit der Genesung seines Vaters vom Dienst bei der Flak beurlaubt wurde, wollte Rommel nicht mit dem Wissen um seine Rolle beim Attentat gefährden. In den langen Gesprächen zwischen Vater und Sohn gab er vor, das Attentat abzulehnen. Dabei mischten sich durchaus auch echte Erwägungen in Rommels Betrachtungen. Er kannte Stauffenberg aus dessen knapp einmonatigem Aufenthalt 1943 als Erster Generalstabsoffizier bei der 10. Panzerdivision in Tunesien. Stauffenberg war in Afrika bei einem Fliegerangriff so schwer verwundet worden, dass er die rechte Hand, das linke Auge und zwei Finger der linken Hand verlor. Ohne das Ansehen des Attentäters dabei zu schmälern, schimpfte der nüchterne Praktiker Rommel, dass der Kreis der Verschwörer für das Attentat auf Hitler »nicht einen anderen gefunden hat, als ausgerechnet diesen schwer kriegsverletzten Mann«.

Die größte Sorge Rommels aber galt den Opfern des sinnlos gewordenen Krieges. Zornig sagte er mehrmals zu seinem Sohn: »Jeder Schuss, den wir im Westen abgeben, trifft uns selbst!« Dabei vertraute er seinem Sohn an, dass er in Frankreich vorgehabt hatte, »dem Feind die Wege [nach] Deutschland hinein … zu ebnen«. Und wenn er, was oft geschah, Briefe seiner »Afrikaner« aus der Gefangenschaft bekam, dann zeigte er sogar einen Anflug von Wehmut und meinte: »Gott sei doch klüger als wir Menschen.« Rommel erinnerte sich an seine maßlose Enttäuschung, als die deutsch-italienischen Truppen in Tunis »im Stich« gelassen worden waren. »Jetzt erst erkenne er«, so sagte er zu seinem Sohn Manfred, »den erheblichen Vorteil, dass sie in Gefangenschaft sind, so könne man sie wenigstens nicht mehr verheizen.«

Selbst das wenige, was Rommel sagte, wenn er sich zur militärischen Lage oder zur Politik äußerte, war gefährlich. Trotzdem hielt er seine kriti-

MELCHIOR VON SCHLIPPENBACH Offizier in Frankreich

»Vom Armeestab der Westfront fuhr jede Woche einer zu ihm nach Hause nach Herrlingen, um Bericht zu erstatten und ihn um Rat zu fragen, und da war ich zweimal dran. Und mal in einer Unterhaltung ist ihm rausgerutscht, mir zu sagen: ›Schlippenbach, glauben Sie nicht, es wäre besser gewesen, es hätte am 20. Juli geklappt?‹ Und ich selbst wusste nicht, was ich antworten sollte. Denn ich wusste ja nicht, wo er stand. Ich habe dann ganz vorsichtig geantwortet, ungefähr so: ›Ja, wie Herr Feldmarschall meinen.‹ Ich habe nicht klar Stellung bezogen. Er hat dieses Wort gebraucht, hundertprozentig kann ich mich erinnern: ›geklappt‹. Was er damit meinte, Gefangennahme oder wirklich Attentat oder Ermordung, weiß ich nicht. Er hat das Wort ›geklappt‹ gebraucht.«

schen Kommentare nicht zurück, und wenn er dann in Rage geriet, war er nicht mehr zu bremsen. So Mitte August, als ihn der Kreisleiter von Ulm, Wilhelm Maier, aufsuchte.

Der Besuch hatte zwar offiziellen Charakter – der örtliche Parteichef überbrachte dem prominenten Feldmarschall Grüße des Gauleiters von Baden-Württemberg –, doch da sich Rommel und Maier schon seit der Schulzeit kannten, wurde ihr Gespräch schnell persönlich. Rommel machte seinem Ärger Luft: Der Krieg sei verloren und Hitler nur von Dilettanten umgeben. »Der Führer«, so Rommel, »hätte sich nie in der Normandie sehen lassen, was von unseren Soldaten erwartet worden sei; Churchill dagegen hätte einige Male die Invasionsküste besucht.« Der Kreisleiter

307

versuchte zu beschwichtigen. »Man müsste ja vollends verzweifeln, wenn man kein Vertrauen zum Führer hätte.« Aber Rommel wollte jetzt keine Propagandaphrasen mehr hören und fügte trocken hinzu, dann bestehe sowieso keine Hoffnung mehr. Er jedenfalls »habe seit 1942, als er den Führer damals erlebte, den Eindruck, dass seine Geisteskraft nachgelassen hat«. Der Kreisleiter, so Manfred Rommel, der Zeuge des Gesprächs wurde, »fiel beinahe vom Stuhl und flehte Rommel an, solche Blasphemien nirgends zu wiederholen«.

Lucie Rommel machte sich große Sorgen um die Auswirkungen dieser Offenheit ihres Mannes. Nachdem Maier gegangen war, bat sie ihren Mann inständig »seine Zunge im Zaum zu halten«. Zu spät. Der Besuch von Maier wurde Rommel zum endgültigen Verhängnis. Noch unter dem ersten Eindruck des Gesprächs vertraute sich der Kreisleiter einem Freund, dem Bürgermeister von Heidenheim, Dr. Rudolf Meier, an. Wenn selbst der Feldmarschall Rommel nicht mehr an den Endsieg glaube, dann sei der Untergang wohl sicher. Aber Dr. Meier hatte ganz andere Sorgen. Die »innere Haltung des Feldmarschalls« gab ihm zu ernsten Bedenken Anlass. Er wandte sich später ohne Wissen des Kreisleiters an den zuverlässigen Parteigenossen Kronmüller. Kronmüller war empört. Das musste nach oben gemeldet werden.

Damit stand Rommel jetzt, ohne es zu wissen, von zwei Seiten unter Beschuss. Ein übereifriger Parteigenosse plante, ihn wegen seiner defätistischen Haltung zu denunzieren. Rommels Äußerungen hätten zumindest bei jedem gewöhnlichen Bürger ausgereicht, um ihn für Jahre ins KZ zu bringen. Und die Gestapo hatte auf der anderen Seite wegen der Aussagen Hofackers verdeckte Ermittlungen aufgenommen. Kurz vor dem Besuch des Kreisleiters Maier im Hause Rommel hatte der SD sich in Ulm unauffällig erkundigt, ob »der Feldmarschall Rommel sich negativ über die Kriegführung geäußert habe«. Am 14. August erschien der Reichsführer SS Himmler zum Vortrag bei Hitler im Führerhauptquartier. Der Notizzettel für den Vortrag ist erhalten geblieben. Unter Punkt 5 stehen die Namen Kluge und Rommel. Offensichtlich hatten die Verhöre im Vorfeld zum Prozess gegen den Pariser Widerstandskreis neue Erkenntnisse erbracht. Jedenfalls erging sich an diesem Tag der Verbindungsoffizier der Waffen-SS bei

Perfekt verstellt. Rommel mit Familie, August 1944

Hitler, Gruppenführer Hermann Fegelein, im Hauptquartier in düsteren Andeutungen über die »Belastung weiterer Generale und Feldmarschälle in Zusammenhang mit dem 20. Juli«.

Als Ersten traf es Kluge. Ein unglücklicher Zufall besiegelte sein Schicksal. Am 15. August, dem Tag nach Himmlers Vortrag im Führerhauptquartier, war Kluges Konvoi südlich von Falaise in einen Tieffliegerangriff geraten. Sein Kübelwagen und die Funkstelle waren dabei zerstört worden. Kluge, der jetzt ohne Verbindung zur Außenwelt war, setzte seine Fahrt mit nur einem Wagen fort. Gegen 9.30 Uhr war das letzte Funksignal Kluges aufgefangen worden. Erst gegen 22.00 Uhr traf er an seinem Ziel, dem Gefechtsstand der Panzergruppe Eberbach, ein. Der Feldmarschall hatte wegen der ständigen Angriffe aus der Luft für eine 80 Kilometer lange Strecke 16 Stunden gebraucht.

Für Hitler, dem gemeldet wurde, Kluge sei vermisst, war klar: Der Feldmarschall, der in dringendem Verdacht stand, mit den Männern des 20. Juli im Bunde zu sein, hatte versucht mit den Alliierten Kontakt aufzunehmen, um über einen einseitigen Waffenstillstand zu verhandeln. Am 17. August traf Generalfeldmarschall Walter Model überraschend bei Kluge in Frankreich ein. Mit sich brachte er ein harsches Entlassungsschreiben Hitlers. Model sollte der Nachfolger werden. Kluge, der schon seit Wochen an der Front den Tod gesucht hatte, zog jetzt, verbittert über die Behandlung und die von ihm ja nicht verschuldete militärische Lage in Frankreich, die Konsequenzen. Am 19. August vergiftete er sich mit Zyankali. Die Glasphiole mit dem Gift hatte er seit dem Abend des 20. Juli immer bei sich getragen.

Kluge hinterließ Hitler einen Brief, der noch einmal nüchtern die Gründe für die eingetretene Situation zusammenfasste und in dem ein-

»Jetzt geht es um mein Leben.« Hofacker (2. v. r.) und Linstow (nach vorn gebeugt) vor dem Volksgerichtshof, 29. August 1944

dringlichen Appell gipfelte: »Das [deutsche] Volk hat so namenlos gelitten, dass es Zeit ist, dem Grauen ein Ende zu machen.« Kluge beendete sein Schreiben mit einer glühenden Eloge auf Hitler, vielleicht auch, um seine Familie vor dem Zorn des Diktators zu schützen, und schloss mit den Worten: »Ich scheide von Ihnen, mein Führer, der ich Ihnen innerlich näher stand, als Sie vielleicht geahnt, in dem Bewusstsein, meine Pflicht bis zum Äußersten getan zu haben.«

Am 29. August begann in Berlin vor dem Volksgerichtshof die Hauptverhandlung gegen die Männer des Pariser Widerstands. Aufrecht und ungebrochen stand General von Stülpnagel, das Haupt der Verschwörung in Paris, eine weiße Binde über den blinden Augen, vor dem Richter Freisler. Seine Haltung nötigte selbst seinen Häschern Hochachtung ab. Kategorisch lehnte er es ab, in der Hauptverhandlung noch einmal die Namen der Mitbeteiligten zu nennen. Und auf Rommel und Kluge angesprochen, sagte er nur unwirsch: »Die Feldmarschälle stehen außer Debatte!« Auch Caesar von Hofacker, der Pariser Stauffenberg, legte sich mit Freisler an. »Jetzt rede ich, Herr Präsident«, warf er Hitlers Kronjuristen an den Kopf, als dieser ihm zum wiederholten Male ins Wort gefallen war, »jetzt geht es um mein Leben, in einem Jahr geht es um Ihr Leben.«

Die Urteile für Stülpnagel, Hofacker, Finckh, Linstow und vier weitere Angeklagte lauteten, wie nicht anders zu erwarten, auf Todesstrafe. Die Verwicklung Rommels und Kluges streifte Freisler in seiner Urteilsbegründung aber nur am Rande. So schrieb er etwa über ein Treffen der Verschwörer in Berlin: Hofacker »trug dort defätistisch seine Meinung über die Kriegslage im Westen vor, [und] missbrauchte, um dies zu stützen, die Namen von Feldmarschällen«. Das lag natürlich weit hinter den tatsächlichen Erkenntnissen der Gestapo. Vieles spricht dafür, dass neben den Verstrickungen in den Widerstand auch Rommels Plan ans Tageslicht gekommen war, auf eigene Faust mit den Alliierten Frieden zu suchen. In einer Lagebesprechung im Führerhauptquartier am 31. August kam Hitler jedenfalls darauf zurück: »[Rommel] hat nun das Schlimmste getan, was es in einem solchen Falle überhaupt für einen Soldaten geben kann: nach anderen Auswegen gesucht als nach militärischen.«

Aber wie bei Kluge, dessen Selbstmord vorgeblich aus Rücksicht auf den Ruf der Wehrmacht geheim gehalten wurde, konnte sich der Diktator auch bei Rommel noch nicht dazu durchringen, ihn öffentlich zur Verantwortung zu ziehen. Am 3. September 1944 wurde der Feldmarschall formal seines Postens als Oberbefehlshaber der Heeresgruppe B enthoben und in die Führerreserve versetzt. Das war an sich bei einem verwundeten Offizier noch nichts Ungewöhnliches. Gesundheitlich hatte sich Rommel nämlich noch immer nicht ganz von den Folgen seiner Verwundung erholt. Er litt unter starken Kopfschmerzen und Schlaflosigkeit. Die Schwellungen waren zwar zurückgegangen und die Wunden verheilt, aber das linke Augenlid blieb seit dem Unfall gelähmt. Erst allmählich gelang es Rommel, der zur Nachbehandlung regelmäßig in die Universitätsklinik nach Tübingen gefahren wurde, das Lid wieder zu öffnen. Stolz verkündete Rommel seinen Besuchern dann, dass er sie jetzt auch durch das linke Auge wieder sehen könne.

Am 6. September tauchte Hans Speidel überraschend in Herrlingen auf. Er war zwei Tage zuvor aus heiterem Himmel in La Roche-Guyon als Generalstabschef der Heeresgruppe B abgelöst worden. Irgendetwas schien sich über ihm zusammenzubrauen. Am nächsten Morgen wurde er in seinem Haus in Freudenstadt von der Gestapo verhaftet und nach Berlin gebracht. Das Verhör begann am 8. September um 9.00 Uhr morgens. Es dauerte mit kurzen Unterbrechungen drei Tage und Nächte an. Trotz seiner Entkräftung und der Drohung, man würde sich dann eben an seine Frau und Kinder halten, hatte Speidel bis zum Ende jede Mitwisserschaft am Attentat geleugnet.

Doch die Gestapo hielt noch einen furchtbaren Trumpf im Ärmel. In Ketten wurde ein Mitgefangener in das Verhörzimmer geführt, dessen Körper Spuren schwerer Misshandlungen trug. Mit Entsetzen erkannte Speidel den hageren Mann: Caesar von Hofacker. Als einziger aus dem Prozess gegen den Pariser Widerstandskreis war er noch nicht hingerichtet worden. Offensichtlich versprachen sich die Ermittler von ihm noch weitere Erkenntnisse. Am Ende der dreistündigen Gegenüberstellung mit Hofacker hatten die Gestapo-Schergen Speidel endlich so weit. Er gab zu, von Hofacker am 9. Juli bei dessen Besuch in La Roche-Guyon »Kenntnis vom Plan für das Attentat ... erhalten« zu haben.

Speidel hat dies bis zu seinem Tode energisch bestritten. Aber eine eidesstattliche Versicherung der ehemaligen Generale Heinz Guderian und Heinrich Kirchheim aus dem Jahre 1947 über den Verlauf der Sitzung des Ehrenhofs, in der die Aussage Hans Speidels zitiert wurde, spricht eine klare Sprache. Speidel war sogar noch weiter gegangen. In seiner Todesangst suchte er im Verhör nach einem Ausweg und behauptete schließlich, er habe seinen Vorgesetzten Feldmarschall Rommel noch am selben Tage von Hofackers Eröffnung unterrichtet. Dass Rommel die Weitermeldung dann unterließ, so Speidel, sei ihm nicht bekannt gewesen. Damit hatte er Rommel zwar belastet, aber nicht verraten.

Was Speidel zu diesem Zeitpunkt nicht wusste und auch nach dem Krieg nie erfahren hat: Seine Aussage war weder neu noch besonders aufsehenerregend für die Gestapo. Dass Rommel Mitwisser des Attentats war, hatten längst andere Gefangene wie Stülpnagel, Hofacker und Kluges Schwiegersohn, Karl Ernst Rathgens, ausgesagt. Und sie waren viel weiter gegangen als Speidel: Rommel hätte nicht nur von dem Attentat gewusst, er hätte es sogar gebilligt und wäre bereit gewesen, nach dem Umsturz der neuen Regierung zur Verfügung zu stehen. Speidel mag in seinem Innern bis an sein Lebensende an der Vorstellung gelitten haben, seinen verehrten Feldmarschall ans Messer geliefert zu haben. Tatsächlich passierte auch nach seiner Aussage, wie schon zuvor, erst einmal gar nichts.

Ein eigentlich ganz nebensächliches Ereignis brachte gut zwei Wochen später den Stein ins Rollen: das Gespräch, das Rommel Mitte August mit dem Kreisleiter von Ulm gehabt und in dem er sich so abfällig über Hitler und die Lage geäußert hatte. Unablässig muss der übereifrige Parteigenosse Kronmüller nach einem Weg gesucht haben, wie und wo er Rommel denunzieren konnte. Schließlich schickte er am 19. September 1944 seinen Bericht über den Inhalt des Gesprächs direkt an Martin Bormann. Der Sekretär des Führers schien geradezu darauf gewartet zu haben. Schon lange hatte er die Laufbahn Rommels mit Misstrauen verfolgt. In den Zeiten seiner Erfolge war der »Paradegeneral« für ihn unantastbar. Jetzt war Rommel reif für den Todesstoß.

Am 27. September legte Bormann seinem »Führer« in der »Wolfsschanze« den Bericht Kronmüllers vor. Am Tag darauf verfasste er einen vierseitigen Aktenvermerk, in dem er noch einmal seinen Standpunkt niederlegte. Der Aktenvermerk dürfte in weiten Teilen seinem Vortrag bei Hitler entsprochen haben und ist eine Aneinanderreihung von Halbwahrheiten und schweren Vorwürfen.

Nur der »außerordentlichen Reklame«, die der Feldmarschall um sich machen ließ, habe er seinen Ruf zu verdanken. »Ich persönlich«, so Bormann, »hielt Rommel nie für das militärische Genie, als das er herausgestellt wurde.« Auch die Vorwürfe des Tiroler Gauleiters Hofer, der Rommel während seiner Zeit in Norditalien des Pessimismus geziehen hatte, holte Bormann jetzt wieder hervor. Außerdem sei Rommel, in Anspielung auf seine Zeit als Verbindungsoffizier zur Hitlerjugend, »keinesfalls als Nazi anzusehen«. Weiter schrieb Bormann: »Ich … hielt Rommel für einen sehr eitlen Menschen, der sich mit Wonne von früh bis spät fotografieren ließ. Solche eitlen Menschen sind aber erfahrungsgemäß nie die tüchtigsten Menschen, denn ein wirklich tüchtiger Mensch hat es nicht nötig, sich fortgesetzt vor die Kamera zu schieben.«

Sogar Rommels Kurzsichtigkeit war Bormann eine hasserfüllte Bemerkung wert. Schließlich habe »Rommel aus seiner Eitelkeit heraus nicht einmal eine Brille [getragen]; dabei kann er Druckschrift nur lesen, wenn er sich das Papier buchstäblich an die Nase hält!«. Zufrieden hielt Bormann schließlich fest: »Die Meldung Kronmüllers legte ich pflichtgemäß am gestrigen Tage dem Führer vor, der ihren Inhalt daraufhin mit Feldmarschall Keitel, R[eichsführer] SS Himmler und General Burgdorf besprach. Die weitere Behandlung liegt in den Händen des Feldmarschalls Keitel.«

Die Formulierung des letzten Satzes spricht dafür, dass Hitler, aufgestachelt von Bormann, sich jetzt endlich entschlossen hatte, die Konsequenzen aus Rommels Verwicklung in den Widerstand zu ziehen. Feldmarschall Wilhelm Keitel, der Chef des Oberkommandos der Wehrmacht, erinnerte sich nach dem Krieg bei einem Verhör in Nürnberg, dass Hitler ihm gesagt hatte: »Es gibt nur zwei Möglichkeiten: Eine ist, dass Sie [Rommel] informieren; und die andere ist, dass Sie ihn verhaften, unverzüglich, und das Gerichtsverfahren einleiten.« Rommel informieren, das bedeutete, ihm selbst die Entscheidung zu überlassen. »Er als ein Offizier«, so Keitel, »sollte wissen, was er für Konsequenzen zu ziehen hatte.« Rommel sollte

»Die Konsequenzen ziehen«. August 1944

Selbstmord begehen. Würde er sich weigern, sollte ihm mit dem Volksgerichtshof gedroht werden. Das musste allerdings um jeden Preis verhindert werden. Rommel in Haft zu nehmen war unter den gegebenen Umständen ausgeschlossen. Hitler und Keitel waren sich einig: »Es wäre einfach ein entsetzlicher Skandal in Deutschland gewesen, wenn dieser so bekannte und beliebte Feldmarschall verhaftet und vor den Volksgerichtshof gestellt worden wäre.«

Rommel muss gespürt haben, dass ihm Gefahr drohte. Am 6. September, dem Tag, an dem Speidel überraschend aus Frankreich bei ihm auftauchte, hatte sich am Nachmittag ein Nachbar gemeldet. Er habe beobachtet, wie sich in unmittelbarer Nähe von Rommels Haus zwei verdächtige Personen herumtrieben, die, sobald man sich ihnen näherte, im Wald verschwanden. Dem Adjutanten des Feldmarschalls, Hauptmann Hermann Aldinger, gelang es kurz darauf, die beiden Männer zu stellen. Ihre Pässe waren druckfrisch und wiesen sie als Ingenieure aus, die wegen der Bombenangriffe aus Regensburg nach Herrlingen verlegt worden waren, um hier eine neue Rüstungsfabrik aufzubauen. Aldinger blieb nichts anderes übrig, als die verdächtigen Männer laufen zu lassen.

Was Rommel zu diesem Zeitpunkt nur ahnte, lässt sich durch ein bislang unbekanntes Vernehmungsprotokoll aus der unmittelbaren Nachkriegszeit nunmehr belegen: Spätestens seit dem 7. September wurde Rommel von zwei Gestapomännern aus München rund um die Uhr überwacht. Tatsächlich waren die Spitzel mit neuen Pässen, einem Wagen mit schwäbischem Kennzeichen sowie einem Ausweis der Rüstungsinspektion VII ausgestattet worden. Täglich mussten die Beobachtungen über Rommel, Deckname »Rummel«, per Kurier nach München geschickt werden. Von dort wurden die Berichte unverzüglich nach Berlin übermittelt und landeten dort auf dem Schreibtisch von Hauptsturmführer Joachim Hamann. Der Referent des Reichssicherheitshauptamtes hatte sich beim Überfall auf die Sowjetunion einschlägig »bewährt«. Sein »Rollkommando Hamann« war alleine verantwortlich für den Mord an über 70 000 litauischen Juden. Nun bearbeitete er in der Abteilung A 3 des berüchtigten Amtes IV die »Rechte Opposition« in Deutschland. Nach dem Attentat herrschte hier Hochbetrieb.

Rommel trug seit dem Vorfall mit den Gestapoleuten auf seinen Spaziergängen immer eine Pistole in der Manteltasche. Und vor seinem Haus ließ er eine militärische Wache aufziehen. Er rechnete jetzt damit, verhaftet zu werden. Außerdem, so erinnert sich sein Sohn Manfred, hatte er ständig alle wichtigen Dokumente aus seiner Zeit in Frankreich bei sich, um im Falle einer Verhaftung jederzeit nachweisen zu können, dass ihn keine Schuld am Scheitern der Invasion treffe. Dieser Gedanke trieb Rommel schon seit dem Frühjahr um. Damals hatte er begonnen, von allen Befehlen und Ausarbeitungen heimlich im Turm von La Roche-Guyon Abschriften anfertigen zu lassen. Seither war die Vorstellung, für angebliche Verfehlungen der Abwehrschlacht an der Küste der Normandie belangt zu werden, zur fixen Idee für den Feldmarschall geworden.

Aber auch Rommel musste wissen, dass Hitler wohl zahlreiche Feldmarschälle und Generale für die Niederlagen seines Krieges abgelöst, ja sogar in den Ruhestand versetzt hatte; verfolgt, verhaftet oder gar mit dem Tode bestraft hatte er sie nicht. Aus den wenigen Informationen, die bis zu ihm durchdrangen, konnte er sich mittlerweile ein ziemlich klares Bild über seine Lage machen: Seine Verwundung war als Autounfall verkauft worden. Kluge hatte Selbstmord begangen. Stülpnagel und Hofacker waren zum Tode verurteilt, Speidel verhaftet worden; er selbst stand unter Beobachtung. All diese Indizien sprachen eindeutig dafür, dass auch Rommel in das Fadenkreuz der Ermittler geraten war. Nicht etwa wegen angeblicher militärischer Fehler – der Anlass war ohne Zweifel seine Mitwisserschaft und die Billigung des Staatsstreichs.

Rommel war sich auch über die Konsequenzen bemerkenswert klar. Auf seinen langen Spaziergängen versuchte er sich vorzustellen, wie Hitler reagieren würde. Er wusste ebenso wie der Diktator, dass es nie zu einem Prozess gegen ihn vor dem Volksgerichtshof kommen würde. »Das«, so Rommel zu seinem Sohn, »wäre für Hitler das Ende.«

Am 1. Oktober unternahm er einen letzten Vorstoß bei Hitler. In einem Brief an den Diktator setzte Rommel sich offen für seinen verhafteten Stabschef Speidel ein. Nach ausführlicher Darstellung von Speidels Integrität und dessen Verdiensten betonte Rommel in aller Unschuld: »Ich kann mir nicht vorstellen, was zur Ablösung und Festnahme Gen[erallleutnant]

Speidel[s] geführt haben mag.« Rommel beendete das Schreiben mit den Worten: »Mich beherrschte stets nur ein Gedanke, zu kämpfen u[nd] zu siegen für Ihr neues Deutschland. Heil, mein Führer! E. Rommel.«

Sicher ist, dass Rommel zu diesem Zeitpunkt nicht mehr an die Zukunft von Hitlers neuem Deutschland glaubte. Die Ergebenheitsadresse war nicht mehr als eine Floskel. Dennoch offenbart der Brief die tiefe Gespaltenheit Rommels. Verzweifelt klammerte er sich für die Länge eines Briefes an den Glauben, der Diktator wäre vielleicht doch noch zur Vernunft zu bringen. Doch die Hoffnung hielt nicht lange vor. Kurze Zeit nachdem er den Brief diktierte hatte, legte er ihn zu den Akten. Die Einsicht, dass Hitler ihm ohnehin nicht glauben würde, hatte wieder die Oberhand gewonnen.

Anfang Oktober '44 begann Rommel mit dem letzten Kapitel seiner Kriegserinnerungen. Wie immer saß dann Lucie an der Schreibmaschine und tippte nach Diktat die Sätze ihres Mannes aufs Papier. Noch einmal ging es um die Invasion. Rommel zählte all die bekannten und berechtigten Gründe auf, die zum Scheitern geführt hatten, und schloss den Rückblick auf die Normandie mit einem bemerkenswerten Fazit: »Trotz allem glaube ich, dass wir … die Schlacht verloren hätten, denn unsere Gegenangriffe wären durch die Schiffsartillerie und Luftwaffe zerschlagen und eine Artillerie- und Werferposition nach der anderen durch das wahnsinnige alliierte Trommelfeuer ausgeschaltet worden.«

Dann führte Rommel eine gewagte Schlussbetrachtung aus, bei der er das Scheitern des Krieges auf die Vernachlässigung des afrikanischen Kriegsschauplatzes zurückführte. Mit besserem Nachschub und mehr Soldaten, so Rommel, hätte es gelingen können, die britischen Streitkräfte zu besiegen und damit Zugriff auf den Suezkanal, Ägypten, Ostafrika, Syrien, Mesopotamien und den Iran zu erhalten. Damit wären den Achsenmächten nicht nur Millionen Tonnen Erdöl in die Hände gefallen, die Einnahme der Hafenstadt Basra im Persischen Golf hätte den amerikanischen Nachschub für Russland zudem empfindlich getroffen. Vor allem aber hätte sich dann die Möglichkeit eröffnet, der russischen Südfront in den Rücken zu fallen.

Immer noch konnte der Feldherr in Rommel nicht davon ablassen zu träumen, wie er Hitlers Krieg zum Sieg hätte führen können. Auch wenn er die Folgen des Wahns klar vor Augen hatte. »Die Belastung an drei Fronten«,

Letztes Foto. Uniklinik Tübingen, Oktober 1944

steht am Ende seiner Memoiren, »konnten wir nicht mehr tragen. Im Osten durchbrachen die Russen unsere Linien, vernichteten viele eigene Divisionen und dringen nach Westen. Im Osten und im Westen können neue Fronten nur mit Mühe mit letzten Reserven improvisiert werden. Es ist dunkel um uns geworden.«

Am 4. Oktober trat in Berlin der so genannte Ehrenhof über Generalleutnant Hans Speidel zusammen. Diese Versammlung hoher Offiziere war nach dem Attentat vom 20. Juli ins Leben gerufen worden, um den Anschein der Eigenständigkeit des Heeres gegenüber den Organen des Reichsführers SS zu wahren. Der Ehrenhof wurde zu einer Art willfährigem Zuarbeitergremium, das verdächtige Offiziere des Heeres aus der Wehrmacht ausstieß, um sie dem Volksgerichtshof auszuliefern.

Der Chef des Reichssicherheitshauptamtes, Obergruppenführer Ernst Kaltenbrunner persönlich, vertrat an diesem Tag die Anklage. Er hielt Speidels Schutzbehauptung, dieser habe die Informationen Hofackers über das Attentat an Rommel weitergegeben und nicht gewusst, dass der Feldmarschall seinerseits eine Meldung unterlassen habe, für »unglaubhaft«. In Speidels Stellung als Chef des Stabes habe ihm Rommel bestimmt nicht verschwiegen, dass er die Absicht hatte, Hofackers Bericht vertraulich zu behandeln. »Hätte Speidel den Plan dem O[ber]K[ommando der] W[ehrmacht] gemeldet«, so Kaltenbrunner, »wäre das Attentat mit Sicherheit verhindert [worden]. Dadurch, dass er die Meldung unterließ, habe er das Attentat ermöglicht. Er sei deshalb schuldig als Mitwisser und Helfer am Attentat.« Feldmarschall Keitel, der die Sitzung leitete, beeilte sich noch anzufügen, dass »der Führer die Ansicht ausgesprochen habe, es sei an der Schuld Speidels nicht zu zweifeln«.

Im Raum herrschte betretenes Schweigen. Keitel forderte den anwesenden Heinrich Kirchheim als rangjüngsten General auf, als Erster sein Urteil abzugeben: Kirchheim zögerte einen Moment, dann sagte er laut und deutlich: »Frei von Schuld und Verdacht.« Speidel hatte Glück. Mancher unter den beisitzenden Generalen war dem Ruf zum Ehrenhof nur gefolgt, um Schlimmeres verhindern zu helfen. Als Keitel in scharfem Ton begann, das in seinen Augen zu milde Urteil anzugreifen, sprang der ebenfalls anwesende Generaloberst Heinz Guderian Kirchheim bei. Nach einer heftigen Debatte einigten sich die sechs anwesenden Offiziere schließlich unter dem Protest Kaltenbrunners und Keitels auf ein »Nicht schuldig«. Speidel war gerettet. Er blieb dennoch bis auf eine zweiwöchige Unterbrechung über Weihnachten in Haft. Am 29. April 1945 wurde er nach einer Odyssee durch Deutschland im schwäbischen Urnau von französischen Truppen befreit.

Auf Rommels Schicksal hatte das Verfahren gegen Speidel keinen Einfluss mehr. Schon Anfang Oktober war der berüchtigte Hamann zum ersten Mal persönlich in Herrlingen aufgetaucht. Den Gestapospitzeln kündigte er dabei an, dass »die Überwachung straffer gestaltet werden müsse, da die Zeit dränge«. Der Feldmarschall sollte jetzt auf keinen Fall mehr fliehen können.

In Rommels Haus in Herrlingen klingelte am Samstagvormittag, dem 7. Oktober 1944, das Telefon. Rommels Ordonnanzoffizier Hellmuth Lang nahm das Gespräch entgegen. Am Apparat war Feldmarschall Keitel. Rommel werde zu einer wichtigen Besprechung in Berlin erwartet. Am Montagmorgen werde für Rommels Beförderung ein Sonderzug am Bahnhof Ulm bereitgestellt. Lang reagierte eigenmächtig: »Das ist im Augenblick nicht möglich, der Feldmarschall ist noch nicht wiederhergestellt.« Mit den Worten: »Sie hören wieder von mir«, warf Keitel verärgert den Hörer auf die Gabel.

Rommel bekam einen seiner berüchtigten Wutanfälle, als er davon erfuhr. Noch am selben Tag musste Lang das Haus verlassen. Als Rommels erster Zorn verraucht war, gestand er sich ein, dass die Reaktion seines Ordonnanzoffiziers gar nicht so falsch gewesen war. Seinem Sohn Manfred sagte er an diesem Tag: »So einfach mach ich es den Herren nicht.« Kurzfristig dachte Rommel sogar darüber nach, ob er sich stationär in die Universitätsklinik nach Tübingen begeben solle. Schließlich rief er seine Ärzte an, um sich bestätigen zu lassen, dass er noch nicht reisefähig sei. Dann ließ er sich mit dem Führerhauptquartier verbinden. Anstelle von Keitel meldete sich General Wilhelm Burgdorf, der Chef des Heerespersonalamtes. Rommel kannte Burgdorf aus seiner Zeit in Dresden und hörte nun von ihm, er solle nach Berlin kommen. Man wolle mit ihm über seine spätere Verwendung sprechen.

»Leider«, so antwortete Rommel, habe »sein Arzt ihm bis auf Weiteres verboten, Dienst zu tun«. Notfalls könne Burgdorf ihm ja »einen zuverlässigen Offizier schicken«. Rommel war nicht wirklich beruhigt. Im Gegenteil: Er hatte jetzt Angst um sein Leben.

Für den kommenden Mittwoch, den 11. Oktober 1944, hatte sich Admiral Ruge zu Besuch angesagt. Rommel »freute sich außerordentlich«, seinen alten Vertrauten aus La Roche-Guyon wiederzusehen. Lucie hatte für den Gast »ein kleines Festessen um einen Rehbraten herum geschaffen und den Tisch festlich gedeckt«. Nach dem Essen zogen sich die Herren ins Arbeitszimmer des Feldmarschalls zurück. Bei einem Glas Sekt erzählte Rommel von dem Anruf aus Berlin. Er habe aus Gesundheitsgründen abgesagt. Und dann fügte Rommel an: »Ich weiß, dass ich nicht lebend hinkommen würde.« Ruge nahm an, der Feldmarschall habe einen Scherz gemacht, und antwortete in Anspielung auf Rommels Gesundheitszustand, »so schlimm [ist] es doch wohl nicht«. Rommel überging die flapsige Bemerkung und wechselte das Thema. Erst nach Rommels Tod sollte Ruge den wahren Sinn der Worte erkennen. Am nächsten Morgen brachte der Feldmarschall ihn persönlich zum Bahnhof; Rommel und Ruge sahen sich nicht wieder.

Zwei Tage später, am Freitag, dem 13. Oktober, unternahm das Ehepaar Rommel nach langer Zeit wieder einen Ausflug. Sie besuchten Rommels alten Freund Oskar Farny im Allgäu. Es scheint nicht ganz zufällig, dass Rommel in seiner Lage ausgerechnet Farny aufsuchte. Zu ihm hatte er Vertrauen. Unter vier Augen eröffnete Rommel ihm, dass er den Verdacht hätte, wegen des Attentats vom 20. Juli verfolgt zu werden. Farny war entrüstet: »Hitler wird sich doch nicht an Dich heranwagen!« Rommel blieb ganz ruhig: »Doch, er will mich beseitigen.« Dann äußerte er einen letzten Wunsch, der ihm offensichtlich auf der Seele gelegen hatte: »Wenn mir etwas passieren sollte, bitte ich, Dich meines Buben anzunehmen.«

Als Rommel in Begleitung seiner Frau abends heimkehrte, empfing ihn seine Ordonnanz Rudolf Loistl mit einer bitteren Nachricht. Während seiner Abwesenheit hatte General Burgdorf angerufen und angekündigt, dass er am nächsten Tag zwischen 12.00 und 13.00 Uhr in Begleitung eines weiteren Herrn in Herrlingen eintreffen werde. Rommel ahnte, dass seine letzten Stunden angebrochen waren. Nach außen hin gab er sich gelassen. Noch lange saß er mit seinem Adjutanten Hermann Aldinger an diesem Abend zusammen. Rommel sprach davon, »dass der Besuch klarstellen solle, warum es zum Zusammenbruch der Normandiefront gekommen ist«. »Er bat mich«, so Aldinger, »Karten bereitzulegen, damit er den Generalen anhand der Skizzen die Entwicklungssituation vortragen könnte.« Rommels Tarnung verfehlte ihre Wirkung nicht. Noch 1947 meinte Aldinger vor der Spruchkammer in München: »Wir waren der Auffassung, dass es eine Art Rechtfertigung für den Frankreichfeldzug sein sollte. Der Feldmarschall hat mir mehrmals gesagt: ›Haben Sie alles, haben Sie diese und jene Karte?‹«

Gegen 21.00 Uhr desselben Tages trafen die Generale Burgdorf, Ernst Maisel und Major Anton Ehrnsperger in Ingolstadt ein. Etwas später stieß auch Joachim Hamann zu den Offizieren. Hamann hatte aus Berlin sechs besonders zuverlässige Gestapomänner mitgebracht, die den reibungslosen Ablauf der Aktion am kommenden Tag garantieren sollten. Nachdem noch einmal alle Einzelheiten des Unternehmens durchgesprochen worden waren, zogen die Herren sich auf ihre Hotelzimmer zurück.

Rommel war am nächsten Morgen früh auf den Beinen. Als sein Adjutant Aldinger gegen 6.30 Uhr eintraf, sah er den Feldmarschall schon auf der Terrasse stehen. Unruhig folgte Rommels Blick einigen feindlichen Jagdbombern, deren Kondensstreifen sich wie Kreidestriche am Himmel abzeichneten. Sein Sohn Manfred war seit einer Woche wieder bei der Flak in Ulm und sollte an diesem Morgen mit dem Frühzug zum Wochenende nach Hause kommen. Aldinger hatte einige Besorgungen in Ulm zu erledigen und kehrte gegen circa 10.45 Uhr nach Herrlingen zurück. Mittlerweile war Manfred Rommel eingetroffen. Ernst hatte sein Vater ihn mit den Worten empfangen: »Vielleicht bin ich heute Abend schon tot.«

MANFRED ROMMEL   Damals 15 Jahre alt

»Ich war an dem Morgen gekommen, um übers Wochenende ihm etwas zur Hand zu gehen, und dann hat mein Vater gesagt: ›Vielleicht bin ich heute Abend schon tot, das ist durchaus drin.‹ Und er hat mit mir gesprochen, und dann sind die gekommen, das war am Anfang rein konventionell, haben ihn gebeten, mit ihm alleine sprechen zu können. Also er hat damit gerechnet, das ist klar.«

Unauffällig bezogen ein Dutzend Gestapoleute in Zivil gegen 11.00 Uhr ihre Posten rund um Rommels Haus. Hamanns Männer wurden durch vier weitere Beamte aus München verstärkt. Sie hatten den Befehl bekommen, »jeden Fluchtversuch mit Waffengewalt zu verhindern«. Am Eingang zur Wippinger Steige, die zu Rommels Haus führte, hatte die Gestapo einen Leiterwagen so in eine Einfahrt geschoben, dass er sofort auf die Straße gerollt und damit der einzige Fluchtweg versperrt werden konnte. Angeblich, so sagte einer der SS-Männer nach dem Krieg aus, sei sogar ein Teilstück der nahe liegenden Autobahn München–Stuttgart kurzfristig abgeriegelt worden, um zu verhindern, dass Rommel in der letzten Sekunde etwa mit dem Flugzeug entkommen konnte.

Um Punkt 12.00 Uhr fuhren Burgdorf und Maisel in einem schwarzen Mercedes 1,7 Liter vor dem Anwesen Rommels vor. Sie ließen den Fahrer am Gartentor halten und gingen das kurze Stück Weges zur Haustür zu Fuß. Rudolf Loistl empfing die Generale und führte sie ins Haus. Die Herren zogen es vor, ihre Mäntel nicht abzulegen, und baten darum, sofort mit Rommel sprechen zu können. Der Feldmarschall erwartete sie mit seiner Frau im Arbeitszimmer. In einem Anflug rührender Ahnungslosigkeit fragte Lucie Rommel, ob denn die Gäste noch zum Essen bleiben wollten. General Burgdorf lehnte ab und bat sie, den Raum zu verlassen, da er und Maisel in dienstlicher Angelegenheit mit ihrem Mann sprechen müssten.

Nachdem Lucie Rommel sich zurückgezogen hatte, erklärte Burgdorf, er habe den Auftrag des »Führers«, Rommel »wegen seiner Beteiligung an den Vorbereitungen zum 20. Juli« aufzusuchen. Aus einem zweiseitigen Protokoll verlas Burgdorf mehrere Aussagen. Neben verschiedenen anderen belastete vor allem Hofackers Bericht von der Begegnung in La Roche-Guyon den Feldmarschall schwer.

Rommel war blass geworden. Burgdorf stellte ihn jetzt vor die Wahl: Selbstmord oder Volksgerichtshof. Rommel stand auf und ging einmal schweigend in dem Zimmer auf und ab. Dann gab er nach und erklärte: »Ich werde die Konsequenzen ziehen.« Die Generale schwiegen. Rommel lief weiter auf und ab. Dann setzte er sich für einen Moment, um sich gleich darauf wieder zu erheben. Dabei sagte er beinahe entschuldigend: »Ich habe den Führer geliebt und liebe ihn noch!«

General Maisel, ein willfähriger Diener des Regimes, versäumte es auch nach dem Krieg nicht, in einem Verfahren, das gegen ihn wegen Beihilfe zum Mord an Rommel angestrengt worden war, zu Protokoll zu geben, wie sehr ihn diese Bemerkung »angewidert« hätte. Er, der hitlertreue Maisel, hielt das für eine »Heuchelei«. Dass ein Mann des Widerstands sich dennoch nicht ganz von Hitler lösen konnte, wollte Maisel nicht in den Sinn. Und es bleibt, auch mit zeitlicher Distanz und anderer Perspektive betrachtet, ein Widerspruch im Leben des Erwin Rommel.

Am Ende seiner Ausführungen bat Burgdorf, den Feldmarschall für einen Augenblick unter vier Augen sprechen zu dürfen. Als Maisel den Raum verließ, konnte er noch hören, wie Rommel zu Burgdorf sagte: »… aber mit der Pistole fühle ich mich noch nicht sicher genug.« Wahrscheinlich hat Burgdorf Rommel jetzt eröffnet, dass er eine Kapsel Zyankali mit sich führte. Und er mag Rommel beruhigt haben: Seine Familie würde nicht verfolgt und er selber schließlich in allen Ehren beigesetzt werden. Als Burgdorf geendet hatte, bat Rommel darum, sich von seiner Frau und seinem Sohn verabschieden zu dürfen.

Tastend setzte Rommel einen Schritt vor den anderen, als er die Treppe zum ersten Stock seines Hauses nach oben ging. Im Schlafzimmer fand er seine Frau. »Es ist mir nicht möglich«, schrieb Lucie Rommel später, »auszudrücken, was in seinem Gesicht zu lesen war.« Sie fragte ihn aufgeregt: »Was ist denn los?« Rommel antwortete ihr bereits völlig abwesend: »In einer Viertelstunde bin ich tot.«

Als Hauptmann Aldinger wenig später die Treppe hochkam, hörte er, wie Lucie Rommel »bitterlich weinte«. Die Türe war angelehnt, und bedrückt sah er Rommel »völlig blass« im Zimmer stehen. Mittlerweile war auch Manfred Rommel zu seinem Vater gekommen. Aldinger wollte nicht stören und ging leise weiter zu seinem Zimmer. Da kam Rommel hinter ihm her und legte einen Arm um seine Schulter. Aldinger hatte schon im Ersten Weltkrieg in Rommels Kompanie gekämpft, und zwischen den gleichaltrigen Männern herrschte ein freundschaftliches Verhältnis. Tonlos sagte Rommel: »Aldinger, jetzt ist das Ende da.« Dem treuen Adjutanten schossen die Tränen in die Augen. Rommel berichtete kurz über das Gespräch mit den Generalen und schloss mit den Worten: »Ich fühle mich unschuldig. Ich bin nicht beteiligt am Attentat. Ich habe in meinem ganzen Leben dem Vaterland gedient und das Beste getan. Grüßen Sie mir mein schwäbisches Volk und besonders meine lieben alten Gebirgler.«

Als Rommel kurz darauf wieder ins Erdgeschoss kam, schien er sich gefasst zu haben. Sein Sohn Manfred und Aldinger halfen ihm in seinen Ledermantel. Rommel fand in der Tasche seine Geldbörse und fragte: »Soll ich das mitnehmen?« Aldinger murmelte nur: »Vollkommen bedeutungslos.« Als Letztes nahm Rommel seinen Feldmarschallstab und die Mütze. Einer Gewohnheit folgend griff Rommel noch nach einem Zweitschlüssel für die Haustüre.

Er zögerte einen Moment, dann drückte er den Schlüssel seinem Sohn in die Hand. Zu dritt gingen sie zum Wagen. Rommel setzte sich hinten rechts in den Fond neben Burgdorf. Die Türen wurden zugeschlagen, und der Mercedes fuhr los.

Nach ungefähr 500 Metern hielt der Wagen in einem kleinen Waldstück an einer alten Kiesgrube. Burgdorf forderte General Maisel und den Fahrer Heinrich Doose auf, den Wagen zu verlassen und sich zu entfernen. Nach etwa fünf Minuten rief Burgdorf die Männer zum Wagen zurück. Doose beschrieb später, welches Bild sich ihm jetzt bot: »Ich sah Rommel hinten im Wagen sitzend, offenbar im Sterben, besinnungslos in sich zusammengesunken, schluchzend – nicht röchelnd oder stöhnend –, sondern ›schluchzend‹.«

Mit Vollgas ging es jetzt nach Ulm. Dem Tod Rommels folgte ein makabres Schauspiel. Mit quietschenden Reifen hielt der Wagen vor dem Lazarett in der Wagnerschule. Zwei herbeigerufene Sanitäter schleppten die Leiche Rommels in den Operationssaal. Dem ahnungslosen Stabsarzt, Dr. Fritz Breiderhoff, wurde mitgeteilt, Rommel habe auf der Fahrt eine Herzattacke erlitten. Breiderhoff reagierte sofort und setzte eine Injektion Cormed direkt ins Herz. Die Wirkung musste erfolglos bleiben. General Burgdorf begab sich daraufhin zum Stadtkommandanten von Ulm und meldete über Telefon den Vollzug der Aktion an Feldmarschall Keitel im Führerhauptquartier.

Wie aus dem Nichts war Hauptsturmführer Hamann im OP aufgetaucht und bat Dr. Breiderhoff jetzt um ein vertrauliches Gespräch. Offen-

Plötzlich und unerwartet verschied nach seiner schweren Verwundung
vom 17. 7. 1944 im 53. Lebensjahr mein geliebter Mann und der treueste
Freund seines Sohnes, unser lieber Bruder, Schwager und Onkel

Generalfeldmarschall **Erwin Rommel**

Ritter des Ordens Pour le Mérite
Inhaber des Ritterkreuzes mit Eichenlaub, Schwertern und Brillanten,
des goldenen Verwundetenabzeichens und anderer hohen Auszeichnungen.

Sein Leben war Dienst am Vaterland.

In tiefer Trauer im Namen aller Angehörigen
Frau **Lucie-Maria Rommel**
Manfred Rommel, z. Zt. Luftwaffenhelfer.

Herrlingen b. Ulm, am 14. 10. 1944.

Von Beileidsbesuchen wird gebeten, Abstand zu nehmen.

O/1175

Todesanzeige. 14. Oktober 1944

sichtlich ging es um den Totenschein für Rommel. Breiderhoff scheint sich
geweigert zu haben, dem Mord ein ärztliches Alibi zu geben. Jedenfalls
trägt die Sterbeurkunde die Unterschrift eines anderen, als zuverlässiger
Parteigenosse bekannten Ulmer Arztes. Unter Todesursache vermerkte er:
»Herzschlag als Folge eines im Westen erlittenen Dienstunfalls.«

Hochamt der Verlogenheit. Ulm, 18. Oktober 1944

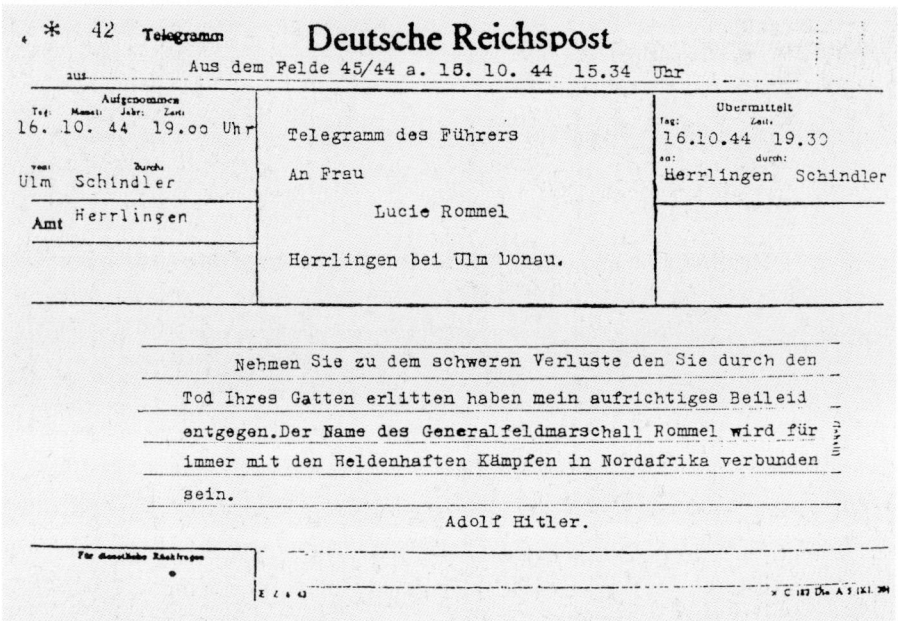

Hitlers Kondolenzschreiben. 16. Oktober 1944

Im OP kümmerte sich inzwischen eine Krankenschwester rührend um den Toten. Sie wischte Rommel den weißen Schaum vom Mund, brachte die Uniformjacke wieder in Ordnung, legte das abgerissene Ritterkreuz um seinen Hals und schmückte das Totenbett mit einigen schnell vor dem Haus gepflückten Astern.

Wie kalt wirkte dagegen der inszenierte Trauerakt am 18. Oktober im Ulmer Rathaus. Über Rommels Katafalk war die Reichskriegsflagge gebreitet. Rommels Marschallstab, Helm und Degen lagen obenauf. Auf einem Ordenskissen leuchteten die Insignien seines irdischen Ruhms; der Pour le Mérite und das Eichenlaub mit Schwertern und Brillanten zum Ritterkreuz des Eisernen Kreuzes. Hitler und seine Paladine blieben der Trauerfeier selbstverständlich fern. Dafür nahm die Bevölkerung umso größeren Anteil an Rommels Tod. Kaum einer ahnte, was wirklich passiert war. Nur einige wenige bemerkten, dass Manfred Rommel und seine Mutter wie versteinert wirkten. Es war ihnen nichts anderes übrig geblieben, als durch ihre Anwesenheit diesem Hochamt der Verlogenheit die Legitimation zu geben.

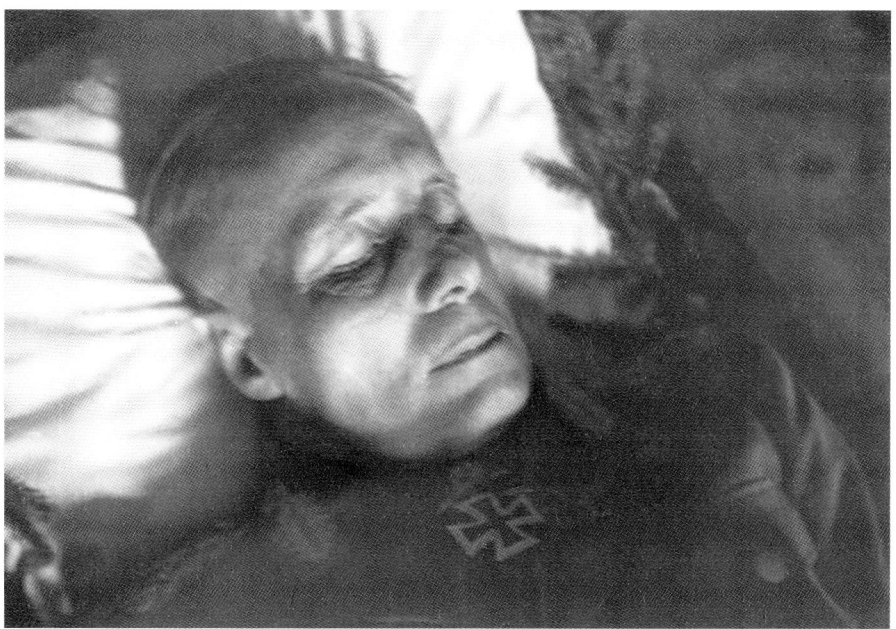

Auf dem Totenbett

In Vertretung Hitlers war Generalfeldmarschall Gerd von Rundstedt nach Ulm befohlen worden. Der alte Mann wusste sicher nicht, unter welchen Umständen sein ehemaliger Untergebener aus Frankreich ums Leben gekommen war. Dennoch fühlte er sich nicht wohl in seiner Haut. Zu wenig hatte ihn mit Rommel verbunden, um jetzt so eine prominente Rolle bei dessen Trauerakt zu spielen. Seine Rede geriet hölzern und unpersönlich. Sie gipfelte in den Worten: »Der unermüdliche Kämpfer war erfüllt vom nationalsozialistischen Geist, der die Kraftquelle und Grundlage seines Handelns bildete. Sein Herz gehörte dem Führer.« Der erste Satz war nicht mehr als eine Floskel, die Rommel kaum zutreffend charakterisierte. Mit seinem zweiten Satz aber hatte Rundstedt unfreiwillig eine Wahrheit über Rommel ausgesprochen. Rommels »Herz gehörte dem Führer«. Umso schwerer wiegt, dass dieser Mann dennoch die Kraft und den Mut aufbrachte, sich immer dann gegen Hitler zu entscheiden, wenn dessen Befehle seinem Gewissen zuwiderliefen. Das ist die andere Wahrheit des Erwin Rommel.

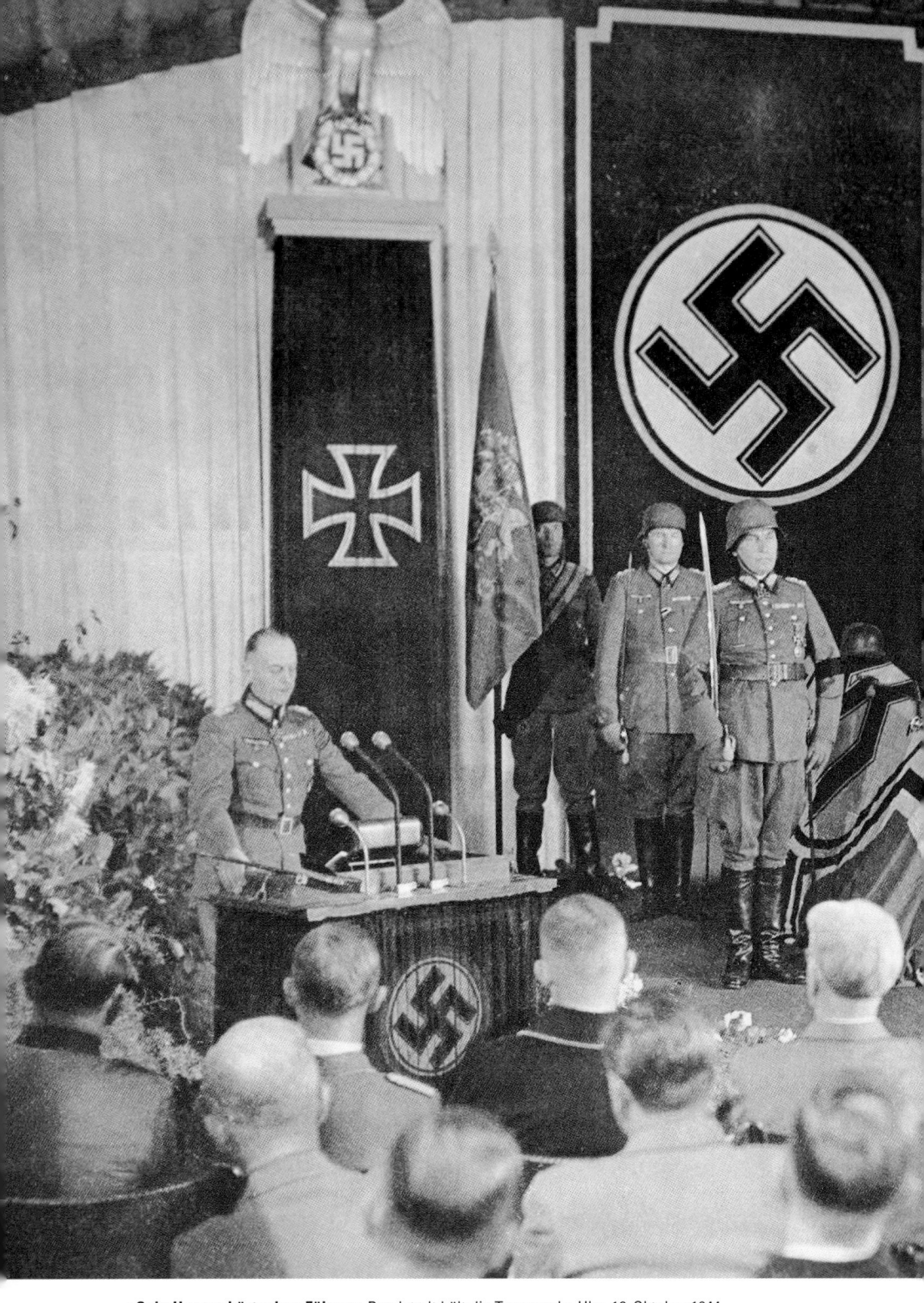

»Sein Herz gehörte dem Führer.« Rundstedt hält die Trauerrede. Ulm, 18. Oktober 1944

Rommels Sohn Manfred studierte nach dem Krieg Jura, promovierte, wurde aktives Mitglied der CDU und als Stuttgarter Oberbürgermeister ein bedeutender Kommunalpolitiker der alten Bundesrepublik. In der Nacht zum Dienstag, dem 18. Oktober 1977, verübten im Gefängnis Stuttgart-Stammheim die RAF-Terroristen Andreas Baader, Gudrun Ensslin und Jan Carl Raspe Selbstmord. In den folgenden Tagen entbrannte ein heftiger Streit darüber, wo die Toten beigesetzt werden sollten. Als sich die Familie Ensslin am 20. Oktober an Manfred Rommel als Oberbürgermeister mit der Bitte um einen Grabplatz auf dem Dornhaldenfriedhof von Stuttgart wandte, entschied er in ihrem Sinn schnell und unbürokratisch. »Mit dem Tod«, so Manfred Rommel, »ende jede Feindschaft.« Das brachte ihm heftige Angriffe ein, auch aus seiner eigenen Partei. Rommel blieb unbeirrt bei seiner menschlichen Haltung.

In vielfacher Hinsicht erinnert die Haltung Manfred Rommels an seinen Vater. In den entscheidenden Momenten seines Lebens handelte Erwin Rommel unabhängig von jedem äußeren Einfluss nur nach seinem Gewissen. Konfrontiert mit den Mordbefehlen Hitlers reagierte Rommel menschlich. Er verhinderte ihre Ausführung. Dass er einem System diente, das die Ausführung solcher Befehle von ihm verlangte, also offensichtlich verbrecherisch war, hinterfragte er zu diesem Zeitpunkt noch nicht.

In El Alamein brauchte Rommel 24 Stunden. Dann entschied er sich, gegen den Befehl Hitlers den Rückzug einzuleiten. Er war seinem Gewissen gefolgt und hatte getan, was in seinen Augen getan werden musste. Um das Leben seiner Soldaten zu retten, aber sicher auch aus militärischen Erwägungen. Eine gefangene Armee kann eben nicht mehr kämpfen. Er haderte später lediglich deshalb mit sich, weil er 24 Stunden gebraucht hatte, seinen Entschluss zu fassen.

Für sich betrachtet ist jede dieser Entscheidungen Rommels nichts Außergewöhnliches. Bedeutung wächst ihnen allenfalls zu, weil in dieser Zeit eben viele andere Deutsche nicht so gehandelt haben wie er. Es ist auch nicht wirklich entscheidend, dass Rommel von dem geplanten Attentat auf Hitler wusste und es billigte. Es ist nicht einmal wesentlich, ob er sich nach dem gelungenen Staatsstreich der neuen Regierung zur Verfügung gestellt hätte. Das allein macht aus ihm noch lange keinen Mann des Widerstands.

Außergewöhnlich und weithin unbekannt oder zumindest unterschätzt aber ist, dass Rommel einen eigenen Plan verfolgt hat, der dem Krieg ein Ende setzen sollte. Es war ein weiter Weg gewesen bis zu diesem Entschluss. Von El Alamein an glaubte Rommel nicht mehr an den »Endsieg«. In den folgenden Monaten kam er zu der Überzeugung, dass der einzige Ausweg aus dem drohenden Untergang ein einseitiger Friedensschluss mit den West-Alliierten gewesen wäre. Das bedeutete allerdings nicht, dass Rommel den Vernichtungskrieg Hitlers im Osten weiterführen wollte. Es ging darum, die Ostgrenze Deutschlands wirkungsvoll verteidigen zu können. Über das, was folgen würde, wenn die Rote Armee deutschen Boden betreten sollte, machte er sich zu Recht keine Illusionen.

Hatte Rommel im Herbst 1943 in Italien diese Lösung als Sofortmaßnahme erwogen, so hoffte er Anfang 1944, dass Deutschland aus der erfolgreichen Abwehr der Invasion eine Position relativer Stärke erwachsen würde, aus der heraus ein halbwegs annehmbarer Frieden mit den Engländern und Amerikanern auszuhandeln wäre. Noch vor der Landung der Alliierten holte ihn die Wirklichkeit wieder ein. Mehrmals versuchte er mit Hitler zu reden, um ihn von der Notwendigkeit eines einseitigen Friedensschlusses zu überzeugen. Bei ihrem letzten Treffen ließ der Diktator Rommel nicht einmal mehr zu Wort kommen.

Drei Faktoren haben Rommel vor allen anderen bestärkt, Widerstand zu leisten: Die Sorge um Deutschland – denn das und nicht etwa ein militärischer Ehrgeiz beschäftigte ihn ja, wenn er an die drohende Niederlage dachte –, die Empörung über die Gräuel des Regimes, von denen er erfahren hatte –, und nicht zuletzt die Haltung all jener, die aus den vielfältigen und verschiedenartigen Kreisen und Gruppierungen des deutschen Widerstands im Jahr 1944 an ihn herangetreten waren.

Am Ende hatte er jedenfalls einen ganz unglaublichen Plan gefasst: Rommel wollte auf eigene Faust den Alliierten die Westfront öffnen. Und er wartete dafür sicher nicht auf ein gelungenes Attentat, dessen Datum Hofacker bei der Unterredung am 9. Juli in La Roche-Guyon ohnehin noch nicht kannte. Rommel hatte eine einsame Entscheidung getroffen. Und er war entschlossen, sie durchzuführen – mit oder ohne Attentat. Mit kühlem Kopf ging Rommel an die Vorbereitungen. Die Militärführer im Westen, auf die es ankam, waren auf seine Seite gebracht. Mit dem Wohlwollen Montgomerys konnte er rechnen. Was Kluge am Abend des 20. Juli davon abgehalten hatte zu handeln, die mangelnde Aussicht auf Erfolg – Rommel hätte sie gehabt.

Das Resultat seines Plans, wenn er denn geglückt wäre, hätte den alliierten Truppen den Vorstoß bis ins Reich ermöglicht. Das Regime wäre zwangsläufig zusammengebrochen, mit größerer Sicherheit jedenfalls als nach einem geglückten Attentat. Millionen Menschenleben wären gerettet worden. Der Tieffliegerangriff vom 17. Juli 1944 machte all diese Hoffnungen jäh zunichte. Es bleibt dieser unerhörte Plan des Erwin Rommel.

Das Risiko für ihn war nicht geringer als das eines Attentäters auf Hitler. Kurzfristig hatte er sogar darüber nachgedacht, seine Familie nach Frankreich zu holen, um sie für den Tag des Handelns der Rache Hitlers zu entziehen. Rommel verzichtete darauf, weil es Misstrauen hätte wecken können. Man hat ihm später vorgeworfen, er habe am 14. Oktober 1944 aus Rücksicht auf seine Familie den Selbstmord dem Auftritt vor dem Volksgerichtshof vorgezogen und damit die Chance vergeben, den Diktator auf diese Weise herauszufordern. Das geht an den Tatsachen vorbei. Rommel hatte in der Stunde seines Todes nur die Wahl, sich selbst zu töten oder umgebracht zu werden. Hitler hätte es niemals zugelassen, dass Rommel vor den Volksgerichtshof gestellt worden wäre. Ging es um seinen Widerstand, war Rommel kompromisslos – auch seiner eigenen Familie gegenüber. Er zahlte dafür mit seinem Leben.

Rommels Haltung zu Hitler war nicht von derselben Eindeutigkeit geprägt. Er verehrte den Diktator kritiklos, spätestens seit seiner Zeit als Kommandeur des Führerhauptquartiers in Polen 1939. Auch Rommel war es bis dahin nicht verborgen geblieben, dass Hitlers Herrschaft schweres Unrecht, vor allem gegenüber den deutschen und österreichischen Juden, mit sich gebracht hatte. Rommel verurteilte das, seine Solidarität hatte er den bedrängten Menschen allerdings versagt. Für ihn überwogen die scheinbaren Erfolge des Regimes dessen Schattenseiten. Das war ein schlechter Kompromiss. Musste er weitere schließen? Die Entfesselung des Zweiten Weltkriegs durch den Angriff auf Polen nahm Rommel, bewusst getäuscht, so nicht wahr. An der Planung des Vernichtungskrieges gegen die Sowjetunion hat Rommel nicht teilgenommen. Vom Überfall am 22. Juni 1941 erfuhr er in der Wüste vor Tobruk.

Afrika blieb immer »Nebenkriegsschauplatz«. Dennoch stimmt es natürlich, dass etwa bei einem Durchbruch nach Palästina im Schatten der Afrika-Armee auch die Schergen Adolf Eichmanns über das Land gekommen wären. Mit all den schrecklichen Konsequenzen. Das aber wusste Rommel wiederum nicht. Vom Mord an den Juden hörte er erst spät. Das lag auch daran, dass er lange Zeit in Afrika buchstäblich ›weit ab vom Schuss‹ gewesen war. Spätestens im Februar 1944 erfuhr er vom Stuttgarter Oberbürgermeister Strölin die ganze Wahrheit. Rommel hat das Verbrechen entschieden abgelehnt. Er mag sich bis zuletzt mit mehr oder minder großem Erfolg damit beruhigt haben, dass Hitler nicht der Urheber der Verbrechen sei. Immer noch hielt Rommel dem Diktator die Treue. Auch wenn seine Anhänglichkeit seit El Alamein gewiss nicht mehr kritiklos war. Bis in seine letzte Stunde war er gefangen von diesem Gefühl.

Hitler seinerseits hat den in mancher Hinsicht naiven Schwaben von Anfang an benutzt. Rommels Ruf, der »Mythos Rommel«, war Teil des Systems. Unfreiwillig und wohl auch ohne es jemals wirklich erkannt zu haben, wurde Rommel so zum Komplizen eines mörderischen Regimes. Das stellt seine Taten und Leistungen als Feldherr in den Schatten der Verbrechen – aber es ist keine individuelle Schuld. Die Entscheidung seines Gewissens bleibt davon unberührt.

In dem kleinen Ort Friedersdorf bei Frankfurt an der Oder hängt in der Dorfkirche ein altes Epitaph. Es erinnert an einen Oberstleutnant Friedrichs des Großen, Johann Friedrich Adolf von der Marwitz, der hier begraben liegt. Marwitz hatte sich im Siebenjährigen Krieg vor Dresden geweigert, den Befehl seines Königs auszuführen und das Schloss Hubertusburg als Repressalie abzubrennen. Dafür musste er seinen Abschied nehmen. Marwitz starb am 14. Dezember 1781. Auf seinem Epitaph steht geschrieben: »Wählte Ungnade, wo Gehorsam nicht Ehre brachte.« Das gilt auch für Erwin Rommel.

ANHANG

ABKÜRZUNGEN

Bayerisches Hauptstaatsarchiv, Abt. IV, Kriegsarchiv, München	BayHSTA, Abt. IV
Bundesarchiv Filmarchiv, Berlin	BAFA
Bundesarchiv Militärarchiv Freiburg	BAMA
Deutsches Rundfunkarchiv, Frankfurt a. M.	DRA
Hauptstaatsarchiv Stuttgart	HSTAS
Imperial War Museum, London	IWM
Institut für Zeitgeschichte, München	IFZ
Microform Ltd., Wakefield	DI
National Archives, Washington	NA
Staatsarchiv München	STAM
Stadtarchiv Schwäbisch Gmünd	StaGd
Zentrale Stelle der Landesjustizverwaltungen Ludwigsburg	ZST

ANMERKUNGEN

Sämtliche Zitate wurden der neuen Rechtschreibung angepasst.

VORWORT

7 *»Im Dauerregen …«* – Heine, Frank, »Gedenktafeln gestern früh entfernt«, in: Goslarsche Zeitung, 29. 5. 2001.
Generaloberst Heinz Guderian – Vgl. G. Meyer, Zur Erinnerung, Aufsatz.
»die Tafeln hätten …« – Zit. nach: »Die Tafeln werden abgehängt«, in: Goslarsche Zeitung, 6.5.2001.
»Die deutsche Bundeswehr …« – Zit. nach: »Gedenktafel für Feldmarschall Rommel«, in: Goslarsche Zeitung, 20.11.1961.

8 *»Gebot der Selbsterhaltung«* – Zit. nach: Richter, Timm C., Die Wehrmacht und der Partisanenkrieg, in: R.-D. Müller, Wehrmacht, S. 848.
»Wobei er freilich nicht …« – »Gedenktafel für Feldmarschall Rommel«, a.a.O.
die schon für Goebbels aus Afrika berichtet hatten – Vgl. H. G. v. Esebeck, Afrika Korps; L. Koch, Rommel; E. Theil, Rommels verheizte Armee.
»Krieg ohne Hass« – E. Rommel, Krieg; englische Ausgabe: B. H. Liddell Hart, Rommel Papers.

9 *»Jede öffentliche Kritik …«* – Zit. nach: W. Heckmann, Rommels Krieg, S. 121.
Rommel-Biographie – D. Irving, Rommel.
»20. Juli – Porträts des Widerstands …« – R. Lill, 20. Juli.
»Lexikon des Widerstandes …« – P. Steinbach, Lexikon.
»halb Italien …« – Giordano, Ralph, »Kein Vorbild«, in: Die Woche, 14. 6. 1996.
»die völlige Verwilderung …« – Heinemann, Winfried, Rezension, in: Militärgeschichtliche Zeitschrift, 59, Heft 2/2000, S. 555 ff.

10 *»Tötungsmaschine«* – Zit. nach: »Staatsminister Naumann: Wehrmacht war eine ›Tötungsmaschine‹«, in: Welt am Sonntag, 14. 2. 1999.
»maßgeblich an der Ermordung …« – Jusos in der SPD, Hrsg., Flugblatt, undatiert, Goslar.
»(Kriegs-)Verbrecher[n] …« – Dorle Meyer, Leserbrief, in: Goslarsche Zeitung, 26. 1. 2001.
»War [Rommel] ein überzeugter …« – Zit. nach: R. Stumpf, Erwin Rommel, Aufsatz, S. 47.

11 *»nicht richten …«* – Krause, Tilman, »Wie geht das zusammen?«, in: Die Welt, 19. 1. 2002.

KAPITEL 1 – VORWÄRTS

15 *»Ich bin geboren …«* – Handschriftl. Lebenslauf Erwin Rommels vom 28. März 1919, in: Anlageheft zum Personalnachweis Rommel 1910 bis 1944, IWM, »Rommel file«, AL 451.
Aufnahme beim Königlich Württembergischen 6. Infanterieregiment – Vgl. ebd. Sämtliche Daten zu Erwin Rommels militärischer Laufbahn (Verwendungen, Lehrgänge, Beförderungen, Auszeichnungen etc.) sind, soweit nicht gesondert gekennzeichnet, dem Personalnachweis entnommen.

17 *»einst die reiche Tochter ...«* – Rommel, Erwin, Brief an Helene Rommel vom 3. 8. 1914, Sammlung Rommel.
auf den Namen Gertrud getauft – Vgl. ebd.

18 *seinen Beruf nicht aufzugeben* – Vgl. G. u. H. Pan, Interview, sowie Rommel, Erwin, Brief an Walburga Stemmer, undatiert, im Privatbesitz der Familie Pan.
»Sollte ich ... fallen ...« – Rommel, Erwin, Brief an Helene Rommel vom 3. 8. 1914, a. a. O.
»Zwischen ihr und ihm ...« – S. Westphal, Erinnerungen, S. 193.

19 *»Er besaß Führercharisma ...«* – H. Speidel, Zeit, S. 207.

20 *die höchste preußische Tapferkeitsauszeichnung* – Vgl. Krafft von Dellmensingen, Konrad, Tagebuch, 26. 11. 1917, BayHStA, Abt. IV, NL 160; H. Möller, Geschichte, S. 281.
mit mehreren Stoßtrupps begann der Aufstieg – Die Schilderungen von Rommels Sturmlauf auf den Monte Matajur sind, soweit nicht anders vermerkt, seinem Buch: Infanterie greift an, S. 264–343, entnommen sowie Th. Sproesser, Geschichte, S. 252–293.

21 *mit dem Pour le Mérite ausgezeichnet* – Um die Einnahme der Höhe 1114 entspann sich nach Kriegsende eine dauerhafte Kontroverse. Sproesser und auch Rommel zogen die Einnahme der Höhe durch Schörner in Zweifel. Sicher ist zumindest, dass die Einnahme der Gipfelkuppe der Höhe 1114 am Abend des 24.10.1914 nicht das Ende der Kämpfe um die Höhe bedeutete; auch am folgenden Tage gab es noch harte Gefechte um die Stellungen. Der Antrag auf den Pour le Mérite für Schörner scheint unter diesen Umständen zumindest etwas voreilig (vgl. H. Möller, Geschichte, S. 292 ff.; K. Krafft v. Dellmensingen, Schlachten, Bd. 12a, S. 64–67, 93 ff. u. Bd. 12b, S. 291 f.; ders., Tagebuch, a. a. O., 24.–26.10.1917; Th. Sproesser, Geschichte, S. 275 ff., 288 u. Nachtrag zu den Bänden 12a und 12b, DI 5; E. Rommel, Infanterie, S. 274–277).

22 *»Württ[embergisches] Gebirgsbataillon ...«* – E. Rommel, Infanterie, S. 337.
»Um 11.40 Uhr ...« – Ebd., S. 340.
»Von der Tat der Erstürmung ...« – K. Hesse, Wandlung, unveröffentl. Manuskript, S. 1.

23 *»Überraschung hinsichtlich Zeit und Ort ...«* – Ebd., S. 24.
»Vergießt Schweiß statt Blut« – Zit. nach: D. Irving, Rommel, S. 34.
»Er war ausgesprochen hart ...« – K. Hesse, Wandlung, a. a. O., S. 23.
einen »modernen Hannibal« – Vgl. G. Schmückle, Pauken, S. 40.
Bericht über die Verleihung des Pour le Mérite – Vgl. Ruge, Friedrich, Tagebuch, 25.7.1944, BAMA N 379, sowie Th. Sproesser, Geschichte, S. 288.
»durch seinen schneidigen, selbständigen Entschluss ...« – H. Möller, Geschichte, S. 280 ff.

24 *Pour le Mérite, der Leutnant Schnieber* – Vgl. ebd., sowie E. Rommel, Infanterie, S. 280 u. 295.
»Ich verspreche ...« – Krafft v. Dellmensingen, Konrad, Tagebuch, 3. 11. 1914, a. a. O.
»Der Bericht der [12.] Division ...« – Ebd., 26. 11. 1914.

26 *»manche Zurücksetzung erfahren ...«* – S. Westphal, Erinnerungen, S. 122.
vertiefte Rommels Vorurteil – So Manfred Rommel in einer mündl. Auskunft an den Verf.

27 *Aufstand der »Roten Räte«* – Vgl. M. Rommel, Trotz, S. 21, sowie Kriegsgeschichtliche Forschungsanstalt, Niederwerfung, S. 57 u. 174 f.

28 *Kapp-Putsch im März 1920* – Vgl. K.-J. Herrmann, Auswirkungen, Aufsatz, S. 79–88, sowie Bericht König vom 17. u. 18.3.1919, StAGd, RS 4/217.
»Je mehr ... die uns feindlich gesinnte Welt ...« – Th. Sproesser, Geschichte, S. 1.
Lucie musste sich damit abfinden – Vgl. M. Rommel, Trotz, S. 23.

29 *Die Nachricht traf ... sie schwer* – Vgl. G. u. H. Pan, Interview.

31 *zwei Themen: den Krieg und die Mathematik* – Vgl. Pfister, Eberhard von, Interviewabschrift vom 19.11.1981, Sammlung Stark; s. a. G. Schmückle, Pauken, S. 12 f., und M. Rommel, Trotz, S. 18 f.
»kein großer Denker« – K. Hesse, Wandlung, a. a. O., S. 1.
»ein schlichter Mann ...« – Ebd., S. 23.
»Naivität« – E. Jünger, Strahlungen, S. 13.

32 *»einzigartigen Leistungen ...«* – Zit. nach: »Der neue Batl.-Kommandeur«, in: Goslarsche Zeitung, 20.10.1933.
einhellige Zustimmung der Offiziere – Vgl. Volkmann, Hans-Erich, Von Blomberg zu Keitel – Die Wehrmachtführung und die Demontage des Rechtsstaates, in: R.-D. Müller, Wehrmacht, S. 47 ff.
»ein übler Haufen ...« – P. Schyga, Erwin Rommel, unveröffentl. Manuskript, S. 1; s. auch ders., Goslar, S. 115–127.

33 *die SA-Männer waren bewaffnet* – Vgl. H. D. Cramer, Schicksal, S. 25 f. u. 87 f.

Prügeleien mit Soldaten – Vgl. P. Schyga, Goslar, S. 140; W. Wagenführ, Interview, sowie M. Rommel, Interview II.

Maschinengewehrposten im Treppenhaus – Vgl. Friese, Dr. Dieter, unveröffentl. Leserbrief an die Goslarsche Zeitung, 19. 2. 2000. Zweifelsfrei erwiesen ist, dass General von Oven noch 1938 in jüdischen Geschäften einkaufte. Vgl. auch H. D. Cramer, Schicksal, S. 24.

dass Rommel … scharf verurteilte – So Manfred Rommel in einer mündl. Auskunft an den Verf.

36 *die Beseitigung der SA-Führung* – Vgl. P. Hoffmann, Stauffenberg, S. 132.

Abrechnung mit den SA-Männern – Vgl. H. Höhne, Zeit, S. 218.

»Bei diesem Anlass …« – Zit. nach: Krausnick, Helmut, Vorgeschichte und Beginn des militärischen Widerstandes, in: Europäische Publikation, in: Vollmacht, S. 243.

Annäherung Rommels an Hitler und den Nationalsozialismus – Rommel, Manfred, Gesprächsnotiz vom 7.5.1975, DI 3/10.

»Huldigung des Bauerntums« – »Wie Goslar den Führer begrüßt«, in: Goslarsche Zeitung, 28. 9. 1934, sowie »Huldigung des Bauerntums«, ebd., 1. 10. 1943.

37 *»Das Deutsche Volk …«* – Zit. nach: Mitteilungen, Aufsatz, S. 6 f.

noch lebten 50 Juden – Vgl. H. D. Cramer, Schicksal, S. 17 f.

Antisemitismus der Regierung – So Manfred Rommel in einer mündl. Auskunft an den Verf.

39 *hervorragende Beurteilungen* – Vgl. Militärische Personalakte zu Generalfeldmarschall Erwin Rommel, BAMA, Pers VI/XV.

Versetzung als Lehrgangsleiter – Vgl. Rommel, Erwin, Brief an Lucie Rommel vom 13.1.1935, NA RG 242 T84/275. In diesem Brief erwähnt Rommel auch, dass er bis zum Herbst des Jahres im Auftrag des Reichswehrministeriums die Reorganisation der so genannten Krügerlager, einer Art militärische Ausbildungslager der SA, in »Geländesportschulen« vornehmen soll. Nach mündlichen Überlieferungen (Interview mit W. Wagenführ) soll sich Rommel 1935 tatsächlich zeitweise in einem dieser Lager in Blankenburg im Harz aufgehalten haben. Rommels Personalnachweis gibt keinen Hinweis auf diese ungewöhnliche Verwendung. Anfang 1937 wird Rommel allerdings eine ähnliche Aufgabe übertragen – die Angliederung der Hitlerjugend an die Wehrmacht. Das spricht dafür, dass Rommels Vorgesetzte ihn zu diesem Zeitpunkt keinesfalls als parteinah oder gar überzeugten Nationalsozialisten angesehen haben können; schließlich ging es bei beiden Aufträgen um die Durchsetzung von Wehrmachtsinteressen gegen die Partei.

Erst 1937 kam wieder Bewegung in sein Leben – In verschiedenen Biographien über Rommel (vgl. D. Irving, Rommel, S. 42 f., sowie R. G. Reuth, Erwin Rommel, S. 22) wird über einen Zwischenfall auf dem »Reichsparteitag der Ehre« in Nürnberg 1936 berichtet, auf dem Rommel angeblich zu »Hitlers Eskorte« abkommandiert gewesen sei. Hitler habe bei einer Fahrt den Wunsch geäußert, einmal ohne größere Kolonne fahren zu können. Daraufhin habe Rommel den Wagen, die Hitler folgten, in den Weg gestellt und den empörten Parteigenossen gedroht, notfalls Panzer aufrollen zu lassen, um deren Weiterfahrt zu verhindern. Hitler sei bei seiner Ankunft dann angenehm überrascht gewesen – und somit das erste Mal auf Rommel aufmerksam geworden. Dieser Geschichte scheint eine Verwechslung zu Grunde zu liegen, und sie hat sich wohl so nicht zugetragen. Sie erscheint zum ersten Mal 1951 in dem autobiographischen Buch eines Ordonnanzoffiziers Rommels (vgl. H.-W. Schmidt, With Rommel, S. 85 f.). Schmidt gibt hier den Inhalt eines Gesprächs wieder, das Rommel in seiner Gegenwart 1941 auf einer Fahrt durch die Wüste mit seinem späteren Stabschef Alfred Gause geführt hat. Tatsächlich hat sich eine sehr ähnliche Begebenheit zugetragen – allerdings nicht in Nürnberg 1936, sondern in Polen 1939 (vgl. die vierte Anm. zu S. 313). Das Führerbegleitkommando unterstand seit 1936 dem Reichssicherheitsdienst – und damit auch alle sicherheitsrelevanten Entscheidungen wie etwa die Reihenfolge und Anzahl der Wagen bei den Ausfahrten Hitlers (vgl. P. Hoffmann, Security, S. 80 – 125). Rommel, der sicher in Nürnberg war, wird vielmehr im Rahmen der aufwändigen Schaumanöver der Wehrmacht anwesend gewesen sein. Inwieweit er dabei dem Diktator begegnete oder gar auffiel, ist nicht überliefert.

vom Reichskriegsministerium mit der heiklen Mission betraut – Vgl. B. v. Schirach, Hitler, S. 232 ff., sowie Fritsch, Werner von, Ernennungsschreiben, Februar 1937, in: Militärische Personalakte zu Generalfeldmarschall Erwin Rommel, a. a. O. Der Verf. dankt Dr. Michael Buddrus, IFZ Berlin, für seine hilfreichen Auskünfte zu den Hintergründen von Rommels Zwischenspiel als Verbindungsoffizier der Wehrmacht bei der Hitlerjugend. Vgl. K.-H. Jahnke, Deutsche Jugend.

Rommel begann einen zweistündigen Vortrag – Vgl. B. v. Schirach, Hitler, S. 232 f.

Im Mai 1938 – Bei B. v. Schirach, Hitler, sowie H. Lauterbacher, Erlebt; u. a. wird der Zwischenfall mit Rommel fälschlich auf 1937 datiert.

40 *»Nach Abschluss eines solchen Vertrages …«* – H. Lauterbacher, Erlebt, S. 123.

erklärte die Abmachung für ungültig – Vgl. ebd. sowie Rommel, Erwin, Brief an Lucie Rommel vom 8. 5. 1938, a. a. O. Anders bei B. v. Schirach, Hitler, S. 233 f. Schirach behauptet, von vornherein misstrauisch gewesen zu sein und nur einen Teil des Vertragswerkes unterschrieben zu haben.

wandte sich der Reichs-Jugendführer direkt an Hitler – Vgl. H. Lauterbacher, Erlebt, S. 124, sowie B. v. Schirach, Hitler, S. 234.

»Rommel … [sei] keineswegs als Nazi anzusehen« – Bormann, Martin, Aktenvermerk vom 28. 9. 1944, S. 4, BAMA N 117/29.

Adjutant der Luftwaffe – Vgl. N. v. Below, Adjutant, S. 13.

41 *Nationalpolitischen Lehrgang für höhere Offiziere* – Laut Anlageheft zum Personalnachweis Rommel, a. a. O., fand dieser Lehrgang vom 29. 11.–2. 12. 1938 statt. Rommel war insgesamt dreimal auf so genannten Nationalpolitischen Lehrgängen. Interessanterweise sind die Manuskripte des ersten Lehrgangs (vom 15.–23. 1. 1937) erhalten. U. a. sprachen auf diesem Lehrgang Frick, Goebbels, Heß, Rosenberg, Stellrecht und Himmler. Abgedruckt in: Nationalpolitischer Lehrgang der Wehrmacht vom 15. bis 23. Januar 1937, Berlin 1937. Zwei der Vorträge finden sich auch in der Publikation des Internationalen Militär Gerichtshofs, Bd. XXIX, 1992-PS, Stellrecht, und 1992(A)-PS, Himmler. Bei seinem Vortrag ging Himmler u. a. ausführlich auf die Konzentrationslager ein. Wenn man nicht von einem stillschweigenden Einverständnis mit den Zuhörern von der Wehrmacht ausgehen will, dann wäre die Darstellung Himmlers als zynische Verzerrung und absichtliche Verharmlosung der Zustände in den KZ zu werten.

»Gestern sprach der Führer …« – Rommel, Erwin, Brief an Lucie Rommel vom 2. 12. 1938, a. a. O.

»Der Führer ja! …« – Thamer, Hans-Ulrich, Die Erosion einer Säule. Wehrmacht und NSDAP, in: R.-D. Müller, Wehrmacht, S. 421.

Rommel musste sich rechtfertigen – Rommel, Erwin, Briefe an das Oberkommando des Heeres vom 29. und 30. 12. 1938, DI 5.

»Ich habe mich streng …« – Ders., Brief an das Oberkommando des Heeres vom 29. 12. 1938, a. a. O.

42 *Trümmer der ausgebrannten Synagoge* – Vgl. M. Rommel, Trotz, S. 27.

Eine Haltung, die in Deutschland damals weit verbreitet war – Zur Reaktion in Deutschland auf das Pogrom vom 9. November 1938 vgl. D. Bankier, Meinung, S. 118–122, sowie H. J. Döscher, »Reichskristallnacht«, S. 118 ff.

sah die »ganze Judenfrage« – So Manfred Rommel im Interview II.

43 *»Ich bin es gewesen …«* – Zit. nach: K. Hesse, Wandlung, a. a. O., S. 10.

»Da kannst Du Dich drauf verlassen …« – Zit. nach: M. Rommel, Interview II.

»Wie es wohl mit der Lage werden mag? …« – Rommel, Erwin, Brief an Lucie Rommel vom 31. 8. 1939, NA RG 242 T 84/274.

In 14 Tagen sei alles vorbei! – Vgl. H. Linge, Untergang, S. 177.

44 *»Polen hat nun heute nacht …«* – Zit. nach: M. Domarus, Hitler II 1939–1940, S. 1315.

»Was sagst Du zu den Ereignissen …« – Rommel, Erwin, Brief an Lucie Rommel vom 2. 9. 1939, a. a. O.

45 *»Es ist mit der Möglichkeit zu rechnen …«* – Brief an »Herrn General Frommel [sic!]« vom 20. 7. 1940, Reichssicherheitshauptamt Amt IV B 2, NA RG 242 T 84/273.

auf »Lützows wilder verwegener Jagd« – A. Stahlberg, Pflicht, S. 138.

Mit 16 Offizieren – Vgl. H. Linge, Untergang, S. 175.

Immer in zweiter Reihe – Vgl. Ufa-Tonwoche 471, 14. 9. 1939, sowie 472, 20. 9. 1939, BAFA.

46 *»Hitler gestattete ihm …«* – H. Linge, Untergang, S. 175 f.

»Bin viel mit dem F[ührer] zusammen …« – Rommel, Erwin, Brief an Lucie Rommel vom 9. 9. 1939, RG 242 T 84/273.

»Abends ist immer lange Besprechung …« – Ebd. vom 10. 9. 1939, a. a. O.

»Der Führer ist allerbester Stimmung …« – Ebd. vom 12. 9. 1939, a. a. O.

»Der Führer ist loser Stimmung …« – Ebd. vom 23. 9. 1939, a. a. O.

»mangelnde[n] Bereitschaft des Heeres …« – Zit. nach: W. Warlimont, Hauptquartier, S. 76, Anm. 42. Zum Verhältnis Hitler und Rommel s. a. H. Linge, Untergang, S. 180 f.

47 *»Herrn General Rommel zur freundlichen Erinnerung …«* – Zit. nach: Rommel, Erwin, Brief an Lucie Rommel vom 17. 2. 1940, a. a. O.

mit »Heil Hitler« grüßte – Vgl. ebd. vom 13. 2. 1940, a. a. O.

»Mir tut das nicht weh …« – Ebd. vom 3. 3. 1940, a. a. O.

48 *Schlacht gegen Frankreich* – Die Schilderung von Rommels Einsatz in Frankreich folgt, soweit nicht anders vermerkt, K.-H. Frieser, Blitzkrieg, S. 331–341. Vgl. A. Tschimpke, Gespensterdivision, sowie H. E. v. Manteuffel, Panzerdivision, Aufsatz.

49 *»Die gleichen Schliche …«* – Zit. nach: G. Schmückle, Pauken, S. 37.
»seine Panzerdivisionen waren …« – K. Hesse, Wandlung, a. a. O., S. 11.
»Das psychologische Schockelement« – H. Frieser, Blitzkrieg, S. 341.

51 *Nie wieder sollte es ihm so gehen* – Rommel, Erwin, Brief an Lucie Rommel vom 1. 6. 1940, a. a. O. Rommel schreibt wörtlich an Lucie über seine Briefe an Hitler und Schmundt: »Man muss sich beeilen, sonst geht es wie bei Tolmein.«
»Das ist recht bitter …« – Ebd. vom 27. 8. 1940, a. a. O.
»Lieber General Rommel …« – Ebd. vom 26. 12. 1940, a. a. O.
»Sie können sich denken …« – Ebd.
»… Dass der Führer bei all der Arbeit …« – Ebd. vom 27. 12. 1940, a. a. O.
»Hitler habe das Tagebuch …« – Zit. nach: G. Schmückle, Pauken, S. 38.

KAPITEL 2 – PENDEL

53 *»Imperium Romanum«* – Vgl. G. Schneider, Mussolini, S. 47–53 u. 139–142.

54 *durch die »Wegnahme Gibraltars …«* – Zit. nach: A. Hillgruber, Hitlers Strategie, S. 257.

55 *»… dann ist Englands letzte Hoffnung getilgt …«* – Halder, Franz, Kriegstagebuch, 31. 7. 1940, zit. nach: W. Warlimont, Hauptquartier, S. 129.

56 *130 000 italienische Soldaten* – Zum Feldzug O'Connors vgl. C. Barnett, Wüsten-Generale, S. 13–66.
Winston Churchill am 12. Februar – Vgl. W. Churchill, Memoiren. Hitlers Angriff, S. 87 f.
dass an ebenjenem 12. Februar Erwin Rommel – Zu Rommels Feldzug in Nordafrika vgl. u. a.: E. Rommel, Krieg; R. Stumpf, Die deutsch- italienische Operation; unveröffentl. Manuskript; ders., Der Krieg im Mittelmeerraum 1942/43: Die Operationen in Nordafrika und im mittleren Mittelmeer, in: Militärgeschichtliches Forschungsamt, Das Deutsche Reich; V. Kühn, Mit Rommel; H.-D. Aberger, Die 5.(lei.)/21. Panzer-Division; A. v. Taysen, Tobruk.

57 *»… ich glaube, dass durch …«* – Zit. nach: Hitler, Brief an Mussolini vom 5. 2. 1941, zit. nach: R. Stumpf, Die deutsch-italienische Operation, unveröffentl. Manuskript, S. 25.
Die Einweisung durch den Oberbefehlshaber – Vgl. F. Halder, Kriegstagebuch, Bd. II, 7. 2. 1942, S. 273 ff.; ders., Hitler, S 33 f.; P. Bor, Gespräche, S. 186 ff.
»Du kannst Dir vorstellen …« – Rommel, Erwin, Brief an Lucie Rommel vom 6. 2. 1941, NA RG 242 T 84/274.
»Wir werden bis zum Nil vorstoßen …« – Zit. nach: H.-W. Schmidt, With Rommel, S. 11.

58 *»Die ersten deutschen Truppen …«* – Zit. nach: V. Kühn, Mit Rommel, S. 16.
»dass der Führer hocherfreut sei …« – Rommel, Erwin, Brief an Lucie Rommel vom 3. 3. 1941, a. a. O.

59 *Rommel verbreitete Optimismus* – Vgl. N. v. Below, Adjutant, S. 264.

60 *»voll des Lobes über diesen General …«* – Zit. nach: ebd.
»er werde bald Ägypten …« – Zit. nach: D. Irving, Rommel, S. 93; vgl. F. Halder, Kriegstagebuch, Bd. II, 20. 3. 1941, S. 323 f., sowie E. Rommel, Krieg, S. 20.
»leitet in vorderster Linie den Angriff« – Deutsche Wochenschau, 16. 4. 1941, DW 554, BAFA.

61 *»Beim Führer ist sichergestellt …«* – Schmundt, Rudolf, Brief an Erwin Rommel vom 19. 2. 1941, NA RG 242 T 84/276.
offensichtlich auf Bitten Rommels – Vgl. Hesse, Kurt, Brief an Erwin Rommel vom 6. 3. 1941, NA RG 242 T 84/276. Hesse schreibt: »Mit dieser Verstärkung der dort befindlichen Propagandakräfte dürfte den Interessen von Herrn General wohl genügend gedient sein.«
Niemand sollte übersehen – Diese Bereitschaft Rommels, mit den ›modernen‹ Massenmedien zusammenzuarbeiten, war für einen höheren Offizier des Heeres etwas durchaus Ungewöhnliches. So äußerte sich Generalleutnant Friedrich Paulus, der Rommel im April 1941 in Nordafrika besuchte, nach seiner Rückkehr verwundert darüber, »dass Rommel für die Öffentlichkeit stets Kriegs- und Bildberichter um sich duldete«. (W. Görlitz, Paulus, S. 46) Und der Panzergeneral Heinz Guderian schrieb an Weihnachten seiner Frau: »Ich möchte unter gar keinen Umständen eine Propaganda à la Rommel mit meiner Person getrieben wissen.«

63 *»General Rommel ist in Tripolis angekommen«* – Zit. nach: E. Fröhlich, Tagebücher von Joseph Goebbels, 22. 2. 1941, Teil II, Bd. 9, S. 153.

»General Rommel erhält ...« – Zit. nach: ebd., 21.3.1941, S. 198.

»Seit 31.3. sind wir im Angriff ...« – Rommel, Erwin, Brief an Lucie Rommel vom 3.4.1941, a.a.O.

»Hauptaufgabe des deutschen Afrika-Korps ...« – Keitel, Wilhelm, »Der Führer hat am 2.4. entschieden«, Funkspruch, 3.4.1941, DI 5.

Am Abend war auch der italienische General – Zur Auseinandersetzung mit Gariboldi vgl. E. Rommel, Krieg, S. 25 f.

65 *»unerwarteten Erfolgen«* – Rommel, Erwin, Brief an Lucie Rommel vom 4.4.1941, a.a.O.

General Archibald Wavell – Vgl. C. Barnett, Wüsten-Generale, S. 69–77.

67 *ohne sich ... rückversichert zu haben* – Auch dem deutschen Militärattaché in Rom, Enno von Rintelen, waren anlässlich einer Reise nach Libyen 1939 die Befestigungsanlagen von Tobruk gezeigt worden (vgl. E. v. Rintelen, Mussolini, S. 62 f.). Weder vor noch während dem Afrikafeldzug wurden Rommel diese Informationen zur Verfügung gestellt. So musste der Plan von Tobruk später aufwändig rekonstruiert werden (vgl. H. Engl, Interview).

»Bis zum Kilometerstein 13 ...« – So Rommel am selben Tag zu Generalmajor Heinrich Kirchheim; kurz darauf traf Kirchheim auf Prittwitz und fragte: »Hat Rommel Ihnen mitgeteilt, dass bis Kilometer 13 italienische Sicherungen stehen?« – »Das hat er«, bestätigte Prittwitz (zit. nach: V. Kühn, Mit Rommel, S. 28 f.).

»Los, vorwärts, der Feind baut ab!« – Zit. nach: H.-D. Aberger, ... nur ein Bataillon, S. 101.

68 *»Keep Going – Fill up in town ...«* – Foto »Weißes Haus«, Sammlung Stark.

»Nach zwei K[ilometer] Fahrt ...« – Sämtliche Zitate aus dem Kriegstagebuch des MG-Bataillons 8 sind entnommen aus H.-D. Aberger, ...nur ein Battaillon, S. 104–120.

69 *Etwa 700 von 900 Mann* – Vgl. ebd. S. 119.

»dass ein deutscher General ...« – H.-W. Schmidt, Interview; vgl. auch H.-W. Schmidt, With Rommel, S. 41–45.

»Schuld des Misserfolges ...« – Zit. nach: Oblt. Kurt Pfeiffer, Bericht für Generalmajor Johannes Streich, 29.4.1941, Abschrift von Urschrift, in: H.-D. Aberger, ...nur ein Bataillon, S. 120 ff.

70 *»Ich habe Ihnen die Qualifikation ...«* – Zit. nach: Streich, Johannes, Erinnerungen an Afrika, maschinenschriftl. Manuskript, DI 3/8.

»Afrika-Korps meldet ...« – F. Halder, Kriegstagebuch, Bd. II, 9.5.1941, S. 405.

»Lassen Sie nicht den Kopf hängen ...« – Zit. nach: Oblt. Kurt Pfeiffer, Bericht, a.a.O.

»Als Hauptmerkmale zeigen sich ...« – Keitel, Bodewin, Aktennotiz, 26.6.1941, in: Militärische Personalakte zu Generalfeldmarschall Erwin Rommel, BAMA, Pers VI/XV.

71 *einen Geleitzug von fünf Frachtern* – Vgl. J. Piekalkiewicz, Der Wüstenkrieg, S. 110.

»Sehen Sie, Milch, da ist Tobruk! ...« – Zit. nach: Erhard Milch, unveröffentl. Memoiren, Auszug, undatiert, o. S., in: DI 5.

»Selten habe ich mil[itärisch] – Rommel, Erwin, Brief an Lucie Rommel vom 25.4.1941, a.a.O.

»Nun meldet er [Rommel] selbst ...« – F. Halder, Kriegstagebuch, Bd. II, 15.4.1941, S. 367.

Generalleutnant Friedrich Paulus – Zur Reise von F. Paulus nach Nordafrika vgl. W. Görlitz, Paulus, S. 44 ff., sowie F. Halder, Kriegstagebuch, Bd. II, S. 377 f.

»diesen verrückt gewordenen Soldaten ...« – Ebd., 23.4.1941, S. 378.

»Lage Nordafrika unerfreulich ...« – Ebd., 11.5.1941, S. 407.

72 *»Befehlshaber der deutschen Truppen in Nordafrika«* – Ebd., 12.5.1941, S. 408.

»Dem Führer ... kommt es nur darauf an ...« – Zit. nach: ebd., 19.5.1941, S. 420.

Rommels Lage war konsolidiert – Dass es Rommel als einem von 50 Kommandierenden Generalen der Wehrmacht gelungen war, sich gegen das Oberkommando des Heeres durchzusetzen, ist ein unübersehbares Anzeichen einer Koordinatenverschiebung größeren Ausmaßes innerhalb der militärischen Spitzengliederung; die schleichende Entmachtung des OKH zugunsten des OKW gipfelte schließlich im Rücktritt Brauchitschs im Dezember 1941.

General Sir Alexander Cunningham – Vgl. C. Barnett, Wüsten-Generale, S. 81–121.

73 *»Die Zeit eines Seydlitz oder Ziethen«* – Zit. nach: K. Hesse, Wandlung, unveröffentl. Manuskript, S. 12.

»Das dröhnte dann innen drin ...« – W.-D. Wagner-Manslau, Interview.

»eine kompromisslose, harte ...« – Gause, Alfred, Die Führungsmethoden Rommels in Afrika, maschinenschriftl. Manuskript, 1957, S. 6, DI 5.

74 *»Niemand fühlte sich verlassen ...«* – Ebd. S. 3; vgl. hierzu Lattmann, Hans, Brief aus Frankreich vom 23.6.1944. Der Stabsoffizier schrieb an seine Frau: »Sein Herz gehört trotz der Härte seines Wesens der Truppe.« (DI 3/10).

»Rommel selbst ist bei den Truppen …« – Zit. nach: E. Fröhlich, Tagebücher von Joseph Goebbels, 8. 9. 1941, Teil II, Bd. 1, S. 379.

75 *»Volkshelden«* – Vgl. hierzu ebd., 28. 11. 1942, Teil II, Bd. 2, S. 385: »Ich spreche nach dem Vortrag noch mit Keitel und Jodl und rate dringend, nun, wenn die Schlacht in Nordafrika entschieden ist, Rommel zu einer Art von Volkshelden zu erheben. Das Heer hat es unbedingt notwendig. Die Luftwaffe hat ihre Stars, auch die Marine; nur das Heer ist in der Herausstellung seiner führenden Männer etwas zurückhaltend und wohl auch zu wortkarg. Wir können niemals die Infanterie popularisieren, wenn wir nicht einige hervorstechende Exponenten der Infanterie sichtbar und unverwischbar in das Volksbewusstsein hineintragen.«

»Lieber General Rommel! …« – K., Richarda, Brief an Erwin Rommel vom 21.6.1941, NA RG 242 T 84/273.

»Die Wehrmacht ist in Russland einmarschiert« – Zit. nach: H.-W. Schmidt, Interview.

»Führerweisung Nr. 32« – Vgl. K. Klee, Der Entwurf, Aufsatz, S. 127–141.

»Wie ich jetzt … erfahren habe …« – Rommel, Erwin, Brief an Lucie Rommel vom 7. 7. 1941, a. a. O.

78 *»Rommels charakterliche Fehler …«* – F. Halder, Kriegstagebuch, Bd. III, 6. 7. 1941, S. 48.

80 *»Der Begleitwagen …«* – Berndt, Ingemar, Radiokommentar zum Rommel-Feldzug in Afrika, 1943, DRA B 005162643.

82 *»Unter Aufhebung aller entgegenstehenden Befehle …«* – Zit. nach: S. Westphal, Erinnerungen, S. 138.

»Das ist eine Falle …« – Zit. nach: ebd., 138 f.

betrat Rommel den Befehlsbus – Vgl. ebd., S. 139 f., sowie F. Hauber, Interview.

83 *»Erfolg hatte«* – R. Stumpf, Der Krieg im Mittelmeerraum, a. a. O., S. 645.

»Mit diesem Häuflein« – S. Westphal, Erinnerungen, S. 146.

84 *beruhte auf »absoluter Überraschung«* – Zit. nach: R. Stumpf, Der Krieg im Mittelmeerraum, a. a. O., S. 575.

»Die Lage entwickelt sich günstig …« – Rommel, Erwin, Brief an Lucie vom 17. 1. 1942, a. a. O.

85 *»Abwehrsieg«* – Zit. nach: M. Domarus, Hitler, Bd. II, S. 1825.

Dankbar ernannte er Rommel – Hitler trug dem Generalleutnant Walther K. Nehring, der von Russland nach Libyen versetzt wurde, beim Abflug am 7. Februar 1942 auf: »Sagen Sie dem Generalobersten, dass ich ihn bewundere!« (Nehring, Walther K., Begleitwort, in: C. B. Burdick, Unternehmen, S. 9).

»Ich kann Ihnen nicht sagen …« – Zit nach: S. Eade, The End, S. 17.

pauschal nur noch »Rommel« – C. Luyt, Interview.

»militärisches Geschick …« – M. Howard, The Battle, unveröffentl. Manuskript, S. 3.

86 *wie gefährlich es sei …«* – Zit. nach: H. Picker, Hitlers Tischgespräche, 9. 7. 1942, S. 434.

»Es besteht akute Gefahr …« – Zit. nach: H. G. v. Esebeck, Afrika Korps, S. 126.

»Rommel wird vom ganzen …« – Zit. nach: E. Fröhlich, Tagebücher von Joseph Goebbels, 30. 1. 1942, Teil II, Bd. 3, S. 219.

»Wir stehen fest, und wo wir stehen …« – Zit. nach: M. Domarus, Hitler, Bd. II, S. 1831.

87 *»Wir sind alle furchtbar stolz …«* – Zit. nach: D. Irving, Rommel, S. 203.

»den Namen unseres geliebten Helden …« – Zit. nach: ebd.

»die Gegner Atem schöpften« – R. Stumpf, Der Krieg im Mittelmeerraum, a. a. O., S. 595.

88 *»Ist es nicht wunderbar …«* – Rommel, Erwin, Brief an Lucie Rommel vom 25. 1. 1942, a. a. O.

89 *»dass die Offensive …«* – S. Westphal, Erinnerungen, S. 161.

»Unser Plan, die britischen Truppen …« – Tagesbericht, 26.5.1942, DI 9/6.

»absoluten Tiefpunkt …« – Zit. nach: R. Stumpf, Der Krieg im Mittelmeerraum, a. a. O., S. 617.

»voller Sorge« – E. Rommel, Krieg, S. 131.

»Nur selten …« – Ebd., S. 140.

neben Soldaten aus dem Senegal – In seinen Erinnerungen (S. 160) erwähnt S. Westphal auch ein jüdisches Bataillon; weitere Hinweise hierauf haben sich allerdings nicht gefunden (vgl. R. Stumpf, Der Krieg im Mittelmeerraum, a. a. O., S. 620, Anm. 139).

90 *»An die Truppen von Bir Hacheim! …«* – Zit. nach: M.-P. Koenig, Bir-Hakeim, S. 275.

General Koenig … in seinen Memoiren – Ebd., S. 276.

für die Ehre eines freien Frankreich – Bir Hacheim bedeutet den Wendepunkt für die Moral des freien Frankreich. Am 18.6.1942 schrieb Charles de Gaulle über die Schlacht: »Le monde a reconnu la France, quand a Bir Hakim un rayon de sa gloire renaissante est venu caresser le front sanglant de ses soldats.« (Zit. nach: R. Holmes, Bir Hacheim, S. 6).

»In dem eingeschlossenen Kessel …« – Zit. nach: E. Fröhlich, Tagebücher von Joseph Goebbels, 10. 6. 1942, Teil II, Bd. 4, S. 484 f.

»Der Führer hat angeordnet …« – Oberkommando der Wehrmacht, Fernschreiben an Panzerarmee Afrika, 9. 6. 1942, BAMA RW 4/V659D.

Als am 11. Juli – Vgl. R. Stumpf, Der Krieg im Mittelmeerraum, a. a. O., S. 620.

91 *Waffenstillstandsvertrag* – Vgl. hierzu den entsprechenden Passus im deutsch-französischen Waffenstillstandsvertrag vom 22. 6. 1940, in: W. Heckmann, Rommels Krieg, S. 339.

»die Behandlung von Freischärlern …« – Zit. nach: J. Piekalkiewicz, Der Wüstenkrieg, S. 174. Charles de Gaulle reagierte im Übrigen noch am selben Tag und warnte über die BBC, dass er, für den Fall, dass französische Soldaten getötet werden sollten, gezwungen sei, deutsche Soldaten, die in die Hände seiner Truppen fielen, ebenfalls töten zu lassen. Noch am Abend steuerte Berlin zurück und ließ verlautbaren, de Gaulles Männer würden als ordentliche Soldaten behandelt (vgl. R. Holmes, Bir Hacheim, S. 135 f.).

92 *nicht zur Ausführung.* – Vgl. W. Heckmann, Rommels Krieg, S. 340 f.

Laut Siegfried Westphal – Vgl. S. Westphal, Erinnerungen, S. 162.

»ihn sogleich zu verbrennen« – Ebd., S. 181; zum so genannten Kommando-Befehl vgl. W. Hubatsch, Hitlers Weisungen, S. 206–209.

96 *»Da ist eine Sache, die ich betonen muss …«* – I. Levy, Interview.

»Voller Abscheu« – Zit. nach: G. Schreiber, Kriegsverbrechen, S. 31.

blieben vor Schlimmerem bewahrt – Zur Behandlung der Juden in Libyen vgl. Picciotto Fargion, Liliana, Italien, in: W. Benz, Dimension, S. 199–228; United, Judenverfolgung; G. Schneider, Mussolini.

»gelegentliche Übergriffe …« – E. Rommel, Krieg, S. 232.

98 *»diese Meldungen seien …«* – Zit. nach: S. Westphal, Erinnerungen, S. 173.

»In dankbarer Würdigung Ihrer Führung …« – Zit. nach: M. Domarus, Hitler, Bd. II, S. 1893.

»Der Krieg geht trotzdem weiter« – Zit. nach: H. Leipzig, Interview.

KAPITEL 3 – WETTLAUF

99 *»Es war das erste Mal …«* – H. L. Ismay, The Memoirs, S. 254.

»Das war einer der schwersten Schläge …« – W. Churchill, Memoiren. Sturmflut, S. 442.

umfangreiche Waffenlieferungen – Vgl. ebd. S. 443; R. Stumpf, Der Krieg im Mittelmeerraum 1942/43: Die Operationen in Nordafrika und im mittleren Mittelmeer, in: Militärgeschichtliches Forschungsamt, Das Deutsche Reich, S. 630 f.

die alliierte Landung – Vgl. ebd., S. 631 f. u. 713 ff.

100 *»Wir haben trotz schwerster Verluste …«* – Rommel, Erwin, Ansprache in Frontbericht, 20/21. 6. 1942, von Lutz Koch, DRA 2894996.

»dass kaum ein General so …« – Zit. nach: H. Picker, Tischgespräche, 22. 6. 1942, S. 374.

»Schnelligkeit ist jetzt das Wesentliche.« – Rommel, Erwin, Brief an Lucie Rommel vom 23. 6. 1943, NA RG 242 T 84/274.

»Die Göttin des Schlachtenglücks …« – Zit. nach: R. G. Reuth, Entscheidung, Anhang, Dok. 13, S. 250 f.

»Wir sind immer noch in Bewegung …« – Rommel, Erwin, Brief an Lucie Rommel vom 27. 6. 1942, a. a. O.

»Nach Alexandria noch 150 km!« – Ebd., 29. 6. 1942.

flog auch der »Duce« – Vgl. E. v. Rintelen, Mussolini, S. 172; G. Ciano, Tagebuch, 29. 6. 1942, S. 452.

»Eine kleine Bahnstation …« – Zit. nach: R. Stumpf, Der Krieg im Mittelmeerraum, a. a. O., S. 649.

101 *»Kämpfe um letzte Stellungen …«* – Rommel, Erwin, Brief an Lucie Rommel vom 3. 7. 1942, a. a. O.

102 *»in die dritte Dimension«* – E. Rommel, Krieg, S. 219–223.

»Lange darf es nicht mehr weitergehen …« – Rommel, Erwin, Brief an Lucie Rommel vom 18. 7. 1942, a. a. O.

»Der Verzicht auf dieses Unternehmen …« – A. Kesselring, Soldat, S. 174.

103 *am 21. Mai endgültig ab* – Vgl. R. G. Reuth, Entscheidung, S. 163–171.

schon Ende Mai 1942 – Vgl. N. v. Below, Adjutant, S. 311.

104 *blieb Rommel … nur noch die Wahl* – Vgl. R. Stumpf, Der Krieg im Mittelmeerraum, a. a. O., S. 646 f.

Bernard Law Montgomery – Vgl. N. Hamilton, The making of; ders., The man behind, sowie ders., Final years.

105 *»Ich sagte voraus ...«* – B. L. Montgomery, Memoiren, S. 130 f.

105 *innerhalb weniger Stunden* – Vgl. F. H. Hinsley, British Intelligence, S. 373–380.

106 *die wohl wichtigste Nachricht* – Vgl. ebd., S. 408 f.

seine Funkaufklärungskompanie – Am 10.7.1942 fiel der größte Teil der Nachrichten-Fernaufklärungs-Kompanie 621 bei Tell el Eisa einem australischen Vorstoß zum Opfer (vgl. H.-O. Behrendt, Rommels Kenntnis, S. 204–211).

106 *einen amerikanischen Diplomaten* – Seit dem Winter 1941 konnte die Abwehr die Berichte des amerikanischen Militärattachés in Kairo, Oberst Bonner Frank Fellers, nach Washington entschlüsseln und lesen. Die Fellers-Berichte wurden für Rommel zu einer wichtigen Informationsquelle. Nach dem 29.6.1942 versiegte die »gute Quelle«, vermutlich weil der britische Geheimdienst Verdacht geschöpft und die Amerikaner gewarnt hatte (vgl. ebd., S. 176 f. u. 202 f.).

fünf Konvois zusammengestellt – Vgl. F. H. Hinsley, British Intelligence, S. 415.

den italienischen Marine-Code C 38 m – Vgl. ebd., S. 22 u. 383 ff.

107 *»Betrachtet man ...«* – E. Rommel, Krieg, S. 178.

»Hitzedurchfall« – Rommel, Erwin, Brief an Lucie Rommel vom 2.8.1942, a.a.O.

»Ich selbst bin sehr müde und schlapp.« – Ebd.

»O[berbefehlshaber] hat etwas Schnupfen ...« – Armbruster, Wilfried, Tagebuch, 19.8.1942, DI 1/8.

Am Tag darauf – Vgl. Tagesberichte, 20.–22.8.1942, DI 9/6.

»erniedrigten Blutdruck ...« – Rommel, Erwin, Funkspruch an das Oberkommando der Wehrmacht, 21.8.1942, BAMA RH 19 VIII/26.

eine schwere Gelbsucht überstanden – Vgl. Rommel, Erwin, Brief an Lucie Rommel vom 8.8.1941, a.a.O.

»Auf Grund des vorstehenden Befundes ...« – Rommel, Erwin, Funkspruch an das Oberkommando der Wehrmacht, 21.8.1942, a.a.O.

108 *zwei Tage darauf* – Vgl. Tagesbericht, 24.8.1942, a.a.O.

Nasendiphtherie – Vgl. E. Rommel, Krieg, S. 206, Anm. 1. Zu Diphterieerkrankungen unter den deutschen Truppen in Nordafrika vgl. R. Valentin, Ärzte im Wüstenkrieg, S. 117.

will sich erinnern – R. Kolleth, Interview.

ein Funkspruch aus dem Führerhauptquartier – Keitel, Wilhelm, Funkspruch an Erwin Rommel, 24.8.1942, BAMA RH 19 VIII/26.

109 *»Wunderheilung«* – R. Stumpf, Der Krieg im Mittelmeerraum, a.a.O., S. 676.

»... dass nach dem fachärztlichen Urteil ...« – Rommel, Erwin, Funkspruch an Wilhelm Keitel, 26.8.1942, BAMA RH 19 VIII/26.

Die Entscheidung war gefallen – Der Besuch Kesselrings ist wiedergegeben und zit. nach: S. Westphal, Erinnerungen, S. 168 f.

»Herr Professor, der Entschluss ...« – Zit. nach: E. Rommel, Krieg, S. 210, Anm. 1.

111 *»Ich vermute nicht nur ...«* – Zit. nach: Rahn, Rudolf, Brief an das Bundesarchiv-Militärarchiv vom 6.3.1972, BAMA N 117/24.

große Mengen unangetasteten Treibstoffs – Vgl. H. G. v. Esebeck, Das Deutsche Afrika Korps, S. 175 f

»Trotz meiner Zusicherung ...« – A. Kesselring, Soldat, S. 176 f.

einer tieferen, menschlicheren Einsicht gewichen – Im Jahr zuvor hatte Rommel die verheerenden Verluste beim Sturm auf die Festung Tobruk mit dem Satz kommentiert: »Opfer müssen gebracht werden.« In seinen Memoiren, die er Anfang 1943 verfasste, klang ein neues Motiv an: »... eine Tapferkeit, die der militärischen Zweckmäßigkeit widerspricht, ist Dummheit, wenn sie vom Truppenführer gefordert wird, Verantwortungslosigkeit.« (E. Rommel, Krieg, S. 297.)

112 *»Falls die Schlacht beginnt ...«* – Zit. nach: D. Irving, Rommel, S. 273.

»Wir sitzen bis weit nach Mitternacht ...« – Zit. nach: E. Fröhlich, Tagebücher von Joseph Goebbels, 30.9.1942, Teil II, Bd. 5, S. 599.

»kam Rommel auf seine Bedenken ...« – N. v. Below, Adjutant, S. 318; vgl. E. Rommel, Krieg, S. 236 f.

auf eine neue »Wunderwaffe« – Zit. nach: Rommel, Manfred, Gesprächsnotiz vom 7.6.1975, DI 3/10.

116 *hatte Goebbels spontan* – Vgl. E. Fröhlich, Tagebücher von Joseph Goebbels, 2.10.1942, Teil II, Bd. 4, S. 40.

»Heute stehen wir 100 Kilometer ...« – Zit. nach: M. Domarus, Hitler, Bd. II, S. 1925.

»Er ist ein nationalsozialistischer Heerführer ...« – Zit. nach: E. Fröhlich, Tagebücher von Joseph Goebbels, 1.10.1942, Teil II, Bd. 4, S. 38.

»Rommel hat auf ihn einen sehr ...« – Zit. nach: ebd., 4.10.1942, S. 65.

117 *»dass die Wehrmacht sich unter gar keinen Umständen ...«* – Zit. nach: H. Picker, Hitlers Tischgespräche, 1. 7. 1942, S. 400.

23. Oktober 1942 – Zur 3. Schlacht von El Alamein vgl. R. Stumpf, Der Krieg im Mittelmeerraum, a. a. O., S. 698 ff.

KAPITEL 4 – GEHORSAM

119 *Besuch in Wiener Neustadt* – Zu Gertrud Stemmers Besuch bei Rommel vgl. H. Pan, Interview.

Beginn der britischen Großoffensive – Vgl. Tagesbericht, 24. 10. 1942, DI 10/2.

120 *Kesselring den Oberbefehl* – Vgl. ebd. und E. Rommel, Krieg, S. 315 f.

»vor der sehr schweren Frage ...« – Zit. nach: H. Heiber, Lagebesprechungen, S. 274.

»Es handelt sich einwandfrei ...« – S. Westphal, Erinnerungen, S. 175. Nach Stumpf, Reinhard, Der Krieg im Mittelmeerraum 1942/43: Die Operationen in Nordafrika und im mittleren Mittelmeer, in: Militärgeschichtliches Forschungsamt. Das Deutsche Reich, S. 700, Anm. 299, handelt es sich bei dem Zitat von Westphal um eine freie Zusammenfassung mehrerer aus dem Gedächtnis wiedergegebener Telegramme.

121 *Am 25. Oktober gegen 17.00 Uhr* – Vgl. Tagesbericht, 25. 10. 1942, a. a. O.

»Ich habe die Führung ...« – Rommel an die Kommandierenden Generale und Kommandeure, Funkspruch, 25. 10. 1942, NA RG 242 T 313/471.

122 *drei »Verbrauchssätze«* – Vgl. Tagesbericht, 25. 10. 1942, a. a. O., sowie E. Rommel, Krieg, S. 248.

Schon hatte die Supermarina – Vgl. F. H. Hinsley, British Intelligence, S. 422–430.

123 *»Von der Angst ...«* – Rommel, Erwin, Brief an Lucie Rommel vom 27. 10. 1942, NA RG 242 T 84/274.

»Ob ich die Schlacht ...« – Rommel, Erwin, Brief an Lucie Rommel vom 28. 10. 1942, a. a. O.

»Viel Hoffnung bleibt mir nicht ...« – Rommel, Erwin, Zweiter Brief an Lucie Rommel vom 28. 10. 1942, a. a. O.

wanderte er unruhig – Vgl. E. Rommel, Krieg, S. 257, sowie Tagesbericht, 29. 10. 1942, a. a. O.

Tanker »Louisiano« – Vgl. ebd.

»Supercharge« – Vgl. Stumpf, Reinhard, Der Krieg im Mittelmeerraum 1942/43, a. a. O., S. 704.

124 *»Uns bleibt auch nichts erspart.«* – Zit. nach: H.-O. Behrendt, Rommels Kenntnis, S. 251. Zur Meldung des Comando Supremo vgl. Tagesbericht, 29. 10. 1942, a. a. O.

die Rücknahme der Truppen – Vgl. Tagesbericht, 29. und 30. Oktober 1942, a. a. O.

»Hinter einer starken Feuerwalze ...« – Zit. nach: Stumpf, Reinhard, Der Krieg im Mittelmeerraum 1942/43, a. a. O., S. 704.

»notdürftig« – Zit. nach: ebd.

»An der Front ...« – E. Rommel, Krieg, S. 265.

125 *»Unsere Vernichtung ...«* – Ebd., S. 266.

den Rückzug einzuleiten – Vgl. Tagesbericht, 2. 11. 1942, a. a. O., sowie E. Rommel, Krieg, S. 266 f.

»Die Kraft der Armee ...« – Abschrift der Zwischenmeldung vom 2. 11. 1942, NA RG 242 T 84/276.

126 *»die Krise der Schlacht ...«* – Zit. nach. Warlimont, Walter, in: P. E. Schramm, Kriegstagebuch, Bd. II, S. 891.

»Armee bereitet sich darauf vor ... « – Rückzugsbefehle, 2. 11. 1942, BAMA, RH 19 VIII/34.

»Wie in der 2. Zwischenmeldung ...« – Zit. nach: P. E. Schramm, Kriegstagebuch, Bd. II, S. 894 f., Anm. 1. Sowohl Helmuth Greiner als auch Walter Warlimont erwähnen in ihren Erläuterungen zum Kriegstagebuch ein weiteres, späteres Fernschreiben vom selben Tag, in dem Rommel ohne besondere Hervorhebung den Beginn des Rückzugs gemeldet haben soll. Der Verf. vermutet allerdings, dass es sich bei dem zitierten Text bereits um die so genannte Tagesabschlussmeldung handelt. Es wäre nur schwer zu verstehen, warum die heftige Reaktion Hitlers am folgenden Morgen sich nur auf jene angebliche Vollzugsmeldung bezogen haben sollte, wenn Rommel schon Stunden zuvor den Rückzug angekündigt hätte. Jedenfalls fing auch der britische Geheimdienst in jener Nacht nur die Zwischenmeldung (s. o.) und anschließend die bekannte und zitierte Meldung ab (vgl. F. H. Hinsley, British Intelligence, S. 448).

gegen zwei Uhr nachts in Rom – Vgl. L. Jodl, Jenseits, S. 63.

Gegen drei Uhr – Vgl. A. Schulz, Drei Jahre, S. 133 ff. (Wilhelm Borner wird hier irrtümlich mit Bogislaw von Bonin verwechselt.), sowie ders., Interview.

127 *»Im Süd- und Mittelabschnitt ...«* – Morgenmeldung, 3. 11. 1942, NA RG 242 T 313/471.

»ein unsicheres Gefühl ...« – E. Rommel, Krieg, S. 267.

»… Habe den Versuch gemacht …« – Rommel, Erwin, Zweiter Brief an Lucie Rommel vom 3.11.1942, a. a. O.

mit seinem Lagevortrag – Vgl. B. v. Lossberg, Wehrmachtsführungsstab, S. 120 ff.

bekam Hitler einen Wutanfall – Vgl. zu diesem Vorfall N. v. Below, Adjutant, S. 321; W. Warlimont, Im Hauptquartier, S. 280 f.; P. E. Schramm, Kriegstagebuch, Bd. II, S. 894 ff.

»Mit mir verfolgt das deutsche Volk …« – Hitler in einem Funkspruch an Generalfeldmarschall Rommel, 3.11.1942, BAMA RH 19 VIII/26.

128 *»Wenn ich geweckt worden wäre …«* – Zit. nach: Scheidt, Wilhelm, Gespräche, in: Echo, Aufsatz.

»Führungsblitzgespräch« – L. Jodl, Jenseits, S. 63.

Dr. Wilhelm Borner – Vgl. P. Borner, Interview, sowie ders. in Mitteilungen an den Verf.

»In weniger als 60 Minuten …« – Zit. nach: P. Borner, Interview; vgl. Warlimont, Walter, in: P. E. Schramm, Kriegstagebuch, Bd. II, S. 897.

»Sie wissen, was Sie zu tun haben.« – Zit. nach: P. Borner, Interview.

129 *erst gegen 13.30 Uhr* – Vgl. E. Rommel, Krieg, S. 268, sowie Tagesbericht, 3.11.1942, a. a. O.

ein zweites Mal gesendet – Vgl. F. Winterbotham, Aktion, S. 96. Die Geschichte von der defekten Enigma findet sich allerdings nicht in. F. H. Hinsley, British Intelligence, S. 449. Da der Inhalt des Funkspruchs aus dem Führerhauptquartier bereits um 11.05 Uhr telefonisch durch Jodl nach Rom durchgegeben worden war, um den »Duce« zu unterrichten (handschriftl. Notiz auf Blatt 2 des Funkspruchs an Generalfeldmarschall Rommel, 3.11.1942, a. a. O.) und Rommel sich in seiner Antwort vom selben Tag auf den »Funkspruch vom 3.11. 11.30 Uhr« bezieht (Rommel an Hitler, Funkspruch Nr. 133, 3.11.42, NA RG 242 T 313/471), erscheint die Übermittlungszeit bis zur Ankunft des Funkspruchs in Afrika um 13.30 Uhr tatsächlich ungewöhnlich lang.

»Die Armee ist zum Tode verurteilt.« – Zit. nach: S. Westphal, Erinnerungen, S. 176.

»Wir waren alle wie vor den Kopf geschlagen …« – E. Rommel, Krieg, S. 269.

»immer wieder unbedingten Gehorsam verlangt« – Ebd.

»Es geschieht weiterhin …« – Rommel an Hitler, Funkspruch Nr. 133, a. a. O.

»dass alles nur irgend Menschenmögliche …« – Rommel an die Kommandierenden Generale und Kommandeure, Funkspruch, 3.11.1942, NA RG 242 T 313/471.

»In uns stieg eine maßlose Erbitterung …« – E. Rommel, Krieg, S. 269.

131 *»Was aus uns wird …«* – Rommel, Erwin, Brief an Lucie Rommel vom 3.11.1942, a. a. O.

»Ob meine Soldaten …« – Rommel, Erwin, Brief an Gertrud Pan, nachträglich vermutlich falsch datiert auf den 4.11.1942, im Privatbesitz der Familie Pan.

Trotz »größter Bedenken« – Kriegstagebuch Deutsches Afrika-Korps, 3.11.1942, 14.28 Uhr, BAMA RH 24 – 200/59.

»Begleiten Sie bitte …« – Zit. nach: Warning, Elmar, Gesprächsnotiz vom 11.12.1976, DI 3/10; s. a. ders., Brief an David Irving vom 31.1.1977, ebd.; vgl. auch Warning, Elmar, Interviewabschrift, 1982, Sammlung Stark.

132 *»… einer der denkwürdigsten Tage …«* – E. Rommel, Krieg, S. 267.

»Rommel und Westphal hochgradig überanstrengt …« – Zit. nach: S. Westphal, Erinnerungen, S. 177.

»Der hat uns das alles eingebrockt.« – Zit. nach: ebd.

»die Verantwortung für die Nichtausführung des Befehls …« – A. Kesselring, Soldat, S. 183.

»Niederschrift …« – Niederschrift (Stichwort) über die Unterredung Generalfeldmarschall Kesselring mit Generalfeldmarschall Rommel am 4.11. [1942] 9.00 Uhr auf dem Gefechtsstand des A.O.K., DI 11/2

133 *»Mit der Ariete …«* – E. Rommel, Krieg, S. 274.

verfluchte den »Haltebefehl« als »Wahnsinn« – Zit. nach: D. Irving, Rommel, S. 333; vgl. auch V. Kühn, Mit Rommel, S. 157, sowie S. Westphal, Erinnerungen, S. 177.

134 *Gegen Mittag funkte Rommel* – Vgl. Abschrift der Tagesmeldung, 4.11.1942, NA RG 242 T 3313/471.

»Kein unbedingtes Halten …« – Zit. nach: Stumpf, Reinhard, Der Krieg im Mittelmeerraum 1942/43, a. a. O., S. 708 u. Anm. 329.

»Armee entzieht sich Umfassung …« – Zit. nach: ebd., S. 708 u. Anm. 330.

großen persönlichen Risiko – Rommel soll in diesem Moment zu Oberst Fritz Bayerlein, einem Offizier aus seinem Stab, gesagt haben: »Oberst Bayerlein, ich übertrage Ihnen die Führung des DAK. Sie wissen, was das bedeutet. Wenn wir für den Ungehorsam, den wir jetzt begehen, vor ein Kriegsgericht gestellt werden, müssen wir für unseren Entschluss gerade stehen.« Zitiert nach V. Kühn, Mit Rommel, S. 158.

»Ich kann mich nach allen Erfahrungen ...« – E. Rommel, Krieg, S. 276.

135 »irgendwo in Afrika ...« – Zit. nach: Tagesbericht, 4.11.1942 (Einschub nach dem 8.11.1942), a. a. O.
»So wie sich die Lage entwickelt ...« – Hitler an Rommel, Abschrift des Funkspruchs, 4.11.1942. NA RG 242 T 84/276.

137 »Er musste vorn stehen bleiben ...« – Zit. nach: Heiber, Lagebesprechungen, S. 274.
Über 70 000 deutsche – Vgl. H. G. v. Esebeck, Afrika Korps, S. 149 und 188.
»Lassen Sie die Glocken läuten!« – Zit. nach: W. Churchill, Memoiren, Die Befreiung, S. 218.
»Das ist nicht das Ende ...« – Zit. nach: S. Eade, The End, S. 214.
»the turning point in the Hinge of Fate« – Zit. nach: W. Churchill, a. a. O., S. 219.
»sehr englische Perspektive« – M. Howard, The Battle, unveröffentl. Manuskript, S. 11.
Wendepunkt des Krieges – Zur alliierten Invasion in Französisch Nordafrika vgl. Stumpf, Reinhard, Der Krieg im Mittelmeerraum 1942/43, a. a. O., S. 710–720.

140 »Wie mag der Krieg weitergehen ...« – Rommel, Erwin, Brief an Lucie Rommel vom 14.11.1942, a. a. O.
»in den Bergen der Cyrenaika ... « – Vgl. Tagesbericht, 10.11.1942, a. a. O.

141 Der »Hohe Herr« sei »sehr ungnädig ... « – Zit. nach: E. Rommel, Krieg, S. 298.
»Der Führer ließ mir sagen ...« – Zit. nach: ebd., S. 298 f.; vgl. Tagesbericht, 15.11.1942, a. a. O.
»Möge der Allmächtige ...« – Rommel, Erwin, Brief an Lucie Rommel vom 15.11.1942, a. a. O.

KAPITEL 5 – KESSELTREIBEN

143 300 000 deutsche ... Soldaten – M. Kehrig, Stalingrad, Anlage 14, S. 671. Die folgende kurze Abhandlung über Stalingrad beruht überwiegend auf dem o. a. Standardwerk. Ergänzend wurden u. a. hinzugezogen: J. Wieder, Stalingrad sowie W. Görlitz, Paulus.
»Ausbruch nach Westen« – Zit. nach: M. Kehrig, Stalingrad, S. 176 u. 180.

144 »Erbitte Handlungsfreiheit ...« – Zit. nach: ebd., Anlage, Dokument 6, S. 560.
»Engelszungen« – Zit. nach: ebd., S. 183 f.
»Meuterei« – Zit. nach: ebd.
»Die 6. Armee ist vorübergehend ...« – Zit. nach: ebd., S. 183 f.

145 »Mein Führer! ...« – Zit. nach: ebd., Anlage, Dokument 10, S. 562.
»unter allen Umständen [zu] halten« – Zit. nach: ebd., Anlage, Dokument 11, S. 562.
»Übernehme 26.11. Befehl ...« – Zit. nach: ebd., S. 225.

146 »... vor dem eigenen Gewissen ...« – Zit. nach: ebd., Anlage, Dokument 15, S. 567.
»Wir haben uns nicht den Kopf ...« – Zit. nach: ebd., S. 246.
In der Lagebesprechung – Vgl. H. Kotze, Heeresadjutant, S. 139; J. Wieder, Stalingrad, Anlagen, Dokument: General Zeitzler, der Chef des Generalstabes des Heeres ringt mit Hitler um die Rettung der Stalingrader Armee, S. 357 f.; M. Kehrig, Stalingrad, S. 238.

147 Paulus stellte Gehorsam über das Leben seiner Soldaten. – Vgl. J. Wieder, Stalingrad, S. 158. Wieder schreibt: »Der furchtbare Opfergang von über einer Viertelmillion Menschen traf unmittelbar auch das deutsche Volk in allen seinen Gauen. Hier handelte es sich nicht mehr lediglich um ein militärisches Geschehen. Hier ging es um Umfassenderes, und ich hatte den Eindruck, als sei ein ganzes Stück Menschlichkeit mit in den Stalingrader Massengräbern versunken. Nur eine politisch-sittliche Entscheidung hätte die Lage meistern und das Schlimmste verhindern können. Aber es fehlte der große Feldherr, der gewagt hätte, die Fesseln des überkommenen, rein militärischen Gehorsams zu sprengen und aus echtem soldatischen Verantwortungsbewusstsein gegen die Befehle menschlich zu handeln, auf eigene Verantwortung dem zeitlosen Sittengesetz allein gehorchend.«
»Was wird, wenn die Armee ...« – Zit. nach: M. Kehrig, Stalingrad, S. 259.
»Drum haltet aus ...« – Zit. nach: ebd. S. 277.
am 28. November gegen 12.00 Uhr – Vgl. zum Aufenthalt Rommels im Führerhauptquartier: Tagesbericht, 28.11.1942, DI 10/2; Sonderprotokoll: Reise des OB ins Führerhauptquartier und nach Rom vom 28.11.1942 abends bis 2.12. morgens, Anlage zum Kriegstagebuch AOK D-I PzA, NA RG 242 T 313/472; E. Rommel, Krieg, S. 314 f.; Ruge, Friedrich, Tagebuch, 27.7.1944, BAMA N 379; F. Ruge, Invasion, S. 230; W. Warlimont, Hauptquartier, S. 324 f.; S. Westphal, Erinnerungen, S. 185 f., sowie M. Rommel, Interview I.

148 das Kommando in Libyen – Vgl. Tagesbericht, 27.11.1942, a. a. O.
»dass er dauernd mit falschen Zahlen ...« – Zit. nach: Tagesbericht, 15.11.1942, a. a. O.

149 »Räumung des ... Kriegsschauplatzes« – E. Rommel, Krieg, S. 314.

»*Sie schlagen genau dasselbe vor …*« – Zit. nach: F. Ruge, Invasion, S. 230.

» *… wenn es den Alliierten gelingt …*« – E. Rommel, Krieg, S. 315.

»*vernünftige[n] Diskussion*« – Ebd., S. 314.

»*70 000*« – Zit. nach: Ruge, Friedrich, Tagebuch, 27. 07. 1944, a. a. O.

150 »*wie man mit Gewehren …*« – Zit. nach: M. Rommel, Interview I; vgl. S. Westphal, S. 185 f.

»*Wie ein begossener Pudel*« – H. Linge, Untergang, S. 21.

»*Unsere Nerven sind …*« – Zit. nach: M. Rommel, Interview I.

»*die schnellste Zuführung von Waffen …*« – Zit. nach: Sonderprotokoll, a. a. O., S. 2.

»*seines besonderen Vertrauens*« – Zit. nach: ebd., S. 3.

151 »*Es müsse gehalten werden …*« – Zit. nach: Tagesbericht, 28.11.1942, a. a. O.

»*Mein Mann war vollkommen erschüttert.*« – Zit. nach: L. Koch, Rommel, S. 99.

aus Wiener Neustadt nach Württemberg – So Manfred Rommel in einer pers. Mitlg. an den Verf.; vgl. Rommel, Erwin, Brief an Lucie Rommel vom 28.12.1942, NA RG 242 T 84/274.

153 *den Gabes-Plan vorzutragen* – Vgl. Sonderprotokoll, a. a. O., S. 3 f.

»*ihm dann die feindliche Luftwaffe zu nahe …*« – Zit. nach: ebd., S. 4.

Im Protokoll der Besprechungen – Vgl. ebd., S. 7 f. (Flak-Geschütze), sowie S. 9 (»Gualdi«).

nicht das erste Mal – Vgl. Tagesbericht, 16.11.1942, a. a. O., in dem U-Boote erwähnt sind, die »Sprit« für Rommels Armee bringen sollten, dann aber »nach Tunis abgedreht wurden«.

154 »*Beim gemeinsamen Mittagessen …*« – Zit. nach: Milch, Erhard, Unveröffentl. Memoiren, Auszug, undatiert, o. S., in: DI 6. Vgl. zu Görings »burschikoser« Art: E. Rommel, Krieg, S. 317. Rommel beschreibt hier einen Besuch vom Vortag bei Mussolini; Göring eröffnete die Besprechung mit dem Vorwurf, Rommel »habe die Italiener vor El Alamein im Stich gelassen«. Selbst der »Duce« ging nicht auf diese Unverschämtheit ein und sagte zu Rommel: »Davon ist mir nichts bekannt, Ihr Rückzug war ein Meisterstück, Herr Marschall!«

»*… Rommel hat absolut seine Nerven verloren.*« – Zit. nach: H. Heiber, Lagebesprechungen, S. 59; vgl. D. Irving, Rommel, S. 351.

»*Steher*« – Vgl. H. Heiber, Lagebesprechungen, S. 275, sowie E. Fröhlich, Tagebücher von Joseph Goebbels, 3.8.1944, Teil II, Bd. 13, S. 210.

»*Pessimist*« – Zit. nach: E. Rommel, Krieg, S. 312.

den Treibstoffmangel ausdrücklich zu begrüßen – Vgl. P. E. Schramm, Kriegstagebuch, Bd. 2, S. 1093.

»*Es wäre vielleicht richtiger gewesen …*« – Zit. nach H. Heiber, Lagebesprechungen, S. 60.

»*mit Pauken und Trompeten verlieren würde*« – Zit. nach: S. Westphal, S. 185. Vgl. H. v. Luck, Gefangener, S. 152 f. Luck gibt die Grundstimmung Rommels in diesen Tagen sicher richtig wieder, die Einzelheiten des Gesprächs erscheinen dem Verf. für diesen Zeitpunkt allerdings weit übertrieben.

»*englisch-deutsches Taschenwörterbuch*« – Rommel, Erwin, Brief an Lucie Rommel vom 11. 12. 1942, a. a. O.

»*Bald liegt die Schule hinter Dir*« – Rommel, Erwin, Brief an Manfred Rommel vom 8.12.1942, NA RG 242 T 84/274.

155 »*bis zum letzten Mann …*« – Zit. nach: Tagesbericht, 19.12.1942, a. a. O.

»*bis zum Äußersten verteidigt …*« – Zit. nach: G. Ciano, Tagebücher, S. 508.

Am 8. Januar erfuhr Kesselring – Vgl. Cavallero, Ugo, Tagebücher, 8.1.1943, DI 2/6.

»*Ich will hier unerörtert lassen …*« – A. Kesselring, Soldat, S. 192.

unternahm er einen letzten Versuch – Vgl. Tagesbericht, 10.1.1943, a. a. O.

Aber Kesselring kam Rommel zuvor. – Vgl. Tagesbericht, 12.1.1943, a. a. O.: »Vortrag [von Berndt] beim Führer wird auf den Abend verschoben.« In diesem Zusammenhang notiert Goebbels in sein Tagebuch: »Es geht natürlich nicht, dass ein Oberleutnant der Reserve im Führerhauptquartier erscheint, um gegen einen Generalfeldmarschall, in diesem Falle Kesselring, Klage und Beschwerde zu führen. Dem Führer war das zuerst auch nicht ganz angenehm; aber er hat durch ein paar Handgriffe dafür gesorgt, dass der Besuch Berndts immerhin noch in militärisch richtigen Formen verlief.« (Zit. nach: E. Fröhlich, Tagebücher von Joseph Goebbels, 23.1.1943, Teil II, Bd. 7, S. 176) Rommel schrieb nach Berndts Rückkehr an seine Frau: »Kesselring hat ihm beim Führer den Rang abgelaufen.« (Rommel, Erwin, Brief an Lucie Rommel vom 19.1.1943, a. a. O.)

156 *dass »dies dem Grundgedanken der Verteidigung wider[spräche]*« – A. Kesselring, Soldat, S. 202.

»*Ich komme von dem Verdacht nicht los …*« – Ebd.

157 »*Afrika solle nur das Beste …*« – Zit. nach: Tagesbericht, 12.1.1943. Vgl. zu dieser Besprechung: E. Fröhlich, Tagebücher von Joseph Goebbels, 14.1.1943, Teil II, Bd. 7, S. 111 ff.

»*die Gesamtführung in Tunesien …*« – Zit. nach: Tagesbericht, 22.1.1943, a. a. O.

mehrmals ohnmächtig geworden – Vgl. Tagesbericht, 14.11.1942, a. a. O.

158 *Jedenfalls unterzog sich Rommel … unverzüglich einer Untersuchung* – Vgl. Rommel, Erwin, Brief an Lucie Rommel vom 20.1.1943, a. a. O.

»*Rommel anderweitig zu verwenden*« – Zit. nach: Bradley, Tätigkeitsbericht, 22.2.1944.

»*Der Führer entschloss sich …*« – Zit. nach: ebd. Vgl. in diesem Zusammenhang P. E. Schramm, Kriegstagebuch, Bd. II, S. 62.

»*gesundheitlich in der Lage sei …*« – Zit. nach: Tagesbericht, 22.1.1943, a. a. O. Vgl. auch Rommel, Erwin, Brief an Lucie Rommel vom 24.1.1943, a. a. O.

»*zu einem von ihm zu benennenden Termin …*« – Zit. nach: Tagesbericht, 26.1.1943, a. a. O. Vgl. in diesem Zusammenhang P. E. Schramm, Kriegstagebuch, a. a. O.

159 »*Ich bin so deprimiert …*« – Rommel, Erwin, Brief an Lucie Rommel vom 25.1.1943, a. a. O.

»*der Zustand des Marschalls …*« – Berndt, Ingemar, Brief an Lucie Rommel vom 8.2.1943, NA RG 242 T 84/274.

210 000 alliierte Soldaten – Vgl. H. v. Esebeck, Afrika Korps, S. 214 u. 223 f.

»*Kartenhaus*« – Zit. nach: W. Warlimont, Hauptquartier, S. 327.

An seinem Rundfunkempfänger – Vgl. Tagesbericht, 30.1.1943, a. a. O.

162 »*Kommst Du nach Deutschland …*« – Zit. nach: M. Domarus, Hitler, Bd. II, S. 1976.

»*Bin entschlossen, den Befehl …*« – Rommel, Erwin, Brief an Lucie Rommel vom 8.2.1943, a. a. O.

Unternehmen »Frühlingswind« – Vgl. zu den Kämpfen in Tunesien E. Rommel, Krieg, S. 347–377; K. Macksey, Rommel, S. 173–187; E. Theil, Rommels verheizte Armee; F. Kurowski, Endkampf, sowie die Tagesberichte 14.2. bis 9.3.1943, a. a. O.

163 »*O[berbefehlshaber] entschließt sich …*« – Zit. nach: Tagesbericht, 18.2.1942, a. a. O.

164 »*Es [geht mir] wie einem alten Kavalleriegaul …*« – Zit. nach: Berndt, Ingemar, Brief an Lucie Rommel vom 8.2.1943, a. a. O.

Rommel kam dem falschen Spiel – Vgl. Tagesbericht, 24.2.1943, a. a. O.

165 »*Ein weiteres Verbleiben …*« – E. Rommel, Krieg, S. 367.

Das »sei … eine hundertprozentig …« – Stenografische Mitschrift der Unterredung Hitlers mit Jodl vom 4.3.1943, zit. nach: H. Heiber, Lagebesprechungen, 4./5.3.1943, S. 143 ff., in: DI 7.

»*Dass er [Rommel] sich jetzt …*« – Zit. nach: D. Irving, Rommel, S. 394.

»*Tag für Tag …*« – Zit. nach G. Sereny, Albert Speer, S. 430.

»*Die Zurückführung beider Armeen …*« – O.B. Süd, Funkspruch an O.B. Heeresgruppe Afrika, 9.3.1943, NA RG 242 T 313/416.

165–166 »*nunmehr sofort seine Kur anzutreten*« – Zit. nach: Tagesbericht, 7.3.1942, a. a. O.

166 *heimlich in Rom mit Kesselring zu treffen* – Vgl. ebd.

»*Draußen ist Frühling …*« – Rommel, Erwin, Brief an Lucie Rommel vom 3.3.1943, a. a. O.

KAPITEL 6 – INTERMEZZO

169 *am 10. März 1943* – Vgl. Tagesbericht, 10.3.1943, DI 10/2.

»*schien durch die Katastrophe …*« – E. Rommel, Krieg, S. 372.

»*dass man nach Niederlagen …*« – Zit. nach: ebd.

so flehte er Hitler an – Heinrich Eberbach erfuhr 1944 in Frankreich von Rommel nähere Einzelheiten des Gesprächs mit Hitler: »Er [Rommel] habe ihn [Hitler] mit Tränen in den Augen angefleht, das deutsche Afrika-Korps vor dem Untergang in Tunis zu retten. Er habe darauf hingewiesen, dass diese Soldaten aus Treue und Liebe zum Führer Übermenschliches geleistet hätten. Hitler aber habe ihm gesagt, er, Rommel, sei durch die Überanstrengung der letzten Monate wohl nicht mehr Herr seiner Nerven, es solle sich erholen. Damals habe er erkannt, dass für Hitler die Menschen nichts gelten.« (Eberbach, Heinrich, Bericht über den Umsturzplan des Feldmarschalls Rommel vom 15.5.1979, S. 2, BAMA MSG 1/1079).

»*spontan*« – Zit. nach: E. Fröhlich, Tagebücher von Joseph Goebbels, 12.3.1943, Teil II, Bd. 7, S. 535.

170 »*Denn wie immer auch die Nachwelt …*« – Hitler, Brief an Mussolini vom 14.3.1943, DI 7.

»*in Ungnade gefallen*« – Zit. nach: B. H. Liddell Hart, Rommel Papers, S. 425.

»*Meine Gedanken und Sorgen …*« – Rommel, Erwin, Brief an Generaloberst Hans-Jürgen von Arnim vom 12.3.1943, NA RG 242 T 84/283.

»*Es gab eben Männer …*« – E. Rommel, Krieg, S. 276.

»Mir wurde es klar …« – Ebd., S. 315.
Bis zum 31. März – Tagesbericht, 13.–30.3.1943, a. a. O.

171 *quälten ihn die zahlreichen Briefe* – Vgl. R. Munninger, Interview.

173 *48 Panzer und 300 Geschütze* – Vgl. J. Piekalkiewicz, Der Wüstenkrieg, S. 277.
»Rommel gerät dadurch in …« – Zit. nach: E. Fröhlich, Tagebücher von Joseph Goebbels, 7.5.1943, Teil II, Bd. 8, S. 224.
»weitere Kriegsführung sehr wertvoll …« – Zit. nach: ebd., 10.5.1943, S. 266 f.
Kommando im Osten – Vgl. ebd., 14.1.1943, Teil II, Bd. 7, S. 111 ff.
»Er will ihn sich aufsparen …« – Ebd., 10.5.1943, Bd. 8, S. 266 f.

174 *»Noch kein besonderer Auftrag …«* – Tagesbericht, 9.5.1943, DI 11/5.
»Die Gesundheit des Generalfeldmarschalls …« – Zit. nach: M. Domarus, Hitler, Bd. II, S. 2014.
In Zivil – Vgl. Rommel, Erwin, Brief an Lucie Rommel vom 10.5.1943, NA RG 242 T 84/274.

174–175 *»und doch … könnte ich heulen …«* – Ebd.

175 *»Der derzeitige letzte Kommandierende General …«* – Cramer, Hans, Telegramm an Erwin Rommel vom 11.5.1943, Faksimile in DI 6.
»Munition verschossen …« – Zit. nach: J. Piekalkiewicz, Der Wüstenkrieg, S. 286.
130 000 deutsche – Zahlen zit. nach: V. Kühn, Mit Rommel, S. 206.
eine »Art stellvertretender O[berfehlshaber] d[es] H[eeres]« – Ruge, Friedrich, Tagebuch, 25.6.1944, BAMA N 379.

177 *»In Italien ist nur der Duce … «* – Zit. nach: Junge, Rolf, Brief an Karl Dönitz vom 15.5.1943, BAMA RM 7/260.
»Es ist beabsichtigt …« – Zit. nach: D. Bradley, Tätigkeitsbericht, 17.5.1943.
»Kritisch sind die nächsten 8–14 Tage.« – Zit. nach: Junge, Rolf, a. a. O.
»Ich befinde mich hier …« – Zit. nach: A. Stahlberg, Pflicht, S. 337.

178 *»Plötzlich blickte er auf …«* – Zit. nach: B. H. Liddell Hart, Rommel Papers, S. 427.
»Hitler ist nicht mehr ganz normal« – Zit. nach: ebd., S. 428.

179 *am 15. Juli darauf vorbereitet* – Vgl. D. Bradley, Tätigkeitsbericht, 15.7.1943.

180 *»Italiener-Hasser«* – Vgl. Richthofen, Wolfram von, Tagebuch, 27.7.1943, in: DI 6; W. Warlimont, Hauptquartier, S. 353.
»Ich erfahre, dass man …« – Tagesbericht, 18.7.1943, a. a. O.
»als d[em] einzige[n] Führer …« – Zit. nach: W. Warlimont, Hauptquartier, S. 352.
»ganz in die Reihe gebracht« – Zit. nach: ebd., S. 355.

181 *»mit allen Mitteln«* – Zit. nach: ebd.
»Ist der Rommel schon weg?« – Zit. nach: H. Heiber, Lagebesprechungen, S. 153 f.
»Duce ist in Schutzhaft genommen …« – Zit. nach: Tagesbericht, 25.7.1943, a. a. O.

183 *Am 26. Juli ließ er die Vorbereitungen* – Vgl. P. E. Schramm, Kriegstagebuch, Bd. III, S. 837.
»I. A. OKW/Auffrischungsstab München« – Ebd., S. 851.
»Hausarrest« – Zit. nach: D. Irving, Rommel, S. 412.
»Damit … ist ein einwandfreier Beweis …« – P. E. Schramm, Kriegstagebuch, Bd. III, S. 854.
»soeben ohne Zwischenfälle …« – Zit. nach: ebd., S. 860.

184 *»Sie müssen freundlich …«* – Zit. nach: »Auftrag an Hauptmann Rathje«, Protokoll, 30.7.1943, DI 11/5.

185 *noch dreimal am grünen Tisch* – Vgl. hierzu u. a. E. Kuby, Verrat, S. 230 ff.
in Bologna am 15. August – Zum Treffen in der Villa Federzoni vgl. P. E. Schramm, Kriegstagebuch, Bd. III, S. 949–952; E. v. Rintelen, Mussolini, S. 241 f.; W. Warlimont, Hauptquartier, S. 386 f.; R. Lehmann, Leibstandarte, S. 295–299; G. Schreiber, Die italienischen Militärinternierten, S. 74.

186 *»Mir sind somit endlich die Wege geöffnet.«* – Tagesbericht, 15.8.1943, a. a. O.

186–187 *»Ich stelle wiederholt fest …«* – Tagesbericht, 11.8.1943, a. a. O.

187 *»Nicht viel, wenn die Feldmarschälle …«* – Zit. nach: D. Irving, Rommel, S. 420.
»Also doch Verrat!« – R. Rahn, Ruheloses Leben, S. 340.
Um 20.00 Uhr löste General Jodl – Vgl. P. E. Schramm, Kriegstagebuch, Bd. III, S. 1077.
»möglichst lange die allgemeine Linie …« – Zit. nach: P. E. Schramm, Kriegstagebuch, Bd. III, S. 1093. Kesselrings Lagebeurteilung traf genau am 12.7.1943 um 01.00 Uhr ein, wird im Kriegstagebuch noch dem 11.7. zugeordnet.
Jedenfalls befahl Hitler am Tag darauf – Vgl. ebd., S. 1096.
Die zahlenmäßig gewaltige – Vgl. G. Schreiber, Die italienischen Militärinternierten, S. 101 ff.

»Welch schimpfliches Ende für eine Armee« – Rommel, Erwin, Brief an Lucie Rommel vom 10. 9. 1943, a. a. O.

»1. bündnistreue ital[ienische] Soldaten …« – Zit. nach: P. E. Schramm, Kriegstagebuch, Bd. III, S. 1107. Vgl. Oberkommando der Wehrmacht, Fernschreiben vom 7. 9. 1943 und 8.9.1943, IFZ MA 240, 5518753 –737.

189 *wohl seit einiger Zeit vorhergesehen* – Vgl. H. Heiber, Lagebesprechungen, S. 187.

»Fachkräfte[n] für die Rüstungswirtschaft …« – P. E. Schramm, Kriegstagebuch, Bd. III, S. 1085.

von über 600 000 Soldaten und Offizieren – Zum Schicksal der italienischen Soldaten und im Weiteren auch der Zivilbevölkerung vgl. G. Schreiber, Die italienischen Militärinternierten, S. 235; ders., Kriegsverbrechen; L. Klinkhammer, Stragi naziste; ders., Zwischen Bündnis; F. Andrae, Auch gegen Frauen.

»dass unter allen Umständen …« – Generalkommando Witthöft, Besondere Anordnungen für die Versorgung Nr. 2, 12. 9. 1943, VII., BAMA RM 7/265. Vgl. G. Schreiber, Die italienischen Militärinternierten, S. 242 f.

»den Kriegsgefangenen … Verpflegung …« – Generalkommando Witthöft, Besondere Anordnungen für die Versorgung Nr. 4, 19.9.1943, II. A 1. a, a. a. O.

190 *Wahrscheinlich ausgelöst* – Vgl. Shelah, Menachem, Die Ermordung italienischer Kriegsgefangener, September bis November 1943, in: H. Heer, Vernichtungskrieg, S. 191 – 207.

»Dort, wo ital[ienische] Truppen …« – Oberkommando der Wehrmacht, Fernschreiben vom 10.9.1943, BAMA RM 7/950.

»Auf Befehl des Führers …« – Zit. nach: H. Rothfels, Akten, S. 537.

»blutige Folgen« – G. Schreiber, Die italienischen Militärinternierten, S. 110.

»In erster Linie …« – Ebd.

191 *»Grundsätzliche[n] Richtlinien …«* – Oberkommando der Wehrmacht, Grundsätzliche Richtlinien über die Behandlung der Soldaten der ital. Wehrmacht und Miliz, 15. 9. 1943, BAMA RW 4/508 a.

»[Ich] musste mich erbrechen …« – Rommel, Erwin, Brief an Manfred Rommel vom 24. 9. 1943, NA RG 242 T 84/275.

für eine Stunde einen Spaziergang – Vgl. Rommel, Erwin, Brief an Lucie Rommel vom 24. 9. 1943, a. a. O.

Immer wieder irrtümlich … – Vgl. G. Schreiber, Kriegsverbrechen, S. 49 f.

»Irgendwelche sentimentalen Hemmungen …« – Oberbefehlshaber, Heeresgruppe B, Aufruf, 23. 9. 1943, RH 27–24/26. Derselbe Aufruf wurde am gleichen Tag auch in Süditalien durch Feldmarschall Kesselring veröffentlicht (Oberbefehlshaber Süd, Fernschreiben an Deutsches Marinekommando Rom, 23. 9. 1943, BAMA RM 7/1333).

Zieht man in Betracht, dass Kesselring sich schon zuvor geweigert hatte, irgendwelche Befehle von seinem Rivalen entgegenzunehmen (vgl. A. Kesselring, Soldat, S. 256), könnte es durchaus auch möglich sein, dass der Aufruf einer Vorgabe aus dem Führerhauptquartier folgte.

den Partisanen angeschlossen – Die Entwaffnung und Deportation der italienischen Soldaten in Rommels Befehlsbereich war ja so gut wie abgeschlossen. Allerdings begann sich die Aktivität der Partisanen in dem besetzten Gebiet immer stärker auszuwirken. Tatsächlich schrieb Rommel an ebenjenem 23. September an seine Frau : »In Venetien sind, wie Du aus dem OKW-Bericht gehört hast, Bandenkämpfe.« (Rommel, Erwin, Brief an Lucie Rommel vom 23. 9. 1943, a. a. O.).

193 *»Auseinandersetzung mit den Exverbündeten …«* – G. Schreiber, Kriegsverbrechen, S. 49 f.

des kleinen Ortes Boves – Vgl. zum Hergang des Massakers von Boves: C. Gentile, Documenti, in: Il presente, S. 75–130; G. Schreiber, Kriegsverbrechen, S. 129–132; R. Lehmann, Leibstandarte, S. 316–319.

»und in ihre Häuser zurückkehren würden« – Zit. nach: C. Gentile, Documenti, a. a. O., S. 87.

194 *»ursprünglich sich widersetzenden Truppenteile …«* – Zit. nach: G. Schreiber, Kriegsverbrechen, S. 132 f.

»So bedauerlich die Folgen …« – Zit. nach: R. Lehmann, Leibstandarte, S. 318 f.

»2 Angehörige der LSSAH …« – Generalkommando II. SS-Panzerkorps, Ic-Morgenmeldung an Heeresgruppe B/Ic, 21.9.1943, BAMA RS 2–2/21, Teil 2.

195 *am Lago Maggiore zwei … Leichen* – Zum Hergang des Massakers am Lago Maggiore: Vgl. Liliana Picciotto Fargion, Italien, in: W. Benz, Dimension, S. 199 – 228; C. Gentile, Documenti, a. a. O.; R. Lehmann, Leibstandarte, S. 320 f.; Staatsanwaltschaft am Landgericht Osnabrück, Anklageschrift gegen Hans Friedrich Röhwer et al., 20.3.1967, ZSt 518 AR-Z 16/59.

196 *und war entsetzt* – So Manfred Rommel in einer mündl. Mitteilung an den Verf.

Anfang Oktober eingesetzte Untersuchungskommission – Vgl. die Zeugenaussagen von Theodor Wisch, 1. 12. 1964, Bd. XI, Dr. Gerhard Franz, 2. 11. 1964, Bd. IX, und Christian Markus Jochum, 5. 4. 1966, Bd. XV, alle ZSt 518 AR-Z 16/59.

197 *reagierte Rommel ungewöhnlich scharf* – Vgl. Rommel, Manfred, Gesprächsnotiz vom 7. 6. 1975, DI 3/10; vgl. B. H. Liddell Hart, Rommel Papers, S. 429.

»Es muss Zeit gewonnen …« – Zit. nach: D. Irving, Rommel, S. 425.

»bewegliche Kampfführung« – Zit. nach: W. Warlimont, Hauptquartier, S. 395.

198 *war beschlossene Sache* – Vgl. S. Westphal, Erinnerungen, S. 233.

Rommel war entrüstet – Vgl. Kriegstagebuch Heeresgruppe B, 17. 10. 1943, NA RG 242 T 84/280.

»Italien … den Zusammenbruch …« – Zit. nach: H. Heiber, Lagebesprechungen, S. 275.

»bezüglich der Kampfführung …« – Zit. nach: D. Irving, Rommel, S. 427.

»Herr Feldmarschall, es ist wohl nun Zeit …« – Zit. nach: Tempelhoff, Hans-Georg v., Interviewabschrift, 1982, Sammlung Stark.

»Mit dem Rommel …« – Zit. nach: Hitzfeld, Maximilian, Brief an Kurt Hesse vom 21. 2. 1965, BAMA N 558/V133.

»bezüglich des weiteren Kriegsverlaufs …« – Zit. nach: Bormann, Martin, Brief an Heinrich Himmler vom 27. 9. 1944, BAMA N 117/29.

199 *»Rommel ist leider in seinen Ansichten …«* – Zit. nach: E. Fröhlich, Tagebücher von Joseph Goebbels, 27. 10. 1943, Teil II, Bd. 10, S. 180.

»dass der vom Führer genehmigte Befehl …« – Zit. nach: Kriegstagebuch Heeresgruppe B, 19. 10. 1943, a. a. O.

aus der Fernschreibzentrale zurückzuholen. – S. Westphal, Erinnerungen, S. 234.

Etwa 19.30 Uhr abends wurde – Kriegstagebuch Heeresgruppe B, a. a. O.

200 *»Vielleicht habe ich nicht sehr große Hoffnungen …«* – Rommel, Erwin, Brief an Lucie Rommel vom 26. 10. 1943, NA RG 242 T 84/275.

KAPITEL 7 – STROHFEUER

201 *neue Aufgabe übertragen worden* – Vgl. N. v. Below, Adjutant, S. 353; im Folgenden zit. nach: A. Speer, Erinnerungen, S. 263 f.

202 *am ersten Tag der Invasion 14 674 Einsätze* – Vgl. D. Ose, Entscheidung, S. 119.

»Stimmung gedrückt …« – Rommel, Erwin, Brief an Lucie Rommel vom 9. 11. 1943, NA RG 242 T 84/275.

»Seydlitz bei Rossbach« – Zit. nach: Rundstedt, Gerd von, Brief als Antwort auf Fragebogen der Historical Division, 2. 12. 1949, DI 3/11.

»Es fällt mir schwer …« – Zit. nach: E. Franz, An Rommels Seite, in: Frontsoldat, Aufsatz, S. 26.

203 *»Wenn alles zusammenbricht …«* – Zit. nach: S. Westphal, Erinnerungen, S. 206.

»Bubi« – Zit. nach: Hesse, Kurt, Gesprächsnotiz vom 11. 10. 1975, DI 3/10.

»Mehr als ein Divisionskommandeur …« – Zit. nach: K. Hesse, Wandlung, unveröffentl. Manuskript, S. 5.

»alten, müden Mann« – Zit. nach: ebd.

203 – 204 *»Ich sehe black.«* – Zimmermann, Bodo, Bericht für die Historical Division, S. 14, BAMA M T/121.

204 *»Nun will ich mit aller Macht …«* – Rommel, Erwin, Brief an Lucie Rommel vom 19. 12. 1943, a. a. O..

Schlüssel für einen annehmbaren Frieden – Vgl. Salewski, Michael, Die Abwehr der Invasion als Schlüssel zum »Endsieg«?, in: R. D. Müller, Wehrmacht, S. 210–223.

»Eine solche Katastrophe …« – D. D. Eisenhower, Kreuzzug, S. 267.

205 *»Alles ist an der Küste einzusetzen …«* – Kriegstagebuch LI. Armee Korps, Anlage, 14. 9. 1943, DI 7.

Tiefe zu verleihen – Vgl. F. Ruge, Invasion, S. 12.

»HKL [Hauptkampflinie] ist der Strand.« – Zit. nach: ebd., S. 14.

»Alles Liebe und Gute für 1944! …« – Rommel, Erwin, Brief an Lucie Rommel vom 29. 12. 1943, a. a. O.

208 *zwischen Zuidersee und Loiremündung* – Vgl. D. Ose, Entscheidung, S. 60 f.

»ein Korallenriff von Hindernissen …« – Zit. nach: ebd., S. 69.

»Können wir nicht Porzellanminen machen?« – Zit. nach: Tempelhoff, Hans-Georg von, Gesprächsnotiz vom 1. 7. 1975, DI 3/10; vgl. auch F. Ruge, Invasion, S. 90.

208 *»Tag und Nacht …«* – Rommel, Erwin, Brief an Lucie Rommel vom 27. 12. 1943, a. a. O.

210 *Salmuth habe »keine Ahnung …«* – Zit. nach: Salmuth, Hans von, maschinenschriftl. Manuskript, 166 f, DI 4/1.
»Das ist ein ganz grober Kerl …« – Zit. nach: Ruge, Friedrich, Tagebuch, 4.2.1944, BAMA, N 379.
»Er ist Choleriker …« – Zit. nach: H.-J. Jacobsen, Marcks, S. 160.
211 *Panzer von 256 sogar auf 1299* – Vgl. D. Ose, Entscheidung, S. 73 f.
kaum ins Gewicht fielen – Vgl. ebd., S. 114.
»Die Aussicht, dass …« – H. Boberach, Meldungen, Bd. 17, S. 6510 f.
nicht recht glauben könne – Vgl. W. Warlimont, Hauptquartier, S. 435; zur Datierung des Besuchs von Warlimont s. Tagesbericht, 6.2.1944, DI 11/6.
212 *»Wenn man auch …«* – Rommel, Erwin, Brief an Lucie Rommel vom 6.2.1944, a.a.O.
»befriedigt über den Stand …« – Kriegstagebuch Heeresgruppe B, 11.3.1944, zit. nach: F. Ruge, Invasion, S. 97 f.
»Hier gibt es viel zu tun …« – Rommel, Erwin, Brief an Manfred Rommel vom 14.3.1944, a.a.O.
213 *»In Verbindung mit Rommels Mangel …«* – Geyr von Schweppenburg, Leo, Invasion ohne Maske, Vorentwurf, vermutlich 1960, S. 5, DI 3/12.
handlungsunfähig geworden – Vgl. D. Ose, Entscheidung, S. 151.
»Wenn ich jetzt mein Kommando niederlege …« – Geyr von Schweppenburg, Leo, Brief an Erwin Rommel vom 6.7.1944, zit. nach: B. H. Liddell Hart, Rommel Papers, S. 467, Rückübersetzung aus dem Engl.
214 *»Schöpfer der Panzerwaffe«, General Guderian* – Vgl. H. Guderian, Erinnerungen, S. 297 ff.
mit dem breiten Säbel – Vgl. D. Ose, Entscheidung, S. 54 f.
»Die Entscheidung des Kampfes …« – Rommel, Erwin, Brief an Hitler vom 16.3.1944, DI 1/5.
214–215 *nach Berchtesgaden einbestellt* – Vgl. Heider, Paul, Reaktionen in der Wehrmacht auf Gründung und Tätigkeit des Nationalkomitees »Freies Deutschland« und des Bundes Deutscher Offiziere, in: R.-D. Müller, Wehrmacht, S. 614–634; s. a. A. Stahlberg, Pflicht, S. 359 ff.
216 *»dass jeder Soldat des Heeres …«* – Heider, Paul, a.a.O., S. 623.
Nur ein Einziger war unter ihnen – Feldmarschall Erwin von Witzleben, Gegner des Regimes und Mann des militärischen Widerstandes, war am 30. März 1942 verabschiedet worden und daher nicht anwesend. Vgl. Pommerin, Reiner, »Erwin von Witzleben – Der designierte Oberbefehlshaber«, in: K. v. Klemperer, Deutschland, S. 328–343.
»Es ist selbstverständlich …« – Bericht über den Lagevortrag Hitlers, 20.3.1944, zit. nach: F. Ruge, Invasion, S. 267 f.
alle seine Argumente – Vgl. F. Ruge, Invasion, S. 105.
am Himmel erscheinen – Vgl. Salmuth, Hans von, a.a.O., S. 168 f.
217 *»Befriedigt über das Erreichte …«* – Tagesbericht, 21.3.1944, zit. nach: F. Ruge, Invasion, S. 105.
auf Rommels Anliegen einzugehen – Vgl. D. Ose, Entscheidung, S. 55.
zu stützen und aufzurichten – Vgl. H. Speidel, Zeit, S. 162.
»Bis dahin muss das Verfügungsrecht …« – Zit. nach: D. Ose, Entscheidung, S. 54.
»War heute bei Rundstedt …« – Rommel, Erwin, Brief an Lucie Rommel vom 10.4.1944, a.a.O.
»persönlich sehr nett«, aber »sehr ernst …« – Ruge, Friedrich, Tagebuch, 16.4.1944, a.a.O.
»…Für den Westen …« – F. Ruge, Invasion, S. 125.
218 *»der im Gespräch unter vier Augen …«* – Zit. nach: Meise, Dr. Wilhelm, Brief an W. M. James jr. vom 21.3.1964, DI 7.
»kurze ernste Worte auf den Führer« – F. Ruge, Tagebuch, 20.4.1944, a.a.O.
»Er war bester Stimmung …« – Rommel, Erwin, Brief an Lucie Rommel vom 19.5.1944, a.a.O.; vgl. auch F. Ruge, Invasion, S. 158, und ders., Tagebuch, 15.5.1944, a.a.O.
stets in der Ichform – Die Tagesberichte aus dem Jahr 1944 wurden zunächst von Hellmuth Lang geschrieben. Im September/Oktober 1944, in der Zeit, als Rommel bereits ahnte, dass er mit dem Attentat vom 20. Juli in Verbindung gebracht werden könnte, ging er diese Tagesberichte noch einmal durch und schrieb sie neu. Die gefährlichen Passagen der alten Tagesberichte, die sich etwa kritisch auf Göring oder andere Funktionäre des Regimes bezogen, wurden verbrannt. Allerdings konnte Lang den Großteil dieser Tagesberichte heimlich als Durchschlag sichern (s. DI 11/7). Die »entschärften« Tagesberichte befinden sich im BAMA, N 117/22.
»Ich bin froh …« – Lang, Hellmuth, Tagesbericht, 13.4.1944, DI 11/7.
»Es geht um die entscheidenste Schlacht …« – Rommel, Erwin, Antrag an OB West, 23.4.1944, als Anlage zu Rommel, Erwin, Brief an Schmundt vom 23.4.1944, beide DI 1/5.

219 – 220   *»Wir werden von Tag zu Tag stärker …«* – Rommel, Erwin, Brief an Lucie Rommel vom 12. 5. 1944 a. a. O.
220   *»In Hinblick auf unsere starken Anlagen …«* – Deutsche Wochenschau 715, 17. 5. 1944, BAFA.
zum Abendessen empfangen wurde – Vgl. F. Ruge, Invasion, S. 158; ders., Tagebuch, 16. 4. 1944, a. a. O.
»scharf oppositionelle Haltung« – O. Abetz, Problem, S. 287.
223   *Ähnlich offen äußerte sich Rommel* – Vgl. F. Ruge, Invasion, S. 164.
»Den Krieg … können wir nicht mehr gewinnen.« – Zit. nach: Rommel, Manfred, Gesprächsnotiz vom 5. 12. 1976, DI 3/10.
dass er nicht mehr an den »Endsieg« glaube – Vgl. ebd.
»[Berndts] Bericht ist zwar einigermaßen alarmierend …« – E. Fröhlich, Tagebücher von Joseph Goebbels, Teil II, Bd. 12, 6. 6. 1944, S. 407.
»Was aber noch bestürzender ist …« – Ebd., Teil II, Bd. 13, 3. 8. 1944, S. 208 f.

KAPITEL 8 – WIDERSTAND

225   *nach Riga in Lettland deportiert* – Vgl. M. Zelzer, Weg, S. 223 ff.; P. Sauer, Schicksale, S. 282 ff.
bei Lublin im besetzten Polen – Vgl. ebd., S. 290 ff.
den deportierten Juden wirklich geschah – Vgl. W. Nachtmann, Strölin, S. 238.
des Lagers Belzec ermordet – Vgl. W. Benz, Dimension, S. 49; s. a. P. Longerich, Politik, S. 504 – 51.
Massenmord lehnte er entschieden ab – Vgl. W. Nachtmann, Strölin, S. 239.
nicht mehr in Einklang mit der Führung – Vgl. ebd., S. 298 – 317 u. 322 ff.
bis zu seinem Tode im Jahr 1963 treu – Vgl. ebd., S. 335 f.
226   *die Grundsätze der Idee verraten* – Vgl. ebd.
»Wiederherstellung des Rechtsstaates …« – K. Strölin, Stuttgart, S. 34.
»Generalkommando zur besonderen Verfügung Nr. 64« – Vgl. W. Nachtmann, Strölin, S. 28 f.
SS-Obergruppenführer ehrenhalber – Vgl. Raberg, Frank, Konstantin von Neurath, in: M. Kißener, Führer, S. 506 – 576.
dass der Krieg verloren war – Vgl. Strölin, Karl, Aussage vom 25. 3. 1946, in: Internationaler Militär Gerichtshof, Prozess, Bd. X, S. 67 f.
die Frage nach einem Ausweg – Vgl. ders., »Zusammenarbeit mit dem früheren Reichsaußenminister Freiherr von Neurath«, Anlage 3, Nachlass Paul Hahn, HSTAS M 660/156 Bü 59.
»die Rettung Deutschlands …« – Zit. nach: ders., Aussage vom 25. 3. 1946, a. a. O.
227   *»dass Rommel nach seiner ganzen Stellung …«* – Ebd.
Dr. Carl Goerdeler – Vgl. W. Nachtmann, Strölin, S. 330 f.; K. Strölin, Stuttgart, S 35 ff.; ders., Verräter, S. 32 f.; ders., »Zusammenarbeit mit Paul Hahn«, Anlage 1, Nachlass Paul Hahn, a. a. O.; ders., »Zusammenarbeit mit Oberbürgermeister Dr. Goerdeler, Anlage 2, Nachlass Paul Hahn, a. a. O. HSTAS M 660/156 Bü 59.
228   *Strölin für seine Absichten zu gewinnen* – Vgl. R. Scholtysek, Bosch, S. 475.
Planungen offen gelegt hatte – Vgl. Strölin, Karl, »Zusammenarbeit mit Oberbürgermeister Dr. Goerdeler, Anlage 2, a. a. O.; ders., Stuttgart, S. 35; ders., Verräter, S. 32.
Rommel als Staatsoberhaupt einzusetzen – Vgl. W. Nachtmann, Strölin, S. 332.
erscheint eher unwahrscheinlich – Vgl. R. Scholtysek, Bosch, S. 475. Im Gegensatz hierzu steht die Erklärung Manfred Rommels zu Rommels Tod vom 25. 5. 1945, in: Südkurier, 8. 9. 1945. Manfred Rommel berichtete hier von den letzten Stunden seines Vaters. Ausdrücklich erwähnte Manfred, dass er vom Vater erfahren hatte, dass die beiden Generale Maisel und Burgdorf den Vater u. a. damit konfrontiert hätten, er sei »in der Liste des Oberbürgermeisters Goerdeler als Ministerpräsident angeführt«. Ob es sich bei dieser Liste um eine Fälschung der Gestapo handelte oder ob Goerdeler tatsächlich zu einem späteren Zeitpunkt, etwa nachdem Strölin ihn über das Gespräch mit Rommel im Februar 1944 informiert hatte (s. K. Strölin, Anlage 2, a. a. O.), den Namen Rommels auf eine Liste gesetzt hatte, ist nicht abschließend zu klären.
»keinen Geist und keine Erkenntnis« – Zit. nach: D. Graf v. Schwerin, Köpfe, S. 363.
»Mit dem Strölin ist auch nichts anzufangen.« – Zit. nach: R. Scholtysek, Bosch, S. 476.
nach Württemberg zu übersiedeln – Vgl. Rommel, Erwin, Briefe an Lucie Rommel vom 4. 8. 1943, 10. 9. 1943, 26. 9. 1943, NA RG 242 T 84/ 275.
behilflich zu sein – Vgl. W. Nachtmann, Strölin, S. 332.
Bleibe für die Rommels – Authentisches zum Fall Rommel, maschinenschriftl. Manuskript, 28. 9. 1944, Rommel-Museum.

229 *in seinen Amtsräumen im Rathaus* – Vgl. Strölin, Karl, Verteidigungsschrift, in: Spruchkammerverfahren, 1948, S. 16–18, STAL EL 903/4 Bü 264.

unhaltbaren Zustände im Land – Rommel, Lucie, Brief an Karl Strölin vom 10.8.1947, IFZ ZS 579

an ihren Mann weiterzuleiten – Vgl. Strölin, Karl, Verteidigungsschrift, a.a.O.

14. bis 18. Dezember – Vgl. Tagesberichte, 14.–18.12.1944, BAMA N 117/22.

von »Massenerschießungen im Osten« sprach – Zit. nach: Rommel, Manfred, Gesprächsnotiz vom 5.12.1976, DI 3/10.

9. Februar 1944 – Vgl. F. Ruge, Tagebuch, 9.2.1944, BAMA N 379.

auf diesem ruhigen Posten befand – So Manfred Rommel in einer mündl. Auskunft an den Verf.

Grausamkeiten der SS und der Polizei – Vgl. Clark, Christopher, Johannes Blaskowitz – Der christliche General, in: R. Smelser, Militärelite, S. 35 ff.

»Mit Heilsarmee-Methoden führe man keinen Krieg.« – Zit. nach: H. Kotze, Heeresadjutant, S. 68.

230 *in Gaskammern im Osten* – Vgl. W. Nachtmann, Strölin, S. 333; so auch Manfred Rommel in einer mündl. Auskunft an den Verf.

»Gerechtigkeit unentbehrliche Grundlage…« – Zit. nach: Ruge, Friedrich, Tagebuch, 11.6.1944, a.a.O.

zunächst abwartend verhielt – Vgl. Strölin, Karl, »Zusammenarbeit mit Generalfeldmarschall Rommel«, Anlage 4, Nachlass Paul Hahn, a.a.O.

232 *nach dem Krieg behauptet hat* – Vgl. K. Strölin, Stuttgart, S. 35 f.; ders., Verräter, S. 32 f.; deutlich zurückhaltender geschildert in: ders., »Zusammenarbeit mit Generalfeldmarschall Rommel«, Anlage 4, Nachlass Paul Hahn, a.a.O.

»dass er sich für die Rettung …« – K. Strölin, Verräter, S. 33; ders., »Zusammenarbeit mit Generalfeldmarschall Rommel«, Anlage 4, Nachlass Paul Hahn, a.a.O. Rommel soll wörtlich gesagt haben: »Ich glaube auch, dass ich noch einmal dazu berufen sein werde, mich für die Rettung des Reiches einzusetzen.«

233 *»Macht verdirbt; totale Macht verdirbt total.«* – Zit. nach: F. Ruge, Invasion, S. 109 f.

»Damals … hatte ich noch nicht den Eindruck …« – Zit. nach: W. v. Schramm, Aufstand, S. 48.

dass das »allerdings schwierig sein werde …« – Zit. nach P. Hoffmann, Widerstand S. 298; der genaue Wortlaut s. Foreign Relations, Diplomatic Papers, S. 512.

234 *in Kontakt zum Residenten* – A. W. Dulles, Verschwörung, S. 174.

schlechter platziert wurde als Frau Gause – So Manfred Rommel in einer mündl. Auskunft an den Verf.; vgl. ders., Gesprächsnotiz vom 5.12.1976, a.a.O.

»Lass uns einen Schlussstrich …« – Rommel, Erwin, Brief an Lucie Rommel vom 17.3.1944, a.a.O.

empfahl dem Führerhauptquartier – Vgl. Rommel, Erwin, Brief an Rudolf Schmundt vom 23.4.1944, DI 1/5.

Generalleutnant Dr. Hans Speidel – Vgl. H. Speidel, Invasion; ders., Zeit; s.a. Krautkrämer, Elmar, Generalleutnant Dr. Hans Speidel, in: G. R. Überschär, Hitlers, Bd. 2; »Da war das Schicksal dazwischengetreten«, in: Der Spiegel, Nr. 5/78, sowie I. Saame, Richtigstellung, unveröffentl. Manuskript.

235 *den Vorwurf revisionistischer Kreise* – Vgl. hierzu und zur Rolle David Irvings: W. Mönch, Entscheidungsschlacht, S. 160–167.

Speidel selbst verschwieg – Dr. Manfred Rommel bat darum, an dieser Stelle festzuhalten, dass er nicht daran glaubt, Speidel habe seinen Vater in der Haft belastet.

»werde [ich] aus Rommel den Helden…« – Zit. nach: Geyr von Schweppenburg, Leo, Abschrift der Eidesstattlichen Erklärung vom 27.4.1960, DI 3/12.

Empfang für Speidel – Vgl. H. Speidel, Zeit, S. 164.

236 *Neurath zu bewegen* – Vgl. ebd.; s.a. Strölin, Karl, »Zusammenarbeit mit Generalfeldmarschall Rommel«, Anlage 4, Nachlass Paul Hahn, a.a.O.

eine Art »Hassliebe« – Zit. nach: H. Bücheler, Stülpnagel, S. 291.

237 *»Meine erste Abgrenzung …«* – H. Speidel, Zeit, S. 165.

»Nazigeneral« würde jetzt »mitmachen« – D. Graf von Schwerin, Köpfe, S. 362 ff.

das »Rätsel Rommel« – Vgl. F. v. Teuchert, ohne Titel, unveröffentl. Manuskript, S. 7.

240 *Pariser Widerstandsgruppe zu informieren* – Ebd.

»… Aufgabe vorgezeichnet.« – Bargatzky, Walter, Persönliche Erinnerungen, unveröffentl. Manuskript, S. 6.

»… Anschlagsversuche auf Hitler« – Vgl. H. Speidel, Invasion, S. 84; zur Datierung vgl. Ruge, Friedrich, Tagebuch, 12.5.1944, a.a.O.

»er wolle Hitler nicht zum Märtyrer gemacht wissen« – Zit. nach: H. Speidel, Invasion, S. 84. Speidel schrieb weiter, Rommel plane, »sich der Person Hitlers durch zuverlässige Panzerverbände zu bemächtigen, um ihn vor ein deutsches Gericht zu stellen und wegen seiner Verbrechen am eigenen Volk und an der Menschlichkeit zu verurteilen. Das Volk, das ihn gewählt hatte, sollte ihn auch richten«.

Das waren die Gedanken Goerdelers. Nichts spricht dafür, dass der Praktiker Rommel sich damals ernsthaft mit der Verhaftung Hitlers auseinander gesetzt hat. Ein solches Unternehmen hätte auch nicht irgendeine Aussicht auf Erfolg gehabt (vgl. W. Heinemann, Rommel, unveröffentl. Manuskript, S. 10).

Gespräch unter vier Augen – Vgl. H. Bücheler, Stülpnagel, S. 289 f.

242 *vor der drohenden Invasion zu handeln* – Das Treffen Speidel-Strölin wird zit. nach: H. Speidel, Invasion, S. 85 f.; vgl. auch ders., Aussage, zit. in: Strölin, Karl, Spruchkammerverfahren, a. a. O.

Gesprächstermin mit Hitler – Vgl. Tagesbericht, 3. 6. 1944, a. a. O.

»Vor allem lag [Rommel] daran …« – Ebd.

»die Heranziehung von weiteren …« – Ebd.

244 *»Lang, seie Se bloß still! …«* – Zit. nach: Bücheler, Stülpnagel, S. 297.

»die Gezeiten in den folgenden Tagen …« – Zit. nach: F. Ruge, Tagebuch, 4. 6. 1944, a. a. O.

den 8. telefonisch bestätigt – Vgl. Tagesbericht, 5. 6. 1944, a. a. O.

Am darauf folgenden Tag – Vgl. Kirchheim, Hildegard, Gesprächsnotiz vom 6. 11. 1975; s. a. Loistl, Rudolf, Gesprächsnotiz vom 6. 6. 1976, beide DI 3/10.

»Herr Feldmarschall wird am Telefon verlangt.« – Zit. nach: Kirchheim, Hildegard, a. a. O.

»Schwerpunktangriff« – D. Ose, Entscheidung, S. 104.

»Ob es sich um den Beginn der Invasion handelt …« – Tagesbericht, 6. 6. 1944, a. a. O.

KAPITEL 9 – MAGNETISMUS

247 *»die Gestalt des Generals Erich Marcks«* – Vgl. O. Jacobsen, Marcks, S. 156 f. Neben Marcks' Einschätzung gibt es noch die in vieler Hinsicht ungewöhnliche Lagebeurteilung des Obergefreiten Walter Sorge, der am 18. 1. 1944 in einer Eingabe an das Oberkommando der Wehrmacht den Ablauf der Invasion vorhersagte. Vgl. W. Mönch, Entscheidungsschlacht, S. 124 ff.

Pas de Calais – Vgl. D. Ose, Entscheidung, S. 88 f.

»Ich habe so den ›Animus‹ …« – Zit. nach O. Jacobsen, Marcks, S. 161.

»Wie ich die Engländer kenne …« – Zit. nach ebd., S. 163.

248 *Reise in das Führerhauptquartier und die Heimat* – Vgl. D. Ose, Entscheidung, S. 244.

»wurde unser kleines Lager …« – D. D. Eisenhower, Kreuzzug, S. 299.

etwa 36 Stunden Wetterbesserung – Vgl. ebd. sowie D. Ose, Entscheidung, S. 101, Anm. 2.

Am 5. Juni um 4.15 Uhr – Vgl. D. D. Eisenhower, Kreuzzug, S. 300.

249 *»Der Alte ist weg …«* – Zit. nach Schramm, Wilhelm von, Gesprächsnotiz vom 18. 10. 1975, DI 3/10.

Umsturz des Regimes – Vgl. ebd.

Mitten im Gespräch – Vgl. Horst, Max, Gesprächsnotiz vom 7. 11. 1975, DI 3/10.

Speidel war verunsichert – Vgl. Staubwasser, Anton, Brief an David Irving, Mai 1976, BAMA N 117/30.

250 *Gegen 1.35 Uhr wurde Speidel wieder geweckt* – Vgl. Kriegstagebuch Heeresgruppe B, 6. 6. 1944, BAMA RH 19-IX/93.

um die Deutschen zu verwirren – Vgl. D. Ose, Entscheidung, S. 111 u. Anm. 47.

»dass es sich zunächst nicht um eine größere Aktion handelt« – Zit. nach: ebd., S. 110 f.

251 *die Ereignisse der Nacht* – Vgl. Tagesbericht, 6. 6. 1944, BAMA 117/22.

»Ihr begebt Euch nun auf den großen Kreuzzug …« – Zit. nach: H.-J. Jacobsen, Weltkrieg, S. 340.

254 *»bisher noch kein Bild gewonnen …«* – Zit. nach: D. Ose, Entscheidung, S. 104.

255 *»Mit einem völlig unbeschwerten Lächeln …«* – W. Warlimont, Hauptquartier, S. 456 f.

»Also, – anganga is.« – Zit. nach: ebd.

Zersplitterung der Kräfte – Vgl. D. Ose, Entscheidung, S. 112 f., sowie W. Mönch, Entscheidungsschlacht, S. 165 f.

»Abwarten« und *»Klarheit verschaffen«* – Ebd., S. 107.

Zwar rannte Rommels Stabschef – So Fritz Hierl in einer mündl. Auskunft vom 29. 9. 2001.

er zögerte aber, selbst die Initiative zu ergreifen – Vgl. D. Ose, Entscheidung, S. 114.

258 *»Lassen Sie die Division sofort angreifen …«* – Zit. nach: D. Irving, Rommel, S. 503; vgl. Kriegstagebuch Heeresgruppe B, 6. 6. 1944, a. a. O.

nur ein »sofortiges Eingreifen« – D. Ose, Entscheidung, S. 114.

Aber der Dirigent – Ernst Jünger schrieb am 6. Juni 1944 über die Abwesenheit Rommels in sein Tagebuch: »Das ist ein Schönheitsfehler für die Ouvertüre einer so großen Schlacht.« (E. Jünger, Strahlungen, S. 528).

»zeigte er sich … sehr erfreut …« – F. Ruge, Invasion, S. 167.

259 *»die zu grundsätzlichen Entschlüssen zwingt«* – Zit. nach ebd., S. 126. Zur Datierung s. Tagesbericht, 11. 6. 1944, a. a. O.

»Die Zeit ist gekommen ...« – Zit. nach: B. H. Liddell Hart, Jetzt, S. 521. Hier offensichtlich von Blumentritt zeitlich falsch zugeordnet.

ein »Einvernehmen« finden – Zit. nach: Blumentritt, Günther, Handschriftl. Aufzeichnungen in engl. Kriegsgefangenschaft, Januar 1946, S. 16, DI 4/2.

»dass sich im Reich ...« – Zit. nach: ebd., S. 17.

»dass man im äußersten Notfall« – Zit. nach ebd.

»Ermordung Hitlers« – B. H. Liddell Hart, Jetzt, S. 521.

261 *»Die beste Lösung ...«* – Zit. nach: F. Ruge, Invasion, S. 178.

»Hitler ... wolle nicht verhandeln ...« – Zit. nach: ebd.

»Ich habe gestern ...« – Rommel, Erwin, Brief an Lucie Rommel vom 13.6.1944, zit. nach: B. H. Liddell Hart, Rommel Papers, S. 491, Rückübersetzung aus dem Engl.

»Mir geht es so weit gut ...« – ders., Brief an Lucie Rommel vom 15.6.1944, zit. nach: ebd.

Weder ein »Sieg-Friede ...« – Zit. nach: H.-A. Jacobsen, Spiegelbild, S. 136.

»da ein praktischer politischer Zweck ...« – Zit. nach: F. v. Schlabrendorff, Offiziere, S. 109.

»Das Attentat auf Hitler ...« – Zit. nach: D. Graf v. Schwerin, Köpfe, S. 383.

263 *Rommel und Rundstedt* – Vgl. Tagesbericht, 17.6.1944, a. a. O.

264 *»Hier gibt es kein Ausweichen ...«* – Zit. nach: D. Ose, Entscheidung, S. 134.

die »kriegsentscheidende Wirkung« der »Vergeltungswaffe V 1« – Zit. nach: H. Speidel, Invasion, S. 113.

Pillen und verschiedenfarbige Medizin – Vgl. H. Speidel, Zeit, S. 181.

fassten sich Rommel und Rundstedt ein Herz – Vgl. Blumentritt, Günther, a. a. O., S. 18 f.

werde »von den Westalliierten nicht angenommen ...« – Zit. nach: D. Ose, Entscheidung, S. 135.

»Das ist eine Frage ...« – Zit. nach: Jodl, Alfred, Aussage vom 5.6.1941, in: Internationaler Militär Gerichtshof, Prozess, Bd. XV, S. 441.

265 *»Rommel hat seine Nerven verloren ...«* – Zit. nach: A. Speer, Erinnerungen, S. 366 f.

Rommel ist »wieder da ...« – Ruge, Friedrich, Tagebuch, 17.6.1944, BAMA N 379.

»Muss regelrechten Magnetismus haben.« – Ebd.

»Sah gestern den Führer ...« – Rommel, Erwin, Brief an Lucie Rommel vom 18.6.1944, zit. nach: B. H. Liddell Hart, Rommel Papers, S. 492, Rückübersetzung aus dem Engl.

»Stimmung nicht mehr so gut.« – Ruge, Friedrich, Tagebuch, 18.6.1944, a. a. O.

Antrittsbesuch in La Roche-Guyon – Vgl. H. Bücheler, Stülpnagel, S. 292.

266 *»noch einmal zu Hitler zu fahren ...«* – Zit. nach: H. Speidel, Invasion, S. 126.

»Sie wollen nicht sehen ...« – Zit. nach: F. Ruge, Invasion, S. 190 f.

Hitler sei »immer in einer Art Rausch ...« – Zit. nach: Ruge, Friedrich, Tagebuch, 25.6.1944, a. a. O.

850 000 Mann und 154 000 Fahrzeuge – Vgl. D. Ose, Entscheidung, S. 150; Angaben zum Zeitpunkt: 30. Juni 1944.

268 *»den Landeraum des Gegners ...«* – W. Warlimont, Hauptquartier, S. 464.

an jedem »Fußbreit Boden« – Zit. nach: D. Ose, Entscheidung, S. 134.

»Was ihr machen sollt? ...« – Zit. nach: Blumentritt, Günther, a. a. O., S. 19.

Die Lagebesprechung – Vgl. Bericht über die Fahrt O. B. H.Gr.B. zur Besprechung im Führerhauptquartier am 29.6.1944, 18.00 Uhr, BAMA N 117/23.

Und die mehrfach vorgetragene Bitte – Vgl. H. Speidel, Invasion, S. 127; s. a. Rundstedt, Gerd von, Aussage vom 12.8.1946, in: Internationaler Militär Gerichtshof, Prozess, Bd. XXI, S. 38.

269 *Ruge wunderte sich* – Vgl. F. Ruge, Invasion, S. 197.

»Der Mann ist einfach nicht da ...« – Zit. nach: Loistl, Rudolf, Gesprächsnotiz vom 6.6.1976, DI 3/10.

»war er sehr aufgeschlossen ...« – Zit. nach: W. v. Schramm, Aufstand, S. 48.

»Deutschland hat den Krieg verloren ...« – Zit. nach: Staubwasser, Anton, Abschrift von Zweitschrift, Eidesstattliche Erklärung, Dachau, 20.7.1946, DI 3/10.

270 *»Rommel für die westliche [Lösung] ...«* – Ruge, Friedrich, Tagebuch, 2.7.1944, a. a. O.

Handschreiben des Diktators für Rundstedt – Vgl. D. Ose, Entscheidung, S. 159.

Sein Nachfolger ... Hans Günther von Kluge – Zu Kluge vgl. R. G. Graf v. Thun-Hohenstein, Kluge, Aufsatz, S. 288–324; Steinbach, Peter, Hans Günther von Kluge. Ein Zauderer im Zwielicht, in: Smelser, Militärelite, S. 288–324; ders., »Kinder, Ihr habt mich!«, Zur Verstrickung des Generalfeldmarschalls Günther von Kluge in den militärischen Widerstand, in: B. v. Zur Mühlen, Paris, S. 104–129; sowie D. Ose, Entscheidung, S. 165 ff.

»persona gratissima« – Zit. nach: H. Guderian, Erinnerungen, S. 303.

Wie ein »glimmender Docht« – Zit. nach: W. v. Schramm, Aufstand, S. 60. Zu Kluges Annäherung an den Widerstand vgl. auch die Aussage von Karl Ernst Rathgens, die im Urteil des Volksgerichtshofs über Rathgens wiedergegeben wird: »… Rathgens hat bekundet, er habe Mitte 1943 bei der Rückfahrt von der Front seinen Onkel, den Generalfeldmarschall von Kluge, besucht … In diesem Gespräch habe sein Onkel von dem Plan geredet, den Führer, um eine Änderung der Kriegführung herbeizuführen, bei einer Frontbesichtigung ›festzuhalten‹ und dann in seinem Namen zu regieren. Von Kluge habe noch hinzugefügt, sein Stabschef Treskow [sic!] dränge ihn ja immer.« (Urteil gegen Karl Heinrich von Stülpnagel, Caesar von Hofacker und andere vom 30. 8. 1944, in: J. Zarusky, Widerstand, Microfiche 1 L 301/44, 1 L 309/44, MF 0708).

271 *»Wenn Sie im Westen sind …«* – Zit. nach: W. v. Schramm, Aufstand, S. 65.
Kluges erster Besuch – Vgl. H. Speidel, Invasion, S. 131 f.
»nun müsse auch [Rommel sich] daran gewöhnen …« – Zit. nach Rommel, Erwin, Brief an Günther von Kluge vom 5. 7. 1944, zit. in: F. Ruge, Invasion, S. 276.
Kluge verlangte – Vgl. Ruge, Friedrich, Tagebuch, 4. 7. 1944, a. a. O.
»dass er ja eigentlich bisher nur eine Division geführt habe« – Zit. nach: ebd.
»Und Sie haben noch nie …« – Zit. nach: F. Ruge, Invasion, S. 199.

273 *»Er [Rommel] müsse …«* – Zit. nach: Ruge, Friedrich, Tagebuch, 3. 7. 1944, a. a. O.
»Ihr zu Beginn Ihres Besuches gemachter Vorwurf …« – Rommel, Erwin, Brief an Günther von Kluge vom 5. 7. 1944, a. a. O.
ein lebensgefährliches Unternehmen – Vgl. D. Ose, Entscheidung, S. 168.

274 *»Aus dem Saulus …«* – H. Speidel, Invasion, S. 132.
entwarfen sie eine Denkschrift – Vgl. H. Bücheler, Stülpnagel, S. 296; F. v. Pölnitz, Aufzeichnungen, unveröffentl. Manuskript, S. 3.
Am Sonntag, den 9. Juli – Bei R. G. Reuth, General, S. 113 f., wird ein »eingeweihter Begleiter« erwähnt, der Hofacker an diesem Sonntag, dem 9. 7. 1944, begleitet haben soll. Hierbei bezieht sich Reuth auf eine Gesprächsnotiz David Irvings mit Speidels Schwager, Dr. Max Horst, vom 7. 11. 1975 (DI 3/10). Allerdings übersieht Reuth, dass Horst am 1. 3. 1976 Irving mitteilte, dass sein Besuch in La Roche-Guyon keinesfalls an einem Sonntag gewesen sei (s. handschriftl. Notiz Irvings auf korrigierter Gesprächsnotiz von Max Horst, a. a. O., S. 3). Es besteht allerdings die Möglichkeit, dass Hofacker mehrmals bei Rommel in La Roche-Guyon gewesen ist und Horst ihn dabei zu einem anderen Zeitpunkt begleitet hat (vgl. W. Bargatzky, Erinnerungen, unveröffentl. Manuskript, S. 8).
Und dafür werde der Feldmarschall gebraucht. – Vgl. G. v. Falkenhausen, Erinnerungen, unveröffentl. Manuskript, S. 17 f.

275 *»… der Nachschub des Feindes …«* – H.-A. Jacobsen, Spiegelbild, S. 101, vgl. ebd., S. 136; Urteil gegen Karl Heinrich von Stülpnagel, Caesar von Hofacker und andere vom 30. 8. 1944, a. a. O.

277 *dass »Rommel, nach einigem Nachdenken …«* – Keitel, Wilhelm, Vernehmung Nürnberg vom 28. 9. 1945, NA RG 238.
andere, widersprüchliche Quellen – Ausgelöst von D. Irving (Rommel, S. 548 ff.) hat sich mittlerweile auch bei anerkannten Historikern die Ansicht durchgesetzt, dass Rommel während des Gesprächs mit Hofacker nichts von dem geplanten Attentat erfuhr und er somit seine ablehnende Haltung gegenüber einem Anschlag auch nicht aufgegeben habe (vgl. Ose, Dieter, Erwin Rommel, in: R. Lill, 20. Juli, S. 253–268; R. Stumpf, Rommel, Aufsatz, S. 49; ders., ›Ich werde die Konsequenzen ziehen‹ – Generalfeldmarschall Erwin Rommel, in: B. v. Zur Mühlen, 20. Juli, S. 143; W. Heinemann, Rommel, unveröffentl. Manuskript, S. 10 f.; ders., Caesar von Hofacker – Stauffenbergs Mann in Paris, in: K. v. Klemperer, Deutschland, S. 121; H. Bücheler, Stülpnagel, S. 296 f.; R. G. Reuth, Rommel, S. 113 f.; D. Fraser, Rommel, S. 503 f. und letztlich auch R. Giordano, Traditionslüge, S. 317. Anders P. Hoffmann, Stauffenberg, S. 367 f.; F. Hiller v. Gaertringen, »Sie sollen jetzt schweigen, Herr Präsident« – Oberstleutnant d. R. Caesar von Hofacker, in: B. v. Zur Mühlen, Paris, S. 41–59). Irvings Argumentation geht von folgender Prämisse aus: Hofacker, »ein romantischer … ungestümer Phantast«, so Irving, habe im Anschluss an die Besprechung mit Rommel den Inhalt und den Ausgang der Unterredung bewusst übertrieben, um seine Mitverschwörer zu motivieren, und somit eine falsche, irreführende Version in die Welt gesetzt. Diese unbelegte Argumentationsführung hat nach Ansicht des Verf. zwei entscheidende Schönheitsfehler. Zum einen geht sie von einem völlig falschen Hofacker-Bild aus – Hofacker war tatsächlich ein ausgesprochen nüchtern denkender Mann, der als Motor des Widerstands in Paris überhaupt kein Interesse daran haben konnte, mit zu optimistischen Einschätzungen das Gelingen des Umsturzes aufs Spiel zu setzen. Zum anderen würde Irvings Version nur die Entstehung von einem Teil der Aussagen über das Gespräch mit Rommel

363

erklären. Warum aber sollte Hofacker später auch der Gestapo eine falsche Version über den Inhalt und den Ausgang des Gesprächs mit Rommel wiedergegeben haben? Auch wenn Hofacker von der Gestapo gefoltert wurde, so ist es doch abwegig zu glauben, es habe von Staats wegen ein Interesse daran bestanden, Rommel zu belasten. Richtig ist vielmehr, dass eine Beteiligung Rommels am Widerstand Hitler in gravierende Schwierigkeiten brachte und von daher sicher nicht von vornherein im Interesse der Vernehmer lag.

»… der ehemalige General Stülpnagel …« – Bormann, Martin, Aktenvermerk vom 28. 9. 1944, S. 2, BAMA N 117/29. Aufgrund des bislang umstrittenen Sachverhalts soll an dieser Stelle im Vorgriff auf die folgenden Kapitel eine kurze Übersicht all jener Quellen erfolgen, die nahezu übereinstimmend bestätigen, dass Hofacker – ohne allerdings schon ein Datum nennen zu können – von dem kurz bevorstehenden Attentat gesprochen hat und Rommel dies zum einen billigte und sich zum anderen nach dem Umsturz einer neuen Regierung zur Verfügung stellen wollte. Nach seiner Rückkehr aus La Roche-Guyon vertraute sich Hofacker in Paris verschiedenen Männern des Widerstands an. Hierüber liegen als Zeugnisse vor: G. v. Falkenhausen, Erinnerungen, unveröffentl. Manuskript, S. 17 f.; F. v. Teuchert, o. T., unveröffentl. Manuskript, S. 7 f.; W. Bargatzky, Erinnerungen, unveröffentl. Manuskript, S. 6; ders., Hotel, S. 129 f.; E. Michel, Erinnerungen, unveröffentl. Manuskript, S. 8 f. In Berlin informierte Hofacker dann Beck und andere Mitglieder des Widerstands. Hierüber liegen als Zeugnisse vor: Gisevius, Hans Bernd, Aussage vom 25. 4. 1946, in: Internationaler Militär Gerichtshof, Prozess, Bd. XII, S. 269; ders., Ende, S. 346) Nach dem 20. Juli wurde Hofacker von der Gestapo verhaftet und verhört. Auch wenn die Verhörprotokolle verschwunden sind, liegen doch verschiedene Zeugnisse über deren Inhalt vor: Keitel, Wilhelm, Vernehmung Nürnberg vom 28. 9. 1945, a. a. O.; Jodl, Alfred, Vernehmung Nürnberg vom 2. 10. 1945, NA RG 238; Maisel, Ernst, Aussage vom 13. 11. 1946, vom 5. 11. 1947, sowie Vernehmung vom 4. 7. 1949, in: Spruchkammerverfahren Maisel, Ernst, STAM Ka 1112. Zu diesen Quellen kommt der o. g. Aktenvermerk von Bormann, der sich auf die Aussagen von Stülpnagel, Hofacker, Rathgens und anderen beruft. Die Aussagen zur Sitzung des Ehrenhofs über Hans Speidel runden das Bild noch einmal dahin gehend ab, dass Rommel bei dem Gespräch mit Hofacker von dem bevorstehenden Attentat erfahren hatte (vgl. Kirchheim, Heinrich, Eidesstattliche Erklärung vom 16. 9. 1947, in: I. Saame, Richtigstellung, unveröffentl. Manuskript, Anlage 1; Guderian, Heinz, Eidesstattliche Erklärung vom 16. 9. 1947, in: ebd., Anl. 2). Vgl. in diesem Zusammenhang auch die Aussagen von Lucie und Manfred Rommel über das letzte Gespräch mit dem Feldmarschall vor seinem Tod, Rommel, Lucie, Erklärung, 14. 7. 1945, in: Südkurier, 16. 10. 1945, sowie Rommel, Manfred, Erklärung vom 4. 5. 1945, in: ebd., 8. 9. 1945. Zum gesamten Sachverhalt vgl. auch die verschiedenen Eintragungen in: E. Fröhlich, Tagebücher von Joseph Goebbels, Teil II, Bd. 13, S. 208 f., 210, (3. 8. 1944); S. 430 f. (7. 9. 1944); Teil II, Bd. 14, S. 268 f. (24. 11. 1944).

»Ich bin aufs Ganze gegangen …« – Zit. nach: G. v. Falkenhausen, Erinnerungen, a. a. O., S. 17.

»Was diese Nachricht für uns bedeutete …« – Zit. nach: F. v. Teuchert, ohne Titel, a. a. O., S. 8.

»… weisungsgemäß [enthielt es] nur die Bitte …« – W. Bargatzky, Erinnerungen, a. a. O., S. 6.

278 *»Generalfeldmarschall Rommel … habe sich voll zur Verfügung gestellt …«* – E. Michel, Erinnerungen, a. a. O., S. 8 f.

»Er nennt es eine Charakterlosigkeit …« – H. B. Gisevius, Ende, S. 346.

»Also, es ist eben immer ein sehr großes Problem …« – Ders., Aussage vom vom 25. 4. 1946, a. a. O.

279 den *»strengen Imperativen … ihrer Moral …«* – J. Fest, Staatsstreich, S. 331.

»Nazigeneral« – Zit. nach: D. Graf v. Schwerin, Köpfe, S. 363.

wurde nicht zum »entschlossenste[n] Gegner Hitlers« – K. Hesse, Wandlung, unveröffentl. Manuskript, S. 22.

Am Morgen nach dem Hofacker-Besuch – Vgl. Bericht über die Fahrt des O. B. H. Gr. B zum LXXXVI. Korps, Panzergruppe West und I. SS-Panzerkorps am 10. Juli 1944, BAMA N 117/23.

»Herr Feldmarschall, dass wir den Krieg …« – Zit. nach: Lattmann, Hans, Gesprächsnotiz vom 15. 6. 1975, DI 3/10.

»Ich will versuchen …« – Zit. nach: ebd.; vgl. W. Heinemann, Rommel, unveröffentl. Manuskript, S. 11.

282 *Kluge verhielt sich abwartend.* – Vgl. H. Speidel, Invasion, S. 134 f.

Er beauftragte Speidel – Vgl. ebd., S. 135.

283 *»Andererseits Führer großer Mann …«* – Ruge, Friedrich, Tagebuch, 13. 7. 1944, a. a. O.

»Die Truppe kämpft allerorts heldenmütig …« – Rommel, Erwin, Betrachtungen zur Lage, 15. 7. 1944, zit. nach: D. Ose, Entscheidung, Anlage 15, S. 334 f.

das Wort »politische« zu streichen – Vgl. H. Speidel, Invasion, S. 138 f.; s. a. F. Ruge, Invasion, S. 216, sowie Tempelhoff, Hans-Georg von, Gesprächsnotiz vom 1. 6. 1975 und 18. 10. 1975, DI 3/10.

Rommel selbst war es verboten – Vgl. F. Ruge, Invasion, S. 211.

»Ich habe ihm jetzt die letzte Chance gegeben …« – Zit. nach: H. Speidel, Invasion, S. 139.

Der »kluge Hans« würde das Schreiben vorsorglich zurückhalten. – Vgl. D. Ose, Entscheidung, S. 199; s. a. W. v. Schramm, Aufstand, S. 265 f.

Am Nachmittag des 15. Juli – Vgl. Bericht vom 15. 7. 1945 über die Fahrt des O.B.H. Gr. B. zur 346. Inf.Div., 16. Lw.F.Div. und 21. Pz.Div., BAMA N 117/23.

285 *»Dann mache ich die Westfront auf …«* – Zit. nach: Warning, Elmar, Gesprächsnotiz vom 11. 12. 1976, DI 3/10; vgl. ders., Brief an David Irving vom 31. 1. 1977, ebd.; vgl. auch Warning, Elmar, Interviewabschrift, 1982, Sammlung Stark.

Im Fall »selbständiger Entschlüsse« – Zit. nach: H. Speidel, Invasion, S. 136.

»Sie führen eine gefährliche Sprache …« – Zit. nach: H. Bücheler, Stülpnagel, S. 297 f.

»Herr Bittrich, ich würde mich ja …« – Zit. nach: ebd.

286 *»Sie, Feldmarschall, sind mein Oberbefehlshaber …«* – Zit. nach: Lang, Hellmuth, Eidesstattliche Versicherung vom 27. 5. 1950, DI 11/7; s. a. B. Ceppa, Interview.

Auf Dietrich »werde er sich im Ernstfall verlassen können«. – Zit. nach: Lang, Hellmuth, a. a. O.

»So kann es nicht weitergehen …« – Zit. nach: Eberbach, Heinrich, Bericht über den Umsturzplan des Feldmarschalls Rommel vom 15. 5. 1979, S. 1 f., BAMA MSG 1/1079.

»Ich muss jetzt leider zu meinem Stab …« – Zit. nach: ebd.

auf eigene Faust zu handeln – Die Quellenlage zu Rommels Absicht, den Alliierten einen Waffenstillstand anzubieten und den gegnerischen Truppen den Durchmarsch zu ermöglichen, soll aufgrund der Tragweite des Plans noch einmal zusammengefasst werden: Nach dem Besuch vom 9. 7. 1944 berichtete Hofacker Friedrich von Teuchert über das Gespräch mit Rommel: »Jedenfalls schien [Rommel] entschlossen, auch dann zu handeln, wenn die Pläne im Reich versagten. Über eine sofortige Fühlungnahme [mit den Alliierten] wurde ebenfalls gesprochen.« (Zit. nach: F. v. Teuchert, o. T., a. a. O., S. 8.) Im Anschluss an das Gespräch Hofacker–Teuchert beauftragte Teuchert Walter Bargatzky mit der Ausarbeitung eines Entwurfs für ein Kapitulationsschreiben, »das Rommel an Feldmarschall Montgomery richten wollte« (zit. nach: W. Bargatzky, Erinnerungen, a. a. O., S. 6). Am 10. Juli traf Rommel Hans Lattmann und vertraute ihm an: »Ich will versuchen, aufgrund meines Ansehens bei den Alliierten mit dem Westen zu paktieren, gegen den Willen Hitlers und unter der Voraussetzung, dass sie uns erlauben, mit ihnen gemeinsam gegen Russland zu marschieren.« (Zit. nach: H. Lattmann, Gesprächsnotiz vom 15. 6. 1975, a. a. O.) Am 15. Juli richtete Rommel seine »Betrachtungen zur Lage« an Hitler und sagte am selben Nachmittag zu Elmar Warning, für den Fall, dass Hitler nicht auf sein Ultimatum eingehe, »mache [er] die Westfront auf« (zit. nach: E. Warning, Gesprächsnotiz, a. a. O.). Zwei Tage darauf, am 17. Juli, tastete sich Rommel bei Wilhelm Bittrich mit den Worten vor: »Ich habe auch schon versucht, mit den Engländern Fühlung zu bekommen.«. (Zit. nach: H. Bücheler, Stülpnagel, S. 297 f.) Im Anschluss versicherte er sich der Loyalität von Sepp Dietrich (vgl. H. Lang, Eidesstattliche Versicherung vom 27. 5. 1950, a. a. O.) und sprach dann mit Heinrich Eberbach: »Im Westen suchen wir den Waffenstillstand oder gehen hinhaltend kämpfend auf die Siegfried-Linie zurück.« (Zit. nach: H. Eberbach, Bericht über den Umsturzplan, a. a. O.) Während seines Genesungsurlaubs in Herrlingen sprach Rommel schließlich mit seinem Sohn Manfred über seinen Plan (vgl. Rommel, Manfred, The last days, in: B. H. Liddell Hart, Rommel Papers, S. 497 f.; ders., Gesprächsnotiz vom 7.6.1975, DI 3/10; ders., Interview I; s. hierzu auch H. Speidel, Invasion, S. 136 f.). Auch wenn es sich hierbei ausschließlich um Nachkriegsquellen handelt und zum Teil sogar um Oral History, sieht der Verf. dennoch eine starke Plausibilität dieser Indizien, wenn man berücksichtigt, dass Rommel am 9. Juli 1944 dem Attentat zustimmte und seine Bereitschaft erklärt hatte, sich einer neuen Regierung zur Verfügung zu stellen; dass am 15. Juli 1944 Hitler in ungewöhnlich offener Form aufgefordert wurde, die Folgen aus der drohenden Niederlage im Westen zu ziehen und dass Rommel schon in Alamein unter Beweis gestellt hatte, dass er auch weit reichende Entscheidungen im Notfall gegen Hitler zu treffen bereit war.

Gegen 18.00 Uhr entdeckten – Vgl. Clostermann, L'Histoire, S. 47 f., 49 ff.; s. a. D. Tidy, South African Air Aces, Aufsatz; J. Remlinger, Interview. Remlinger erwähnte im Interview, die Piloten hätten erst nach dem Krieg erfahren, dass sie an diesem Tag den Wagen von Erwin Rommel beschossen hatten.

287 *»Das fehlte gerade noch!«* – Zit. nach: F. v. Pölnitz, Aufzeichnungen, unveröffentl. Manuskript, S. 4.

Rommels Verletzungen waren schwer – Vgl. Tagesbericht, 18.7.1944, a. a. O.

288 *»Der Treffer, den er am 17. Juli 1944 …«* – E. Jünger, Strahlungen, S. 13.

289 *»wurde bleich wie eine Wand«* – Lang, Hellmuth, Gesprächsnotiz vom 8. 6. 1975, DI 3/10.

291 *20. Juli 1944* – Vgl. dazu im Weiteren: W. v. Schramm, Aufstand, sowie P. Hoffmann, Widerstand, S. 581–592.

»*Tot.*« – Zit. nach: W. v. Schramm, Aufstand, S. 88; vgl. Dümmler, Hans, Gesprächsnotiz vom 20.10.1975, DI 3/10.

Speidel begriff sofort – So Winrich Behr in einer mündl. Auskunft an den Verf.

292 *An diesem 20. Juli* – Vgl. D. Ose, Entscheidung, S. 197.

»*Herr von Kluge, es geht ...*« – Zit. nach: P. Hoffmann, Widerstand, S. 583.

»*Nein. Mein Generalstabsoffizier ...*« – Zit. nach: W. v. Schramm, Aufstand, S. 110; vgl. H. Bücheler, Stülpnagel, S. 308.

galten als weitgehend hitlertreu – Vgl. D. Ose, Entscheidung, S. 194 f.

293 »*Ja, meine Herren, ...*« – Zit. nach: W. v. Schramm, Aufstand, S. 130.

»*Der Befehl muss auf der Stelle ...*« – Ebd., S. 133.

»*nicht mehr abgebremst werden*« – Zit. nach: ebd.

»*Herr Feldmarschall, Sie stehen ...*« – Zit. nach: ebd.

294 »*Eine ganz kleine Clique ...*« – Zit. nach: M. Domarus, Hitler, Bd. II, 1941–1945, S. 2128.

»*dass die Knöchel weiß wurden ...*« – Zit. nach: W. v. Schramm, Aufstand, S. 172.

»*Es ist ein ganz kleiner Klüngel ...*« – Zit. nach: M. Domarus, a. a. O.

Stülpnagel berief sich – Vgl. P. Hoffmann, Widerstand, S. 591 f.

»*Meine Lieben, wir stehen ...*« – W. Bargatzky, Hotel, S. 139.

295 »*Die Mitteilung vom Attentat ...*« – Tagesbericht, 21.7.1944, BAMA N 117/22.

296 »*Zu meinem Unfall ...*« – Rommel, Erwin, Brief an Lucie Rommel vom 24.7.1944, zit. nach: B. H. Liddell Hart, Rommel Papers, S. 493. Rückübersetzung aus dem Engl.

Rommel ... befürchtete, in seinem Zustand – Vgl. Tagesbericht, 21.7.1944, a. a. O.; F. Ruge, Invasion, S. 225 f.

297 »*In gewissen Lagen ...*« – Zit. nach: H. Bücheler, Stülpnagel, S. 318.

»*Sie müssen jetzt zum SD ...*« – Zit. nach: W. v. Schramm, Aufstand, S. 251.

Noch hielt sich auch Caesar von Hofacker in der Stadt auf. – Vgl. G. v. Falkenhausen, Erinnerungen, unveröffentl. Manuskript, S. 28.

298 »*Es interessierte ihn nicht übermäßig ...*« – F. Ruge, Invasion, S. 227.

»*Er sprach dann über [die] Lage ...*« – F. Ruge, Tagebuch, 23.7.1944, BAMA N 379.

»*sieht Lösung nur im Frieden ...*« – Ebd., 24.7.1944.

»*Wenn ich jetzt wieder gesund bin ...*« – Zit. nach: Lattmann, Hans, Gesprächsnotiz vom 15.6.1975, DI 3/10.

waren 2 700 000 deutsche Soldaten gefallen – Vgl. R. Overmans, Verluste, S. 321.

299 *Rommels Ultimatum* – Vgl. D. Ose, Entscheidung, S. 199; s. a. W. v. Schramm, Aufstand, S. 265 f.

»*Rommel drückte seine Überraschung aus ...*« – Zit. nach: B. H. Liddell Hart, Jetzt, S. 529.

»*Wir machen ein Verhör ...*« – Blumentritt, Günther, Combined Services Detailed Interrogation Center Report, GRGG 1347, 19.8.1945, DI 4/4.

300 *Was die Mitwisserschaft von Rommel und Kluge betraf* – Vgl. W. Bargatzky, Erinnerungen, unveröffentl. Manuskript. S. 15 f.

dass Oberg ihm fassungslos berichtet hatte – Vgl. Blumentritt, Günther, a. a. O.

»*Das habe ich ja auch getan.*« – Zit. nach: F. Ruge, Invasion, S. 231.

301 »*äußerte er zum ersten Mal den Gedanken ...*« – Ebd., S. 232.

»*Meine Herren, der Durchbruch der Amerikaner ...*« – Zit. nach: D. Ose, Entscheidung, S. 221.

»*Er sei Feldmarschall ...*« – Zit. nach: F. Ruge, Invasion, S. 232 f.

Hofacker war gefoltert worden. – So Alfred v. Hofacker in einer mündl. Auskunft an den Verf.

in den so genannten Kaltenbrunner-Berichten – Vgl. H.-A. Jacobsen, Spiegelbild.

302 »*Führer lässt mich die Meldung lesen ...*« – Jodl, Alfred, Tagebuch, 1.8.1944, BAMA N 6922.

»*Der Führer war tief getroffen ...*« – Jodl, Alfred, Vernehmung Nürnberg vom 2.10.1945, Rückübersetzung aus dem Engl., NA RG 238.

»*Auch der Führer ist der Überzeugung ...*« – Zit. nach: E. Fröhlich, Tagebücher von Joseph Goebbels, Teil II, Bd. 13, 3.8.1944, S. 210.

304 »*Die Art und Weise ...*« – Zit. nach: Tagesberichte, 28.7.–4.8.1944, a. a. O.; s. a. F. Ruge, Invasion, S. 235.

»*Bei dieser Unterredung fiel das entscheidende Wort ...*« – Zit. nach: K. Hesse, Wandlung, unveröffentl. Manuskript, S. 22.

306 »*Ich möchte nochmals feststellen …*« – Rommel, Lucie, Erklärung vom 9.9.1945, HSTAS, M 660/156, Nachlass Hahn, Paul Gustav.

»*nicht einen anderen gefunden hat …*« – Zit. nach: Rommel, Manfred, Gesprächsnotiz vom 5.12.1976, DI 3/10.

»*Jeder Schuss, den wir im Westen abgeben …*« – Zit. nach: ders, Gesprächsnotiz vom 7.6.1975, a.a.O.

»*dem Feind die Wege [nach] Deutschland …*« – Zit. nach: ders., Gesprächsnotiz vom 5.12.1976, a.a.O.

»*Jetzt erst erkenne er …*« – Zit. nach: M. Rommel, Interview I.

307 »*Der Führer … hätte sich nie …*« – Zit. nach: Kronmüller, Brief an Martin Bormann vom 19.9.1944, Abschrift, BAMA N 117/29.

308 »*Man müsste ja vollends verzweifeln …*« – Zit. nach: Manfred Rommel in einer mündl. Auskunft an den Verf.

»*habe seit 1942 …*« – Zit. nach: Rommel, Manfred, Gesprächsnotiz vom 7.6.1975, a.a.O.

»*fiel beinahe vom Stuhl …*« – Ebd., teilw. Rückübersetzung aus dem Engl.

»*seine Zunge im Zaum zu halten*« – Zit. nach: ebd., Rückübersetzung aus dem Engl.

Kronmüller war empört – Vgl. Kronmüller, a.a.O.

ob »*der Feldmarschall Rommel …*« – Zit. nach: Walkenhorst, Heinrich, Bericht über das Treffen mit Kreisleiter Wilhelm Maier vom 16.10.1944, BAMA N 117/29.

Der Notizzettel für den Vortrag – Himmler, Heinrich, Vortragsnotiz vom 14.8.1944, NA RG 424 T 175.

309 »*Belastung weiterer Generale …*« – Kreipe, Werner, Tagebuch, 14.8.1944, DI 8.

310 *Die Glasphiole mit dem Gift* – Vgl. D. Ose, Entscheidung, S. 247. Zur Glasphiole: Generalmajor Hans-Georg von Tempelhoff will in der Nacht vom 20. auf den 21. Juli 1944 ein Telefongespräch zwischen Kluge und seinem Schwiegersohn, Oberstabsarzt Udo von Esch, abgehört haben, in dem Kluge verschlüsselt darum bat, ihm eine Giftampulle zu bringen; s. a. Tempelhoff, Hans-Georg von, Gesprächsnotiz vom 18.10.1975, DI 3/10.

311 »*Das [deutsche] Volk hat so namenlos gelitten …*« – Kluge, Hans von, Brief an Hitler vom 18.8.1944; zit. nach: D. Ose, Entscheidung, Anlage 18, S. 339 f.

»*Ich scheide von Ihnen …*« – Ebd.; vgl. auch S. 248.

Aufrecht und ungebrochen – Vgl. H. Bücheler, Stülpnagel, S. 332 f.

»*Die Feldmarschälle stehen außer Debatte!*« – Zit. nach: W. Bargatzky, Erinnerungen, a.a.O., S. 14.

»*jetzt geht es um mein Leben …*« – Zit. nach Heinemann, Winfried, Caesar von Hofacker – Stauffenbergs Mann in Paris, in: K. v. Klemperer, Deutschland, S. 122.

Hofacker »*trug dort defaitistisch seine Meinung … vor …*« – Zit. nach: Urteil gegen Karl Heinrich von Stülpnagel, Caesar von Hofacker und andere vom 30.8.1944, in: J. Zarusky, Widerstand, Microfiche 1 L 301/44, 1 L 309/44, MF 0708; vgl. auch H.-A. Jacobsen, Spiegelbild, S. 101: »Die Ausführungen Hofackers, in denen er sich zu Unrecht auf Generalfeldmarschall Kluge und Generalfeldmarschall Rommel bezog …« Das »zu Unrecht« ist offensichtlich eine Zweckbehauptung, um die aussichtslose militärische Lage nicht im offiziellen Bericht des Reichssicherheitshauptamtes in Verbindung mit der Einschätzung Rommels oder Kluges bringen zu müssen. Denn tatsächlich waren ja sowohl Rommel als auch Kluge schon in der zweiten Juliwoche eindeutig der Meinung, dass die Westfront innerhalb kürzester Zeit zusammenbrechen werde. Zu Kluge: vgl. Hoffmann, Stauffenberg, S. 406 f.

»*[Rommel] hat nun das Schlimmste getan …*« – Zit. nach: H. Heiber, Lagebesprechungen, S. 275.

312 *hatte Speidel … jede Mitwisserschaft … geleugnet* – Vgl. H. Speidel, S. 209 u. 215 f.

Es war Caesar von Hofacker. – Vgl. ebd., S. 217.

313 *eidesstattliche Versicherung der ehemaligen Generale* – Kirchheim, Heinrich, Eidesstattliche Erklärung vom 16.9.1947, in: I. Saame, Richtigstellung, unveröffentl. Manuskript, Anl. 1; Guderian, Heinz, Eidesstattliche Erklärung vom 16.9.1947, ebd., Anl. 2.

hatte er Rommel zwar belastet – Hans Speidel hat zeit seines Lebens bestritten, dass er Rommel während der Verhöre belastet hätte. Da diese Frage Gegenstand einer langwierigen Kontroverse ist, soll an dieser Stelle eine ausführliche Würdigung der bislang bekannten Quellen erfolgen: Spätestens seit seinem Gespräch am 14. April 1944 mit dem Oberbürgermeister von Stuttgart, Karl Strölin, stand Speidel in Kontakt mit einer Randgruppe des zivilen Widerstands – konkret mit Strölin und von Neurath und damit zumindest im weiteren Sinne mit Goerdeler. Dieser Kontakt sollte sich in den kommenden Monaten noch verfestigen. Kurz nach seinem Eintreffen in La Roche-Guyon wurde Speidel auch von verschiedenen Vertretern des militärischen Widerstands in Paris kontaktiert. Über seinen Schwager Dr. Max Horst kam Speidel mit Stülpnagel, Hofacker, Wagner, Finck und anderen in Verbindung. Eindeutig steht fest, dass Speidel in dieser Zeit von den Umsturzplänen und der Absicht zu einem Attentat auf Hitler erfahren hatte (vgl. H. Speidel, Invasion, S. 84). Am 9. Juli 1944 informierte dann Hofacker bei seinem Besuch in La Roche-Guyon nacheinander Speidel und Rommel konkret über das kurz bevorstehende Attentat – ohne allerdings ein Datum zu nennen. Speidel nahm an dem Gespräch zwischen Rommel und Hofacker nicht teil. Am 7. September 1944 wurde Speidel verhaftet und drei Tage und Nächte nahezu ununterbrochen verhört. Schließlich kam es zur Gegenüberstellung mit Caesar von Hofacker. Speidel schrieb darüber, Hofacker habe während der Gegenüberstellung »in ritterlicher Weise den Feldmarschall und [ihn] belastende Aussagen zurück[genommen]« (Speidel, Hans, Brief an Heinrich Kirchheim vom 24.11.1947, in: I. Saame, a.a.O., Anlage 3). Am 4. Oktober 1944, während der Sitzung des Ehrenhofes in Berlin, trug SS-Obergruppenführer Ernst Kaltenbrunner die Anklage nach »eigener Erklärung Gen.Lt's Speidel« vor: Speidel habe bei dem Besuch Hofackers »Kenntnis vom Plan für das Attentat vom 20. Juli 1944« erhalten. Speidel habe »dem Gen.Feldmarschall Rommel Meldung hiervon gemacht«. Als Rommel es allerdings unterließ, diese Information weiterzumelden, sei »es [die] Pflicht Speidels gewesen, seinerseits unverzüglich über den Plan für das Attentat zu berichten. Er hätte das aber unterlassen ...« (zit. nach: Kirchheim, Heinrich, Eidesstattliche Erklärung, a.a.O., sowie Guderian, Heinz, Eidesstattliche, a.a.O.). Speidel seinerseits, der nicht zu der Sitzung des Ehrenhofs hinzugezogen worden war, legte 1950 in einer eidesstattlichen Erklärung in Bezug auf die Sitzung des Ehrenhofs nieder, dass »der Tatbestand durch den SS-Gruppenführer Kaltenbrunner unrichtig vorgetragen wurde« (Speidel, Hans, Eidesstattliche Erklärung vom 3.2.1950, a.a.O., Anl. 6). Beim Verhör in Nürnberg äußerten sich auch Wilhelm Keitel und Alfred Jodl über die Aussage Speidels. In Zusammenhang mit der Ermordung Rommels wurde Jodl von seinen amerikanischen Vernehmern gefragt: »Haben Sie den Untersuchungsbericht [über Rommel] gesehen, der angefertigt wurde?« Antwort: »Ich las eine Aussage von einem Luftwaffenmajor der Reserve [Hofacker]. Dieser Major hatte Rommel besucht, und ich las seine Zeugenaussage.« Frage: »Ist das alles, was Sie gelesen haben?« Antwort: »Ich las auch die Aussage von Speigel [sic!], dem Stabschef von Rommel. Er gab an, dass er keine Kenntnis von der Substanz des Gespräches [zwischen Rommel und Hofacker] hatte.« (Zit. nach: Jodl, Alfred, Vernehmung Nürnberg vom 2.10.1945, Rückübersetzung aus dem Engl., a.a.O.) Auch Wilhelm Keitel blieb in Hinblick auf Speidel recht diffus. Das ist auffällig, da Keitel der Sitzung des Ehrenhofs über Hans Speidel vorsaß und somit von den gegen Speidel geäußerten Vorwürfen Kenntnis erhalten hatte. In Nürnberg sagte Keitel im Verhör: »Ja, ich glaubte in dieser Zeit [September/Oktober 1944] daran [dass Rommel schuldig war], weil es da irgendeine Verbindung gab zu Feldmarschall Kluge und auch zu Feldmarschall Rommel; außerdem gab es eine Verbindung zwischen Stülpnagel und Rommel zu diesem Verbindungsoffizier [Hofacker], was später durch Rommels Stabschef [Speidel] bestätigt wurde.« Und weiter im Protokoll heißt es: »Frage: Hat General Speigel [sic!] Zeugnis gegen Rommel abgelegt in Hinblick auf Untaten [wrong-doing]? Antwort: Er war Rommels Stabschef. Er war nicht da [gemeint ist vermutlich: nicht anwesend bei der Besprechung zwischen Rommel und Hofacker]. Jedenfalls hat er bestätigt, dass dieser Mann [Hofacker] ein- oder zweimal mit Rommel zusammen war. Der [Stabs]chef war bei dem Gespräch mit dem Offizier aus Paris [Hofacker] nicht anwesend. Hitler gab immer wieder seinem Misstrauen Ausdruck, dass Speigel [sic!] irgendwas von diesen Dingen wusste. Frage: Gaben Sie Burgdorf den Auftrag, Rommel mit irgendwelchen Aussagen oder Zeugnissen Speigels [sic!] zu konfrontieren? Antwort: Nein, sicher nicht von Speigel [sic!].« (Zit. nach: Keitel, Wilhelm, Vernehmung Nürnberg vom 28.9.1945, Rückübersetzung aus dem Engl., NA RG 238.) Offensichtlich war nicht beabsichtigt, Rommel mit der Aussage Speidels zu konfrontieren – möglicherweise weil sie nicht bedeutsam genug war. Das bestätigt auch die Aussage Ernst Maisels, der als Begleiter von Burgdorf am 14. Oktober 1944 bei Rommel in Herrlingen auftauchte: »Gen. Burgdorf las wohl Rommel noch andere ihn belastende Aussagen vor [andere als die Hofackers], ich kann mich aber an die Namen dieser Belastungszeugen nicht mehr entsinnen, weiß jedoch bestimmt, dass Gen. Speidel nicht darunter war.« (Maisel, Ernst, Aussage vom 13.11.1946, S. 2, Aussage vom 5.11.1947, S. 1, in: Maisel, Ernst, Spruchkammerverfahren, STAM Ka 1112) Allerdings gibt es Hinweise darauf, dass am 14. Oktober 1944 in Herrlingen im Anschluss an die Verlesung der Rommel belastenden Aussagen – Maisel hatte das Zimmer verlassen und Burgdorf blieb allein mit Rommel zurück – das Gespräch doch noch auf Speidel gekommen ist. Denn kurz nach Kriegsende wandte sich Manfred Rommel in einer Erklärung in der ersten Ausgabe des »Südkurier« an die Öffentlichkeit, um über die wahren Hintergründe des Todes seines Vaters Aufklärung zu geben. Manfred Rommel beschrieb darin auch das letzte Gespräch mit seinem Vater kurz vor dessen Tod. Sein Vater habe ihn über die Eröffnung der angereisten Generale Burgdorf und Maisel informiert. Unter anderem schrieb Manfred Rommel: »Sein [Erwin Rommels] früherer Generalstabschef, Generalleutnant Speidel, der wenige Wochen vorher verhaftet worden war, hätte ausgesagt, dass mein

Vater führend am 20. Juli 1944 beteiligt gewesen wäre und nur durch seine Verwundung an der direkten Teilnahme verhindert wurde.« (Rommel, Manfred, Erklärung vom 4.5.1945, zit. nach: Südkurier, 8.9.1945) In der Ausgabe vom 16. Oktober 1945 des »Südkurier« erschienen in diesem Zusammenhang zwei weitere Stellungnahmen, die der Aussage Manfred Rommels eine andere Wendung gaben. Zum einen schrieb Lucie Rommel: »Meinem Mann wurde von den Sendboten Hitlers … vorgehalten, dass er auf der Liste des Oberbürgermeisters Dr. Goerdeler als Reichspräsident stehe. Auch der General der Inf. v. Stülpnagel, Generalleutnant Dr. Speidel und Oberstlt. d. R. v. Hofacker hätten belastende Aussagen gemacht. Mein Mann hat … den Generalen Burgdorf und Meisel [sic!] geantwortet, dass er das nicht glaube, weil es erlogen sei; es könne sich höchstens um das Ergebnis bekannter Erpressungsmethoden handeln.« Zum anderen widersprach Hans Speidel dem in Manfred Rommels Erklärung ausgeführten Sachverhalt. Speidel schrieb: »Ich habe nie eine solche Aussage – auch nicht dem Sinne nach – vor der Gestapo gemacht; im Gegenteil, eine Beteiligung des Generalfeldmarschalls am 20.7. als völlig abwegig bezeichnet. Eine solche Aussage hätte im Übrigen ja nur mich belasten können.« (Rommel, Lucie, Erklärung vom 14.7.1945, sowie Speidel, Hans, Erklärung vom 9.7.1945, zit. nach: Südkurier vom 16.10.1945) Wenn man nun davon ausgehen will, dass sämtliche Aussagen – abgesehen von der Kaltenbrunners und der Speidels – unstrittig sind und keiner der Zeugen ein Interesse daran hatte, etwa Speidel zu be- oder entlasten, worauf keine konkreten Hinweise vorliegen, dann bleibt die Frage: War die Aussage Speidels von der Gestapo gefälscht, oder entsprach sie dem, was er tatsächlich ausgesagt hatte? Gegen eine Fälschung spricht folgender Sachverhalt: Zweifellos wendete die Gestapo bei ihren Verhören teilweise physische und psychische Folter an; zweifellos fehlten bei den Ermittlungen und Verfahren gegen die Verschwörer vom 20. Juli 1944 jegliche rechtsstaatliche Richtlinien; möglicherweise bedienten sich die Gestapobeamten auch fingierter Protokolle von Verhören Dritter, um ihre Opfer zur Aussage zu bewegen. Allerdings ist kein Fall bekannt, bei dem ein Angeklagter mit seiner eigenen fingierten Aussage vor Gericht gebracht worden wäre (vgl. P. Hoffmann, Widerstand; ders., Stauffenberg; J. Fest, Staatsstreich; K. v. Klemperer, Deutschland; D. Graf v. Schwerin, Köpfe). Das wäre auch widersinnig gewesen, da eine solche gefälschte Aussage vor Gericht hätte widerrufen werden können. Das spricht dagegen, dass Speidels Aussage verfälscht wurde. (Vgl. F. v. Schlabrendorff, Offiziere, S. 141 f. Er wies vor Gericht darauf hin, dass seine Aussage unter schwerer Folter erpresst worden war; er wurde daraufhin schließlich freigesprochen, jedoch nicht freigelassen.) Schließlich führte Speidel ein weiteres Argument an, das gegen die von Kaltenbrunner vorgetragene Aussage sprechen sollte und das ebenfalls widerlegt werden kann: Mit einer solchen Aussage, so Speidel, hätte er sich schließlich selbst belastet. Das Argument lässt außer Acht, dass Speidel sich ja nicht freiwillig zu einem Geständnis durchgerungen hätte – vielmehr wäre es nach dreitägigem, nahezu ununterbrochenem Verhör durch die Gestapo erfolgt, bei dem u. a. Speidels Familie bedroht worden war und schließlich die Gegenüberstellung mit Hofacker erfolgte, der ihn belastet hatte. Außerdem hätte Speidel ja keineswegs zugegeben, einer der Verschwörer zu sein, noch hätte er Rommel als Mitverschwörer preisgegeben. Der Vorwurf gegen Speidel fiel vielmehr unter den Paragraphen 139, Strafgesetzbuch, »Nichtanzeige eines hochverräterischen Unternehmens« (vgl. Kirchheim, Heinrich, Eidesstattliche Erklärung, a. a. O.). Auch hierauf stand in der Regel die Todesstrafe; allerdings sind Beispiele bekannt, in denen bei minder schweren Fällen bis hin zum Freispruch geurteilt wurde (vgl. H.-A. Jacobsen, Spiegelbild, S. 550 f. u. 560). Tatsächlich lautete das Urteil des Ehrenhofs schließlich auf »nicht schuldig, aber nicht frei von Verdacht« (Kirchheim, Heinrich, Eidesstattliche Erklärung, a. a. O.). Die Behauptung, Speidel habe Rommel »verraten« (vgl. D. Irving, Rommel, S. 583 ff.) und dadurch dessen Ermordung verursacht, ist dennoch falsch. Es lagen genug andere Beweise gegen Rommel vor, um ihn auch dann zu töten, wenn Speidel nichts ausgesagt hätte. Rommel selber zweifelte bis zu seinem Tode keinen Augenblick »an der Loyalität und guten Gesinnung seines engsten Mitarbeiters« (vgl. Rommel, Manfred, Brief an den Verf. vom 30.5.2002).

Schließlich schickte er am 19. September – Vgl. Kronmüller, a. a. O.

Der Sekretär des Führers – Verschiedene Autoren wollen einen Zwischenfall aus der Zeit des Polenfeldzugs 1939 als Ursache für den Ingrimm Bormanns auf Rommel sehen (vgl. D. Irving, Rommel, S. 583). Auf einer Fahrt vom Hauptquartier in Zoppot in das eroberte Gdingen hatte Rommel aus Sicherheitsgründen Hitlers Autokolonne nach dem zweiten Wagen abgestoppt. Bormann, der im dritten Wagen saß, bestand darauf, seinem »Führer« hinterherfahren zu können. Aber Rommel blieb hart und erklärte: »Stehen bleiben. Ich befehle es als Kommandant des Führerhauptquartiers. Das hier ist kein Kindergartenausflug.« Daraufhin kam es zu einer lautstarken Auseinandersetzung zwischen Rommel und Bormann (vgl. H. Linge, Untergang, S. 180 f.; W. Warlimont, Hauptquartier, S. 51 f., und Puttkammer, Jesco von, Gesprächsnotiz vom 29.5.1977, DI 3/10).

legte Bormann seinem »Führer« … den Bericht … vor – Vgl. Bormann, Martin, Aktenvermerk vom 28. 9. 1944, S. 4, BAMA N 117/29.

314 *»Es gibt nur zwei Möglichkeiten …«* – Zit. nach: Keitel, Wilhelm, a. a. O., S. 11.
»Er als ein Offizier …« – Ebd., S. 10.

316 *»Es wäre einfach ein entsetzlicher Skandal …«* – Ebd., S. 11.
Am 6. September – Vgl. Rommel, Lucie, Bericht über den Tod des Generalfeldmarschall Erwin Rommel vom 9. 9. 1945, S. 1 ff., HSTAS, M 660/156, Nachlass Hahn, Paul Gustav.
ein bislang unbekanntes Vernehmungsprotokoll – Vgl. S. Ebenbeck, Hans, Vernehmungsprotokoll vom 27., 28. 6 und 4. 7. 1949, in: Spruchkammerverfahren Maisel, Ernst, a. a. O., sowie ders., Aussage zum Ableben des Generalfeldmarschall Rommel vom 15. 11. 1945, ebd.
die Beobachtungen über Rommel – Vgl. K. Stang, Kollaboration, S. 174 f. (Der Verf. dankt Dieter Pohl für den Hinweis auf die Arbeit von Stang).

317 *Pistole in der Manteltasche* – Vgl. Rommel, Manfred, Gesprächsnotiz vom 5. 12. 1976, a. a. O.
hatte er ständig alle wichtigen Dokumente – Rommel, Manfred, Gesprächsnotiz vom 7. 6. 1975, a. a. O.
von allen Befehlen und Ausarbeitungen … Abschriften – So Rolf Munninger in einer mündl. Auskunft an den Verf.
»Das … wäre für Hitler das Ende.« – Rommel, Manfred, Gesprächsnotiz vom 7. 6. 1975, a. a. O.
»Ich kann mir nicht vorstellen …« – Rommel, Erwin, Brief an Adolf Hitler vom 1.10.1944, BAMA N 117/32.

318 *Doch die Hoffnung hielt nicht lange vor.* – Nach Rommels Tod nahm Hellmuth Lang den Brief auf Bitten von Lucie Rommel an sich. Vgl. Lang, Hellmuth, Eidesstattliche Versicherung vom 27. 5. 1950, DI 11/7.
»Trotz allem glaube ich …« – E. Rommel, Krieg, S. 386.
hätte sich dann die Möglichkeit eröffnet – Vgl. ebd., S. 386 ff.
»Die Belastung an drei Fronten …« – Ebd., S. 401. Fast scheint der letzte Satz in Rommels Buch zu lyrisch für den ›trockenen‹ Rommel. Tatsächlich stammt er aus dem »Hyperion« von Friedrich Hölderlin (vgl. R. Stumpf, Rommel, Aufsatz, S. 50, Anm. 28). Hans Speidel liebte Hölderlin (vgl. H. Speidel, Zeit, S. 40, 216, 262, 303 u. 384). Speidel mag die Worte seinem alten Chef bei ihrem letzten Treffen mit auf den Weg gegeben haben.

320 *Speidel war gerettet.* – Vgl. H. Speidel, Zeit, S. 228 f.
dass »die Überwachung straffer gestaltet werden müsse …« – Zit. nach: Ebenbeck, Hans, Aussage zum Ableben des Generalfeldmarschall Rommel vom 15. 11. 1945, S. 2, a. a. O.

321 *»Das ist im Augenblick nicht möglich …«* – Zit. nach: Lang, Hellmuth, Gesprächsnotiz vom 8. 6. 1975, DI 3/10.
»So einfach mach ich es den Herren nicht.« – Zit. nach: Rommel, Manfred, Gesprächsnotiz vom 5. 12. 1976, a. a. O.
habe »sein Arzt ihm bis auf Weiteres verboten …« – Zit. nach: F. Ruge, Invasion, S. 238.
»einen zuverlässigen Offizier schicken« – Rommel, Lucie, Bericht über den Tod des Generalfeldmarschall Erwin Rommel vom 9. 9. 1945, a. a. O., S. 3.
Admiral Ruge zu Besuch – Vgl. F. Ruge, Invasion, S. 237 f.

322 *»Doch, er will mich beseitigen.«* – Zit. nach: Speidel, Hans, ohne Titel, Erlebnisbericht über das Jahr 1944, maschinenschriftl. Manuskript, undatiert, S. 23, BAMA N 558/77.
»Wenn mir etwas passieren sollte …« – Zit. nach: H. Speidel, Invasion, S. 177.
am nächsten Tag zwischen 12.00 und 13. 00 Uhr – Vgl. Loistl, Rudolf, Gesprächsnotiz vom 6. 6. 1976, DI 3/10.
»Er bat mich … Karten bereitzulegen« – Aldinger, Hermann, Aussage vom 27., 28. 6. und 4. 7. 1949, Blatt 2, in: Ernst Maisel, Spruchkammerverfahren, a. a. O.
»Wir waren der Auffassung …« – Ebd.
trafen die Generale Burgdorf, Ernst Maisel und Major Anton Ehrnsperger … ein – Vgl. Ehrnsperger, Anton, Vernehmungsprotokoll vom 7. 7. 1961, S. 1 f., DI 3/4.

323 *Aldinger hatte einige Besorgungen … zu erledigen* – Vgl. Aldinger, Hermann, Aussage vom 27., 28. 6. und 4. 7. 49, Blatt 3, a. a. O.

324 *ein Dutzend Gestapoleute in Zivil* – Vgl. Schneider, Hans, Aufzeichnung vom 25., 26.2.1948, in: Spruchkammerverfahren Maisel, Ernst, a. a. O.; Ehrnsperger, Anton, Vernehmungsprotokoll vom 7. 7. 1961, S. 1, Rückseite, a. a. O.
»jeden Fluchtversuch mit Waffengewalt zu verhindern« – Ebenbeck, Hans, Aussage zum Ableben des Generalfeldmarschall Rommel vom 15. 11. 1945, S. 3, a. a. O.

einen Leiterwagen so in eine Einfahrt geschoben – Vgl. Doose, Heinrich, Aussage vom 27., 28. 6. und 4. 7. 1949, Blatt 2, in: Maisel, Ernst, Spruchkammerverfahren, a. a. O.

ein Teilstück der nahe liegenden Autobahn – Vgl. Doose, Heinrich, Aussage vom 30. 5. 1945, S. 3, BAMA N 117/29.

In einem Anflug rührender Ahnungslosigkeit – Vgl. Maisel, Ernst, Aussage vom 13. 11. 1946, S. 2, sowie Aussage vom 5. 11. 1947, S. 1, a. a. O.

»wegen seiner Beteiligung an den Vorbereitungen zum 20 Juli« – Vgl. Maisel, Ernst, Vernehmung vom 4. 7. 1949, Blatt 5, a. a. O.

vor allem Hofackers Bericht – Vgl. Maisel, Ernst, Aussage vom 13. 11. 1946, S. 2, Aussage vom 5. 11. 1947, S. 1 f., sowie Vernehmung vom 4. 7. 1949, Blatt 5, a. a. O.

»Ich werde die Konsequenzen ziehen.« – Zit. nach: Maisel, Ernst, Aussage vom 13. 11. 1946, S. 2, a. a. O.

»Ich habe den Führer geliebt …« – Zit. nach: Maisel, Ernst, Aussage vom 5. 11. 1947, S. 1, Rückseite, sowie Vernehmung vom 4. 7. 1949, Blatt 6, a. a. O.

325 *Er … hielt dies für eine »Heuchelei«.* – Vgl. Maisel, Ernst, Aussage vom 5. 11. 1947, S. 2, a. a. O.

»Aber mit der Pistole …« – Zit. nach: ebd.

Seine Familie würde nicht verfolgt … werden – Vgl. Aldinger, Hermann, Aussage vom 27., 28. 6. und 4. 7. 1949, Blatt 4, a. a. O.

»Was ist denn los?« – Rommel, Lucie, Bericht über den Tod des Generalfeldmarschall Erwin Rommel vom 9. 9. 1945, a. a. O., S. 2, Rückseite.

wie Lucie Rommel »bitterlich weinte« – Vgl. Aldinger, Hermann, Aussage vom 27., 28. 6. und 4. 7. 1949, a. a. O., Blatt 4.

325–326 *»Ich fühle mich unschuldig …«* – Zit. nach: ebd., Blatt 4 f.

»Vollkommen bedeutungslos.« – Ebd., Blatt 5.

Er zögerte einen Moment – So Manfred Rommel in einer mündl. Auskunft an den Verf.

»Ich sah Rommel hinten im Wagen sitzend …« – Doose, Heinrich, Aussage vom 30. 5. 1945, a. a. O., S. 2.

schleppten die Leiche Rommels – Vgl. Doose, Heinrich, Aussage vom 27., 28. 6. und 4. 7. 1949, a. a. O., Blatt 3.

Breiderhoff reagierte sofort – Vgl. Jehle, Erika, Brief an Lucie Rommel vom 24. 6. 1949, in: Maisel, Ernst, Spruchkammerverfahren, a. a. O.

meldete über Telefon den Vollzug – Vgl. Keitel, Anton, Vernehmungsprotokoll vom 7. 7. 1961, a. a. O., S. 3,

327 *»Herzschlag als Folge eines … Dienstunfalls«* – Totenschein, Faksimile in: K. Wendt, Finale, S. 170; vgl. auch Kandler, Josef Dr., Aussage vom 27. 1. 1962, DI 8.

330 *Im OP kümmerte sich inzwischen eine Krankenschwester* – Vgl. Jehle, Erika, Brief an Lucie Rommel vom 24. 6. 1949, a. a. O. Für die immer wieder geäußerte Behauptung (vgl. R. Stumpf, Erwin Rommel, Aufsatz, S. 45), Hitlers Kranz sei bereits vor Rommels Tod, am 14. Oktober 1944, auf dem Bahnhof von Ulm eingetroffen, ist sich kein Beleg gefunden.

331 *Seine Rede war hölzern und unpersönlich.* – Vgl. S. Westphal, Erinnerungen, S. 289 f.

»Der unermüdliche Kämpfer war erfüllt …« – Zit. nach: L. u. M. Rommel, Generalfeldmarschall Rommel, S. 42.

NACHWORT

335 *bei seiner menschlichen Entscheidung* – Vgl. M. Rommel, Trotz allem, S. 267 ff.

337 *nur die Wahl* – W. Keitel sagte hierzu in Nürnberg vor Gericht: »Burgsdorf [sic!] hatte persönliche Anweisung von Hitler, dass er Selbstmord durch Erschießen verhindern und Gift anbieten solle, um Todesursache auf die Gehirnverletzung nach dem Autounfall zurückführen zu können.« Zit. nach: W. Görlitz, Keitel, S. 332

seine Familie nach Frankreich – So Manfred Rommel in einer mündl. Mitteilung an den Verf.

338 *Mit all den schrecklichen Konsequenzen.* – Am 30.11.1941 hatte Hitler zum Großmufti von Jerusalem gesagt: »Das deutsche Ziel würde dann [für den Fall, dass der Plan von der Vereinigung der Armeen aus dem Kaukasus und Ägypten Erfolg haben würde] lediglich die Vernichtung des im arabischen Raum unter der Protektion der britischen Macht lebenden Judentums sein.« (Zit. nach: A. Hillgruber, Staatsmänner, S. 331–336).

QUELLEN- UND LITERATURVERZEICHNIS

ARCHIVE UND SAMMLUNGEN

Bayerisches Hauptstaatsarchiv, Abt. IV, Kriegsarchiv, München
Bundesarchiv Außenstelle Ludwigsburg
Bundesarchiv Filmarchiv, Berlin
Bundesarchiv Koblenz
Bundesarchiv Militärarchiv Freiburg

> Insbesondere der Nachlass N 117 stellt als nachträgliche zusammengetragene Sammlung mit 32 Untersignaturen eine wichtige Grundlage für die Arbeit über Erwin Rommel dar. Er beinhaltet neben privater Korrespondenz und Einzeldokumenten vor allem auch militärische Aufzeichnungen Rommels.

Bundesarchiv Zentralnachweisstelle, Aachen
Centro di Documentazione Ebraica Contemporanea, Milano
Deutsche Dienststelle, Berlin
Deutsches Rundfunkarchiv, Frankfurt a. M.
Die Bundesbeauftragte für die Unterlagen des Staatssicherheitsdienstes der ehemaligen Deutschen Demokratischen Republik (BstU) Berlin
Gedenkstätte Deutscher Widerstand, Berlin
Hauptstaatsarchiv Stuttgart
Imperial War Museum, London
Institut für Zeitgeschichte, München
Instituto Nazionale per la Storia del Movimento di Liberazione in Italia, Milano
Microform Ltd., Wakefield

> Hierbei handelt es sich um die circa 11 000 Blatt umfassende Dokumentensammlung David Irvings, die der britische Autor in Vorbereitung für sein Buch: The Trail of the Fox, London 1977, angelegt hatte. Die Materialien liegen auf Microfilm vor und sind auch im Institut für Zeitgeschichte, München, frei zugänglich (97049/1-11/The Life & Campaigns of Field-Marshal Erwin Rommel).

National Archive of Australia, Sydney
National Archive of New Zealand, Wellington
National Archive of South Africa, Pretoria
National Archives, Washington

> Nach Kriegsende wurde durch die amerikanischen Besatzungsbehörden der Nachlass Erwin Rommels bei dessen Witwe beschlagnahmt. Darunter befanden sich u. a. nahezu die gesamte private Korrespondenz Rommels, militärische und private Dokumente sowie eine umfangreiche Fotosammlung. Diese Unterlagen wurden der Familie Rommel später zurückerstattet. Duplikate der Dokumente

liegen vollständig auf Microfilm in den National Archives vor (RG 242 T 84/Rommel Collection Roll 272–284).
Österreichisches Staatsarchiv, Wien
Private Sammlungen (Auswahl)
    Buchinger, Dr. Otto, Bad Pyrmont
    Engl, Heribert, München
    Munninger, Rolf, Stuttgart
    Rommel, Manfred, Stuttgart
    Schmidt, Ernst Heinrich, Dürmersheim
    Stark, Hans-Günther, Wessling
    Völker, Rolf Werner, Stuttgart
Robert-Bosch-Archiv, Stuttgart
Rommel-Museum, Herrlingen
Service Historique de l'Armee de Terre (S.H.A.T.), Vincennes
Sonderarchiv, Moskau
Staatsarchiv Ludwigsburg
Staatsarchiv München
Staatsarchiv Sigmaringen
Stadtarchiv Goslar
Stadtarchiv Kißlegg im Allgäu
Stadtarchiv Schwäbisch Gmünd
Stadtarchiv Stuttgart
Stadtarchiv Weingarten
Stato Maggiore della Marina-Ufficio Storico, Roma
Verband Deutsches Afrika-Korps e.V., Landesverband München

LITERATUR

Aberger, Heinz-Dietrich; Taysen, Adalbert von; Ziemer, Kurt, ... nur ein Bataillon, Essen 1972
Aberger, Heinz-Dietrich, Die 5. (lei.)/21. Panzer-Division in Nordafrika 1941–1943, Reutlingen 1994
Abetz, Otto, Das offene Problem. Ein Rückblick auf zwei Jahrzehnte deutscher Frankreichpolitik, Köln 1951
Agar-Hamilton, J. A. I.; Turner, L. C. F., Crisis in the Desert. May–July 1942, Cape Town 1952
Alexander of Tunis, Harold, The Alexander Memoirs 1940–1945, London 1962
Andrae, Friedrich, Auch gegen Frauen und Kinder, München 1995

Bankier, David, Die öffentliche Meinung im Hitler-Staat, Berlin 1995
Bargatzky, Walter, Hotel Majestic. Ein Deutscher im besetzten Frankreich, Freiburg im Breisgau 1987
Barnett, Corelli, Wüsten-Generale, Hannover 1961
Bedeschi, Giulio, Fronte d'Africa: c'ero anch'io, Milano 1979
Behrendt, Hans-Otto, Rommels Kenntnis vom Feind im Afrikafeldzug. Freiburg im Breisgau 1980
Below, Nicolaus von, Als Hitlers Adjutant 1937–1945, Mainz 1980
Benz, Wolfgang, Dimension des Völkermords. Die Zahl der jüdischen Opfer des Nationalsozialismus, München 1991
Bleistein, Roman, Dossier: Kreisauer Kreis. Dokumente aus dem Widerstand gegen den Nationalsozialismus, Frankfurt/M. 1987
Boberach, Heinz, Hrsg., Meldungen aus dem Reich 1938–1945. Die geheimen Lageberichte des Sicherheitsdienstes der SS, Bd. 1–17, Herrsching 1984
Boca, Angelo del, Gli Italiani in Libia. I. Tripoli bel suol d'amore 1860–1922. II. Dal Fascismo a Gheddafi, Roma-Bari 1986
Bor, Peter, Gespräche mit Halder, Wiesbaden 1950
Bradley, Dermot; Schulze-Kossens, Richard, Hrsg., Tätigkeitsbericht des Chefs des Heerespersonalamtes General der Infanterie Rudolf Schmundt, Osnabrück 1984
Brown, James Ambrose, Retreat to Victory. A Springbok's Diary in North Africa: Gazala to El Alamein 1942, Cape Town 1991
Bryant, Arthur, Kriegswende 1939–1943, Düsseldorf 1957

Buchheit, Gert, Ludwig Beck. Ein preußischer General, München 1964

Bücheler, Heinrich, Karl-Heinrich von Stülpnagel. Soldat, Philosoph, Verschwörer, Berlin 1989

Buck, Gerhard, Hrsg., Das Führerhauptquartier 1939–1945, Leoni am Starnberger See, o. J.

Burdick, Charles B., Unternehmen Sonnenblume. Der Entschluß zum Afrika-Feldzug, Neckargmünd 1972

Caccia Dominioni, Paolo, Alamein 1933–1962, Milano 1992

Carell, Paul, Sie kommen!, Gütersloh 1960

Carrel, Paul, Die Wüstenfüchse. Mit Rommel in Afrika, Hamburg 1958

Carver, Michael, El Alamein. Der Wendepunkt des Zweiten Weltkriegs, Tübingen 1963

Chabod, Federico, L'Italia Contemporanea (1918–1948), Torino 1961

Chalfont, Alun, Montgomery. Rommels Gegenspieler, München 1977

Churchill, Winston S., Memoiren. Der Zweite Weltkrieg. Der Eiserne Vorhang, Stuttgart 1954

Churchill, Winston S., Memoiren. Der Zweite Weltkrieg. Der Ring schließt sich. Von Teheran bis Rom, Stuttgart 1953

Churchill, Winston S., Memoiren. Der Zweite Weltkrieg. Der Sturm zieht auf, Hamburg 1949

Churchill, Winston S., Memoiren. Der Zweite Weltkrieg. Die große Allianz. Amerika im Krieg, Stuttgart 1951

Churchill, Winston S., Memoiren. Der Zweite Weltkrieg. Die große Allianz. Hitlers Angriff auf Russland, Stuttgart 1951

Churchill, Winston S., Memoiren. Der Zweite Weltkrieg. Englands größte Stunde, Hamburg 1950

Churchill, Winston S., Memoiren. Der Zweite Weltkrieg. Schicksalswende. Die Befreiung Afrikas, Stuttgart 1952

Churchill, Winston S., Memoiren. Der Zweite Weltkrieg. Schicksalswende. Die Sturmflut aus Japan, Stuttgart 1952

Churchill, Winston S., Memoiren. Der Zweite Weltkrieg. Triumph und Tragödie, Bern 1953

Ciano, Galeazzo Felice Renzo de, Tagebücher 1939–1943, Bern 1946

Close, Bill, A View from the Turret. A History of the 3rd Royal Tank Regiment in the Second World War, Tewkesbury 1998

Clostermann, Pierre, Le Grand Cirque. Souvenirs d'un pilote de chasse français dans la R.A.F., France 1948

Clostermann, Pierre, L'Histoire vécue. Un demi-siècle de secrets d'Etat, France 1998

Colville, John, Downing Street Tagebücher 1939–1945, Berlin 1988

Craig, William, Die Schlacht um Stalingrad. Der Untergang der 6. Armee. Kriegswende an der Wolga, München 1974

Cramer, Hans Donald, Das Schicksal der Goslarer Juden 1933–1945. Eine Dokumentation, Goslar 1986

Creveld, Martin van, Supplying War. Logistics from Wallenstein to Patton, Cambridge 1977

Dammert, Herbert; Kurowski, Franz, Adler ruft Führerhauptquartier! Führungsfunk an allen Fronten 1939–1945, Ulm 1985

Demeter, Karl, Das deutsche Offizierskorps in Gesellschaft und Staat 1650–1945, Frankfurt/M. 1962

Dietrich, Otto, 12 Jahre mit Hitler, München 1955

Dirks, Carl; Janßen, Karl-Heinz, Der Krieg der Generäle. Hitler als Werkzeug der Wehrmacht, Berlin 1999

Domarus, Max, Hitler – Reden und Proklamationen 1932–1945, Bd.1 u. 2, München 1965

Dönhoff, Marion Gräfin, Um der Ehre willen. Erinnerungen an die Freunde vom 20. Juli, Berlin 1994

Döscher, Hans Jürgen, Hrsg., »Reichskristallnacht«. Die Novemberpogrome 1938 im Spiegel ausgewählter Quellen, Bonn 1988

Duffy, Christopher, Friedrich der Große. Ein Soldatenleben, Zürich 1991

Dulles, Allen Welsh, Verschwörung in Deutschland. Germany's Underground, Kassel 1949

Eade, Charles, Hrsg., The End of the Beginning. War Speeches by the Right Hon. Winston S. Churchill, Hants 1943

Edge, Spence; Henderson, Jim, No Honour no Glory, Auckland 1983

Eisenhower, Dwight D., Kreuzzug in Europa, Amsterdam 1948

El Sadat, Anwar, Geheimtagebuch der Ägyptischen Revolution, Düsseldorf-Köln 1957

Enever, Ted, Britain's best kept Secret. Ultra's Base at Bletchley Park, Stroud 1999

Eppler, John W., Rommel ruft Kairo. Aus dem Tagebuch eines Spions, Gütersloh 1959

Eschbach, H., Jagd auf Rommel. Himmelfahrtskommandos britischer Ranger, Rastatt 1986
Esebeck, Hanns Gert von, Das Deutsche Afrika Korps, München 1980
Europäische Publikation e.V., Hrsg., Vollmacht des Gewissens, Frankfurt/M.1960

Fargion, Liliana Picciotto, Il libro della memoria. Gli Ebrei deportati dall' Italia (1943–45), Milano 1991
Falin, Valentin, Zweite Front. Die Interessenkonflikte in der Anti-Hitler-Koalition, München 1995
Felice, Renzo de, Mussolini l'Alleato. L'Italia in guerra 1940–1943, Torino 1990
Fest, Joachim, Staatsstreich, Der lange Weg zum 20. Juli, Berlin 1997
Feuersenger, Marianne, Im Vorzimmer der Macht. Aufzeichnungen aus dem Wehrmachtführungsstab und Führerhauptquartier 1940–1945, München 1999
Foreign Relations of the United States. Diplomatic Papers: 1944, Vol. I, Washington 1966
Forty, George, Afrika Korps at War, 1. The Road to Alexandria, Hersham 1998
Forty, George, Afrika Korps at War, 2. The Long Road Back, Hersham 1998
Fraser, David, Rommel. Die Biographie, Berlin 1995
Frieser, Karl-Heinz, Blitzkrieg-Legende. Der Westfeldzug 1940, München 1996
Fröhlich, Elke, Hrsg., Die Tagebücher von Joseph Goebbels. Teil I, Aufzeichnungen 1924–1941, Bd. 1–4, München 1987, Bd. 6–9, München 1998
Fröhlich, Elke, Hrsg., Die Tagebücher von Joseph Goebbels, Teil II, Diktate 1941–1945, 15 Bde., München 1995–1996

Gersdorff, Rudolf-Christoph von, Soldat im Untergang, Frankfurt/M. 1977
Gilbert, Adrian, The Imperial War Museum Book of the Desert War 1940–1942, London 1992
Giordano, Ralph, Die Traditionslüge. Vom Kriegerkult in der Bundeswehr, Köln 2000
Giorgerini, Giorgio, La battaglia die convogli nel Mediterraneo, Milano 1977
Gisevius, Hans Bernd, Bis zum bitteren Ende. Vom 30. Juni 1934 zum 20. Juli 1944, Berlin 1964
Görlitz, Walter, Generalfeldmarschall Keitel, Verbrecher oder Offizier? Erinnerungen, Briefe, Dokumente d. Chefs OKW, Göttingen 1961
Görlitz, Walter, Paulus und Stalingrad. Lebensweg und Nachlaß des Generalfeldmarschalls Friedrich Paulus, Bonn 1964
Griesmayr, Gottfried; Würschinger, Otto, Idee und Gestalt der Hitlerjugend, Leoni am Starnberger See 1979
Guderian, Heinz, Erinnerungen eines Soldaten, Stuttgart 1998
Guingand, Sir Francis de, Operation Victory, London 1947
Gundelach, Karl, Die deutsche Luftwaffe im Mittelmeer 1940–1945, Frankfurt/M. 1981

Halder, Franz, Hitler als Feldherr, München 1949
Halder, Franz, Kriegstagebuch, tägliche Aufzeichnungen des Chefs des Generalstabes des Heeres, 1939–1942, bearb. von Hans-Adolf Jacobsen, 3 Bde., Stuttgart 1962–1964
Hamilton, Nigel, Monty. The Making of a General 1887–1942, Feltham 1981
Hamilton, Nigel, Monty. The Man behind the Legend, Feltham 1987
Hamilton, Nigel, Monty. Final Years of the Field-Marshal, 1944–1976, New York 1987
Hammerstein, Kunrat von, Spähtrupp, Stuttgart 1963
Heckmann, Wolf, Rommels Krieg in Afrika. »Wüstenfüchse gegen Wüstenratten«, Bergisch Gladbach 1976
Heer, Hannes; Naumann, Klaus, Hrsg., Vernichtungskrieg. Verbrechen der Wehrmacht 1941–1944, Hamburg 1999
Heiber, Helmut, Hrsg., Lagebesprechungen im Führerhauptquartier. Protokollfragmente aus Hitlers militärischen Konferenzen 1942–1945, Stuttgart 1962
Hesse, Kurt, Der Geist von Potsdam, Mainz 1965
Hildebrand, Hans H., Deutschlands Admirale 1849–1945, Bd. 2, Osnabrück 1989
Hildebrand, Karl Friedrich, Die Ritter des Ordens Pour le Mérite, Bd. 1 u. 2, Osnabrück 1998/99
Hiller von Gaertringen, Friedrich, Hrsg., Die Hassell-Tagebücher 1938–1944. Aufzeichnungen vom andern Deutschland, Berlin 1988
Hillgruber, Andreas, Hitlers Strategie. Politik und Kriegführung 1940–1941, München 1982
Hillgruber, Andreas, Staatsmänner und Diplomaten bei Hitler. Vertrauliche Aufzeichnungen 1939–1941, Frankfurt/M. 1967
Hinsley, Francis H., British Intelligence in the Second World War, Bd. 2, London 1981

Hoffmann, Peter, Claus Schenk Graf von Stauffenberg und seine Brüder, Stuttgart 1992

Hoffmann, Peter, Hitler's personal Security. Protecting the Führer, 1921–1945, Washington 2000

Hoffmann, Peter, Widerstand gegen Hitler und das Attentat vom 20. Juli 1944, Konstanz 1994

Hoffmann, Peter, Widerstand. Staatsstreich. Attentat. Der Kampf der Opposition gegen Hitler, München 1970

Höhne, Heinz, Canaris. Patriot im Zwielicht, München 1984

Höhne, Heinz, Der Orden unter dem Totenkopf. Die Geschichte der SS, Hamburg 1966

Höhne, Heinz, Die Zeit der Illusionen. Hitler und die Anfänge des Dritten Reiches; 1933 bis 1936, Düsseldorf/Wien/New York 1991

Holmes, Richard, Bir Hacheim: Desert Citadel, London 1971

Horne, Alistair, The lonely Leader. Monty 1944–1945, London 1995

Horrocks, Sir Brian, A full Life, London 1960

Hubatsch, Walther, Hrsg., Hitlers Weisungen für die Kriegführung 1939–1945. Dokumente des Oberkommandos der Wehrmacht, Frankfurt/M. 1962

Internationaler Militär Gerichtshof Nürnberg, Der Prozess gegen die Hauptkriegsverbrecher vor dem Internationalen Militärgerichtshof Nürnberg 14. November 1945 – 1. Oktober 1946, Bd. I–XLII, Nürnberg 1949

Irving, David, Goebbels. Mastermind of the Third Reich, London 1996

Irving, David, Göring, München 1987

Irving, David, Hitlers Krieg. Götterdämmerung 1942–1945, München 1986

Irving, David, Rommel. Eine Biographie, Augsburg 1989

Ismay, Hastings Lionel, The Memoirs of Lord Ismay, London 1960

Jacobsen, Hans-Adolf, Hrsg., 1939–1945. Der Zweite Weltkrieg in Chronik und Dokumenten, Darmstadt 1959

Jacobsen, Hans-Adolf, Hrsg., Spiegelbild einer Verschwörung. Die Opposition gegen Hitler und der Staatsstreich vom 20. Juli 1944 in der SD-Berichterstattung. Geheime Dokumente aus dem ehemaligen Reichssicherheithauptamt, 2 Bde., Stuttgart 1984

Jacobsen, Otto, Erich Marcks. Soldat und Gelehrter, Göttingen 1971

Jahnke, Karl Heinz; Buddrus, Michael, Hrsg., Deutsche Jugend 1933–1945. Eine Dokumentation, Hamburg 1989

Joachimsthaler, Anton, Korrektur einer Biographie. Adolf Hitler 1908–1920, München 1989

Jochmann, Werner, Adolf Hitler. Monologe im Führerhauptquartier 1941–1944, Hamburg 1980

Jodl, Luise, Jenseits des Endes. Leben und Sterben des Generaloberst Alfred Jodl, Zürich 1976

John, Hartmut, Das Reserveoffizierskorps im Deutschen Kaiserreich, Frankfurt/M. 1981

Jünger, Ernst, Strahlungen, 2 Bde., Stuttgart 1988

Kehrig, Manfred, Stalingrad. Analyse und Dokumentation einer Schlacht, Stuttgart 1974

Kern, Erich, Generalfeldmarschall Schörner. Ein Deutsches Soldatenschicksal, Rosenheim 1993

Kershaw, Ian, Hitler 1889–1936, Stuttgart 1998

Kershaw, Ian, Hitler 1936–1945, Stuttgart 2000

Kesselring, Albert, Soldat bis zum letzten Tag, Bonn 1953

Kißener, Michael; Scholtyseck, Joachim, Hrsg., Die Führer der Provinz. NS-Biographen aus Baden und Württemberg, Konstanz 1997

Klemperer, Klemens von; Syring, Enrico; Zitelmann, Rainer, Hrsg., Für Deutschland. Die Männer des 20. Juli, Frankfurt/M. 1994

Klietmann, Kurt-Gerhard, Auszeichnungen des Deutschen Reiches 1936–1945. Eine Dokumentation ziviler und militärischer Verdienst- und Ehrenzeichen, Stuttgart 1982

Klietmann, Kurt-Gerhard, Die Waffen-SS – eine Dokumentation, Osnabrück 1965

Klinkhammer, Lutz, Stragi naziste in Italia. La guerra contro i civili (1943–44), Roma 1997

Klinkhammer, Lutz, Zwischen Bündnis und Besatzung. Das nationalsozialistische Deutschland und die Republik von Salò 1943–1945, Tübingen 1993

Koch, Lutz, Rommel. Der Wüstenfuchs, München 1978

Koenig, Marie-Pierre, Bir-Hakeim. 10 juin 1942, Paris 1971

Kotze, Hildegard von, Hrsg., Heeresadjutant bei Hitler 1938–1943. Aufzeichnungen des Majors Engel, Stuttgart 1974

Krafft von Dellmensingen, Konrad, Schlachten des Weltkrieges. Der Durchbruch am Isonzo. Die Schlacht von Tolmein und Flitsch. 24. bis 27. Oktober 1917, Berlin 1926

Krafft von Dellmensingen, Konrad, Schlachten des Weltkrieges. Der Durchbruch am Isonzo. Die Verfolgung über den Tagliamento bis zum Piave, Berlin 1926

Kriegsgeschichtliche Forschungsanstalt des Heeres, Hrsg., Die Niederwerfung der Räteherrschaft in Bayern 1919. Darstellungen aus den Nachkriegskämpfen deutscher Truppen und Freikorps, Bd. 4, Berlin 1939

Krumpelt, Ihno, Das Material und die Kriegsführung, Frankfurt/M. 1968

Kuby, Erich, Verrat auf Deutsch. Wie das Dritte Reich Italien ruinierte, Hamburg 1982

Kühn, Volkmar, Mit Rommel in der Wüste. Kampf und Untergang des Deutschen Afrika-Korps, 1941–1943, Stuttgart 1975

Kurowski, Franz, Endkampf in Afrika. Der Opfergang der Heeresgruppe Rommel in Tunesien 1942/43, Leoni am Starnberger See 1983

Kurowski, Franz, Erwin Rommel. Der Mensch, der Soldat, der Generalfeldmarschall, Bochum 1987

Kurowski, Franz, Deutsche Kommandotrupps 1939–1945. »Brandenburger« und Abwehr im weltweiten Einsatz, Stuttgart 2000

Landsborough, Gordon, Tobruk Commando. The Raid to destroy Rommel's Base, London 1989

Lang, Jochen von, Der Sekretär. Martin Bormann: Der Mann, der Hitler beherrschte, München 1987

Lauterbacher, Hartmann, Erlebt und mitgestaltet. Kronzeuge einer Epoche 1923–1945. Zu neuen Ufern nach Kriegsende, Preußisch Oldendorf 1984

Leber, Annedore, Das Gewissen entscheidet. Bereiche des deutschen Widerstandes von 1933–1945 in Lebensbildern, Frankfurt/M. 1957

Lehmann, Rudolf; Tiemann, Ralf, Die Leibstandarte, Bd. 1–5, Osnabrück 1987

Lettow-Vorbeck, Paul von, Mein Leben, Biberach a. d. Riss 1957

Lewin, Ronald, Rommel as Military Commander, London 1968

Lichem, Heinz von, Rommel 1917. Der »Wüstenfuchs« als Gebirgssoldat, München 1975

Liddell Hart, Basil Henry, Jetzt dürfen sie reden. Hitlers Generale berichten, Zürich 1948

Liddell Hart, Basil Henry, Deutsche Generale des Zweiten Weltkrieges. Aussagen, Aufzeichnungen und Gespräche, München 1965

Liddell Hart, Basil Henry, Hrsg., The Rommel Papers, New York 1953

Liddell Hart, Basil Henry, Geschichte des Zweiten Weltkrieges, Bd. I und II, Düsseldorf 1972

Lill, Rudolf; Oberreuther, Heinrich, Hrsg., 20. Juli – Porträts des Widerstands, München 1989

Lill, Rudolf; Oberreuther, Heinrich, Hrsg., 20. Juli – Porträts des Widerstands, Düsseldorf 1994

Linge, Heinz, Bis zum Untergang. Als Chef des Persönlichen Dienstes bei Hitler, München 1980

Longerich, Peter, Hrsg., Hitlers Stellvertreter. Führung der Partei und Kontrolle des Staatsapparates durch den Stab Heß und die Partei-Kanzlei Bormann, Paris 1992

Longerich, Peter, Politik der Vernichtung. Eine Gesamtdarstellung der nationalsozialistischen Judenverfolgung, München 1998

Lossberg, Bernhard von, Im Wehrmachtführungsstab, Hamburg 1950

Luck, Hans von, Gefangener meiner Zeit. Ein Stück Weges mit Rommel, Herford 1991

Luftwaffen-Kriegsberichter-Kompanie, Balkenkreuz über Wüstensand, Berlin 1943

Macksey, Kenneth, Rommel, Battles and Campaigns, Stuttgart 1982

Maizière, Ulrich de, In der Pflicht. Lebensbericht eines deutschen Soldaten im 20. Jahrhundert, Hamburg 1997

Manchester, William, Winston Churchill. Allein gegen Hitler 1932–1940, Berlin 1990

Mather, Carol, When the Grass stops growing. A War Memoir, London 1999

Matloff, Maurice; Snell, Edwin M., The War Department-Strategy Planing for Coalition Warfare 1941–1942, Washington 1953

McGuirk, Dal, Afrikakorps. Self Portrait, USA 1992

Meier-Welcker, Hans, Aufzeichnungen eines Generalstabsoffiziers 1939–1942, Freiburg 1982

Mellenthin, Friedrich Wilhelm von, Panzer Battles, Stroud 1955

Mennel, Rainer, Der nordafrikanisch-italienische Kampfraum 1943–1945, Osnabrück 1983

Meyer, Hans R., Sand in den Augen. Die Afrika Soldaten, Heusenstamm 1997

Meyer-Krahmer, Marianne, Carl Goerdeler – Mut zum Widerstand. Eine Tochter erinnert sich, Leipzig 1998

Militärgeschichtliches Forschungsamt, Hrsg., Aufstand des Gewissens. Militärischer Widerstand gegen Hitler und das NS-Regime 1933–1945, Herford 1985

Militärgeschichtliches Forschungsamt, Hrsg., Das Deutsche Reich und der Zweite Weltkrieg, Bd. 6: Der globale Krieg: Die Ausweitung zum Weltkrieg und der Wechsel der Initiative 1941–1943, Stuttgart 1990

Möller, Hans, Geschichte der Ritter des Ordens »Pour le Mérite« im Weltkrieg, Berlin 1935

Mönch, Winfried, Entscheidungsschlacht »Invasion« 1944?, Stuttgart 2001

Montanari, Mario, Le operazioni in Africa Settentrionale, Roma 1989

Montanelli, Indro; Cervi, Mario, Storia d'Italia. L'Italia della disfatta, Milano 1979

Montgomery, Brian, A Field-Marshal in the Family, London 1973

Montgomery of Alamein, Bernard Law, El Alamein to the River Sangro, Cape Town 1948

Montgomery, Bernard Law, Memoiren, München 1958

Moorehead, Alan, Afrikanische Trilogie 1940–1943, Hamburg 1948

Müller, Rolf-Dieter; Volkmann, Hans-Erich, Hrsg., Die Wehrmacht. Mythos und Realität, München 1999

Nachtmann, Walter, Karl Strölin. Stuttgarter Oberbürgermeister im »Führerstaat«, Tübingen 1995

Nehring, Walther K., Die Geschichte der deutschen Panzerwaffe, Augsburg 1995

Nel, Elizabeth, Mr. Churchill's Secretary, New York 1958

Nozza, Marco, Hotel Meina. La prima strage di ebrei in Italia, Milano 1993

Ose, Dieter, Entscheidung im Westen 1944. Der Oberbefehlshaber West und die Abwehr der alliierten Invasion, Stuttgart 1982

Overmans, Rüdiger, Deutsche militärische Verluste im Zweiten Weltkrieg, München 1999

Owen, David Lloyd, The Desert my dwelling Place, London 1957

Picker, Henry, Hitlers Tischgespräche im Führerhauptquartier, Stuttgart 1976

Piekalkiewicz, Janusz, Der Wüstenkrieg in Afrika, München 1985

Piekalkiewicz, Janusz, Rommel und die Geheimdienste in Nordafrika 1941–1943, Augsburg 1998

Plato, Anton Detlev von, Die Geschichte der 5. Panzerdivision 1938 bis 1945, Halle 1978

Poeppel, Hans, Die Soldaten der Wehrmacht, München 1999

Pogue, Forrest C.; George C. Marshall, Ordeal and Hope 1931–1942, New York 1967

Pohl, Dieter, Holocaust. Die Ursachen, das Geschehen, die Folgen, Freiburg im Breisgau 2000

Prantl, Heribert, Hrsg., Wehrmachtsverbrechen. Eine deutsche Kontroverse, Hamburg 1997

Rahn, Rudolf, Ruheloses Leben. Aufzeichnungen und Erinnerungen, Düsseldorf 1949

Reisch, Max, Mausefalle Afrika, Neckargmünd 1962

Reschin, Leonid, Feldmarschall im Kreuzverhör. Friedrich Paulus in sowjetischer Gefangenschaft 1943–1953, Berlin 1997

Reuth, Ralf Georg, Entscheidung im Mittelmeer, Koblenz 1985

Reuth, Ralf Georg, Erwin Rommel. Des Führers General, München 1987

Reuth, Ralf Georg, Goebbels. Eine Biographie, München 2000

Rintelen, Enno von, Mussolini als Bundesgenosse. Erinnerungen des deutschen Militärattachés in Rom 1936–1943, Tübingen 1951

Ritter, Gerhard, Carl Goerdeler und die deutsche Widerstandsbewegung, Stuttgart 1956

Roberts, Andrew, Churchill und seine Zeit, München 1994

Rommel Lucie u. Manfred, Generalfeldmarschall Rommel. Zum ehrenden Gedenken, Stuttgart o. J.

Rommel, Erwin, Infanterie greift an. Erlebnis und Erfahrung, Potsdam 1941

Rommel, Erwin, Krieg ohne Hass, Brenz 1950

Rommel, Manfred, Trotz allem heiter. Erinnerungen, Stuttgart 1998

Rothfels, Hans, Akten zur deutschen auswärtigen Politik 1918–1945, Göttingen 1966

Rothfels, Hans, Die deutsche Opposition gegen Hitler, Tübingen 1969

Ruge, Friedrich, In vier Marinen. Lebenserinnerungen als Beitrag zur Zeitgeschichte, München 1979

Ruge, Friedrich, Rommel und die Invasion. Erinnerungen, Stuttgart 1959

Saint Hillier, Bernard, Bir Hakeim 1942. Sur les traces de la 1ère légion romaine. »Prima nomine et virtute«, France 1992

Sanderson, Louis Gustavo Scott, Variety is the Spice of Life, London 1995

Sauer, Paul, Die Schicksale der jüdischen Bürger Baden-Württembergs während der nationalsozialistischen Verfolgungszeit 1933–1945, Stuttgart 1969

Scheurig, Bodo, Ewald von Kleist-Schmenzin. Ein Konservativer gegen Hitler. Biographie, Frankfurt/M. 1994

Schirach, Baldur von, Ich glaubte an Hitler, Hamburg 1967

Schirmer, Alois, Chronik einer Truppen Kameradschaft. Divisions-Nachr.-Kompanie z.b.V. Afrika, Giengen 1990

Schirmer, Alois, Chronik einer Truppen Kameradschaft. Nordafrika 1941–1943, Giengen 1998

Schlabrendorff, Fabian von, Begegnungen in fünf Jahrzehnten, Tübingen 1979

Schlabrendorff, Fabian von, Offiziere gegen Hitler, Berlin 1984

Schlie, Ulrich, Albert Speer. Alles was ich weiß, München 1999

Schmettow, Matthias Graf von, Hrsg., Gedenkbuch des deutschen Adels, Limburg 1967

Schmidt, Heinz-Werner, With Rommel in the Desert, London 1980

Schmitz, Peter; Thies, Klaus-Jürgen, Die Truppenkennzeichen der Verbände und Einheiten der deutschen Wehrmacht und Waffen-SS im Zweiten Weltkrieg 1939–1945, Bd. 3, Osnabrück 1991

Schmückle, Gerd, Ohne Pauken und Trompeten. Erinnerungen an Krieg und Frieden, Stuttgart 1982

Schneider, Gabriele, Mussolini in Afrika. Die faschistische Rassenpolitik in den italienischen Kolonien 1936–1941, Köln 2000

Schoen, Wolfgang; Hillesheim, Holger, Hrsg., Vier Kriegsherren gegen Hitler, Berlin 2001

Scholtyseck, Joachim, Robert Bosch und der liberale Widerstand gegen Hitler 1933 bis 1945, München 1999

Schramm, Percy Ernst, Hrsg., Kriegstagebuch des Oberkommandos der Wehrmacht, Bd. I–IV, Frankfurt/M. 1965

Schramm, Wilhelm von, Aufstand der Generale. Der 20. Juli in Paris, München 1964

Schreiber, Gerhard, Deutsche Kriegsverbrechen in Italien. Täter, Opfer, Strafverfolgung, München 1996

Schreiber, Gerhard, Die italienischen Militärinternierten im deutschen Machtbereich. 1943 bis 1945; verraten – verachtet – vergessen, München/Wien 1990

Schreiber, Gerhard, Revisionismus und Weltmachtstreben. Marineführung und deutsch-italienische Beziehungen 1919–1944, Stuttgart 1978

Schroeder, Christa, Er war mein Chef. Aus dem Nachlaß der Sekretärin von Adolf Hitler, München 1985

Schulz, Alfons, Drei Jahre in der Nachrichtenzentrale des Führerhauptquartiers, Stein a. Rhein 1997

Schwerin, Detlef Graf von, »Dann sind's die besten Köpfe, die man henkt«. Die junge Generation im deutschen Widerstand, München 1991

Schweyher, Karl, 1941–1943 Libyen – Ägypten – Tunesien, Netphen 1994

Schyga, Peter, Goslar 1945. Von der nationalen Stadt des Nationalsozialismus, Bielefeld 1999

Seckendorf, Martin; Keber, Günter, Hrsg., Europa unterm Hakenkreuz, Bd. 6, Berlin 1992

Senger und Etterlin, Frido von, Krieg in Europa, Berlin 1960

Sereny, Gitta, Albert Speer. Das Ringen mit der Wahrheit und das deutsche Trauma, München 1995

Simpkins, Bertie G., Rand light Infantry, Cape Town 1965

Smelser, Ronald; Syring, Enrico, Hrsg., Die Militärelite des Dritten Reiches, Frankfurt/M. 1995

Smelser, Ronald; Syring, Enrico; Zitelmann, Rainer, Hrsg., Die braune Elite. 22 biographische Skizzen, Bd. 1, Darmstadt 1989

Smelser, Ronald; Syring, Enrico; Zitelmann, Rainer, Hrsg., Die braune Elite. 21 weitere biographische Skizzen, Bd. 2, Darmstadt 1993

Smith, Dennis Mack, Mussolini, Milano 1981

Smith, Michael, Station X. The Codebreakers of Bletchley Park, London 1988

Speer, Albert, Erinnerungen, Frankfurt/M. 1969

Speer, Albert, Spandauer Tagebücher, Frankfurt/M. 1994

Speidel, Hans, Aus unserer Zeit. Erinnerungen, Wien 1977

Speidel, Hans, Invasion 1944. Ein Beitrag zu Rommels und des Reiches Schicksal, Frankfurt/M. 1949

Speidel, Hans, Zeitbetrachtungen. Ausgewählte Reden, Mainz 1969

Sproesser, Theodor, Die Geschichte der Württembergischen Gebirgsschützen, Stuttgart 1933

Stahlberg, Alexander, Die verdammte Pflicht. Erinnerungen 1932 bis 1945, Berlin 1994

Stang, Knut, Kollaboration und Massenmord. Die litauische Hilfspolizei, das Rollkommando Hamann und die Ermordung der litauischen Juden, Frankfurt/M. 1996

Steinbach, Peter, Hrsg., Albrecht von Kessel. Verborgene Saat. Aufzeichnungen aus dem Widerstand 1933 bis 1945, Berlin/Frankfurt/M. 1992

Steinbach, Peter; Tuchel, Johannes, Hrsg., Lexikon des Widerstandes 1933–1945, München 1944

Stockhorst, Erich, Fünftausend Köpfe. Wer war was im Dritten Reich, Baden 1967

Strölin, Karl, Stuttgart im Endstadium des Krieges, Stuttgart 1950

Strölin, Karl, Verräter oder Patriot? Der 20. Juli 1944 und das Recht auf Widerstand, Stuttgart 1952

Taysen, Adalbert von, Tobruk 1941. Der Kampf in Nordafrika, Freiburg 1976

Theil, Edmund, Rommels verheizte Armee. Kampf und Ende der Heeresgruppe Afrika von El Alamein bis Tunis, München 1979

Tippelskirch, Kurt von, Geschichte des Zweiten Weltkriegs, Bonn 1956

Trizzino, Antonio, Die verratene Flotte. Tragödie der Afrikakämpfer, Kiel 1993

Tschimpke, Alfred, Die Gespenster Division. Mit der Panzerwaffe durch Belgien und Frankreich, München 1940

Tungay, Ronald W., The Fighting Third, Cape Town 1947

Überschär, Gerd R., Hrsg., Hitlers militärische Elite, Bd. 1: Von den Anfängen des Regimes bis Kriegsbeginn, Darmstadt 1998

Überschär, Gerd R., Hrsg., Hitlers militärische Elite, Bd. 2: Vom Kriegsbeginn bis zum Weltkriegsende, Darmstadt 1998

Ulrich, Bernd; Vogel, Jakob; Ziemann, Benjamin, Hrsg., Untertan in Uniform. Militär und Militarismus im Kaiserreich 1871–1914. Quellen und Dokumente, Frankfurt/M. 2001

Umbreit, Hans, Der Militärbefehlshaber in Frankreich 1940–1944, Boppard a. Rhein 1968

United Restitution Organisation, Judenverfolgung in Italien, den italienisch besetzten Gebieten und in Nordafrika, Frankfurt/M. 1962

Valentin, Rolf, Ärzte im Wüstenkrieg. Der Sanitätsdienst im Afrikafeldzug 1941–1943, Koblenz 1984

Verein Württemberg. Gebirgsschützen e. V., Hrsg., Bilder zur Geschichte der Württembergischen Gebirgsschützen, Stuttgart 1928

Vivian, Cassandra, Alamein, Cairo 1992

Voss, Rüdiger von; Neske, Günther, Der 20. Juli. Annäherung an den Geschichtlichen Augenblick, Augsburg 1984

Wagner, Elisabeth, Hrsg., Der Generalquartiermeister. Briefe und Tagebuchaufzeichnungen des Generalquartiermeisters des Heeres General der Artillerie Eduard Wagner, München 1963

Warlimont, Walter, Im Hauptquartier der Wehrmacht 1939–1945, Bonn 1964

Wendt, Kurt, Finale der Invasion. Warum?, 2. Teil, Hamburg 1985

Wedemeyer, Ruth von, In des Teufels Gasthaus. Eine Preußische Familie 1918–1945, Brendow 1999

Wegner, Bernd, Hitlers politische Soldaten: die Waffen-SS 1939–1945. Leitbild, Struktur und Funktion einer nationalsozialistischen Elite, Paderborn 1997

Westemeier, Jens, Joachim Peiper (1915–1976). SS-Standartenführer. Eine Biographie, Osnabrück 1996

Westphal, Siegfried, »Macht als vorwärts, Jungs!«, Bad Wiessee 1960

Westphal, Siegfried, Erinnerungen, Mainz 1975

Westphal, Siegfried, Heer in Fesseln. Aus den Papieren des Stabschefs von Rommel, Kesselring und Rundstedt, Bonn 1950

Wieder, Joachim; Einsiedel, Heinrich Graf von, Hrsg., Stalingrad und die Verantwortung der Soldaten, München 1993

Wilks, John and Ellen, Rommel and Caporetto, Barnsley 2001

Winterbotham, Frederick, Aktion Ultra. Deutschlands Code-Maschine half den Alliierten siegen, London 1976

Wistrich, Robert, Wer war Wer im Dritten Reich. Anhänger, Mitläufer, Gegner aus Politik, Wirtschaft, Militär, Kunst und Wissenschaft, München 1983

Yorck von Wartenburg, Marion, Die Stärke der Stille. Erinnerungen an ein Leben im Widerstand, München 1984

Young, Desmond, Rommel, Wiesbaden 1950

Zacharias, Ellis M., Secret Missions, The Story of an Intelligence Officer, New York 1946

Zarusky, Jürgen; Mehringer, Hartmut, Hrsg., Widerstand als Hochverrat 1933–1945. Die Verfahren gegen deutsche Reichsangehörige vor dem Reichsgericht, dem Volksgerichtshof und dem Reichskriegsgericht, Microfiche, München 1994–1998

Zeller, Eberhard, Geist der Freiheit, Der 20. Juli, München 1952

Zelzer, Maria, Weg und Schicksal der Stuttgarter Juden. Ein Gedenkbuch, Stuttgart 1964

Zur Mühlen, Bengt von, Der 20. Juli in Paris. Verlauf – Hauptbeteiligte – Augenzeugen, Berlin 1995

Zur Mühlen, Bengt von, Die Angeklagten des 20. Juli vor dem Volksgerichtshof, Berlin 2001

AUFSÄTZE UND ARTIKEL IN SAMMELBÄNDEN, ZEITSCHRIFTEN UND ZEITUNGEN (AUSWAHL)

Eggebrecht, Axel; Zahn, Peter von, Hrsg., SS-Bericht über den 20. Juli. Aus den Papieren des SS-Obersturmbannführers Dr. Georg Kiesel [sic!], in: Nordwestdeutsche Hefte, 1, 2/1947

Franz, Ernst, An Rommels Seite, in: Der Frontsoldat erzählt, 1954

Gause, Alfred, Der Feldzug in Nordafrika im Jahre 1941, in: Wehrwissenschaftliche Rundschau, 1962

Gentile, Carlo, Settembre 1943. Documenti sull'attività della divisione »Leibstandarte-SS-Adolf Hitler« in Piemonte, in: Il presente e la storia, Nr. 47, 6/1995

Gerber, Johannes, Die Versorgung des DAK nach Übersee aus moderner logistischer Sicht, in: Die Oase, 5/1960

Grimston, Jack; Woodhead, Michael, Rommels Letters reveal Secret second Family, in: The Sunday Times, 12.12.2000

Guderian, Heinz G., Kritik und Aussprache zu Friedrich Ruge »Rommel und die Invasion«, in: Europäische Wehrkunde, 2/80

Hering, Burkhardt, Mit Rommel bei Tobruk, in: Die Oase, 1955

Herrmann, Klaus-Jürgen, Auswirkungen des Kapp-Lüttwitz-Putsches am 16./17. März 1920 in der Oberamtsstadt Gmünd in Württemberg: Hauptmann Erwin Rommel und die Ratshausbesetzung, in: Gmünder Studien 6, Beiträge zur Stadtgeschichte, 2000

Höhne; Heinz, »Da war das Schicksal dazwischen getreten«. Die Legenden und Verdrängungen des Generals Hans Speidel, in: Der Spiegel, 5/1978

Höhne, Heinz, Feldmarschall Rommel. Ende einer Legende, in: Der Spiegel, 34/1978

Klee, Karl, Der Entwurf zur Führer-Weisung Nr. 32 vom 11. Juni 1941, in: Wehrwissenschaftliche Rundschau, 1956

Knab, Jakob, Verklärung und Aufklärung. Von den Heldenmythen der Wehrmacht zur Traditionspflege der Bundeswehr, in: Sicherheit und Frieden, Jg. 17, 12/1999

Kroener, Bernhard R., Die Deformation des Menschen im Krieg, in: Die Welt, 4.11.1999

Lang, Hellmuth, Anekdoten zum großen Soldaten, in: Deutsche Soldatenzeitung, 9/61

Lingen, Kerstin von, Konstruktion von Kriegserinnerungen: Der Prozeß gegen Generalfeldmarschall Albert Kesselring vor einem britischen Militärgericht in Venedig (1947) und das Bild vom Krieg in Italien, in: Militärgeschichtliche Zeitschrift, 59, 2/2000

Ludewig, Joachim, Generaloberst Johannes Blaskowitz im Zweiten Weltkrieg, in: Militär Geschichte, 1/1995

Manteuffel, Hasso E. von, Die 7. Panzerdivision im Zweiten Weltkrieg. Einsatz und Kampf der »Gespenster-Division«. 1939–1945, Privatdruck, 1965

Meyer, Georg, Generaloberst Guderian. Zur Erinnerung an seinen 100. Geburtstag, in: Militärgeschichtliche Beiträge, Militärgeschichtliches Forschungsamt, 1988

Meyer-Welcker, Hans, Untersuchungen zur Geschichte des Offizierskorps, in: Beiträge zur Militär- und Kriegsgeschichte, Bd. 4, Militärisches Forschungsamt, Stuttgart 1962

Mitteilungen der Vereinigung ehemaliger Goslarer Jäger e.V., 10/1935; darin: Ansprache des Bataillonskommandeurs Oberstleutnant Rommel

Mönch, Winfried, Die alliierte Invasion, in: Militärgeschichtliche Mitteilungen, Nr. 53, Militärgeschichtliches Forschungsamt, 1994

Mönch, Winfried, Die Panzerkontroverse, in: Wehrwissenschaftliche Rundschau, Bd. 31, 6/1982

Nyary, Josef, Nirgends hat der Prophet so wenig Ansehen wie in seiner Heimat, in: Welt am Sonntag, 31.12.2000

Ranft, Gerrit-Richard, Oberleutnant Erwin Rommel 1917, in: Pallasch, Zeitschrift für Militärgeschichte, 8/2000

Rommel, Manfred, Ein Leben in Bildern, in: Welt am Sonntag, 27.9.1981

Rommel, Manfred, Mein Vater Erwin Rommel, in: Schwäbischer Heimatkalender, 1991

Rommel, Manfred, Mein Vater hat sich nicht herausgeredet, in: Stuttgarter Zeitung, 14.11.81

Rommel, Manfred, Rommel und der Führerbefehl, in: Die Oase, Nr. 5, 8/58

Rommel, Manfred, Von der Absurdität des Rassenwahns, in: Das Beste Reader's Digest, 11/2000

Roth, Günter, Gedenktage und Geschichtserkenntnis. Zum Nutzen biographischer Untersuchungen, in: Militär Geschichte, 3/1991

Rudloff, Gerhard, Das Ärmelband »Afrika«, in: Orden und Ehrenzeichen, 06/2000

Ruge, Friedrich, Rommel und die Invasion, in: Europäische Wehrkunde, 10/79

Ruge, Friedrich, Warum Rommel die Invasion nicht aufhalten konnte, in: Stuttgarter Zeitung, 2.6.1984

Scheidt, Wilhelm, Gespräche mit Hitler, in: Echo der Welt, 14.10.1949

Schmückle, Gerd, Hände weg von Rommel, in: Welt am Sonntag, 21.2.1999

Schramm, Wilhelm von, Vom Generalstabschef zum Staatsmann, in: Frankfurter Allgemeine Zeitung, 18.6.1960

Stumpf, Reinhard, Erwin Rommel und der Widerstand, in: Militär Geschichte, 3/1991

Thun-Hohenstein, Romedio Galeazzo Graf von, Generalfeldmarschall Günther von Kluge, in: Militärgeschichtliche Beiträge, 8/1994

Tidy, Douglas, South African Air Aces of World War II, Nr. 3 Squadron Leader J. J. le Roux, DFC and two Bars, in: Military History Journal, Vol. 1, Nr. 4

Weichold, Eberhard, Die deutsche Führung und das Mittelmeer unter dem Blickwinkel der Seestrategie, in: Wehrwissenschaftliche Rundschau, 1959

Westphal, Siegfried, Der Feldzug in Nordafrika 1942 bis zum bitteren Ende, in: Panzer, 4/1962

Wilhelm, Hans-Heinrich, Ein banausenhafter Troupier, in: Süddeutsche Zeitung, 15.2.79

Young, Desmond, Rommel – Kämpfer und Gentleman, in: Die Weltwoche, 3.3.1950

UNVERÖFFENTLICHTE MANUSKRIPTE (AUSWAHL)

Bargatzky, Walter, Persönliche Erinnerungen an die Aufstandsbewegung des 20. Juli 1944 in Paris, maschinenschriftl. Manuskript, 20.10.1945, IFZ ZS/A 29 Bd. 1

Falkenhausen, Gotthart von, Erinnerungen an die deutsche Widerstandsbewegung, Juli/August 1945, maschinenschriftl. Manuskript, bei: Dr. Bernhard Freiherr von Falkenhausen, Essen

Heinemann, Winfried, Rommel und der Widerstand, Vortragsmanuskript, Militärgeschichtliches Forschungsamt, 23.11.87, bei: Dr. Ernst Heinrich Schmidt, Dürmersheim

Hesse, Kurt, Wandlung eines Mannes und eines Typus, maschinenschriftl. Manuskript, 7.7.1948, BAMA N 558/77

Howard, Sir Michael, The Battle of El Alamein, Vortragsmanuskript, April 1998, bei: Dr. Ernst Heinrich Schmidt, Dürmersheim

Michel, Elmar, Pariser Erinnerungen, maschinenschriftl. Manuskript, undatiert, IFZ ZS 272

Pölnitz, Friderike von, Aufzeichnungen der Sekretärin von General Stülpnagel über den 20. Juli 1944, maschinenschriftl. Manuskript, aufgezeichnet nach Kriegsende 1945, bei: Friderike Freifrau von Pölnitz, München

Saame, Ina; Brunner, Christa; Speidel, Hans H., Richtigstellung, undatiert, bei: Hans H. Speidel, Potsdam

Schyga, Peter, Erwin Rommel in Goslar 1933 bis 1935, maschinenschriftl. Manuskript, im Besitz des Verf.s

Stumpf, Reinhard, Die deutsch-italienische Operation in Nordafrika 1941–1942, Buchmanuskript, 1992, bei: Dr. Ernst Heinrich Schmidt, Dürmersheim

Teuchert, Friedrich von, o. T., Manuskript über den 20. Juli 1944 in Paris, Januar 1946, bei: Luitpold von Braun, München

INTERVIEWS (AUSWAHL)

Behr, Winrich, Düsseldorf, 19. 4. 2001
Boeselager, Philipp von, Kreuzberg, 11. 7. 2001
Borner, Dr. Peter, Walchensee, 13. 8. 2001
Carver, Michael, Wickham (GB), 14. 9. 2001
Ceppa, Bruno, Ochsenhausen, 8. 2. 2001
Engl, Heribert, München, 4. 4. 2001
Guderian, Heinz, Bonn, 11. 7. 2001
Halm, Heinz Günther, Bad Münder, 8. 5. 2001
Hauber, Friedrich, Hamburg, 11. 5. 2001
Kielmansegg, Johann Graf von, Bonn, 12. 7. 2001
Kolleth, Rose, Salzburg (A), 2. 3. 2001
Leipzig, Hellmut von, Otavi (Namibia), 18. 6. 2001
Levy, Isaac, London (GB), 12. 8. 2001
Luyt, Clive, Kapstadt (SA), 22. 6. 2001
Messmer, Pierre, Paris (F), 13. 11. 2001
Munninger, Rolf, Stuttgart, 17. 4. 2001
Mussolini, Romano, Rom (I), 30. 10. 2001
Pan, Helga, Kempten, 26. 1. 2001
Pan, Joseph, Kempten, 26. 1. 2001
Plümacher, Heinz, München 10. 4. 2001
Remlinger, Jacques, Cubrial (F), 28. 3. 2002
Rommel, Manfred, Stuttgart, 23. 2. 2001 (Interview I)
Rommel, Manfred, Stuttgart, 18. 10. 2001 (Interview II)
Schlippenbach, Melchior von, München, 27. 4. 2001
Schmidt, Heinz-Werner, Durban (SA), 28. 7. 2001
Schmückle, Gerd, München, 20. 4. 2001
Schnez, Albert, Bonn, 10. 11. 2001
Schulz, Alfons, Bonn, 12. 7. 2001
Wagenführ, Walter, München, 21. 12. 2001
Wagner-Manslau, Wolf-Dietrich, München, 3. 1. 2001

REGISTER

DANK

Mein besonderer Dank gilt Dr. Ernst Heinrich Schmidt, dem ehemaligen Leiter des Wehrgeschichtlichen Museums in Rastatt, vormaligen Ministeriumsbeauftragten des Militärgeschichtlichen Forschungsamtes und Projektleiter für die Neugestaltung des Schlachtfeldmuseums in El Alamein, der als Fachberater das Buch und die Serie begleitet hat. Seinem großen militärhistorischem Wissen sind kostbare Anregungen und tiefe Einblicke in das Wesen des militärischen Handwerks zu danken. Er hat damit einen unschätzbaren Beitrag geleistet, sich der Person Rommels anzunähern.

Im Hintergrund wirkte hierbei der wohl größte deutsche Experte für den Kriegsschauplatz Nordafrika, Dr. Reinhard Stumpf, wofür ich ihm herzlich danke. Es bleibt zu wünschen, dass er seine Arbeit über den Krieg in der Wüste publiziert und sie damit einer breiten Öffentlichkeit zugänglich wird.

Ich danke dem stellvertretenden Vorsitzenden des Bundesverbandes Deutsches Afrika-Korps e.V., Hans-Günther Stark, der mit unermüdlicher Ausdauer und kameradschaftlicher Verbundenheit das Projekt von Anfang an unterstützt hat.

Ich danke Dr. Manfred Rommel für die vielen aufschlussreichen Gespräche. Er hat durch seine klare Sicht der Dinge und die kritischen Anmerkungen zum Manuskript sehr geholfen, seinen Vater zu verstehen.

Ich danke Rolf Munninger und Rolf Werner Völker, die ebenso herzlich wie geduldig ihre Erfahrungen aus dem Afrikafeldzug vermittelt haben und damit wichtige Erkenntnisse auch über Erwin Rommel ermöglichten.

Ich danke Winrich Behr für die freundliche Aufnahme in seinem Haus und die informativen Gespräche sowie für die kritische Durchsicht der Kapitel über Rommels Aufenthalt 1943/44 in Frankreich.

Ebenso danke ich ihm wie auch Heinrich Graf von Einsiedel für die wichtigen Einwände zum Thema Stalingrad.

Ich danke Dr. Heinz-Ludger Borgert, Bundesarchiv Außenstelle Ludwigsburg; Luitpold von Braun, München; Heinrich Bücheler, Inzigkofen; Dr. Michael Buddrus, Institut für Zeitgeschichte, Berlin; Margarete Eichelmann, BstU, Berlin; Heribert Engl, München; Dr. Manfred Kehrig, Kurt Erdmann, Barbara Kiesow, Bundesarchiv Militärarchiv Freiburg; Dr. Wolfgang Etschmann, Heeresgeschichtliches Museum, Wien; Dr. jur. Bernhard Freiherr von Falkenhausen, Essen; Dr. Dieter Friese, Goslar; Dr. Karl-Heinz Frieser, Dr. Gerhard P. Groß, Militärgeschichtliches Forschungsamt Potsdam; Dr. Achim Fuchs, Bayerisches Hauptstaatsarchiv, Abt. IV, Kriegsarchiv; Dr. Klaus-Jürgen Herrmann, Stadtarchiv Schwäbisch Gmünd; Alfred von Hofacker Icking; Karl Heinz Höffkes, Gescher; Heiner Kahle, Rommel-Museum, Herrlingen; Dr. Lutz Klinkhammer, Deutsches Historisches Institut, Rom; Stefan Kühmayer, Deutsche Dienststelle Berlin; Michael Lang, Mögglingen; Horst-Günter Lange, Goslar; Dr. Jörg Leist, Wangen im Allgäu; Uwe Lohmann, Stadtarchiv Weingarten; Dr. Hartmut Mehringer, Dr. Dieter Pohl, Veronika Jaehnert, Ulrike Talei, Herrmann Weiß, Institut für Zeitgeschichte, München; Franz Mögle-Hofacker, Hauptstaatsarchiv, Stuttgart; Sybille Peter, München; Berit Pistora, Bundesarchiv Bildstelle Koblenz; Friederike Freifrau von Pölnitz, München; Walter Roller, Deutsches Rundfunkarchiv, Frankfurt; Frank Salomon, Deutsche Kriegsgräberfürsorge, Kassel; Rudolf Schneider, Stauchitz; Dr. Peter Schyga, Hannover; Hans H. Speidel, Potsdam; Dr. Alfred Tausendpfund, Staatsarchiv München; Adalbert von Taysen, Gauting; Dr. Christoph Tepperberg, Peter Broutzec, Dr. Gerhard Artl, Kriegsarchiv Wien; Dr. Johannes Tuchel, Gedenkstätte Deutscher Widerstand, Berlin; Hans-Gunter Voigt, Bundesarchiv Filmarchiv, Berlin; Siegfried Westphal, München; Prof. Dr. Berno Wischmann, Bad Sobernheim.

Ich danke den betreuenden Redakteuren der Serie, Wolfgang Landgraeber, WDR, Dr. Thomas Fischer, SWR, Silvia Gutmann, NDR, Anette Kanzler und Martin Hübner, MDR. Die intensive Zusammenarbeit an der Dokumentation erwies sich als ausgesprochen hilfreich für mein Verständnis der Thematik.

Mein Dank gilt insbesondere auch meinen Mitarbeitern, die über ein Jahr mit größtem Einsatz für das Projekt recherchiert haben. Ich danke Thomas Staehler, der in bewährter Weise und mit souveräner Kenntnis manchen bislang ungeklärten Sachverhalt aus dem Leben Erwin Rommels aufzuhellen half.

Ganz besonders möchte ich Peter Kremer danken, der mit unentwegtem Einsatz und großem Talent in zahlreichen Archiven und privaten Sammlungen z. T. mit ganz ungewöhnlichen Ergebnissen überraschte. Er war eine tragende Säule dieses Projekts.

Ich danke Cecilia Piti, Italien; Kirstie Wood, England, und Mark Blezinger, Frankreich, für ihre wertvolle Mitarbeit.

Ich danke Philipp Alzmann, der aus Begeisterung für das Thema weit über seinen Aufgabenbereich als Produktionsleiter hinausgewachsen ist und u. a. auch vor Ort in Libyen wichtige Einsichten erhielt.

Ich danke Christian Augustin, Corinna Belart, Karl-Anton Koenigs, Hubertus zu Löwenstein, Andrea Gremels und Vanessa Uthmann für ihren Einsatz.

Letztens und erstens möchte ich Ulrike Nieder-Vahrenholz herzlich danken. Professionell, unermüdlich und engagiert hat sie wie immer für alle Abläufe Sorge getragen und damit einen großen Beitrag zum Gelingen des Projekts geleistet.

Mein Dank gilt auch dem technischen Stab des List Verlages, insbesondere Harald Becker und Helga Schörnig sowie dem Setzer Michael Hempel, die es mir durch ihren großen Einsatz ermöglicht haben, bis zum letzten Moment an diesem Buch zu arbeiten.

Ich danke Lionel von dem Knesebeck, ohne den es dieses Buch nicht gäbe, und ich danke Dr. Doris Janhsen ganz besonders herzlich, weil sie weit über dieses Buch hinaus dazu beigetragen hat, dass wichtige Weichen gestellt werden konnten.

Schließlich danke ich von ganzem Herzen der Lektorin Dr. Antje Taffelt, die über Monate zu jeder Tages- und Nachtzeit mir fachlich ebenso hoch kompetent wie menschlich verständnisvoll und hilfsbereit mit Rat und Tat zur Seite gestanden hat.

München, Februar 2002